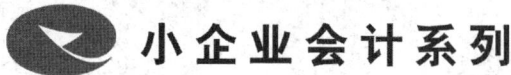

小企业会计系列

小企业财务会计

XIAOQIYE CAIWU KUAIJI

（第二版）

谢丽安／主编

U0781102

立信会计出版社
LIXIN ACCOUNTING PUBLISHING HOUSE

内容简介

本书以《小企业会计准则》为依据,以小企业会计职业岗位实践能力培养为主线,以工作项目为导向,以会计核算岗位典型工作任务为载体来设计教材内容。全书系统地介绍了小企业经济业务的会计确认、计量、记录和报告,实现了教材内容与工作过程的对接。此外,在每个项目后面配有适量的课后练习和技能操作训练,可起到同步学习、即时巩固所学知识、强化学生的实际操作能力和职业判断能力的作用。

本书可作为高职高专、成人教育等院校财经类专业的教材,也可供五年制高职和中职学生使用,并且可作为在职会计人员继续教育培训用书。

图书在版编目(CIP)数据

小企业财务会计 / 谢丽安主编. —2 版. —上海:
立信会计出版社,2019.2
  ISBN 978 - 7 - 5429 - 6102 - 0

  Ⅰ. ①小… Ⅱ. ①谢… Ⅲ. ①中小企业-财务会计
Ⅳ. ①F276.3

中国版本图书馆 CIP 数据核字(2019)第 054480 号

策划编辑　　黄成艮
责任编辑　　陈　旻

小企业财务会计(第二版)

Xiaoqiye Caiwu Kuaiji

出版发行	立信会计出版社		
地　　址	上海市中山西路 2230 号	邮政编码	200235
电　　话	(021)64411389	传　真	(021)64411325
网　　址	www.lixinaph.com	电子邮箱	lxaph@sh163.net
网上书店	www.shlx.net	电　话	(021)64411071
经　　销	各地新华书店		

印　　刷	常熟市梅李印刷有限公司		
开　　本	787 毫米×1092 毫米		1/16
印　　张	26.25		
字　　数	610 千字		
版　　次	2019 年 2 月第 2 版		
印　　次	2019 年 2 月第 1 次		
印　　数	1—2100		
书　　号	ISBN 978 - 7 - 5429 - 6102 - 0/F		
定　　价	58.00 元		

如有印订差错,请与本社联系调换

前　　言

在《小企业会计准则》颁布实施之际，为帮助广大小企业会计人员在较短的时间内掌握《小企业会计准则》，迅速提高实务操作能力，以及为了满足高职高专和中职会计专业教学的需要，我们精心编写了《小企业财务会计》一书。本书主要体现以下特点：

1. 教材内容新。本书以财政部最新颁布的《小企业会计准则》为主要编写依据，详细阐述了小企业各种经济业务的会计处理方法，并参照《企业会计准则》，对两种准则间的差异做了比较，有利于广大财会人员迅速、全面地掌握小企业创立及经营发展过程中各类业务的处理。

2. 编写手法新。在编写体例上，以项目导向、任务驱动的方式设计教材内容，对常见的重要经济业务举例采用原始凭证说明业务事项，所有的原始凭证式样都来自企业、银行、税务等的实际运行过程，仿真性强，更便于学生的学习和理解，培养学生职业能力。

3. 实用性强。本书以理论知识"必需、够用"为原则，注重岗位技能培养。按照小企业岗位需求设计理论知识和经济业务，设计的经济业务内容严格执行现行有效的《小企业会计准则》，并按照最新的税收法律法规对第一版相关税收业务进行了修订，以帮助学生熟练运用最新的会计准则和税收法规。在每个项目后面配有适量的课后练习和技能操作训练，教、学、做相结合，可起到同步学习、即时巩固所学知识、强化学生的实际操作能力和职业判断能力的作用。

4. 适用面广。本书可作为高职高专、成人教育等院校财经类专业的教材，也可供五年制高职和中职会计专业学生使用，同时，还可作为在职会计人员继续教育培训用书。

本书由湖南娄底职业技术学院谢丽安担任主编，湖南娄底职业技术学院陈云梅、谢桃芳、湖南华菱涟源钢铁有限公司财务部会计师李晓路担任副主编。谢丽安编写项目一、项目三、项目五、项目六、项目七、项目九、项目十、项目十一和全部技能操作训练内容及附录；陈云梅编写项目四、项目八；谢桃芳编写项目二；李晓路负责全书相关税收业务的指导。本书第二版由谢丽安总纂、修改并最终定稿。

由于时间仓促，编者水平有限，不足之处在所难免，恳请广大读者批评指正。

编　　者

2019 年 1 月

目　录

项目一 导　　论

知识目标

通过本项目的学习,知晓《小企业会计准则》的适用范围;熟悉小企业财务会计的基本假设和会计信息质量特征。

能力目标

明确小企业财务会计目标;理解小企业会计要素的确认与会计计量。

任务 1　知晓《小企业会计准则》的适用范围

一、小企业的具体规定

为贯彻落实《中华人民共和国中小企业促进法》和《国务院关于进一步促进中小企业发展的若干意见》(国发〔2009〕36 号),工业和信息化部、国家统计局、发展改革委和财政部研究制定了《中小企业划型标准规定》。

《中小企业划型标准规定》根据企业从业人员、营业收入和资产总额等指标,结合行业特点规定了农、林、牧、渔业,工业(包括采矿业,制造业,电力、热力、燃气及水生产和供应业),建筑业,批发业,零售业,交通运输业(不含铁路运输业),仓储业,邮政业,住宿业,餐饮业,信息传输业(包括电信、互联网和相关服务),软件和信息技术服务业,房地产开发经营,物业管理,租赁和商务服务业,其他未列明行业(包括科学研究和技术服务业,水利、环境和公共设施管理业,居民服务、修理和其他服务业,社会工作,文化、体育和娱乐业等五个行业)等 16 个行业中型、小型和微型企业的划型标准。各个行业小企业的划型标准,如表 1-1 所示。

表 1-1

小企业划型标准

行 业 类 型	资产总额	营业收入	从业人员
农、林、牧、渔业		50 万~500 万元	
工业		300 万~2 000 万元	20~300 人
建筑业	300 万~5 000 万元	300 万~6 000 万元	
批发业		1 000 万~5 000 万元	5~20 人

（续表）

行 业 类 型	资产总额	营业收入	从业人员
零售业		100万～500万元	10～50人
交通运输业		200万～3 000万元	20～300人
仓储业		100万～1 000万元	20～100人
邮政业		100万～2 000万元	20～300人
住宿业		100万～2 000万元	10～100人
餐饮业		100万～2 000万元	10～100人
信息传输业		100万～1 000万元	10～100人
软件和信息技术服务业		50万～1 000万元	10～100人
房地产开发经营	2 000万～5 000万元	100万～1 000万元	
物业管理		500万～1 000万元	100～300人
租赁和商务服务业	100万～8 000万元		10～100人
其他未列明行业			10～100人

二、《小企业会计准则》的适用范围

小企业是我国国民经济和社会发展的重要力量。据资料统计,在我国现有477万户企业中,小企业数量占97.11%、从业人员占52.95%、主营业务收入占39.34%、资产总额占41.97%。促进小企业发展,对于提高经济增长活力、有效扩大就业、保证社会和谐稳定、建设创新型国家,具有十分重要的意义。

为了规范小企业会计确认、计量和报告行为,促进小企业可持续发展,发挥小企业在国民经济和社会发展中的重要作用,根据《中华人民共和国会计法》及其他有关法律和法规,财政部制定了《小企业会计准则》,自2013年1月1日起在小企业范围内施行。

《小企业会计准则》适用于在中华人民共和国境内依法设立的、符合《中小企业划型标准规定》所规定的小型企业标准的企业。

下列三类小企业除外:

(1) 股票或债券在市场上公开交易的小企业。

(2) 金融机构或其他具有金融性质的小企业。

(3) 企业集团内的母公司和子公司。

凡符合《小企业会计准则》规定的小企业,可以执行《小企业会计准则》,也可以执行《企业会计准则》,但选定一种准则之后就不得随意转换。在具体执行过程中,应注意以下四方面问题:

(1) 执行《小企业会计准则》的小企业,发生的交易或者事项本准则未作规范的,可以参照《企业会计准则》中的相关规定进行处理。

(2) 执行《企业会计准则》的小企业,不得在执行《企业会计准则》的同时,选择执行《小企业会计准则》的相关规定。

　　（3）执行《小企业会计准则》的小企业公开发行股票或债券的,应当转为执行《企业会计准则》;因经营规模或企业性质变化导致不符合《小企业会计准则》第二条规定而成为大中型企业或金融企业的,应当从次年1月1日起转为执行《企业会计准则》。

　　（4）已执行《企业会计准则》的上市公司、大中型企业和小企业,不得转为执行《小企业会计准则》。

任务2　明确小企业财务会计目标

一、认识小企业财务会计

　　会计是随着社会生产力的发展和经济管理的需要而产生的,是随着经济的发展和科学技术的进步而不断发展和完善的,特别是现代管理科学渗入会计学科,使传统的会计逐步发展成为财务会计和管理会计两大分支。

　　财务会计主要侧重于向企业外部关系人提供有关企业财务状况、经营成果及现金流量等方面的财务信息,因此,财务会计又称"对外报告会计";管理会计主要侧重于向企业内部管理者提供进行经营规划、经营管理、预测决策所需的相关信息,因此,管理会计又称"对内报告会计"。财务会计侧重过去的信息,为外部有关各方提供所需数据;管理会计侧重未来的信息,为内部管理部门提供所需数据。本书是阐述小企业财务会计的理论和实务的。

　　小企业财务会计是以我国《会计法》为准绳,依据《小企业会计准则》,按照规定的会计程序,运用一系列专门方法,对已经发生或已经完成的经济业务和财务收支进行确认、计量和记录,并由此形成财务信息,主要以通用财务报告的形式向各个会计信息使用者提供有用的财务信息,旨在管好、用好企业资金的一种管理活动。

二、明确小企业财务会计的目标

　　财务会计目标是指在一定的历史条件下,人们通过财务会计所要达到的目的和要求。在很多情况下特指财务会计报告目标。

　　2006年2月新修订的《企业会计准则——基本准则》(以下简称基本准则)对财务会计报告目标的定位为:"财务会计报告的目标是向会计报告使用者提供与企业财务状况、经营成果和现金流量等有关的会计信息,反映管理层受托责任履行情况,有助于财务会计报告使用者做出经济决策。"这一定位体现了我国的财务会计既重视决策有用,又重视受托责任的双重目标。

　　财务会计报告使用者包括:

　　（1）企业的所有者(现有和潜在投资者)。

　　（2）企业的债权人(银行、财务公司、信托公司等)。

　　（3）政府职能部门(财政、税务、统计、审计等)。

　　（4）企业管理当局和员工(厂长、经理和各职能部门、职工等)。

　　（5）社会公众。

任务 3　熟悉小企业的会计基本假设和
会计信息质量要求

一、会计基本假设

在市场经济条件下,会计赖以活动的客观经济环境存在着许多不确定因素,在进行会计处理时难免运用估计、判断。为了避免估计和判断的随意性,保证会计信息质量,因而产生了会计核算的基本假设。会计基本假设是小企业会计确认、计量和报告的前提,是对会计核算所处的时间、空间环境所做的合理设定。

基本准则强调了企业会计确认、计量和报告应当以会计主体、持续经营、会计分期和货币计量为会计基本假设。

(一) 会计主体

会计主体是指会计工作为其服务的特定单位或组织。会计主体是随着经济的发展和经营活动组织形式的发展变化而产生的。会计主体是独立核算的经济实体。它包括:进行特定生产经营活动的企业和执行特定社会职能的机关事业单位;具有独立资金并能单独核算生产经营成果的企业内部单位或拥有自己的收支,并能单独核算事业成果的机关事业的内部单位;由若干独立企业组成需要编制合并财务报表的公司或企业集团。

会计主体假设是指会计核算的是一个特定企业的经济活动,它要求会计核算应当区分自身的经济活动与其他单位的经济活动,区分企业的经济活动与企业投资者的经济活动。会计核算必须是站在本单位的角度上观察所发生的经济业务,不能与其他会计主体相混淆。尽管企业归投资者所有,但会计核算要与所有权相分离,必须将投资者视为企业以外的另一个主体,不核算投资者的经济活动。

会计主体假设规定了会计核算的空间范围。应当注意的是,会计主体与法律主体(法人)并非是对等的概念,法人可作为会计主体,但会计主体不一定是法人。

(二) 持续经营

持续经营是指会计主体在可预见的未来,将根据正常的经营方针和既定的经营目标持续经营下去。即在可预见的未来,该会计主体不会破产清算,所持有的资产将正常营运,所负有的债务将正常偿还。它是针对在市场经济条件下,作为会计主体的企业存在着竞争,经营的持续时间具有不确定性而提出的。

持续经营假设并不意味着企业将永远存在下去,也不意味着企业的资产永远不能以清算价值计量。从每个企业的历史考察,确实没有一个企业能够无限期地存在下去。但在通常情况下都认为一个会计主体能够无限期地连续经营下去。首先,从企业个体来看,企业总是希望长期地连续经营下去,并在竞争中始终处于不败之地,建立在这一愿望基础上的会计,当然是以持续经营为核算前提的。其次,从企业整体来看,破产毕竟相对来讲是少数,企业整体将会持续经营下去。

持续经营假设旨在解决资产计量和费用分配等问题,在持续经营的前提下,企业在会计核算资料的收集和处理上使用的会计处理方法才能保持稳定,企业的会计记录和会计报告才能真实可靠。也就是说,企业可以在持续经营的基础上,使用它所拥有的各种资源和依照原来的偿还条件来偿还它所负担的各种债务。会计核算上所使用的一系列会计处理方法都是建立在持续经营前提的基础上的,如果没有规定持续经营的前提条件,一些公认的会计处理方法将缺乏存在的基础,一些公认的会计处理方法也将无法采用。持续经营假设则为会计核算做出了时间上的规定。

(三) 会计分期

会计分期是指将一个企业持续不断的生产经营活动人为地划分成若干个相等的时间间隔即会计期间,以便确认某个会计期间的收入、费用和利润,确认某个会计期末的资产、负债和所有者权益,编制会计报表。

会计分期假设是对持续经营假设的必要补充,是对会计核算时间有效性的规定。会计期间通常是1年,称为会计年度。我国会计准则规定以日历年度作为我国企业的会计年度,即以公历1月1日起至12月31日止为一个会计年度。日本、加拿大等国是从4月1日至次年3月31日为一个会计年度,美国是从10月1日至次年9月30日为一个会计年度,也有的国家以营业年度作为会计年度。所谓营业年度,就是以每年经济活动的最低点作为年度终了期。但不管以日历年度还是以营业年度作为会计年度,会计年度都必须是相等的。每一个会计年度还具体划分为半年度、季度和月份进行核算,按年、半年、季和月编制财务报告。

(四) 货币计量

货币计量假设是指会计以货币为计量单位核算会计主体的经营活动,并假定在不同时期货币的币值是不变的。可见,货币计量假设包括了两层含义:一是一切会计事项均能用货币计量,即货币可作为计量的共同尺度;二是假定货币币值是稳定不变的。会计计量是会计记录的前提,会计记录又必须经过分类和汇总,才能编制成反映企业全貌的财务报告,这就需要一个计量各项经济业务的影响和结果的共同尺度。在商品经济条件下,货币有价值尺度、流通手段、贮藏手段和支付手段的职能。因此,会计核算就必然选择货币作为会计核算上的计量单位,以货币形式来反映企业的生产经营活动的过程。尽管会计产生于货币之前,但货币一经产生便成为会计核算经济活动的计量工具。

同时,由于会计是以货币作为基本计量单位的,这就决定了会计核算的对象只限于那些能够用货币计量的经济活动。而对于有关企业产品质量、企业在市场中的竞争能力等情况的变化,虽然也是企业的经济活动,但因为不能用货币单位来计量,所以也就无法用会计来进行核算。

至于假定货币币值稳定不变,是指对货币购买力的波动不予考虑。因为任何计量,只有在计量单位稳定的情况下,其计量数据才是正确的。但是,货币本身是不稳定的,也就是说,货币并不是一个充分稳定的计量单位,这是一个事实。为了保证会计记录的稳定性、一致性,有必要在会计核算中排除货币币值变动的干扰,即用货币计量但不考虑货币购买力的变动。这样就不得不假定货币币值不变。这一假定在当今世界持续的通货膨胀经济形势下,受到了极大的冲击。为解决货币币值实际上的不稳定问题,各国会计专家正在研究建立通货膨胀会计。

在我国,由于人民币是国家法定的货币,所以,会计准则规定会计核算以人民币为记账本位币。业务收支以外币为主的企业,也可以选定某种外币作为记账本位币,但编制的会计报表应当折算为人民币反映。所谓记账本位币,就是在有多种货币收支的情况下,所选定的一种基本货币单位,在记账和编制报表时,以其他币种计量的经济业务都要折算为基本货币。

上述会计核算的四项基本前提,具有相互依存、相互补充的关系。会计主体确立了会计核算的空间范围,持续经营与会计分期确立了会计核算的时间长度,而货币计量则为会计核算提供了必要手段。没有会计主体,就不会有持续经营;没有持续经营,就不会有会计分期;没有货币计量,就不会有现代会计。

二、会计信息质量要求

会计信息质量要求是对企业财务报告中所提供的会计信息质量的基本要求,是使财务报告中所提供会计信息对使用者决策有用所应具备的基本特征,它包括可靠性、相关性、可理解性、可比性、实质重于形式、重要性、谨慎性和及时性八项要求。

(一) 可靠性

可靠性要求小企业应当以实际发生的交易或事项进行会计确认、计量和报告,如实反映符合确认和计量要求的各项会计要素及其他相关信息,保证会计信息真实可靠、内容完整。

会计提供的信息是有关各方面进行经济决策的重要依据,如果会计核算所提供的数据资料不能客观地反映会计主体经济活动的实际情况,就无法满足有关各方的要求。如果会计提供虚假和歪曲的会计信息,不仅不能发挥会计应有的作用,而且会导致错误的经济决策。因此,在确认会计事项时必须依据真实、客观的经济活动,并有真凭实据,不能受主观因素的影响。会计的计量、记录和报告不得伪造,必须真实地表达所要反映的经济业务。

(二) 相关性

相关性要求小企业提供的会计信息应当与财务报告的使用者的经济决策需要相关,有助于财务报告使用者对企业过去、现在或者未来的情况作出评价或者预测。

会计信息的价值,关键是看其与使用者的决策需要是否相关,是否有助于决策者提高决策水平。相关的会计信息应当有助于使用者评价企业过去的决策,证实或者修改过去的有关预测,因而具有反馈价值。相关的会计信息还应当具有预测价值,有助于使用者根据财务报告所提供的会计信息预测企业未来的财务状况、经营成果和现金流量。

(三) 可理解性

可理解性要求小企业提供的会计信息应当清晰明了,便于财务报告使用者理解和使用。

小企业编制财务报告、提供会计信息的目的在于使用,而要使使用者有效地使用会计信息,应当能让其了解会计信息的内涵,弄懂会计信息的内容,这就要求财务报告所提供的会计信息应当清晰明了,易于理解。只有这样,才能提高会计信息的有用性,实现财务报告的目标,满足向使用者提供决策有用信息的要求。

(四) 可比性

可比性要求小企业会计核算应当按照规定的会计处理方法进行,会计指标应当口径一致、相互可比。

在社会主义市场经济条件下,会计信息既要纵向对比也要横向交流。国家需要运用会计信息进行国民经济的宏观调控;企业既要向外部输出会计信息,又要输入来自外部的其他企业的会计信息;未来投资者通过会计信息的比较决定其投资的方向,等等。因此,无论从哪个方面讲,可比性都是衡量会计信息质量的一个重要特征。

可比性包括两层含义:

(1)为了便于使用者了解小企业财务状况和经营成果的变化趋势,比较企业在不同时期的财务报告信息,从而全面、客观地评价过去、预测未来,会计信息质量的可比性要求同一企业对于不同时期发生的相同或相似的交易或者事项,应当采用一致的会计政策,不得随意变更。当然,满足会计信息可比性的要求,并不表明不允许小企业变更会计政策,企业按照规定或者会计政策变更后可以提供更可靠、更相关的会计信息时,就有必要变更会计政策,以向使用者提供更为有用的信息,但是有关会计政策变更的情况,应当在附注中予以说明。

(2)为了便于使用者评价不同小企业的财务状况、经营成果的水平及其变动情况,从而有助于使用者作出科学合理的决策,会计信息质量的可比性还要求不同企业发生的相同或相似的交易或者事项,应当采用规定的会计政策,确保会计信息口径一致、相互可比,即对于相同或者相似的交易或者事项,不同的企业应当采用一致的会计政策,以使不同企业按照一致的确认、计量和报告基础提供有关的会计信息。

(五)实质重于形式

实质重于形式要求小企业应当按照交易或事项的经济实质进行会计确认、计量和报告,而不应当仅仅按照它们的法律形式作为依据。如果企业仅仅以交易或者事项的法律形式为依据进行会计确认、计量和报告,那么就容易导致会计信息失真,无法如实反映经济现实。

例如,以融资租赁方式租入的资产,虽然从法律形式来讲企业并不拥有其所有权,但从其经济实质来看,企业能够控制其创造的未来经济利益,所以,会计核算上将以融资租赁方式租入的资产视为企业的自有资产。

(六)重要性

重要性要求小企业提供的会计信息应当反映与企业财务状况、经营成果和现金流量有关的所有重要交易或者事项。

企业会计信息的省略或者错报会影响使用者据此作出的经济决策,该信息就具有重要性,重要性的应用需要依赖职业判断,小企业应当根据其所处环境和实际情况,从项目的性质和金额大小两方面来判断其重要性。

(七)谨慎性

谨慎性要求小企业对交易或者事项进行会计确认、计量和报告时应当保持应有的谨慎,不应高估资产或者收益、低估负债或者费用。

在市场经济条件下,企业的生产经营活动面临着许多风险和不确性,会计信息质量的谨慎性要求,即需要企业在面临不确定性因素的情况下作出职业判断时,保持应有的谨慎,充分估计各种风险和损失,既不高估资产或者收益,也不低估负债或者费用。

(八)及时性

及时性要求小企业对于已经发生的交易或事项,应当及时进行会计确认、计量和报告,不得提前或者延后。

会计信息的价值在于帮助使用者作出经济决策,因此具有时效性。即使是可靠、相关的会计信息,如果不及时提供,也就失去了时效性,对于使用者的效用就大大降低,甚至不再具有任何意义。

任务 4　理解小企业会计要素的确认与会计计量

一、会计要素

会计要素是对会计对象的基本分类,是会计核算对象的具体化。会计要素作为反映企业财务状况和经营成果的基本单位,又是会计报表的基本构件。基本准则将会计要素划分为资产、负债、所有者权益、收入、费用和利润六类。这六大会计要素又可以划分为两大类,即反映财务状况的会计要素和反映经营成果的会计要素。反映财务状况的会计要素包括资产、负债和所有者权益;反映经营成果的会计要素包括收入、费用和利润。

(一) 资产的定义、确认及分类

1. 资产的定义

资产是指小企业过去的交易或者事项形成的、由小企业拥有或控制的、预期会给小企业带来经济利益的资源。资产具有以下基本特征:

(1) 资产是由过去的交易或者事项所形成的。资产必须是现实的资产,而不是预期的资产。只有过去的交易或者事项所产生的结果才能确认资产,而不能根据谈判中的交易或计划中的经济业务来确认资产。

【课堂思考 1-1】 海滨公司 2018 年 9 月与 A 企业签订了一份购进材料合同,但合同尚未履行。请问:合同签订时能否确认该材料为海滨公司的资产?

(2) 资产是小企业拥有或者控制的。拥有是指小企业对资源拥有所有权;控制是指小企业对某资源虽然不拥有所有权,但小企业能够支配该资产并从中获取经济利益。

【课堂思考 1-2】 海滨公司以融资租赁方式租入了 1 台大型机器设备,租赁期限为 8 年,该设备的使用寿命为 10 年。请问:海滨公司能否将该设备确认为资产?

(3) 资产预期会给小企业带来经济利益。所谓经济利益,是指直接或间接流入企业的现金或现金等价物。例如,货币资金可以用于购买所需商品,厂房、机器设备、原材料可以用于生产经营过程,制造商品出售后收回货款即为企业获得的经济利益。

【课堂思考 1-3】 海滨公司 2018 年 12 月有一批库存商品已失效等待处理。请问:海滨公司是否能将该批商品作为资产列示在资产负债表中?

2. 资产的确认条件

将一项资源确认为资产,需要符合资产的定义,还应同时满足以下两个条件:

(1) 与该资源有关的经济利益很可能流入小企业。

(2) 该资源的成本或者价值能够可靠地计量。

【课堂思考 1-4】 长江公司是一家高新技术企业,该公司 2018 年度发生下列事项:①发生研究支出 100 万元;②引进了一批技术人才,人力资源丰富,预计能为企业带来一定的经济效益;请问:该公司的研究支出和引进人才能否确认为资产?

答案提示:研究支出虽然能可靠计量,但是很难判断能否为企业带来经济利益的流入;人力资源预计能为企业带来一定的经济效益,但其成本和价值难以可靠地计量。因此,这两个事项都不能同时符合资产确认的两个条件,不能确认为资产。

3. 资产的分类

资产按流动性,可分为流动资产和非流动资产(即长期资产)两类。流动资产是指可以在1年内(含1年)或超过1年的一个营业周期内变现、耗用的资产。小企业的资产主要包括货币资金、短期投资、应收票据、应收款项、预付账款、应收利息、应收股利、其他应收款和存货等。非流动资产是指流动资产以外的资产。小企业的非流动资产主要包括长期股权投资、长期债券投资、无形资产、固定资产、在建工程、研发支出和其他资产等。

(二) 负债的定义、确认及分类

1. 负债的定义

负债是指小企业过去的交易或者事项所形成的、预期会导致经济利益流出小企业的现时义务。负债具有以下基本特征:

(1) 负债是由于过去的交易或者事项而形成的现时义务。也就是说,导致负债的交易或者事项必须已经发生。例如,购买货物或接受劳务会产生应付账款(已经预付或者在交货时支付款项除外),向银行贷款则会产生偿还贷款的义务。所谓现时义务,是指在现行条件下已承担的义务。对于小企业正在筹划的未来交易或者事项,如小企业的业务计划等,并不构成小企业的负债。

【课堂思考 1-5】 海滨公司 2018 年 10 月向银行贷款 20 万元用于生产经营,同时还与银行达成了 2 个月后借入 100 万元的基建借款意向书。请问:能否将这两项贷款交易确认为海滨公司的负债?

(2) 负债的清偿预期会导致经济利益流出小企业。清偿负债导致经济利益流出小企业的方式很多,如可以用现金或实物资产偿还,也可以提供劳务来偿还,或者两者兼而有之;还可以将其转化为所有者权益,如将对某小企业的应付账款转为某小企业的实收资本(或股本)。

2. 负债的确认条件

将一项现时义务确认为负债,需要符合负债的定义,还需要同时满足以下两个条件:

(1) 与该义务有关的经济利益很可能流出小企业。

(2) 未来流出的经济利益的金额能够可靠地计量。

3. 负债的分类

负债按流动性,可分为流动负债和非流动负债两类。流动负债是指可以在1年内(含1年)或超过1年的一个营业周期内偿还的债务。小企业的流动负债包括短期借款、应付账款、应付票据、预收账款、应付职工薪酬、应交税费、应付利息、应付股利和其他应付款等。非流动负债是指流动负债以外的负债。小企业的非流动负债主要包括长期借款和长期应付款等。

(三) 所有者权益的定义、确认及构成

1. 所有者权益的定义

所有者权益是指小企业资产扣除负债后由所有者享有的剩余权益。股份公司的所有者权益又称股东权益。所有者权益具有以下基本特征：

（1）除非发生减资、清算，小企业不需要偿还所有者权益。

（2）小企业清算时，只有在清偿所有债务后，所有者权益才返还给所有者。

（3）所有者有法定的管理企业和委托他人管理企业的权利，能够参与小企业利润分配。

2. 所有者权益的确认条件

所有者权益体现的是所有者在小企业中的剩余权益，因此，所有者权益的确认主要依赖于其他会计要素，尤其是资产和负债的确认；所有者权益金额的确定也主要取决于资产和负债的计量。例如，小企业接受投资者投入的资产，在该资产符合小企业资产确认条件时，就相应地符合了所有者权益的确认条件；当该资产的价值能够可靠计量时，所有者权益的金额也就可以确定。

3. 所有者权益的来源构成

所有者权益的来源包括所有者投入的资本、留存收益等，通常由股本（或实收资本）、资本公积（含股本溢价或资本溢价）、盈余公积和未分配利润构成。

（四）收入的定义、确认及分类

1. 收入的定义

收入是指小企业在日常活动中形成的、会导致所有者权益增加的、与所有者投入资本无关的经济利益的总流入。收入具有以下基本特征：

（1）收入是从小企业的日常活动中产生，而不是从偶发的交易或者事项中产生。这里的日常活动，是指小企业为完成其经营目标而从事的经常性的活动以及与之相关的其他活动，如工业小企业销售产品、商业小企业销售商品、商业银行对外贷款等活动。

（2）收入可能表现为小企业资产的增加；也可能表现为负债的减少；或者两者兼而有之。例如，小企业销售商品取得银行存款或增加应收账款等，表现为资产的增加；小企业以商品或劳务抵偿了债务，表现为负债的减少；如果销售商品的货款中部分抵偿债务，部分收取现金，则两者兼而有之。

（3）收入会导致小企业所有者权益的增加。如上所述，收入能增加资产或减少负债或两者兼而有之，因此，根据"资产－负债＝所有者权益"的公式，小企业取得的收入一定能增加所有者权益。但收入扣除相关成本费用后的净额，则既可能增加所有者权益，也可能减少所有者权益。这里仅指收入本身导致的所有者权益增加，而不是收入扣除相关成本费用后的净额对所有者权益的影响。

（4）收入只包括本企业经济利益的流入，而不包括为第三方或者客户代收的款项。例如，小企业代国家收取的增值税等。代收的款项，虽然一方面增加小企业的资产，但另一方面增加小企业的负债，因此不增加小企业的所有者权益，也不属于小企业经济利益的流入，不能作为小企业的收入。

【课堂思考 1-6】 海滨公司 2018 年 12 月收到投资者投入货币资金 50 万元，并将其存入银行。请问：这 50 万元是否属于海滨公司的收入？

2. 收入的确认条件

小企业收入的来源渠道多种多样，不同收入来源的特征有所不同，其收入确认条件也往往存在差别，如销售商品和提供劳务等。一般而言，收入只有在经济利益很可能流入从而导致小企业资产增加或者负债减少、经济利益流入额能够可靠计量时才能予以确认。

3. 收入的分类

按照收入的性质分类,小企业的收入可以分为销售商品的收入和提供劳务的收入。

按照小企业经营业务的主次分类,收入可以分为主营业务收入和其他业务收入。

(五) 费用的定义、确认及分类

1. 费用的定义

费用是指小企业在日常活动中发生的、会导致所有者权益减少的、与向所有者分配利润无关的经济利益的总流出。费用具有以下基本特征:

(1) 费用是小企业在日常活动中发生的经济利益的总流出。具体表现为小企业的资金支出,或表现为资产的耗费。例如,支付工资、消耗材料、磨损机器设备等都将导致企业资源的减少,其目的是为了取得收入,从而获得更多资产。

(2) 费用会导致小企业的所有者权益减少。费用通常是为了取得某项营业收入而发生的耗费,这些耗费可以表现为资产的减少或负债的增加,根据"资产－负债＝所有者权益"等式原理,小企业的费用最终会减少企业的所有者权益。

(3) 费用与向所有者分配利润无关。向所有者分配利润或股利属于小企业利润分配的内容,不构成小企业的费用。

2. 费用的确认条件

费用只有在经济利益很可能流出从而导致小企业资产减少或者负债增加,且经济利益的流出额能够可靠计量时才能予以确认。

【课堂思考1-7】 海滨公司2018年12月用银行存款20万元购买生产用的原材料。请问:这20万元是否属于海滨公司的费用?

3. 费用的分类

费用按经济用途分类,可分为产品生产成本和期间费用两类。产品生产成本由直接材料、直接人工、制造费用三个成本项目构成,期间费用包括管理费用、财务费用、销售费用三项。

(六) 利润的定义、确认及分类

1. 利润的定义

利润是指小企业在一定会计期间的经营成果。利润包括收入减去成本费用后的净额、直接计入当期利润的利得和损失等。利润分为营业利润、利润总额和净利润三个层次。

$$营业利润＝营业收入－营业成本－营业税金及附加－销售费用－管理费用$$
$$－财务费用＋投资收益(－投资损失)$$
$$利润总额＝营业利润＋营业外收入－营业外支出$$
$$净利润＝利润总额－所得税费用$$

2. 利润的确认条件

利润反映收入减去费用、利得减去损失的净额。利润的确认主要依赖于收入和费用以及利得和损失的确认,其金额的确定也主要取决于收入、费用、利得和损失金额的计量。

二、会计等式

会计等式又称会计平衡式,是指表明各会计要素之间基本关系的恒等式。以上六项会计要素反映了资金运动的静态和动态两个方面,具有紧密的相关性,表现为以下两个会计等式。

(一) 静态会计等式(基本会计等式)

由静态会计要素组合而成的表明小企业某一特定时点财务状况的等式。

组合方式:资产＝负债＋所有者权益

这一会计等式表明某一会计主体在某一特定时点所拥有的各种资产,债权人和所有者对企业资产要求权的基本状况,表明资产与负债、所有者权益之间的基本关系。这一会计等式是复式记账、试算平衡和编制资产负债表的理论依据。

(二) 动态会计等式

由动态会计要素组合而成的反映小企业一定会计期间经营成果的等式。

组合方式:收入－费用＝利润

这一会计等式表明经营成果与相应期间的收入和费用的关系。小企业通过收入与费用的比较,才能计算确定一定会计期间的盈利水平,确定当期实现的利润总额。

由于收入不包括处置固定资产净收入、补贴收入等,费用也不包括处置固定资产净损失、自然灾害损失等,所以,收入减去费用,并经过调整后,才等于利润。

这一会计等式是编制利润表的依据。

三、会计计量

会计计量是为了将符合确认条件的会计要素登记入账并列报于财务报表而确定其金额的过程。企业应当按照规定的会计计量属性进行计量,确定相关金额。

(一) 会计计量属性

会计计量属性主要包括历史成本、重置成本、可变现净值、现值和公允价值等。

1. 历史成本

历史成本又称实际成本,是指按照取得或制造某项财产物资时所实际支付的现金或者其他等价物价值计价的金额。在历史成本计量下,资产按照购置时支付的现金或者现金等价物的金额,或者按照购置资产时所付出的对价的公允价值计量。负债按照因承担现时义务而收到的款项或者资产的金额,或者承担现时义务的合同金额,或者按照日常活动中为偿还负债预期需要支付的现金或者现金等价物的金额计量。

2. 重置成本

重置成本又称现行成本,是指按照当前市场条件,重新取得同样一项资产所需支付的现金或现金等价物的金额。在重置成本计量下,资产按照现在购买相同或者相似的资产所需支付的现金或者现金等价物的金额计量。负债按照现在偿付该项负债所需支付的现金或者现金等价物的金额计量。在会计实务中,重置成本多应用于盘盈固定资产的计量。

3. 可变现净值

可变现净值是指在正常的生产经营过程中,以预计售价减去进一步加工成本和销售所必需的预计税金、费用后的净值。在可变现净值计量下,资产按其正常对外销售所能收到现金或者现金等价物的金额扣减该资产至完工时估计将要发生的成本、估计的销售费用以及相关税费后的金额计算。

4. 现值

现值是指对未来现金流量以恰当的折现率进行折现后的价值,是考虑货币时间价值因素等的一种计量属性。在现值计量下,资产按照预计从其持续使用和最终处置中所产生的未来净现金流入量的折现金额计量。负债按照预计期限内需要偿还的未来净现金流出量的折现金额计量。

5. 公允价值

公允价值是指在公平交易中,熟悉情况的交易双方自愿进行资产交换或者债务清偿的金额。在公允价值计量下,资产和负债按照在公平交易中,熟悉情况的交易双方自愿进行资产交换或者债务清偿的金额计量。

(二) 小企业会计计量属性的应用原则

《小企业会计准则》规定,小企业的资产应当按照成本进行计量,不计提资产减值准备。

【课后练习】

一、单项选择题

1. 下列项目中,符合小企业资产定义的是(　　　)。

A. 购入的某种材料　　　　　　　　B. 经营租入的设备

C. 待处理的财产损失　　　　　　　D. 计划购买的某项设备

2. (　　　)是对会计对象的基本分类,是会计核算对象的具体化。

A. 资产　　　　　B. 负债　　　　　C. 资金运动　　　　D. 会计要素

3. (　　　)是编制资产负债表的依据。

A. 资产＝负债＋所有者权益

B. 收入－费用＝利润

C. 负债＝流动负债＋非流动负债

D. 资产＝负债＋所有者权益＋(收入－费用)

4. 确定会计核算空间范围的会计假设是(　　　)。

A. 持续经营　　　B. 会计主体　　　C. 货币计量　　　D. 会计分期

5. 小企业应当以实际发生的交易或者事项为依据进行会计确认、计量和报告,如实反映符合确认和计量要求的各项会计要素及其他相关信息,保证会计信息真实可靠、内容完整。这体现会计信息质量要求的是(　　　)。

A. 及时性　　　　B. 可理解性　　　C. 相关性　　　　D. 可靠性

6. 强调某一小企业各期提供的会计信息应当采用一致的会计政策,不得随意变更的会计信息质量要求的是(　　　)。

A. 可靠性　　　　B. 相关性　　　　C. 可比性　　　　D. 可理解性

7. 小企业对于已经发生的交易或者事项,应当及时进行会计确认、计量和报告,不得提前或者延后。这体现的是(　　　)。

A. 及时性　　　　　B. 相关性　　　　　C. 谨慎性　　　　　D. 重要性

8. 某小企业将预收的货款记入"预收账款"账户,在收到款项的当期不确认收入,而在实际发出商品时确认收入,这主要体现的会计基本假设是(　　　)。

A. 会计主体　　　B. 持续经营　　　C. 会计分期　　　D. 货币计量

9. 会计主要是以(　　　)为计量单位。

A. 货币　　　　　B. 实物　　　　　C. 劳动量　　　　D. 工作量

10. 会计按其报告的对象不同,可分为(　　　)。

A. 财务会计与成本会计　　　　　　B. 财务会计与管理会计

C. 管理会计与成本会计　　　　　　D. 管理会计与税务会计

二、多项选择题

1. 下列各项中,属于反映小企业财务状况的会计要素有(　　　)。

A. 收入　　　　　B. 负债　　　　　C. 费用　　　　　D. 所有者权益

2. 会计核算的基本前提包括(　　　)。

A. 持续经营　　　B. 会计主体　　　C. 货币计量　　　D. 会计分期

3. 下列各项中,属于会计等式的有(　　　)。

A. 资产＝负债＋所有者权益

B. 收入－费用＝利润

C. 期初余额＋本期增加额－本期减少额＝期末余额

D. 资产＝负债＋所有者权益＋(收入－费用)

4. 在我国会计实务中,会计信息使用者包括(　　　)。

A. 投资者　　　　　　　　　　　　B. 债权人

C. 政府主管部门　　　　　　　　　D. 企业内部报表使用者

5. 财务会计核算的基本程序包括(　　　)。

A. 会计确认　　　　　　　　　　　B. 会计计量

C. 会计记录　　　　　　　　　　　D. 会计报告

6. 相关性要求所提供的会计信息满足(　　　)的需要。

A. 企业内部加强经营管理

B. 国家宏观经济管理

C. 有关各方面了解企业财务状况和经营成果

D. 提高全民素质

7. 下列做法中,违背会计核算可比性的有(　　　)。

A. 鉴于某项固定资产经改良性能提高,决定延长其折旧年限

B. 鉴于利润计划完成情况不佳,将固定资产折旧方法由原来的双倍余额递减法改为平均年限法

C. 鉴于某项专有技术已经陈旧过时,未来不能给企业带来经济利益,将其账面价值一次性核销

D. 鉴于某被投资企业将发生亏损,将该投资由权益法核算改为成本法核算

8. 下列各项中,属于中期财务报告的有(　　　)。

A. 年度财务会计报告　　　　　　　B. 半年度财务会计报告

C. 季度财务会计报告　　　　　　　D. 月度财务会计报告

9. 财务会计提供的公共信息主要有( )。

A. 会计主体的经营成果　　　　　　B. 会计主体的财务状况

C. 会计主体的现金流量　　　　　　D. 会计主体的经营计划

10. 下列项目中,不应作为负债确认的有( )。

A. 因购买货物而暂欠外单位的货款

B. 按照购货合同约定以赊购方式购进货物的货款

C. 计划向银行借款 100 万元

D. 因经济纠纷导致的法院尚未判决且金额无法合理估计的赔偿

三、判断题

1. 一般来说,法律主体均可作为会计主体,会计主体不一定是法律主体。 ( )

2. 我国企业会计期间按年度划分,以日历年度为一个会计年度。 ( )

3. "收入－费用＝利润"这一会计等式反映了企业某一时点的财务状况。 ( )

4. 会计核算只能以货币作为计量单位。 ( )

5. 负债是指小企业过去的交易或者事项形成的、预期会导致经济利益流出企业的现时义务。 ( )

6. 会计核算的可比性要求之一是同一会计主体在不同时期尽可能采用相同的会计程序和会计处理方法,以便于不同会计期间会计信息的纵向比较。 ( )

7. 按照谨慎性的会计信息质量要求,小企业可以合理估计可能发生的损失和费用,因此,小企业可以任意提取各种准备。 ( )

8. 对于重要的交易或者事项,应当单独、详细反映,对于不重要、不会导致投资者等有关各方决策失误或误解的交易或者事项,可以合并、粗略反映,以节省提供会计信息的成本。 ( )

9. 出售无形资产取得收益会导致经济利益的流入,所以,它属于基本准则所定义的"收入"范畴。 ( )

10. 利润是小企业在日常活动中取得的经营成果,因此,不应包括小企业在偶发事件中产生的利得和损失。 ( )

项目二　货币资金业务核算

知识目标

通过对本项目的学习,明确货币资金的含义、范围,熟悉现金的管理与控制制度;熟悉银行转账结算方式的主要内容;掌握库存现金日常收支以及清查的核算;掌握银行存款日常收支的核算以及银行存款清查的方法;掌握其他货币资金的核算。

能力目标

能正确地填写各种结算凭证;能熟练办理现金和日常转账结算业务;能根据库存现金、银行存款和其他货币资金业务准确地编制记账凭证;能正确编制银行存款调节表;能设置并登记库存现金日记账、银行存款日记账和其他货币资金明细账。

货币资金是指在小企业生产经营过程中处于货币形态的那部分资金。货币资金按其形态和用途不同可分为库存现金、银行存款和其他货币资金。其中,其他货币资金包括外埠存款、银行汇票存款、银行本票存款、信用证保证金存款、信用卡存款和存出投资款等。货币资金是小企业中最活跃的资金,流动性强,是小企业的重要支付手段和流通手段。

任务 1　库存现金业务核算

【相关知识】

库存现金是指存放在小企业财会部门并由出纳员保管的货币资金,包括库存的人民币和外币。库存现金可以随时用于购买小企业所需要的物资,偿还债务,支付费用,也可以随时存入银行。库存现金是流动性最强的一种货币资金,所以,小企业应当严格遵守国家规定的现金管理制度,正确进行现金收支的核算,并监督现金使用的合法性与合理性。

一、现金的使用范围

现金的使用范围是指按照国家规定可以使用库存现金进行结算的范围,根据国务院颁发的《现金管理暂行规定》的规定,小企业可以在下列范围内使用现金:

(1)职工工资、津贴。

(2)个人的劳务报酬。

(3)根据国家规定颁发给个人的科学技术、文化艺术、体育等各种奖金。

(4)各种劳保、福利费用以及国家规定的对个人的其他库存现金支出。

（5）收购单位向个人收购农副产品和其他物资的款项。

（6）出差人员必须随身携带的差旅费。

（7）结算起点（1 000 元）以下的零星支出。

（8）中国人民银行确定需要支付库存现金的其他支出。

凡不属于国家库存现金结算范围的支出，一律不准使用库存现金结算，而必须通过银行办理转账结算。

二、库存现金限额管理

库存现金限额是指为了保证小企业日常零星开支的需要，允许小企业留存现金的最高数额。为了控制现金使用，有计划地组织货币流通，小企业的库存现金的限额由开户银行根据单位的实际需要核定，一般按照单位 3～5 天日常零星开支的需要确定，边远地区和交通不方便地区开户单位的库存现金限额，可按多于 5 天但不超过 15 天日常零星开支的需要确定。经核定的限额必须遵守，超过库存限额的现金，出纳员应及时送存银行。需要增减库存现金限额的，应当向开户银行提出申请，由开户银行核定。

三、库存现金日常收支管理

小企业在办理有关现金收支业务时，应遵守以下规定：

（1）小企业现金收入应当于当日交存开户银行。当日交存确有困难的，由开户银行确定送存时间。

（2）小企业从开户银行提取现金，应当写明用途，由本单位财会部门负责人签字盖章，经开户银行审核后，予以支付现金（即不得套现）。

（3）不准保留账外公款（即不得设置小金库）。

（4）不准用不符合会计制度的凭证顶替库存现金（即不得白条抵库）。

（5）不准用银行账户代其他单位和个人存入或支取现金（即不得出租出借账号）。

（6）不准用单位收入的现金以个人名义存储（即不得公款私存）。

（7）小企业支付现金，可以从本单位库存限额中支付或者从开户银行提取，一般不得从本单位的现金收入中直接支付（即不得坐支）。因特殊情况需要坐支现金的，应当事先报经开户银行审查批准，由开户银行核定坐支范围和限额。坐支单位应当定期向开户银行报送坐支金额和使用情况。

【业务操作】

一、库存现金的总分类核算

为了核算现金的收入、支出和结存情况，小企业应设置"库存现金"账户，进行总分类核算。"库存现金"账户属于资产类账户。小企业收入现金时，应借记"库存现金"账户，贷记有关账户；支出现金时，应借记有关账户，贷记"库存现金"账户。当小企业的记账凭证采用收款凭证、付款凭证和转账凭证三种分类凭证时，收入现金编制收款凭证，支出现金编制付款凭证。但从银行提取现金只编制银行存款付款凭证，将现金交存银行只编制现金付款凭证,以避免重复记账。"库存现金"总分类账由会计人员根据有关现金收付款凭证直接登记或定期汇总登记。

二、库存现金的明细分类核算

小企业还必须设置"现金日记账"进行现金收支的明细核算。有外币现金收支业务的小企业,应当按照人民币现金、外币现金的币种设置现金账户进行明细核算。

现金日记账采用订本式账簿,一般采用三栏式账页。该账页借方栏根据现金收款凭证和银行存款付款凭证登记,贷方栏根据现金付款凭证登记。现金日记账由出纳人员根据审核无误的现金收付款凭,按照现金业务发生的先后顺序逐笔序时登记。每日终了,应当计算当日的现金收入、现金支出合计数和结余数,并将结余数与实际库存数进行核对,做到账款相符。月份终了,"现金日记账"的余额应与"库存现金"总账账户的余额核对,做到账账相符。

三、库存现金的清查

为了保证现金的安全,小企业应定期或不定期地进行现金清查,核对现金实有数额与账面结存额是否相符。清查方法一般采用实地盘点法,清查时出纳人员必须在场。清查的内容主要是检查账款是否相符,是否有白条抵库或挪用现金,是否超限额留存现金等。发现短款或溢余,应编制"现金盘点报告表",填写现金实存、账面结存和长短款情况,并由清查人员和出纳共同签章方能生效。

发生长款或短款,必须及时查明原因,在没有查明原因以前,通过"待处理财产损溢——待处理流动资产损溢"账户核算,待查明原因后分别情况处理。

(一) 现金短款的核算

1. 查明原因之前

应按实际短缺的金额,借记"待处理财产损溢——待处理流动资产损溢"账户,贷记"库存现金"账户。

2. 查明原因之后

分别情况处理:

(1) 属于应由责任人赔偿的部分,借记"其他应收款——应收现金短缺款(××个人)"或"库存现金"等账户,贷记"待处理财产损溢——待处理流动资产损溢"账户。

(2) 属于应由保险公司赔偿的部分,借记"其他应收款——应收保险赔款"账户,贷记"待处理财产损溢——待处理流动资产损溢"账户。

(3) 属于无法查明的其他原因,根据管理权限,经批准后处理,借记"营业外支出——现金短缺"账户,贷记"待处理财产损溢——待处理流动资产损溢"账户。

(二) 现金溢余的核算

1. 查明原因之前

应按实际溢余的金额,借记"库存现金"账户,贷记"待处理财产损溢——待处理流动资产损溢"账户。

2. 查明原因之后

分别情况处理:

（1）属于应支付给有关人员或单位的,借记"待处理财产损溢——待处理流动资产损溢"账户,贷记"其他应付款——应付现金溢余(××个人或单位)"账户。

（2）属于无法查明原因的现金溢余,经批准后,借记"待处理财产损溢——待处理流动资产损溢"账户,贷记"营业外收入——现金溢余"账户。

四、典型任务举例

【任务 2-1】　因零星开支需要,出纳开出现金支票从银行提取现金 2 000 元备用。

表 2-1

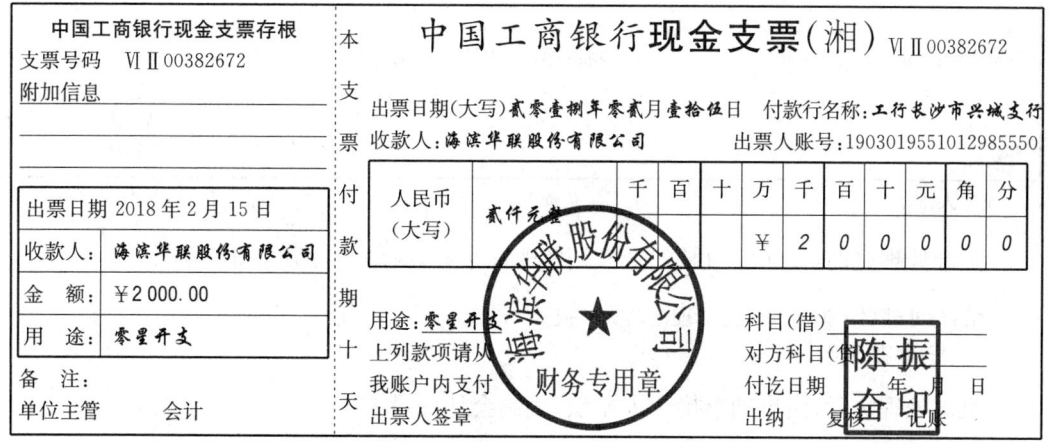

根据现金支票存根(见表 2-1)编制会计分录如下:

借:库存现金	2 000
贷:银行存款	2 000

【任务 2-2】　2018 年 2 月 18 日,海滨公司业务员周瑜出差预借差旅费 3 000 元。

表 2-2

借　据

部门或姓名＿＿＿＿＿　　　2018 年 2 月 18 日　　　　　　　第　　号

今　借　到

人民币(大写)　**叁仟元整**　　　　　　　　　　　　　　　　　　此据

　　　　　　　　￥3 000.00　　　　　**现金付讫**

借款用途说明:　去北京出差

主管人 批准	同意 陈振奋	财务负责人 意　见	同意 张宏	部门负责人 意　　见	同意 李怀	借款人 签章	周瑜

会计:陆海　　　　　　　　复核:陆海　　　　　　　　出纳:李艳

根据借据(见表 2-2)编制会计分录如下:

借:其他应收款——周瑜	3 000
贷:库存现金	3 000

【任务 2-3】 2018 年 2 月 28 日,海滨公司清查出纳李艳保管的现金时,发现短款 80 元。

表 2-3

现金清查报告单

2018 年 2 月 28 日

单位:元

账面数	清点数	盘盈	盘亏	备注
金额	金额	金额	金额	
2 654.00	2 574.00		80.00	
分析原因:差错		审批意见:由出纳个人赔偿		
			陈振奋 2018.3.1	

清查人:陈邰 负责人:张宏 出纳:李艳

批准处理之前,按实际短缺的金额调整账面余额,编制会计分录如下:

借:待处理财产损溢——待处理流动资产损溢 80

　　贷:库存现金 80

批准处理之后,由出纳李艳个人赔偿,编制会计分录如下:

借:其他应收款——李艳 80

　　贷:待处理财产损溢——待处理流动资产损溢 80

任务 2 银行存款业务核算

【相关知识】

银行存款是指小企业存放在银行或其他金融机构的货币资金。小企业应当根据业务需要,按规定在其所在地银行申请开立存款结算账户,小企业货币资金的收入和付出,除了规定可用现金收付的以外,在经营过程中所发生的一切货币收支业务,都必须通过银行存款账户办理结算。

一、银行存款的管理规定

(一) 银行存款开户管理

小企业在当地银行开设银行存款账户时,要按照工商、税务和银行等部门的有关规定办理开户手续。银行存款账户分为基本存款户、一般存款户、临时存款户和专用存款户。

1. 基本存款户

基本存款户是存款人办理日常转账结算和现金收付的账户。存款人只能在银行开立一个基本存款户。存款人的工资、奖金等现金的支取,只能通过本账户办理。

2. 一般存款户

一般存款户是存款人在基本存款账户以外的银行借款转存、与基本存款账户的存款人不在同一地点的附属非独立核算单位开立的账户,存款人可以通过本账户办理转账结算和现金缴存,但不能办理现金支取。

3. 临时存款户

临时存款户是存款人因临时经营活动需要和外地临时机构开立的账户,办理转账结算和根据国家现金管理的规定办理现金收付。

4. 专用存款户

专用存款户是存款人因特定用途需要开立的账户,办理基本建设和更新改造和其他特定用途需要专户管理的资金。

国家对小企业使用银行存款账户有严格规定,主要有以下要求:①银行账户只供本单位用于款项收付,不得供小企业以外的其他单位或个人使用;②小企业不得利用银行账户进行非法活动;③小企业不得向银行透支;④银行支票要专人保管和签发,小企业不得出借支票或将支票让给其他小企业或个人使用;⑤小企业要及时、正确地登记银行存款账户的收支业务,并定期与银行核对账目。

(二) 银行结算纪律和原则

1. 银行结算纪律

不准签发没有资金保证的票据或远期支票,套取银行信用;不准签发、取得和转让没有真实交易和债权债务的票据,套取银行和他人资金;不准无理拒绝付款,任意占用他人资金;不准违反规定开立和使用账户。

2. 银行结算原则

恪守信用,履约付款;谁的钱进谁的账,由谁支配;银行不垫款。

二、银行转账结算方式

银行转账结算是指不直接采用现金而通过银行转账进行货币资金收付的结算方式。根据中国人民银行有关结算制度的规定,各单位之间的一切经济往来,包括产品销售、劳务供应和资金缴拨等货币资金结算,除结算金额起点以下的零星支付可以使用现金外,都必须进行转账结算。目前,在小企业发生的货币资金收付业务中,常用的结算方式有:银行汇票、银行本票、商业汇票和支票四种票据及信用卡;不涉及货币资金收付的常用的结算方式主要有汇兑、委托收款、托收承付和信用证四种。

(一) 银行汇票

银行汇票是汇款人将款项交存当地出票银行,出票银行签发,由其在见票时按照实际结算金额无条件支付给收款人或持票人的票据。单位和个人各种款项的结算均可使用银行汇票。银行汇票一律记名,可以背书转让。提示付款期限,自出票日起1个月。

(二) 银行本票

银行本票是申请人将款项交存银行,由银行签发的、承诺自己在见票时无条件支付确定的金额给收款人或者持票人的票据。单位和个人在同城范围内需要支付的各种款项,均可使用银行本票。银行本票一律记名,可以背书转让,提示付款期,自出票日起最长不得超过2个月。银行本票分定额本票和不定额本票,定额本票面值分别为1 000元、5 000

元、10 000 元和 50 000 元。

（三）商业汇票

商业汇票是由出票人签发的，委托付款人在指定日期无条件支付确定的金额给收款人或持票人的票据。按承兑人的不同，商业汇票分为商业承兑汇票和银行承兑汇票。由银行承兑的汇票为银行承兑汇票，属于银行信用；由银行以外的企事业单位等承兑的汇票为商业承兑汇票，属于商业信用。商业汇票一律记名，允许背书转让或贴现。商业承兑汇票既可由收款人出票，付款人承兑，也可由付款人出票并承兑，汇票的付款期限最长不超过 6 个月。

（四）支票

支票是出票人签发的，委托办理支票存款业务的银行在见票时无条件支付确定的金额给收款人或者持票人的票据。支票分为现金支票、转账支票和普通支票。现金支票只能用于支取现金；转账支票只能用于转账；普通支票可以用于支取现金，也可用于转账，但是在普通支票左上角划两条平行线的划线支票就只能用于转账。支票是同城范围内应用较广的一种结算方式，具有方便、灵活等特点。支票一律记名，转账支票可以背书转让。支票提示付款期为 10 天（从签发支票的当日起，到期日遇节假日向后顺延）。

（五）信用卡

信用卡是商业银行向单位和个人发行的，凭以向特约单位购物、消费和向银行存取现金，且具有消费信用的特制载体卡片。信用卡按使用对象分为单位卡和个人卡；按信誉等级分为金卡和普通卡。单位卡账户的资金一律从其基本存款账户转账存入，不得交存现金，不得将销货收入的款项存入其账户。单位卡一律不得支取现金，单位卡不得用于 10 万元以上的商品交易、劳务供应款项的结算。

（六）汇兑

汇兑是汇款人委托银行将其款项支付给收款人的结算方式。这种结算方式划拨款项简便、灵活。汇兑分为信汇和电汇两种。信汇是指汇款人委托银行通过邮寄方式将款项划给收款人，电汇是指汇款人委托银行通过电讯手段将款项划转给收款人，两种方式可由汇款人根据需要选择使用。单位和个人异地之间的各种款项的结算，均可使用。

（七）委托收款

委托收款是收款人委托银行向付款人收取款项的结算方式。委托收款分为邮寄和电报划回两种。这种结算方式使用范围广，方便灵活，同城、异地均可办理，且不受金额起点限制。单位和个人凭承兑商业汇票、债券、存单等付款人债务证明办理款项结算时，可使用委托收款结算方式，也适用于收取电费、电话费等付款人众多、分散的公用事业费等有关款项。

（八）托收承付

托收承付是收款人根据购销合同发货后，委托银行向异地付款人收取款项，由付款人向银行承认付款的结算方式。托收承付分为邮寄和电报划回两种。托收承付是一种先发货后付款的异地结算方式，必须是有经济合同的商品交易，以及因商品交易而产生的劳务供应的款项（如加工费、租赁费和代垫运杂费等），才能使用托收承付结算方式。代销、寄销、赊销商品的款项，不得办理托收承付结算。托收承付结算每笔的金额起点为 10 000 元，新华书店系统每笔的金额起点为 1 000 元。承付货款分为验单付款和验货付款两种，其中验单付款的承付期为 3 天，验货付款的承付期为 10 天。

(九) 信用证

信用证是国际结算的一种主要方式。它是进口商所在地银行（开证行）依据进口商（开证申请人）的请求，向出口商（受益人）开立一定金额、在一定期限内按规定的条件付款或承兑汇票的书面证明。简单地说，信用证是开证行应开证申请人的请求向受益人所做的一种有条件的付款保证。这种结算方式适用于进出口公司、小企业之间所进行的商品交易的货款结算。信用证只限于办理转账结算，不得支取现金。

【业务操作】

一、银行存款的总分类核算

为了总括反映和监督银行结算户存款的收入、付出和结存情况，在总分类核算中应设置"银行存款"账户，该账户属于资产类账户。银行存款的收入，借记"银行存款"账户；银行存款的付出，贷记"银行存款"账户；"银行存款"账户的借方余额，表示银行存款的结存数额。当企业的记账凭证采用收款凭证、付款凭证和转账凭证三种分类凭证时，收入银行存款编制收款凭证，支出银行存款编制付款凭证。但从银行提取现金只编制银行存款付款凭证；将现金交存银行只编制现金付款凭证，以避免重复记账。"银行存款"总分类账由会计人员根据有关现金收付款凭证直接登记或定期汇总登记。

二、银行存款的明细分类核算

小企业还必须设置"银行存款日记账"进行明细核算。"银行存款日记账"是由出纳人员根据审核无误的银行存款收、付款凭证逐笔序时登记。每日终了，应将登记的"银行存款日记账"结余数与实际库存数进行核对，做到账实相符。银行存款日记账必须是订本账，一般采用三栏式账页，借方栏根据银行存款收款凭证和现金付款凭证登记，贷方栏根据银行存款付款凭证登记。月份终了，"银行存款日记账"的余额必须与"银行存款"总账账户的余额核对相符，做到日清月结，保证账账相符。此外，"银行存款日记账"还要定期与银行对账单核对，保证账款相符。有外币银行存款收支业务的企业，应当按照人民币银行存款、外币银行存款的币种设置银行存款账户进行明细核算。

三、银行存款的清查

为了防止记账发生差错，保证银行存款收支业务记录的正确性，查明银行存款的实际数额，小企业应定期将"银行存款日记账"的记录与银行对账单进行核对。至少每月核对一次。

【课堂思考】　海滨公司 2018 年 2 月 28 日银行存款日记账余额为 54 000 元，而银行对账单余额为 62 000 元。请问：海滨公司的银行存款日记账余额与银行对账单余额为什么不一致？

在会计实务中，小企业银行存款日记账余额与银行对账单余额不一致的主要原因有：一是任何一方记账错误；二是存在未达账项。

所谓未达账项，是指由于结算凭证传递过程中双方入账时间不一致，而发生的一方已入账，而另一方尚未入账的事项。小企业与银行之间的未达账项一般有以下四种情况：

（1）小企业送存银行的款项，小企业已作为银行存款的增加入账，而银行尚未入账（小企业已收，银行未收）。

（2）小企业开出的付款凭证，小企业已经入账，减少银行存款，而银行尚未收到通知，且未办理支付手续（小企业已付，银行未付）。

（3）银行代小企业收进的款项，银行已登记入账，作为小企业银行存款的增加，但小企业尚未收到通知，因而尚未入账（银行已收，小企业未收）。

（4）银行代小企业付出的款项，银行已作为小企业存款的减少入账，小企业尚未入账（银行已付，小企业未付）。

对于未达账项的影响，小企业应通过编制"银行存款余额调节表"进行调节，调节后的余额应相等。其调节公式如下：

$$\text{银行存款}\atop\text{日记账余额} + {\text{银行已收小企业}\atop\text{未入账的款项}} - {\text{银行已付小企业}\atop\text{未入账的款项}} = {\text{银行对账}\atop\text{单余额}} + {\text{小企业已收银行}\atop\text{未入账的款项}} - {\text{小企业已付银行}\atop\text{未入账的款项}}$$

需要注意的是：经过调整后的银行存款余额，表示小企业可动用的银行存款数额，银行存款余额调节表只是为了核对账目，不能作为调整银行存款账面余额的原始凭证。对于因未达账项存在而使双方账面余额出现的差异，无需做账面调整，应待结算凭证到达后再进行账务处理，并登记入账。但是未达账项数额巨大时，必须在资产负债表附注中加以揭示。

四、典型任务举例

【任务2-4】 2018年2月25日，海滨公司收到长沙市向阳物资有限公司归还的前欠货款12 000元。

表2-4

根据进账单收账通知（见表2-4）编制会计分录如下：

借：银行存款　　　　　　　　　　　　　　　　　　　　　12 000

　　贷：应收账款——长沙市向阳物资有限公司　　　　　　　　12 000

【任务2-5】 2018年2月28日,海滨公司开出转账支票支付广告费15 900元。

表2-5

中国工商银行

转账支票存根

XII　02952094

附加信息 _____

_____

_____

_____

出票日期 2018 年 2 月 28 日

收款人：长沙市宏宇广告有限公司
金　额：￥15 900.00
用　途：支付广告费
备　注：

单位主管　　　　　会计

表2-6

4310022411

湖南增值税普通发票　No 00025800　4310022411

00025800

开票日期：2018 年 2 月 28 日

购货单位	名　称：海滨华联股份有限公司 纳税人识别号：436702789022785 地址、电话：长沙市庆园路18号、0731—88713218 开户行及账号：工行长沙市兴城支行 1903019551012985550	密码区	9700—＋＋69＊8＜2/50＞9/00291—4974 —1626＜8—3024＞8090—2＊4498＊/916 4789＜8＞365/45＊//12001245》45896＊// 124589＊＊120078

货物或应税劳务、服务名称	规格型号	单位	数量	单价	金　额	税率	税　额
广告费					15 000.00	6%	900.00
合　计					￥15 000.00		￥900.00

价税合计(大写)	壹万伍仟玖佰元整	(小写)　￥15 900.00

销货单位	名　称：长沙市宏宇广告有限公司 纳税人识别号：430008906351456 地址、电话：湘江西路160号、0731—84695201 开户行及账号：工行湘江西路支行 1902148500303104488	备注	长沙市宏宇广告有限公司 430008906351456 发票专用章

收款人：×××　　　　复核：×××　　　　开票人：×××　　　　销货单位(章)

第二联：发票联　购货单位记账凭证

根据转账支票存根(见表2-5)和发票(见表2-6)编制会计分录如下:

借:销售费用——广告费　　　　　　　　　　　　　　　　　　　　15 900
　　贷:银行存款　　　　　　　　　　　　　　　　　　　　　　　　　　15 900

【任务2-6】　海滨公司2018年2月28日的银行存款日记账余额为54 000元,而银行对账单余额为62 000元。经逐笔核对,发现有以下未达账项:

(1)2月26日,海滨公司委托银行代收款项15 000元,银行已收妥入账,公司尚未接到银行的收款通知,所以公司未登账。

(2)2月28日,海滨公司开出支票6 000元偿付前欠货款,持票人尚未到银行办理转账,银行尚未登账。

(3)2月28日,银行代公司支付电话费4 000元,公司尚未接到银行的付款通知,所以公司尚未登账。

(4)2月28日,公司送存支票9 000元,银行尚未登入公司存款账户。

根据以上资料,编制银行存款余额调节表,如表2-7所示。

表2-7

海滨公司银行存款余额调节表

2018年2月28日　　　　　　　　　　　　　　　　单位:元

项　　目	金　　额	项　　目	金　　额
公司银行存款日记账余额	54 000	银行对账单余额	62 000
加:银行已收款入账		加:公司已收款入账	
公司未收款入账	15 000	银行未收款入账	9 000
减:银行已付款入账		减:公司已付款入账	
公司未付款入账	4 000	银行未付款入账	6 000
调节后余额	65 000	调节后余额	65 000

经过调整,调节表双方余额平衡,说明所列未达账项确属正常,双方记账完全相符。如果调整后,双方余额不等,应及时查明原因,进行更正。小企业对未达账项要及时清理,对长期未达账项应及时查明原因加以解决。

任务3　其他货币资金业务核算

【相关知识】

其他货币资金是指除了现金、银行存款以外的其他各种货币资金,其内容主要包括外埠存款、银行汇票存款、银行本票存款、信用卡存款、信用证保证金存款、存出投资款和定额备用金等。

一、外埠存款

外埠存款是指小企业为了到外地进行临时或零星采购,而汇往采购地银行开立采购专户的款项。小企业汇出款项时,须填写汇款委托书,并加盖"采购资金"字样。该账户的存款不计利息、只付不收、付完清户,除了采购人员可从中提取少量现金外,一律采用转账结算。

二、银行汇票存款

银行汇票存款是指小企业为取得银行汇票,按照规定存入银行的款项。小企业填写"银行汇票委托书",同时将款项交存银行。银行汇票存款实际上是在银行存款余额中,有一部分数额已被暂时冻结,作为开出的银行汇票上的金额在日后结账支付时的保证金。

三、银行本票存款

银行本票存款是指小企业为取得银行本票,按照规定存入银行的款项。

四、信用卡存款

信用卡存款是指小企业为取得信用卡而存入银行信用卡专户的款项。

五、信用证保证金存款

信用证保证金存款是指采用信用证结算方式的小企业为开具信用证而存入银行信用证保证金专户的款项。

六、存出投资款

存出投资款是指小企业已存入证券公司但尚未进行短期投资的现金。小企业向证券公司划出资金时,应按实际划出的金额入账。购买股票、债券等时,应反映实际发生的金额。

七、定额备用金

定额备用金是指用款单位按定额持有的备用金。实行这种制度,通常是根据用款单位的实际需要,由财会部门会同有关用款单位核定备用金定额并拨付款项,同时规定其用款和报销期限,待用款单位实际支用后,定期凭有效单据向财会部门报销,财会部门根据报销数用现金补足备用金定额。

【业务操作】

为了核算其他货币资金的增减变化和结存情况,小企业应设置"其他货币资金"账户进行总分类核算。同时,应根据其他货币资金的具体内容,分别设置明细分类账户,进行明细分类核算。

一、银行汇票存款业务核算

小企业填写"银行汇票委托书",将款项交存银行取得银行汇票时,借记"其他货币资金——银行汇票"账户,贷记"银行存款"账户。小企业使用银行汇票支付款项后,借记"材料采购"或"原材料""库存商品""应交税费——应交增值税(进项税额)"等账户,贷记"其他货币资金——银行汇票"等账户。银行汇票使用完毕,应转销"其他货币资金——银行汇票"账户。如实际采购支出小于银行汇票面额,多余部分应借记"银行存款"账户,贷记"其他货币资金——银行汇票"账户。汇票因超过付款期限或其他原因未曾使用而退还款项时,应借记"银行存款"账户,贷记"其他货币资金——银行汇票"账户。

【任务 2-7】 海滨公司 2018 年 6 月 5 日向银行申请开立 90 000 元的银行汇票;6 月 8 日持银行汇票购入原材料一批,货款 70 000 元,增值税额 11 200 元,材料已验收入库;6 月 12 日银行转来多余款项收账通知,收回余款 8 800 元。

(1) 6 月 5 日,海滨公司根据"银行汇票委托书"存根联,编制会计分录如下:

借:其他货币资金——银行汇票　　　　　　　　　　　　　　　　　90 000
　　贷:银行存款　　　　　　　　　　　　　　　　　　　　　　　　　90 000

(2) 6 月 8 日,根据增值税专用发票和材料入库单,编制会计分录如下:

借:原材料　　　　　　　　　　　　　　　　　　　　　　　　　　70 000
　　应交税费——应交增值税(进项税额)　　　　　　　　　　　　　11 200
　　贷:其他货币资金——银行汇票　　　　　　　　　　　　　　　　　81 200

(3) 6 月 12 日,收到开户银行转来银行汇票存款余额,编制会计分录如下:

借:银行存款　　　　　　　　　　　　　　　　　　　　　　　　　8 800
　　贷:其他货币资金——银行汇票　　　　　　　　　　　　　　　　　8 800

二、银行本票存款业务核算

小企业填写"银行本票申请书",将款项交存银行取得银行本票时,借记"其他货币资金——银行本票存款"账户,贷记"银行存款"账户。用银行本票支付购货款等款项后,应根据发票账单等有关凭证,借记"材料采购"或"原材料""库存商品""应交税费——应交增值税(进项税额)"等账户,贷记"其他货币资金——银行本票存款"账户。如小企业因本票超过付款期等原因未曾使用而要求银行退款时,应填制进账单一式三联,连同本票一并交给银行,然后根据银行收回本票时盖章退回的收账通知联,借记"银行存款"账户,贷记"其他货币资金——银行本票存款"账户。

【任务 2-8】 海滨公司 2018 年 8 月 15 日填写"银行本票申请书",将款项 104 400 元交存银行,取得了银行本票;8 月 18 日持银行本票购买甲材料,收到的增值税专用发票标明售价 90 000 元,增值税税率为 16%。材料已经验收入库。

(1) 8 月 15 日,海滨公司根据"银行本票申请书"存根联,编制会计分录如下:

借:其他货币资金——银行本票存款　　　　　　　　　　　　　　104 400
　　贷:银行存款　　　　　　　　　　　　　　　　　　　　　　　104 400

(2) 8 月 18 日,根据增值税专用发票和材料入库单,编制会计分录如下:

借:原材料——甲材料　　　　　　　　　　　　　　　　　　　　90 000
　　应交税费——应交增值税(进项税额)　　　　　　　　　　　　　14 400
　　贷:其他货币资金——银行本票存款　　　　　　　　　　　　　　104 400

三、信用卡存款业务核算

小企业应填制"信用卡申请表",连同支票和有关资料一并送存发卡银行,领取信用卡。根据银行盖章退回的进账单第一联,借记"其他货币资金——信用卡存款"账户,贷记"银行存款"账户;小企业用信用卡购物或支付有关费用,应在收到开户银行转来的信用卡存款的付款凭证及所附发票账单时,借记"管理费用"等账户,贷记"其他货币资金——信用卡存款"账户;小企业的持卡人如不需要继续使用信用卡时,应持信用卡主动到发卡银行办理销户,销卡时,单位卡余额应转入小企业基本存款户,不得提取现金,借记"银行存款"账户,贷记"其他货币资金——信用卡存款"账户。

【任务 2-9】　海滨公司 2018 年 8 月 20 日向开户银行提交"信用卡申请表"以及 20 000 元转账支票办理信用卡。3 月 21 日用信用卡购买大宗办公用品 8 000 元。

(1)8 月 20 日,根据银行退回的申请书存根联和转账支票存根联,编制会计分录如下:

借:其他货币资金——信用卡存款　　　　　　　　　　　　　　　　20 000
　　贷:银行存款　　　　　　　　　　　　　　　　　　　　　　　　　20 000

(2)8 月 21 日,根据发票账单及开户银行转来的凭证等,编制会计分录如下:

借:管理费用——办公费　　　　　　　　　　　　　　　　　　　　18 000
　　贷:其他货币资金——信用卡存款　　　　　　　　　　　　　　　　18 000

四、信用证存款业务核算

小企业向银行申请开立信用证,应按规定向银行提交开证申请书、信用证申请人承诺书和购销合同。企业应填制"信用证申请表"。将信用证保证金交存银行时,应根据银行盖章退回的"信用证申请书"回单,借记"其他货币资金——信用证保证金存款"账户,贷记"银行存款"账户。小企业接到开证行通知,根据供货单位信用证结算凭证及所附发票账单,借记"材料采购"或"原材料""库存商品""应交税费——应交增值税(进项税额)"等账户,贷记"其他货币资金——信用证保证金存款"账户;将未用完的信用证保证金存款余额转回开户银行时,借记"银行存款"账户,贷记"其他货币资金——信用证保证金存款"账户。

【任务 2-10】　海滨公司 2018 年 8 月 23 日向银行缴纳信用证保证金 100 000 元,申请开立信用证;8 月 30 日收到开证行转来的境外供货单位信用证结算凭证及所附发票账单、海关进口增值税专用缴款书等有关凭证,材料价款为 80 000 元,增值税额为 12 800元;9 月 5 日银行转来信用证余款项收账通知,收回余款 7 200 元。

(1)8 月 23 日,根据转账支票存根联和进账单回单,编制会计分录如下:

借:其他货币资金——信用证保证金存款　　　　　　　　　　　　100 000
　　贷:银行存款　　　　　　　　　　　　　　　　　　　　　　　　100 000

(2)8 月 30 日,收到开证行转来的结算凭证及业务凭证等,编制会计分录如下:

借:原材料　　　　　　　　　　　　　　　　　　　　　　　　　　80 000
　　应交税费——应交增值税(进项税额)　　　　　　　　　　　　　12 800
　　贷:其他货币资金——信用证保证金存款　　　　　　　　　　　　92 800

(3)9 月 5 日,根据开户银行转来的余款收账通知,编制会计分录如下:

借:银行存款用　　　　　　　　　　　　　　　　　　　　　　　　7 200
　　贷:其他货币资金——信用证保证金存款　　　　　　　　　　　　7 200

五、外埠存款业务核算

小企业将款项汇往外地时,应填写汇款委托书,并根据汇款凭证进行账务处理,借记"其他货币资金——外埠存款"账户,贷记"银行存款"账户。收到采购员交来供应单位发票账单等报销凭证时,借记"材料采购"或"原材料""库存商品""应交税费——应交增值税(进项税额)"等账户,贷记"其他货币资金——外埠存款"账户。

【任务 2-11】　海滨公司 2018 年 8 月 25 日从银行账户中将临时采购款 80 000 元汇入中国工商银行广州分行采购专户;8 月 28 日采购部交来从广州市工商银行采购专户付款购入材料的有关凭证,材料买价为 60 000 元,增值税额为 9 600 元,材料已经验收入库;8 月 31 日收到采购专户结算余款 10 400 元。

(1) 8 月 25 日,根据开户银行盖章的电汇凭证回单,编制会计分录如下:

借:其他货币资金——外埠存款　　　　　　　　　　　　　　　　　80 000
　　贷:银行存款　　　　　　　　　　　　　　　　　　　　　　　　　80 000

(2) 8 月 28 日,根据采购专户付款凭证和增值税专用发票等,编制会计分录如下:

借:原材料　　　　　　　　　　　　　　　　　　　　　　　　　　60 000
　　应交税费——应交增值税(进项税额)　　　　　　　　　　　　　9 600
　　贷:其他货币资金——外埠存款　　　　　　　　　　　　　　　　69 600

(3) 8 月 31 日,根据开户银行的收账通知,编制会计分录如下:

借:银行存款　　　　　　　　　　　　　　　　　　　　　　　　　10 400
　　贷:其他货币资金——外埠存款　　　　　　　　　　　　　　　　10 400

六、存出投资款业务核算

小企业向证券公司划出资金时,应按实际划出的金额,借记"其他货币资金——存出投资款"账户,贷记"银行存款"账户。小企业实际购买股票或债券等各种证券时,借记"短期投资"等账户,贷记"其他货币资金——存出投资款"账户。

【任务 2-12】　海滨公司 2018 年 3 月 28 日为购买股票将 100 000 元从银行账户中存入证券公司账户;4 月 2 日购买万科 A 股票 8 000 股,作为短期投资,每股成交价 9.50元,交易费用 380 元。

(1) 3 月 28 日,根据转账支票存根联和证券公司资金账户入账通知单,编制会计分录如下:

借:其他货币资金——存出投资款　　　　　　　　　　　　　　　100 000
　　贷:银行存款　　　　　　　　　　　　　　　　　　　　　　　100 000

(2) 4 月 2 日,根据股票交易交割单,编制会计分录如下:

借:短期投资　　　　　　　　　　　　　　　　　　　　　　　　76 380
　　贷:其他货币资金——存出投资款　　　　　　　　　　　　　　76 380

七、定额备用金业务核算

小企业会计部门根据核定的定额拨付备用金时,借记"其他货币资金——备用金"账户,贷记"库存现金"或"银行存款"账户。从备用金中支付零星支出,应根据有关的支出凭单,定期编制备用金报销清单,会计部门根据备用金报销清单,定期补足备用金定额,借记"管理费用"账户,贷记"库存现金"或"银行存款"账户。

【任务 2-13】 2018 年 1 月 3 日,海滨公司核定销售部备用金定额 10 000 元,开出现金支票拨付,并规定每月底由备用金专门经管人员凭有关凭证向会计部门报销,补足备用金;1 月 31 日,销售部报销日常业务开支 7 000 元。

(1) 1 月 3 日,根据现金支票存根和借据凭证,编制会计分录如下:

借:其他货币资金——备用金(销售部)　　　　　　　　　　　　　　　10 000
　　贷:银行存款　　　　　　　　　　　　　　　　　　　　　　　　　　10 000

(2) 1 月 31 日,根据业务开支发票账单,用现金补足备用金,编制会计分录如下:

借:销售费用　　　　　　　　　　　　　　　　　　　　　　　　　　　7 000
　　贷:库存现金　　　　　　　　　　　　　　　　　　　　　　　　　　7 000

相关链接

《小企业会计准则》与《企业会计准则》的差异:

《小企业会计准则》下,定额备用金在"其他货币资金——备用金"账户中核算;而在《企业会计准则》下,定额备用金通过"其他应收款"或"备用金"账户核算。

【课后练习】

一、单项选择题

1. 小企业库存现金清查的主要方法是(　　　)。
A. 实地盘点　　　　B. 不定期清查　　　　C. 账面盘存　　　　D. 抽样清查

2. 小企业为发放工资支取现金,应通过(　　　)账户办理。
A. 基本存款　　　　B. 一般存款　　　　C. 临时存款　　　　D. 专项存款

3. 小企业支付的银行承兑汇票手续费应计入(　　　)。
A. 管理费用　　　　B. 财务费用　　　　C. 营业外支出　　　　D. 其他业务支出

4. 甲小企业欲从外地采购一批材料,现向银行申请办理用于材料货款结算的银行汇票一张,在办妥汇票时应借记(　　　)账户。
A. "银行存款"　　B. "银行汇票存款" C. "原材料"　　　D. "其他货币资金"

5. 下列支付结算方式中,需订有购销合同才能使用的结算方式是(　　　)。
A. 银行汇票　　　　B. 银行本票　　　　C. 托收承付　　　　D. 支票

6. 下列结算方式中,只能用于同城结算的是(　　　)结算方式。
A. 银行本票　　　　B. 托收承付　　　　C. 汇兑　　　　D. 银行汇票

7. 商业汇票兑付期限由交易双方商定,但一般不超过(　　　)。
A. 5 个月　　　　B. 6 个月　　　　C. 9 个月　　　　D. 1 年

8. 银行汇票提示付款期为(　　　)。
A. 5 天　　　　B. 10 天　　　　C. 1 个月　　　　D. 9 个月

9. 现金清查中,发现现金短缺 500 元,经研究决定由出纳人员赔偿 300 元,余款报损。则批准处理后的会计分录为(　　)。

 A. 借:库存现金   500

   贷:待处理财产损溢   500

 B. 借:待处理财产损溢   500

   贷:库存现金   500

 C. 借:其他应收款   300

   营业外支出   200

   贷:待处理财产损溢   500

 D. 借:其他应收款   300

   管理费用   200

   贷:待处理财产损溢   500

10. 库存现金清查中无法查明原因的溢余,经批准后计入(　　)。

 A. 管理费用   B. 其他业务收入   C. 其他应付款   D. 营业外收入

二、多项选择题

1. 下列各项中,可以采用现金结算的有(　　)。

 A. 支付职工工资 3 800 元   B. 向个人收购农副产品 1 500 元

 C. 向一般纳税企业购入材料 12 340 元 D. 采购员随身携带差旅费 3 200 元

2. 在商品交易款项结算中,商业汇票的承兑人可以为(　　)。

 A. 付款人   B. 收款人   C. 销货方   D. 银行

3. 下列各项中,应确认为企业其他货币资金的有(　　)。

 A. 企业持有的 3 个月内到期的债券投资

 B. 企业为购买股票向证券公司划出的资金

 C. 企业汇往外地建立临时采购专户的资金

 D. 企业向银行申请银行本票时拨付的资金

4. 下列属于其他货币资金的有(　　)。

 A. 外埠存款   B. 银行承兑汇票   C. 定额备用金   D. 银行本票存款

5. 小企业的银行存款日记账与银行对账单产生差异的原因可能包括(　　)。

 A. 小企业或银行记账差错

 B. 小企业将收到的转账支票记入银行存款,但由于款项未到账银行尚未收账

 C. 托收货款,银行已经收账,但收账通知还未到达小企业

 D. 向小企业提供劳务的单位委托银行收款,银行已付款,但付款通知未到达小企业

6. 小企业银行存款账户的种类包括(　　)。

 A. 基本存款账户 B. 一般存款账户 C. 临时存款账户 D. 专用存款账户

7. 下列未达账项中,会使小企业"银行存款日记账"账面余额大于银行对账单的有(　　)。

 A. 企业已收、银行未收款   B. 银行已收、企业未收款

 C. 银行已付、企业未付款   D. 企业已付、银行未付款

8. 某小企业 2018 年 10 月末的银行存款日记账余额为 500 000 元,而银行对账单余额为 650 000 元。经核对,存在下列未达账项:

 (1) 银行于 10 月 31 日,计提小企业存款利息 12 000 元,小企业尚未收到通知,未入账。

（2）小企业于 10 月 25 日开出转账支票支付购货款 145 000 元,小企业已入账,而收款单位尚未到银行办理入账手续。

（3）小企业于 10 月 30 日收到转账支票一张,金额为 7 000 元,小企业已入账,银行未入账。

则 2018 年 10 月 31 日,该小企业可动用的银行存款实际金额错误的为(　　)元。

A. 512 000　　　　　B. 650 000　　　　　C. 500 000　　　　　D. 362 000

9. 出纳人员不得兼管(　　)工作。

A. 稽核　　　　　　　　　　　　　　B. 会计档案保管

C. 债权债务账目的登记　　　　　　　D. 现金日记账

10. 按照银行结算办法规定,可以背书转让的票据有(　　)。

A. 银行汇票　　　B. 银行本票　　　C. 现金支票　　　D. 商业承兑汇票

三、判断题

1. 在任何情况下,小企业一律不准坐支现金。　　　　　　　　　　　　(　　)

2. 银行存款余额调节表不仅是为了核对账目,而且应作为调整银行存款账目余额的原始凭证。　　　　　　　　　　　　　　　　　　　　　　　　　　　　(　　)

3. 每个小企业只能在银行开立一个基本存款账户,小企业的工资、奖金等现金的支取只能通过该账户办理。　　　　　　　　　　　　　　　　　　　　　　(　　)

4. 商业承兑汇票的承兑人是购货小企业的开户银行。　　　　　　　　　(　　)

5. 收款单位收到付款单位交来的银行汇票可以不送交银行办理转账结算,可背书转让给另一单位用于购买材料。　　　　　　　　　　　　　　　　　　　　(　　)

6. "库存现金"账户包括企业内部各部门周转使用、由使用部门保管的定额备用金。

(　　)

7. 企业将当日收到的销货款可以直接用于购买办公用品。　　　　　　　(　　)

8. 为了减员增效,企业的出纳人员除登记现金日记账和银行存款日记账外,还可以进行债权债务账目的登记工作。　　　　　　　　　　　　　　　　　　　(　　)

9. 银行本票的提示付款期,自出票日起最长不得超过 2 个月,在付款期内银行本票见票即付。　　　　　　　　　　　　　　　　　　　　　　　　　　　　(　　)

10. 申请人或收款人为单位时,银行不予签发现金银行本票。　　　　　(　　)

四、计算分析题

（一）海滨公司 2018 年 4 月"库存现金"账户的月初余额为 1 000 元(库存限额为 6 000 元)。本月该公司发生关于现金收支业务的经济事项如下:

1. 公司从银行提取现金 5 000 元,备作零星开支。

2. 公司营业部主任王小灵出差预借款项 2 000 元,凭有效的借款单支付现金。

3. 公司出售多余原材料,收取现金 865 元,本公司开出收款收据。

4. 填制现金缴款单,将上述收取的现金送存银行。

5. 公司营业部主任王小灵出差回来凭差旅费票据报销差旅费 1 640 元,退回余款。

6. 公司后勤部门实行定额备用金制度,核定定额为 2 000 元,并由采购员钱静专门管理。钱静借出备用金 2 000 元,公司用现金付讫。

7. 从银行提取现金 6 000 元,备作日常开支。

8. 用现金支付给市运输公司本月购买材料的运费 2 800 元及装卸费 900 元。

9. 钱静报差旅费 750 元,公司用现金支付。

10. 购买采购人员的办公用品等支付现金 655 元。

11. 行政管理部门的业务费 800 元、办公费 320 元,由现金支付。

12. 行政管理部门咨询费 550 元,现金付讫。

13. 月末清点库存现金时,库存数为 1 535 元,账款不符,原因待查。

14. 经查,现金短缺是属于公司出纳人员工作失误所致,由其承担全部损失。

要求:根据本月经济业务编制会计分录。

(二)海滨公司 2018 年 5 月"银行存款"账户的月初余额为 780 000 元。本月该公司发生关于银行存款收支业务的经济事项如下:

1. 投资人按投资合同送来一张金额为 250 000 元转账支票,送存银行。

2. 用银行存款 100 000 元归还为期 6 个月现已到期的银行贷款。

3. 开出转账支票偿付上月的购料货款 120 000 元,已收到对方开来的收款收据。

4. 开出现金支票提取现金 2 000 元备用。

5. 公司经理出差预借 1 500 元差旅费,公司开出现金支票付出。

6. 收到华普公司支付上月货款 50 000 元的转账支票一张,填制进账单送存银行。

7. 凭电信话费收据开出转账支票支付本月公司行政部门的电话费 3 600 元,增值税 360 元。

8. 用银行电汇支付前欠某市钢材公司的货款 60 000 元。

9. 收到美乐美公司送来的支付本月劳务款 7 500 元的转账支票一张,公司将之送存银行。

10. 开出转账支票付公司产品宣传广告费 6 200 元,增值税 372 元。

11. 通过银行转账上缴税金 32 500 元。

12. 通过查明,公司存放在某市一家金融机构的款项 50 000 元,已无法收回。

要求:根据本月经济业务编制会计分录。

(三)海滨公司 2018 年 4 月末的"银行存款日记账"账面余额为 759 000 元,开户银行对账单余额是 855 400 元。经逐笔核对后,有下列内容的未达账项:

1. 公司收到客户支付产品价款 32 200 元的转账支票,银行尚未入账。

2. 银行已代公司支付到期货款 54 000 元,公司尚未入账。

3. 银行已收到汇来销售的货款 117 000 元,公司尚未入账。

4. 公司开出转账支票支付材料价款 65 600 元,持票人尚未到银行办理转账手续。

要求:编制"银行存款余额调节表"。

五、技能操作训练

【实训目的】

学生通过实训,熟悉银行转账结算方式的操作程序;掌握小企业库存现金、银行存款、其他货币资金的核算;掌握小企业现金日记账和银行存款日记账的登记方法及银行存款对账方法。

【实训资料】

(一)模拟企业概况

1. 企业名称:海滨华联股份有限公司(以下简称"海滨公司")

2. 法人代表:陈振奋

3. 经营地址、电话:长沙市庆园路 18 号、0731—88713218
4. 税务登记类型:一般纳税人企业
5. 税务登记号:436702789022785
6. 开户银行:工商银行长沙市兴城支行
7. 账号:1903019551012985550

(二)海滨公司 2018 年 5 月 1 日有关账户余额如表 2-8 所示。

表 2-8

账 户 余 额

账户名称	借或贷	余额
库存现金	借	2 000.00
银行存款	借	304 200.00

(三)2018 年 5 月份有关货币资金经济业务原始凭证如下:

业务 2-1-1　1 日,提取现金 3 000 元备用。　要求:填写现金支票。

中国工商银行现金支票存根
支票号码　ⅥⅡ00382672
附加信息

出票日期　年　月　日
收款人:
金　额:
用　途:
备　注:
单位主管　　会计

中国工商银行**现金支票**(湘)　ⅥⅡ00382672
出票日期(大写)　年 月 日　付款行名称:
收款人:　　　出票人账号:
人民币(大写)　千百十万千百十元角分
用途:　　科目(借)
上列款项请从　对方科目(贷)
我账户内支付　付讫日期 年 月 日
出票人签章　出纳 复核 记账

业务 2-2-1

借　据

部门或姓名_____　　2018 年 5 月 2 日　　第　号

今借到

人民币(大写)　**贰仟元整**　　　此据
¥2 000.00　　　　**现金付讫**

借款用途说明:去北京出差

| 主管人批准 | 同意 陈振奋 | 财务负责人意见 | 同意 张宏 | 部门负责人意见 | 同意 李怀 | 借款人签章 | 周志军 |

会计:陆海　　　　复核:陆海　　　　出纳:李艳

业务 2-3-1

中国工商银行汇票委托书（存根）

委托日期 2018 年 5 月 8 日

收款人	涟源钢铁股份有限公司						汇款人	海滨华联股份有限公司								
账 号 或住址	19130101036019298055						账 号 或住址	1903019551012985550								
兑付地点	湖南省 娄底市						汇款用途	采购材料								
汇款金额	人民币（大写） 肆万贰仟元整							百	十	万	千	百	十	元	角	分
	2018.5.8 业务章								￥	4	2	0	0	0	0	0
备注							科　目 对方科目 财务主管　　复核　　经办									

此联由汇款人留存作记账凭证

- ✂

业务 2-4-1

差 旅 费 报 销 单

单位名称：生产科　　　　　　填报日期：2018 年 5 月 8 日　　　　　　　　　　单位：元

姓名	周志军	职级	工程师	出差事由	开会	出差时间	计划 7 天		
							实际 7 天		
日期		起 止 地 点		飞机、车、船票		其 他 费 用			
月	日	起	止	类别	金额	项　　目	标准	计算天数	核报金额
5	2	长沙	北京	火车	310.00	住宿费　包干报销	120.00	6	720.00
5	8	北京	长沙	火车	310.00	住宿费　限额报销			
						伙 食 补 助 费	25.00	7	175.00
						车、船 补 助 费			
						其 他 杂 支			525.00
小　　　计					620.00	小　　　计			1 420.00
总计金额 （大写）		⊗万贰仟零佰肆拾元整				预支 2 000.00 核销 2 040.00 退补 40.00			

主管：陈振奋　　　　　　部门：　　　　　　审核：张宏　　　　　　填报人：周志军

业务 2-4-2

海滨华联股份有限公司内部付款凭单

2018 年 5 月 8 日   编号：_____

领款人	周志军	
付款用途	补付差旅费整款	
金　额	人民币(大写)：肆拾元整	**现金付讫**
备　注		

财务负责人：张宏　　　会计主管：陆海　　出纳：李艳　　　领款人签名：周志军

- ✂

业务 2-5-1

4300452006

湖南增值税专用发票　№ 00065854　4300452006

00065854

开票日期：2018 年 5 月 13 日

购货单位	名　　称：海滨华联股份有限公司 纳税人识别号：436702789022785 地址、电话：长沙市庆园路 18 号、0731—88713218 开户行及账号：工行长沙市兴城支行 　　　　　1903019551012985550				密码区	3489—1＜9—7—615962148＜032/52＞9/ 29533—49711626＜8—3024＞80906—2— 48—6＜7＞2*—/＞*＞5458 * 12124894/ 14584102369 * 458//124500—45879/1250 * 125		
货物或应税劳务、服务名称	计量单位	数量	单价	金额		税率	税额	
甲材料	吨	10	3 550	35 500.00		16%	5 680.00	
合　计				￥35 500.00			￥5 680.00	
价税合计(大写)	肆万壹仟壹佰捌拾元整				(小写)　￥41 180.00			
销货单位	名　　称：涟源钢铁股份有限公司 纳税人识别号：430679425900067 地址、电话：娄底市涟浜路 32 号、0738—6618736 开户行及账号：工行涟钢红叶支行 　　　　　1913010109601099805				备注	银行汇票		涟源钢铁股份有限公司 4306794 25900067 发票专用章

收款人：　　　　　　复核：　　　开票人：陆小苗　　　　　　销货单位(章)

第二联：发票联 购货单位记账凭证

业务 2-5-2

收 料 单

材料科目:原材料　　　　　　　　　　　　　　　　　　编　　号:1202
材料类别:原料及主要材料　　　　　　　　　　　　　　收料仓库:1号仓库
供应单位:涟源钢铁股份有限公司　　2018 年 5 月 13 日　　发票号码:00065854

材料 编号	材料 名称	规 格	计量 单位	数量		实际价格			
				应收	实收	单价	发票金额	运费	合计
	甲材料		吨	10	10	3 550	35 500.00		35 500.00
备注									

采购员:王安　　　　　检验员:李小光　　记账员:　　　　　　保管员:陈海

业务 2-5-3

中国工商银行

银 行 汇 票 （多余款/收账通知）　　4　　Ⅲ 082258　第　号

出票日期(大写) 贰零壹捌年零伍月零捌日　　代理付款行:工行长沙市兴城支行　行号:410

收款人:涟源钢铁股份有限公司　　账号:1913010109601099805

出票金额　人民币(大写)肆万贰仟元整

实际结算金额 人民币(大写)肆万壹仟壹佰捌拾元整	千	百	十	万	千	百	十	元	角	分
			¥	4	1	1	8	0	0	0

申请人:海滨华联股份有限公司　　账号或住址:1903019551012985550
出票行:工行长沙市兴城支行
行号:
备　注:货款
出票行签章

科目(借)
对方科目(贷)
兑付日期:2018 年 5 月 13 日
复核　　记账

千	百	十	万	千	百	十	元	角	分
				¥	8	2	0	0	0

业务 2-6-1

4310045448

湖南增值税专用发票　　№ 18925812　4310045448

18925812

开票日期:2018 年 5 月 17 日

| 购货单位 | 名　称:海滨华联股份有限公司
纳税人识别号:436702789022785
地址、电话:长沙市庆园路 18 号,0731—88713218
开户行及账号:工行长沙市兴城支行
　　　　　1903019551012985550 | | | 密码区 | 56797—69＊8－1258＜29/291—4974—
1626＜8－3024＞8090—2＊4498＊/916
4789＜8＞365/45＊//12—1254—12035—
000257/125879—120 | | |

货物或应税劳务、服务名称	规格型号	单位	数量	单价	金　额	税率	税　额
文件夹		个	10	15.00	150.00	16%	24.00
计算器		个	10	50.00	500.00	16%	80.00
合　计					￥650.00		￥104.00

价税合计(大写)	柒佰伍拾肆元整	(小写)　￥754.00

| 销货单位 | 名　称:长沙市金友文具用品专店
纳税人识别号:431311004103014
地址、电话:劳动路 116 号,0731—84568121
开户行及账号:工行劳动西路支行
　　　　　1900100800303258973 | 备注 | 长沙市金友文具用品专店
431311004103014
发票专用章 |

收款人:×××　　　复核:×××　　　开票人:×××　　　销货单位(章)

第二联:发票联　购货单位记账凭证

业务 2-6-2

海滨华联股份有限公司内部付款凭单

2018 年 5 月 17 日　　　　　　　编号:_____

领　款　人	杨　梅	
付款用途	购买行政管理部门用办公用品	
金　额	人民币(大写):柒佰伍拾肆元整	现金付讫
备　注		

财务负责人:张宏　　　会计主管:陆海　　　出纳:李艳　　　领款人签名:杨梅

业务 2-7-1

中国工商银行进账单（收账通知） 3

2018 年 5 月 19 日　　　　　　　　　　　　　　第 0002 号

收款人	全　称	海滨华联股份有限公司	付款人	全　称	湖南万通有限公司
	账　号	1903019551012985550		账　号	1901002710401242110
	开户行	工行长沙市兴城支行		开户行	建行新中路支行

人民币（大写）	陆万玖仟陆佰元整		百	十	万	千	百	十	元	角	分
				￥	6	9	6	0	0	0	0

票据种类	转账支票	收款人开户行盖章
票据张数		2018.5.19

单位主管	会计	复核	记账	业务章 2018 年 5 月 19 日

业务 2-7-2

4300452068

湖南增值税专用发票　№ 00069786　4300452068

此联不作报销、扣税凭证使用

00069786

开票日期：2018 年 5 月 18 日

购货单位	名　称：湖南万通有限公司 纳税人识别号：431228906352889 地址、电话：长沙市天心区新中路6号、0731—84250123 开户行及账号：建行新中路支行 　　　　　　　1901002710401242110	密码区	241—1＜4—7—615964527＜032/52＞9/ 29533—49741626＜8—3024＞84106—2— 40—6 ＜ 7 ＞ 2*—/>* ＞ 14568 * 120004511254 * 1254601 * 8954/124580 * 12450/04 * 12

货物或应税劳务、服务名称	计量单位	数量	单价	金额	税率	税额
B产品	台	2	30 000.00	60 000.00	16%	9 600.00
合　计				￥60 000.00		￥9 600.00

价税合计（大写）	陆万玖仟陆佰元整	（小写）￥69 600.00

销货单位	名　称：海滨华联股份有限公司 纳税人识别号：436702789022785 地址、电话：长沙市庆园路18号、0731—88713218 开户行及账号：工行长沙市兴城支行 　　　　　　　1903019551012985550	备注	海滨华联股份有限公司 436702789022785 发票专用章

收款人：×× 　　　复核：×× 　　　开票人：陈姬 　　　销货单位（章）

业务 2-7-3

产成品出库单

2018 年 5 月 18 日

领用单位:销售科　　　　　　　　　　　　　　　　　　　　　　　　　　No 0001

产品名称	型号规格	单位	出库数量	单价	金额	备注
B 产品		台	2			

记账:×××　　　　　　保管:×××　　　　　　检验:×××　　　　　　制单:×××

业务 2-8-1

中国工商银行信汇凭证(回单)

委托日期 2018 年 5 月 20 日　　　　　　　　　　No. 00461253

						千	百	十	万	千	百	十	元	角	分	
汇款人	全　称	海滨华联股份有限公司	收款人	全　称	武汉工贸商城											此联汇出行给汇款人的回单
	账　号	1903019551012985550		账　号	1956005890094003512											
	汇出地点	湖南省长沙 市/县		汇入地点	湖北省 武汉 市/县											
汇出行名称		工行长沙市兴城支行	汇入行名称		工行汉正街支行											
金额	人民币(大写)	贰万元整						¥	2	0	0	0	0	0	0	
归还货款			支付密码													
			附加信息及用途:													
			复核　　　　记账													

中国工商银行兴城支行
★
2018.5.20
业务章
汇出行签章

业务 2-9-1

委收号码：568901

委邮

委托收款凭证（付款通知） 5

委托日期：2018 年 5 月 28 日 　付款日期 2018 年 5 月 29 日

付款人	全　称	海滨华联股份有限公司	收款人	全　称	长沙市电信公司		
	账号或地址	1903019551012985550		账号或地址	1903201710403565112		
	开户银行	工行长沙市兴城支行		开户银行	工行远大支行	行号	26568

委收金额	人民币（大写）	叁仟贰佰捌拾贰元肆角整	千	百	十	万	千	百	十	元	角	分
							¥	3	2	8	2	4	0

款项内容	1月份电话费	委托收款凭据名称	电信业务专用发票	附寄单证张数	1

备注	付款人注意：1. 应于见票当日通知开户银行划款。2. 如需拒付，应在规定期限内，将拒付理由书并附债务证明交退开户银行。 2018.5.2?

单位主管 会计 复核 记账 付款人开户银行盖章 年 月 日

此联付款人开户银行给付款人按期付款的通知

- -

业务 2-9-2

4300171320

湖南增值税专用发票 　№ 19025869 　4300171320

19025869

开票日期：2018 年 5 月 28 日

购货单位	名　称：海滨华联股份有限公司 纳税人识别号：436702789022785 地址、电话：长沙市庆园路 18 号、0731—88713218 开户行及账号：工行长沙市兴城支行 1903019551012985550	密码区	760 — 39 + 6 ＊/5 + 6 + 1—1 ＜ 97—615962008＜032/5＞9/29531—4—2—18—6＜7＞2 ＊—/＞＞5//56《＋89/0544〈6500—5—25—60＞＞—121258＋8—5801/415

货物或应税劳务、服务名称	规格型号	单位	数量	单价	金　额	税率	税　额
电话费					2 984.00	10%	298.40
合　计					¥2 984.00		¥298.40

价税合计（大写）	叁仟贰佰捌拾贰元肆角整		（小写）　¥3 282.40

销货单位	名　称：长沙市电信公司 纳税人识别号：430012906354547 地址、电话：长沙市八一路 14 号、0731—84561021 开户行及账号：中国建设银行长沙市远大支行 1901478920030336980	备注	长沙市电信公司 430012906354547 发票专用章

第二联：发票联 购货方记账凭证

收款人：×××　　　　复核：×××　　　　开票人：×××　　　　销货单位（章）

业务 2-10-1 提示:请计算账面数和盘盈数。

现金清查报告单

2018 年 5 月 31 日

账面数	清点数	盘盈	盘亏	备注
金额	金额	金额	金额	
	2 360.00			

分析原因:差错	审批意见:作营业外收入处理.
	陈振奋 2018.5.31

清查人:陈强　　　　　　　　出纳:李艳　　　　　　　　财务负责人:张宏

业务 2-11-1 5 月 31 日,到银行领取对账单查找未达账项,编制 1 月份银行存款余额调节表。

中国工商银行长沙市兴城支行对账单

户名:海滨华联股份有限公司　　　　科目号:人民币

账号:1903019551012985550　　　　　　　　　　　　单位:元

日期	摘要	对方客户	凭证种类号码	借方	贷方	余额
2018.05.01	承上月余额					304 200.00
05.03	现金支出	海滨华联股份有限公司	现支＃2672	3 000.00		301 200.00
05.08	现金支出	涟源钢铁股份有限公司	银行汇票	42 000.00		259 200.00
05.09	现金收款	娄底市水泥厂	委收＃5436		32 000.00	291 200.00
05.13	现金收款	涟源钢铁股份有限公司	银汇＃2258		820.00	292 020.00
05.29	现金支出	长沙市电信公司	委收＃8901	3 282.40		288 737.60
05.29	现金支出	武汉工贸商城	信汇＃1253	20 000.00		268 737.60
05.30	现金支出	株洲有色金属公司	托收＃5721	120 000.00		148 737.60
	本月合计			188 282.40	32 820.00	148 737.60

银行存款余额调节表

2018 年 5 月 31 日　　　　　　　　　　　　　　单位:元

项　目	金额	项　目	金额
公司银行存款日记账余额		银行对账单余额	
加:银行已收,企业未收		加:企业已收,银行未收	
减:银行已付,企业未付		减:企业已付,银行未付	
调节后余额		调节后余额	

【实训要求】

1. 根据资料(二)开设库存现金、银行存款总账及日记账,并登记期初余额。

2. 根据资料(三)填制(部分)和审核原始凭证,并编制记账凭证。

3. 根据记账凭证登记相关总账、日记账、明细账,并结账。

4. 对账,并编制银行存款余额调节表。

【实训用具】

记账凭证 20 张,现金日记账、银行存款日记账各 2 张,三栏式明细账若干张,三栏式总账若干张。

项目三　应收及预付款项业务核算

知识目标

通过本项目的学习,理解应收账款的范围、入账时间和入账价值;熟悉应收票据的确认、分类和贴现的内涵;掌握应收账款、应收票据、预付账款、其他应收款的会计核算方法。

能力目标

能正确计算应收票据贴现利息和贴现净额;能根据应收账款、应收票据、预付账款和其他应收款业务准确地编制有关原始凭证和记账凭证,登记明细账和总账。

应收及预付款项是指小企业在日常生产经营过程中发生的各项债权,是小企业被他人占用而需要收回的资产,包括应收款项(包括应收票据、应收账款、其他应收款)和预付账款等。

任务 1　应收账款业务核算

【相关知识】

应收账款是指小企业在日常经营活动过程中因销售商品或提供劳务等原因,应向购货单位或接受劳务单位收取的款项,是小企业在采用赊销方式时取得的获取未来经济利益的权利。

一、应收账款的范围

会计上所指的应收账款是有特定范畴的。第一,应收账款是指小企业因销售商品或提供劳务而形成的债权,不包括应收职工欠款、应收债务人的利息等应收款项;第二,应收账款是流动资产性质的债权,不包括长期的债权(如购买的长期债券);第三,应收账款是指本企业应收客户的款项,不包括本企业付出的各类存出保证金(如租入包装物支付的保证金等)。

二、应收账款的入账时间

由于应收账款通常是因为小企业的赊销业务而产生的,因此,其入账时间与确认销售收入的时间是一致的,它们的入账时间可以根据确认收入实现的时间来定,具体确定方法将在收入项目中论述。

三、应收账款的计量

【课堂思考】　海滨公司为增值税一般纳税小企业,适用的增值税税率为16%。2018

年6月1日,向乙公司销售一批商品,按价目表上标明的价格计算,其不含增值税的售价总额为20 000元。因属批量销售,甲公司同意给予乙公司10%的商业折扣;同时,为鼓励乙公司及早付清货款,甲公司规定的现金折扣条件(按含增值税的售价计算)为"2/10,1/20,N/30"。假定海滨公司6月8日收到该笔销售的价款(含增值税额)。请问:海滨公司应在什么时候确认应收账款?应收账款的入账价值是多少?

应收账款是小企业因赊销商品或提供劳务而形成的债权,具体包括销售货物或提供劳务的价款、增值税销项税额,以及代购货方垫付的包装费、运杂费等。在确定应收账款的入账价值时,通常应按实际发生额计价入账,同时还需要考虑有关折扣因素。折扣包括商业折扣和现金折扣两种。

(一)商业折扣

商业折扣是指小企业为了促进销售在商品标价基础上给予购货方的价格扣除。商业折扣是小企业最常用的促销手段。小企业为了鼓励客户多购商品,扩大市场占有份额,或降低积压库存,往往采用销量最多、价格越低的促销策略。例如,买1件100元,买10件给予10%的折扣,或买10件送1件等。由于以商业折扣以后的实际售价确认收入,不需在账上单独反映商业折扣,所以,商业折扣对应收账款的入账价值没有什么实质性的影响,在商业折扣情况下,应收账款的入账价值应按商业折扣后的金额确定。

(二)现金折扣

现金折扣是指小企业为了鼓励客户提前偿付货款而提供的债务扣除。现金折扣一般用符号"折扣/付款期限"来表示。例如,"2/10,1/20,N/30"表示小企业允许最长的付款期限为30天,债务人在不同期限付款可享受不同比例的折扣:在10天内付款,销货小企业将按商品售价的2%给予折扣;在20天内付款,给予1%的折扣;但客户在20天后付款,将不能享受现金折扣。现金折扣使销货小企业收到应收账款的实际金额随客户的付款时间的变动而变动。在会计处理中,应收账款入账金额的确定主要有两种处理方法:一种是净价法,另一种是总价法。

1.净价法

净价法是将现金折扣后的金额作为应收账款的入账价值。这种方法认为,客户一般都会提前付款取得折扣。同时,将客户放弃享受折扣而多收的金额,作为销货小企业提供信用而获取的收入,冲减财务费用。

2.总价法

总价法是将未扣减现金折扣前的实际售价(即总价)作为应收账款的入账价值。现金折扣只有客户在折扣期内支付货款时,才予以确认。在这种方法下,销售方把给予客户的现金折扣视为融资成本,会计上作为财务费用处理。我国会计实务中通常采用总价法。

【业务操作】

一、应收账款的业务核算

小企业对应收账款的核算,需要通过"应收账款"账户进行。该账户按债务人设置明细账,进行明细分类核算。对于预收货款较少的小企业,也可不专门设"预收账款"账户,直接将预收款业务记入"应收账款"账户。"应收账款"账户借方登记应收账款的增加,贷方登记应收账款的收回及确认的坏账损失(即减少额),期末余额一般在借方,反映小企业尚未收回的应收账款;如果期末余额在贷方,则反映小企业预收的账款。

小企业因赊销商品或提供劳务而形成应收账款时,按应收金额,借记"应收账款"账户,按照实现的营业收入,贷记"主营业务收入"或"其他业务收入"等账户,按增值税专用发票上注明的增值税,贷记"应交税费——应交增值税(销项税额)"账户;收回应收账款时,借记"银行存款"等账户,贷记"应收账款"账户;有现金折扣情况下,按实际收回的应收账款,借记"银行存款"等账户,按发生的现金折扣额,借记"财务费用"账户,按应收金额,贷记"应收账款"账户。

二、坏账损失的业务核算

坏账是指小企业无法收回或收回的可能性极小的应收账款。由于发生坏账使小企业遭受的损失,称为坏账损失。

(一) 坏账损失的确认

1. 确认条件

按照《小企业会计准则》规定,小企业应收款项符合下列条件之一的,减除可收回的金额后确认的无法收回的应收及预付款项,作为坏账损失:

(1) 债务人依法宣告破产、关闭、解散、被撤销,或者被依法注销、吊销营业执照,其清算财产不足清偿的。

(2) 债务人死亡,或者依法被宣告失踪、死亡,其财产或者遗产不足清偿的。

(3) 债务人逾期 3 年以上未清偿,且有确凿证据证明已无力清偿债务的。

(4) 与债务人达成债务重组协议或法院批准破产重整计划后,无法追偿的。

(5) 因自然灾害、战争等不可抗力导致无法收回的。

(6) 国务院财政、税务主管部门规定的其他条件。

2. 确认方法

从确认坏账损失的时间来看,方法有两种,即直接转销法和备抵法。

(1) 直接转销法。直接转销法是指在确定某笔应收款项确实无法收回时,才确认坏账损失计入当期损益,同时注销该笔应收账款。

(2) 备抵法。备抵法是按期估计坏账损失,形成坏账准备,当某一应收账款全部或者部分被确认为坏账时,应根据其金额冲减坏账准备,同时转销相应的应收账款金额。

按照《小企业会计准则》规定,小企业不得提前确认坏账损失,不得计提坏账准备,其坏账损失应当于实际发生时确认。因此,小企业只能采用直接转销法核算坏账损失。

(二) 坏账损失的账务处理

小企业确认应收账款实际发生的坏账损失时,应当按照可收回的金额,借记"银行存款"账户,按其账面余额,贷记"应收账款"账户,按其差额,借记"营业外支出"账户。

三、典型任务举例

【任务 3-1】 2018 年 6 月 3 日,海滨公司赊销给湖北水泥制造有限公司 B 商品一批,按价目表标明的价格计算,金额为 320 000 元,适用的增值税税率为 16％,代购货单位垫付运杂费 1 500 元,已办妥委托银行收款手续。原始凭证如表 3-1 至表 3-5 所示。

表 3-1

托 收 凭 证 （受理回单）

委托日期:2018 年 6 月 3 日

业务类型	委托收款(□邮划,□电划)		托收承付(□邮划,□电划)											
付款人	全称 湖北水泥制造有限公司		收款人	全称 海滨华联股份有限公司									
	账号 1902345762112371234			账号 1903019551012985550									
	地址 湖北省武汉市 开户行 工行汉阳营业部			地址 湖南省长沙市 开户行 工行长沙市兴城支行									
金额	人民币 (大写) 叁拾柒万贰仟柒佰元整			千	百	十	万	千	百	十	元	角	分
					¥	3	7	2	7	0	0	0	0
款项内容	货款	托收凭据名称	增值税专用发票、运输发票						3				
商品发运情况	商品已发运		合同名称号码										
备注:		款项收妥日期			收款人开户行盖章 2018.6.3								
复核　记账		年　月　日			年　月　日								

此联作为收款人开户银行给收款人的受理回单

表 3-2
4300452086

湖南增值税专用发票　No 00069804　4300452086

此联不作报销、扣税凭证使用

00069804

开票日期:2018 年 6 月 3 日

购货单位	名　称:湖北水泥制造有限公司 纳税人识别号:42105307213058 地址、电话:武汉市汉阳路 125 号、027—4201053 开户行及账号:工行汉阳营业部 1902345762112371234				密码区	2487—2<9—7—615945848<032/52>9/ 29533—49741626<8—3024>82906—2— 41—6 < 7 > 2*—/>* > 11458 * 12450001212458 * 145/124568—12458000 * 458/12480		
货物或应税劳务、服务名称	计量单位	数量	单价	金额	税率		税额	
A 产品	台	2	160 000	320 000.00	16％		51 200.00	
合　计				¥320 000.00			¥51 200.00	
价税合计(大写)		叁拾柒万壹仟贰佰零拾零元			(小写)　¥371 200			
销货单位	名　称:海滨华联股份有限公司 纳税人识别号:436702789022785 地址、电话:长沙市庆园路 18 号、0731—88713218 开户行及账号:工行长沙市兴城支行 1903019551012985550				备注	海滨华联股份有限公司 436702789022785 发票专用章		

第三联：记账联　销货方记账凭证

收款人:×××　　　复核:　　　开票人:陈姬　　　　　　　　销货单位(章)

表 3-3

产成品出库单

2018 年 6 月 3 日

领用单位:销售科　　　　　　　　　　　　　　　　　　　　　　　　　　　No 0010

产品名称	型号规格	单位	出库数量	单价	金额	备注
A 产品		台	2			

记账:×××　　　　　保管:×××　　　　　检验:×××　　　　　制单:×××

表 3-4

代垫费用清单 (存根) ①

日期:2018 年 6 月 3 日　　　　　　　　　　　　　　　　　　　　No 0002

单位名称	湖北水泥制造有限公司		附送单据	1 张
费用项目	运费	金 额:壹仟伍佰元整 ￥1 500.00		
备 注				

表 3-5

中国工商银行
转账支票存根
XII　02952105

附加信息　_____

_____

_____

出票日期 2018 年 6 月 3 日

收款人:长沙市红星运输公司
金 额:￥15 000.00
用 途:代垫运费
备 注:

单位主管:　　　　　　会计:

根据以上原始凭证,编制会计分录如下:

借:应收账款——湖北水泥制造有限公司　　　　　　　　　　　　372 700.00

　　贷:主营业务收入　　　　　　　　　　　　　　　　　　　　　320 000

　　　应交税费——应交增值税(销项税额)　　　　　　　　　　 51 200.00

　　　银行存款　　　　　　　　　　　　　　　　　　　　　　　　1 500

【任务 3-2】　2018 年 6 月 15 日,海滨公司赊销给丙小企业商品一批,按价目表标明的价格计算,金额为 480 000 元,适用的增值税税率为 16%,已办妥委托银行收款手续。

为了鼓励客户提前付款,尽早回笼资金,公司提供"2/10、1/20、N/30"的现金折扣条件(假定计算现金折扣时不考虑增值税)。

(1) 商品发出确认商品销售收入时,应编制会计分录如下:

借:应收账款——丙小企业　　　　　　　　　　　　　　556 800
　　贷:主营业务收入　　　　　　　　　　　　　　　　　　480 000
　　　　应交税费——应交增值税(销项税额)　　　　　　　 76 800

(2) 如果在10天内收到货款,则应编制会计分录如下:

借:银行存款　　　　　　　　　　　　　　　　　　　　547 200
　　财务费用　　　　　　　　　　　　　　　　　　　　　　9 600
　　贷:应收账款——丙小企业　　　　　　　　　　　　　556 800

(3) 如果在11~20天内收到货款,则应编制会计分录如下:

借:银行存款　　　　　　　　　　　　　　　　　　　　552 000
　　财务费用　　　　　　　　　　　　　　　　　　　　　　4 800
　　贷:应收账款——丙小企业　　　　　　　　　　　　　556 800

(4) 如果超过折扣期限收到货款,则应编制会计分录如下:

借:银行收款　　　　　　　　　　　　　　　　　　　　556 800
　　贷:应收账款——丙小企业　　　　　　　　　　　　　556 800

【任务3-3】　海滨公司应收A企业账款余额为80 000元,2018年6月20日,海滨公司获知A企业经营业绩下滑。经协商,海滨公司同意将A企业债务减为60 000元,并于当日收到该款项。海滨公司应编制会计分录如下:

借:银行存款　　　　　　　　　　　　　　　　　　　　60 000
　　营业外支出　　　　　　　　　　　　　　　　　　　　20 000
　　贷:应收账款——A企业　　　　　　　　　　　　　　80 000

相关链接

《小企业会计准则》与《企业会计准则》的差异。

《小企业会计准则》规定,小企业不得提前确认坏账损失,不得计提坏账准备,其坏账损失应当于实际发生时确认,即采用直接转销法核算坏账损失,借记"营业外支出"账户,贷记"应收账款"账户。

《企业会计准则》规定,当有客观证据表明该应收款项发生减值的,应当将该应收款项的账面价值与预计未来现金流量现值的差额确认为减值损失,计提资产减值准备,即采用备抵法,借记"资产减值损失"账户,贷记"坏账准备"账户。

任务2　应收票据业务核算

【相关知识】

应收票据是指小企业在采用商业汇票结算方式时,因销售商品、产品或提供劳务而收到的商业汇票。商业汇票是指收款人或付款人（或承兑申请人）签发，由承兑人承兑，并于到期日向收款人或被背书人支付款项的票据，是交易双方以商业购销业务为基础而使用的一种信用凭证。

商业汇票的付款期限最长不超过 6 个月。商业汇票到期后，一律通过银行办理转账结算，银行不支付现金。商业汇票的提示付款期限自汇票到期日起 10 日内。符合条件的商业汇票的持票人，可以持未到期的商业汇票连同贴现凭证向银行申请贴现。

一、应收票据的分类

商业汇票可以按不同的标准进行分类。

（一）按承兑人不同划分

商业汇票按承兑人不同划分为商业承兑汇票和银行承兑汇票两种。

商业承兑汇票是指由收款人签发，经付款人承兑，或者由付款人签发并承兑的汇票。

银行承兑汇票是由在承兑银行开立存款账户的存款人出票，向开户银行申请并经银行审查同意承兑的，保证在指定日期无条件支付确定的金额给收款人或持票人的票据。

（二）按是否计息划分

商业汇票按其是否带息划分为带息票据和不带息票据两种。

带息票据是指商业汇票到期时，承兑人除了向收款人或被背书人支付票面金额款外，还应按票面金额和规定的利息率计算支付自票据生效日起至票据到期日止的利息的票据。

不带息票据是指商业汇票到期时，承兑人只按票面金额向收款人或被背书人支付款项的票据。

二、应收票据到期日的确定

应收票据的期限可以按月表示，也可以按日表示。

票据的期限按月表示时，应以到期月份中与出票日相同的那一天为到期日，而不论各月份实际日历天数是多少。例如，4 月 20 日签发的 3 个月期票据，到期日应为 7 月 20 日。月末签发的票据，不论月份大小，以到期月份的最后一天为到期日。例如，1 月 31 日签发的 1 个月期票据，到期日应为 2 月 28 日（或 29 日）。若为 2 个月到期的票据，到期日应为 3 月 31 日。若为 3 个月到期的票据，到期日应为 4 月 30 日。

票据的期限按日表示时，应从出票日起按实际日历天数计算。通常，出票日和到期日只能算其中的一天，即"算头不算尾"或"算尾不算头"。例如，4 月 20 日签发的 90 天的票据，到期日应为 7 月 19 日。因为 4 月份剩余 10 天（签发日不算），5 月份实有 31 天，6 月份实有 30 天，7 月份应该还有 19 天（90−10−31−30），到期日为 7 月 19 日（到期日算）。

三、应收票据到期价值的确定

不带息票据的到期价值等于应收票据的面值。

带息票据的到期价值等于应收票据的面值加上应收票据到期利息的合计数。带息票据到期价值的计算公式为：

$$带息票据的票据到期价值 = 票据面值 + 应收票据利息 = 票据面值 + 票据面值 × 票面利率 × 计息期限$$

$$= 票据面值 × (1 + 年利率 × 票据到期天数 ÷ 360)$$

或

$$= 票据面值 × (1 + 年利率 × 票据到期月数 ÷ 12)$$

上式中,"票面利率"一般指年利率;"期限"指签发日至到期日的时间间隔,可以按月表示,也可以按日表示。因此,在计算票据利息时应注意单位的统一,即将年利率换成月利率(年利率÷12)或换算成日利率(年利率÷360)。

四、应收票据的贴现

小企业如果出现资金紧张,可以将持有的未到期商业汇票向其开户银行申请贴现,以满足资金需求。所谓贴现,是指持票人将未到期的商业汇票背书后转让给银行,银行受理后,从票据到期值中扣除按银行贴现率计算确定的贴现息后,将余额付给持票人的业务活动。票据贴现实质上是小企业的一种融资行为。

票据贴现的计算公式如下:

$$贴现额 = 票据到期值 - 贴现利息$$

$$贴现利息 = 票据到期值 × 贴现率 × 贴现天数 ÷ 360$$

$$贴现期 = 票据期限 - 小企业已持有时间$$

$$贴现天数 = 贴现日至票据到期日实际天数 - 1$$

按照中国人民银行《支付结算办法》的规定,实付贴现金额按到期值扣除贴现日至汇票到期前一日的利息计算。承兑人在异地的,贴现利息的计算应另加 3 天的划款日期。

【业务操作】

小企业应设置"应收票据"账户,借方登记取得的应收票据的面值;贷方登记到期收回票款或到期前向银行贴现的应收票据或背书转让的应收票据金额;期末余额在借方,反映小企业持有的商业汇票的票面金额。该账户可按开出、承兑商业汇票的单位进行明细核算,并设置"应收票据备查簿",进行有关备查登记。

一、不带息应收票据业务核算

小企业因销售商品、产品或提供劳务而收到开出、承兑的商业汇票,按应收票据的票面金额借记"应收票据"账户,按实现的营业收入,贷记"主营业务收入"等账户,涉及增值税销项税额的,还应按增值税专用发票上注明的增值税额,贷记"应交税费——应交增值税(销项税额)"账户。小企业收到应收票据以抵偿应收账款时,借记"应收票据"账户,贷记"应收账款"账户。

到期收回票据款时,按票面金额借记"银行存款"账户,贷记"应收票据"账户;对于商业承兑汇票到期后,承兑人违约拒付或无力偿还票款的,收款小企业应将到期票据的票面金额转入"应收账款"账户。

【任务 3-4】 2018 年 6 月 2 日,海滨公司向乙公司销售产品一批,货款为 300 000

元,适用的增值税税率为16%,货已发出。按合同约定3个月后付款,乙公司交给海滨公司一张3个月的商业承兑汇票,面值为348 000元。

（1）销售产品,收到已承兑的商业承兑汇票时：

借:应收票据——商业承兑汇票(乙公司)　　　　　　　　　　　　　　348 000

　　贷:主营业务收入　　　　　　　　　　　　　　　　　　　　　　　　300 000

　　　　应交税费——应交增值税(销项税额)　　　　　　　　　　　　　48 000

（2）3个月后,应收票据到期,海滨公司收到款项348 000元,存入银行时：

借:银行存款　　　　　　　　　　　　　　　　　　　　　　　　　　348 000

　　贷:应收票据——商业承兑汇票(乙公司)　　　　　　　　　　　　　348 000

（3）如果该票据到期,乙公司无力偿还票款,则海滨公司应将票面金额转入"应收账款"账户：

借:应收账款——乙公司　　　　　　　　　　　　　　　　　　　　　348 000

　　贷:应收票据——商业承兑汇票(乙公司)　　　　　　　　　　　　　348 000

二、带息应收票据业务核算

小企业收到的带息应收票据,除按照上述原则进行核算外,还应于期末(指中期期末和年度末),按应收票据的票面价值和确定的利率计算票据利息,并增加应收票据的账面余额,借记"应收票据"账户,贷记"财务费用"账户。带息应收票据到期收回款项时,应按收到的本息,借记"银行存款"账户,按账面余额,贷记"应收票据"账户,未计提利息部分贷记"财务费用"账户。到期不能收回的带息应收票据,应按其账面余额转入"应收账款"账户核算,期末不再计提利息,其所包含的利息,在有关备查簿中进行登记,待实际收到时再冲减收到当期的财务费用。

【任务3-5】　海滨公司2018年9月1日销售一批产品给甲公司,货已发出,增值税专用发票上注明的商品价款为100 000元,增值税销项税额为16 000元。当日收到甲公司签发的一张带息商业承兑汇票,票面利率为5%,期限为6个月。

（1）2018年9月1日,收到票据时：

借:应收票据——商业承兑汇票(甲公司)　　　　　　　　　　　　　116 000

　　贷:主营业务收入　　　　　　　　　　　　　　　　　　　　　　　100 000

　　　　应交税费——应交增值税(销项税额)　　　　　　　　　　　　16 000

（2）2018年12月31日,计提票据利息：

$$票据利息 = 116\,000 \times 5\% \div 12 \times 4 = 1\,933.33(元)$$

借:应收票据——商业承兑汇票(甲公司)　　　　　　　　　　　　　1 933.33

　　贷:财务费用　　　　　　　　　　　　　　　　　　　　　　　　　1 933.33

（3）票据到期收回款项：

$$收款金额 = 116\,000 \times (1 + 5\% \div 12 \times 6) = 118\,900(元)$$

$$到期日计提的票据利息 = 116\,000 \times 5\% \div 12 \times 2 = 966.67(元)$$

借:银行存款　　　　　　　　　　　　　　　　　　　　　　118 900
　　贷:应收票据——商业承兑汇票(甲公司)　　　　　　　　　117 933.33
　　　　财务费用　　　　　　　　　　　　　　　　　　　　　　966.67

三、应收票据背书转让业务核算

票据背书转让是指持票人可以将票据权力转让给他人或者将一定的汇票权力授予他人行使。小企业将持有的应收票据背书转让以取得所需物资时,应按计入取得物资成本的价值,借记"材料采购"或"原材料""库存商品"等账户,按增值税专用发票上注明的增值税额,借记"应交税费——应交增值税(进项税额)"账户,按应收票据的账面余额,贷记"应收票据"账户,如有差额,借记或贷记"银行存款"等账户。

如为带息应收票据,小企业将持有的应收票据背书转让以取得所需物资时,应按计入取得物资成本的价值,借记"材料采购"或"原材料""库存商品"等账户,按增值税专用发票上注明的增值税额,借记"应交税费——应交增值税(进项税额)"账户,按应收票据的账面余额,贷记"应收票据"账户,按尚未计提的利息,贷记"财务费用"账户,按借贷双方的差额,借记或贷记"银行存款"等账户。

【任务 3-6】　承[任务 3-4]资料,2018 年 9 月 1 日,海滨公司向 E 企业采购原材料,价款为 280 000 元,增值税额为 44 800 元,材料已验收入库。当日海滨公司将持有的乙公司商业承兑汇票背书转让给 E 企业,差额部分用银行存款结算。海滨公司应编制会计分录如下:

借:原材料　　　　　　　　　　　　　　　　　　　　　　280 000
　　应交税费——应交增值税(进项税额)　　　　　　　　　　44 800
　　银行存款　　　　　　　　　　　　　　　　　　　　　　23 200
　　贷:应收票据——商业承兑汇票(乙公司)　　　　　　　　　348 000

四、应收票据贴现业务核算

应收票据贴现分为不附有追索权和附有追索权两种情况。

(一) 不附有追索权贴现业务核算

在这种情况下,贴现小企业可终止确认应收票据,如果银行无法收回票据款时,贴现小企业不负有偿还责任,应视为票据的出售。

小企业持未到期的商业汇票向银行申请贴现,应当根据银行盖章退回的贴现凭证第四联收款通知,按照实际收到的金额(即减去贴现息后的净额),借记"银行存款"账户,按照贴现息,借记"财务费用"账户,按照商业汇票票面金额,贷记"应收票据"账户。票据到期时,承兑人无论是否支付票款,都与贴现企业无关,贴现企业无需进行账务处理。

(二) 附有追索权贴现业务核算

在这种情况下,贴现小企业不能终止确认应收票据,只能当作以应收票据作为质押取得银行借款。如果银行无法收回票据款时,就会向贴现小企业追偿。

小企业持未到期的商业汇票向银行申请贴现,应当根据银行盖章退回的贴现凭证第四联收款通知,按照实际收到的金额(即减去贴现息后的净额),借记"银行存款"账户,按照贴现息,借记"财务费用"账户,按照商业汇票票面金额,贷记"短期借款"账户。票据到期,若承兑人按期付款,则贴现企业应按照商业汇票票面金额,借记"短期借款"账户,贷记"应收票据"账户;票据到期,若承兑人无力付款,则贴现企业应按照商业汇票票面金额,借记"应收账款"账户,贷记"应收票据"账户,同时,向银行承付款项时,按照商业汇票票面金额,借记"短期借款"账户,贷记"银行存款"账户。

【任务 3-7】　海滨公司于 2018 年 5 月 21 日销售一批产品给江华公司,货已发出,货款为 100 000 元,增值税销项税额为 16 000 元。按合同约定 3 个月以后付款,江华公司交给海滨公司一张不带息 120 天到期的商业承兑汇票,面额为 116 000 元。海滨公司应编制会计分录如下:

借:应收票据——商业承兑汇票(江华公司)　　　　　　　　　　　　　116 000
　　贷:主营业务收入　　　　　　　　　　　　　　　　　　　　　　　100 000
　　　　应交税费——应交增值税(销项税额)　　　　　　　　　　　　　16 000

海滨公司因急需资金,于 6 月 20 日将上述票据到银行贴现,且不附追索权,年贴现率为 10%。

$$已持有 30 天,贴现天数 = 120 - 30 = 90(天)$$

$$贴现利息 = 116\,000 \times 10\% \times 90 \div 360 = 2\,900(元)$$

$$贴现净额 = 116\,000 - 2\,900 = 113\,100(元)$$

海滨公司应编制会计分录如下:

借:银行存款　　　　　　　　　　　　　　　　　　　　　　　　　　113 100
　　财务费用　　　　　　　　　　　　　　　　　　　　　　　　　　2 900
　　　贷:应收票据——商业承兑汇票(江华公司)　　　　　　　　　　　116 000

【任务 3-8】　承[任务 3-7]资料,假设为附追索权的贴现。
(1)申请贴现时:

借:银行存款　　　　　　　　　　　　　　　　　　　　　　　　　　113 100
　　财务费用　　　　　　　　　　　　　　　　　　　　　　　　　　2 900
　　　贷:短期借款　　　　　　　　　　　　　　　　　　　　　　　116 000

(2)票据到期,若承兑人按期付款,则:

借:短期借款　　　　　　　　　　　　　　　　　　　　　　　　　　116 000
　　贷:应收票据——商业承兑汇票(江华公司)　　　　　　　　　　　116 000

(3)票据到期,若承兑人无力付款时,则:

借:应收账款——江华公司　　　　　　　　　　　　　　　　　　　　116 000
　　贷:应收票据——商业承兑汇票(江华公司)　　　　　　　　　　　116 000

向银行承付款项时:

借:短期借款　　　　　　　　　　　　　　　　　　　　　　　　　　116 000
　　贷:银行存款　　　　　　　　　　　　　　　　　　　　　　　　116 000

任务3　预付账款业务核算

【相关知识】

预付账款是指小企业按照购货合同规定预付给供应单位的款项,如预付的材料、商品采购货款等。预付账款和应收账款一样,都是企业的短期债权,但是两者又有区别。应收账款是小企业因销售商品、产品或提供劳务而产生的债权,债务人偿还债务的方式,一般为货币资产;而预付账款是小企业因购货或接受劳务而产生的债权,债务人偿还债务的方式,一般为非货币性资产,故两者应分别进行核算。预付账款按实际付出的金额入账。

【业务操作】

一、账户设置

小企业应设置"预付账款"账户,用来核算预付账款的增减变动及其结存情况。该账户借方登记小企业向供货商预付的货款,贷方登记小企业收到所购物品应结转的预付货款,期末借方余额反映小企业向供货单位预付而尚未发出货物的预付货款;该账户期末借方余额,反映小企业预付的款项;期末如为贷方余额,反映小企业尚未补付的款项。该账户按供应单位设置明细账,进行明细分类核算。小企业进行在建工程预付的工程款,也通过该账户核算。

二、账务处理

小企业按照购货合同的规定向供应单位预付货款时,借记"预付账款"账户,贷记"银行存款"账户,等到以后收到预购的材料或商品时,应按计入取得物资成本的价值,借记"材料采购""原材料""库存商品"等账户,按增值税专用发票上注明的增值税额,借记"应交税费——应交增值税(进项税额)"账户,贷记"预付账款"账户。补付的货款,借记"预付账款"账户,贷记"银行存款"账户;对方退回多付的货款,则借记"银行存款"账户,贷记"预付账款"账户。在预付货款业务不多的小企业,也可以通过"应付账款"账户核算预付账款业务。

小企业出包工程按照合同规定预付的工程款,借记"预付账款"账户,贷记"银行存款"账户。按照工程进度和合同规定结算的工程款,借记"在建工程"账户,贷记"预付账款""银行存款"等账户。

三、典型任务举例

【任务3-9】　海滨公司向乙公司采购材料5 000千克,每千克单价10元,所需支付的款项总额50 000元。按照合同规定向乙公司预付货款的50%,验收货物后补付其余款项。

(1) 预付 50% 的货款时：

借：预付账款——乙公司   25 000

    贷：银行存款   25 000

(2) 收到乙公司发来的 5 000 千克材料，验收无误，增值税专用发票记载的货款 50 000 元。增值税额为 8 000 元，以银行存款补付所欠款项 33 000 元。

收到所购材料时：

借：原材料   50 000

      应交税费——应交增值税（进项税额）   8 000

    贷：预付账款——乙公司   58 000

补付所欠款项时：

借：预付账款——乙公司   33 000

    贷：银行存款   33 000

【任务 3-10】 2018 年 1 月 5 日，海滨公司与鹏程建筑公司签订建筑合同，新建一座仓库，工程价款 300 000 元。合同规定，海滨公司预付工程款 80 000 元。

海滨公司应编制会计分录如下：

借：预付账款——鹏程建筑公司   80 000

    贷：银行存款   80 000

【任务 3-11】 承［任务 3-10］资料，2018 年 3 月 31 日，经测算新仓库完工 20%，海滨公司据此进行结算。

编制会计分录如下：

借：在建工程——建筑工程（仓库）   60 000

    贷：预付账款——鹏程建筑公司   60 000

相关链接

《小企业会计准则》与《企业会计准则》的差异。

《小企业会计准则》下，企业出包工程按照合同规定预付的工程款，通过"预付账款"账户核算；而《企业会计准则》下，企业出包工程按照合同规定预付的工程款通过"在建工程"账户核算。

任务 4   其他应收款业务核算

【相关知识】

其他应收款是指小企业除应收票据、应收账款和预付账款等以外的其他各种应收暂付款项。它是小企业发生的非购销活动的应收债权。主要包括：

（1）应收的各种赔款、罚款，如因职工失职造成一定损失而应向该职工收取的赔款，或因企业财产等遭受意外损失而应向有关保险公司收取的赔款等。

（2）应收出租包装物租金。

（3）应向职工收取的各种垫付款项，如为职工垫付的水电费、应由职工负担的医药费、房租费等。

（4）备用金（向小企业各职能部门或个人拨付的非定额备用款项）。

（5）存出保证金，如租入包装物支付的押金。

（6）预付账款转入。

（7）其他各种应收、暂付款项。

其他应收款所包括的内容是相当繁杂的，在实际生活中，由于一些小企业内部管理不严，其他应收款长期得不到清理，致使其他应收款金额巨大。因此，小企业必须加强对其他应收款的管理和控制。

【业务操作】

一、账户设置

小企业应设置"其他应收款"账户，用于核算小企业除应收票据、应收账款、预付账款等以外的其他各种应收、暂付款项。该账户借方登记其他应收款的增加，贷方登记其他应收款的收回，期末余额一般在借方，反映小企业尚未收回的其他应收款项。在"其他应收款"账户下，应按其他应收款的项目分类，并按不同的债务人设置明细账。

二、账务处理

小企业发生各种其他应收款项时，借记"其他应收款"账户，贷记"库存现金""银行存款""固定资产清理"等账户。小企业收回各种款项时，借记"库存现金""银行存款""应付职工薪酬"等账户，贷记"其他应收款"账户。

三、典型任务举例

【任务 3-12】　海滨公司以银行存款替副总经理垫付应由其个人负担的医疗费 5 000 元，拟从其工资中扣回。

（1）垫付时：

借：其他应收款——××总经理　　　　　　　　　　　　　　　　5 000
　　贷：银行存款　　　　　　　　　　　　　　　　　　　　　　　　5 000

（2）扣款时：

借：应付职工薪酬　　　　　　　　　　　　　　　　　　　　　　5 000
　　贷：其他应收款——××总经理　　　　　　　　　　　　　　　　5 000

【任务 3-13】　海滨公司租入包装物一批，以银行存款向出租方支付押金 10 000 元，应编制会计分录如下：

借:其他应收款——存出保证金　　　　　　　　　　　　　　　　　　10 000

　　贷:银行存款　　　　　　　　　　　　　　　　　　　　　　　　　　10 000

【任务 3-14】　承[任务 3-13]资料,租入包装物按期如数退回,海滨公司收到出租方退还的押金 10 000 元,已存入银行,应编制会计分录如下:

借:银行存款　　　　　　　　　　　　　　　　　　　　　　　　　　　10 000

　　贷:其他应收款——存出保证金　　　　　　　　　　　　　　　　　10 000

【课后练习】

一、单项选择题

1. 某小企业收到一张 2018 年 2 月 28 日签发、期限为 3 个月的商业汇票,其到期日为(　　)。

A. 5 月 28 日　　　B. 5 月 29 日　　　C. 5 月 30 日　　　D. 5 月 31 日

2. 预付款项情况不多的小企业,可以不设置"预付账款"账户,预付货款时,借记(　　)账户。

A. "应收账款"　　B. "预收账款"　　C. "其他应收款"　　D. "应付账款"

3. 某小企业将一张面值为 30 000 元、期限 3 个月的不带息商业承兑汇票,在持有 2 个月后向银行贴现,贴现率为 12%,则小企业可得贴现净额为(　　)元。

A. 26 400　　　B. 29 550　　　C. 29 100　　　D. 29 700

4. 某小企业销售商品一批,增值税专用发票上注明的价款为 60 万元,适用的增值税税率为 16%,为购买方代垫运杂费 2 万元,款项尚未收回。该小企业确认的应收账款为(　　)万元。

A. 60　　　B. 62　　　C. 70.2　　　D. 71.6

5. 某小企业 4 月 30 日收到不带息应收票据一张,期限 6 个月,面值 100 万元,5 月 30 日将该票据以不附追索权的方式贴现,实际收到价款 90 万元,则计入财务费用的金额是(　　)万元。

A. 100　　　B. 10　　　C. 80　　　D. 90

6. 小企业出包工程按照合同规定预付的工程款通过(　　)账户核算。

A. "在建工程"　　B. "预付账款"　　C. "其他应付款"　　D. "应付账款"

7. 确认应收账款的时间一般与(　　)的时间相一致。

A. 确认销售收入　　　　　　　　B. 收到货款

C. 提供劳务　　　　　　　　　　D. 按合同交付产品

8. 在贴现中,贴现息=(　　)。

A. 票据到期值×利率×贴现期　　　B. 票面金额×贴现率×贴现期

C. 票据到期值×贴现率×贴现期　　D. 票据到期值-票面金额

9. 甲小企业于 2018 年 11 月 8 日销售商品 100 件,增值税专用发票上注明的价款为 10 000 元,增值税额为 1 600 元。小企业为了及早收回货款而在合同中规定的现金折扣条件为"2/10、1/20、N/30"。假定计算现金折扣时不考虑增值税。如买方于 2018 年 11

月 17 日付清货款,该小企业实际收款金额应为(　　)元。

A. 11 466　　　　　B. 11 400　　　　　C. 11 583　　　　　D. 11 700

10. 甲公司赊销商品一批,标价为 20 000 元,商业折扣为 10%,增值税税率为 16%,现金折扣条件为"2/10,1/20,N/30"。企业销售商品时代垫运杂费 400 元,若企业采用总价法核算,则应收账款的入账金额为(　　)元。

A. 21 280　　　　　B. 21 038.80　　　　　C. 21 800　　　　　D. 21 060

二、多项选择题

1. 在我国会计实务中,作为应收票据核算的票据有(　　)。

A. 支票　　　　　　　　　　　　　B. 银行汇票

C. 商业承兑汇票　　　　　　　　　D. 银行承兑汇票

2. 带息商业汇票到期值的计算与(　　)有关。

A. 票据面值　　　B. 票面利率　　　C. 票据期限　　　D. 贴现率

3. 应收账款包括(　　)。

A. 销售商品应收的货款　　　　　　B. 职工预借的差旅费

C. 提供劳务应收的账款　　　　　　D. 应收铁路部门的赔款

4. "应收账款"账户的核算内容包括(　　)。

A. 货款　　　　　　　　　　　　　B. 销售人员工资

C. 增值税　　　　　　　　　　　　D. 代垫的包装费和运杂费

5. 若小企业预付货款小于采购货物的货款及增值税时,补付货款时,应(　　)账户。

A. 借记"预付账款"　　　　　　　　B. 贷记"银行存款"

C. 借记"应付账款"　　　　　　　　D. 贷记"应付账款"

6. 根据承兑人不同,商业汇票分为(　　)。

A. 商业承兑汇票　　　　　　　　　B. 银行承兑汇票

C. 银行本票　　　　　　　　　　　D. 银行汇票

7. 下列应收、暂付款项中,应通过"其他应收款"账户核算的有(　　)。

A. 应收的出租包装物租金　　　　　B. 应向购货方收取的代垫运杂费

C. 租入包装物支付的押金　　　　　D. 银行汇票存款

8. 票据贴现息的计算与(　　)有关。

A. 银行存款利率　　B. 票据到期价值　　C. 贴现率　　　　D. 贴现期

9. 小企业以总价法确认应收账款的入账价值时,下列说法中,正确的有(　　)。

A. 商业折扣应扣除　　　　　　　　B. 商业折扣不应扣除

C. 现金折扣应扣除　　　　　　　　D. 现金折扣不应扣除

10. 关于"预付账款"账户,下列说法中,正确的有(　　)。

A. "预付账款"账户属于资产类性质的账户

B. 预付货款不多的企业,可以将预付的货款记入"应付账款"账户的借方

C. "预付账款"账户贷方余额反映的是应付供货单位的款项

D. "预付账款"账户核算企业因销售业务产生的往来款项

三、判断题

1. 应收账款、应收票据、预付账款项目产生于小企业购销活动。　　　　　　(　　)

2. 小企业收到承兑的商业汇票,无论是否带息,均按票据的票面价值入账。（　　）

3. 带息应收票据到期时,若付款人无力支付票款,小企业应按票据的账面余额转入"应收账款"账户核算,期末不再计提利息。（　　）

4. 按规定,预付账款业务不多的小企业,可以不设置"预付账款"账户,预付的货款在"应收账款"账户核算。（　　）

5. 小企业无息票据贴现所得净额一定小于票据票面价值,而带息票据贴现所得净额则不一定小于票据票面价值。（　　）

6. 小企业支付的包装物押金和收取的包装物押金均应通过"其他应收款"账户核算。（　　）

7. 预付账款可以在"应付账款"账户核算,因此,预付货款应作为企业的一项负债。（　　）

8. 某小企业销售一笔金额为 15 万元的货物,规定销货的现金折扣条件为"2/20,N/30",购货单位于第 15 天付款,该小企业实际收到的款项金额为 14.8 万元。（　　）

9. 按现行制度规定,应收账款的入账金额包括商业折扣,但不包括现金折扣。（　　）

10. "应收账款"账户用于核算小企业因销售产品、材料、提供劳务、职工借款等业务,应向购货单位或本单位职工个人收取的款项。（　　）

四、计算分析题

（一）海滨公司于 2018 年 3 月 10 日收到甲小企业一张面值 100 000 元、期限 90 天、利率 9% 的商业承兑汇票作为应收账款的收回;4 月 9 日,公司持此票据到银行贴现,且不附追索权,贴现率为 12%。

要求:根据以上资料计算票据贴现净额,并编制有关的会计分录。

（二）A 企业为增值税一般纳税人,增值税税率为 16%,2018 年部分业务如下:

(1) 向乙公司销售产品,价款 500 000 元。乙公司已预付货款 285 000 元,2018 年 5 月 10 日,收到乙公司签发商业承兑汇票,支付所欠货款,该票据票面价值 300 000 元,期限 90 天。

(2) 2018 年 6 月 18 日,向甲公司购入材料价款 450 000 元,增值税额 72 000 元,应付运费 3 500 元。A 公司将未到期票据背书转让,差额通过银行存款结清。

(3) 票据到期,乙公司无力付款,A 公司以银行存款支付给甲公司。

要求:(1) 计算 A 公司背书转让票据时,应通过银行存款账户结算的金额。

(2) 编制 A 公司上述业务的会计分录。

（三）A 小企业与 B 小企业签订购销合同销售一批产品,B 小企业预付货款 120 000 元,1 个月后,A 小企业将产品发往 B 小企业,开出的增值税专用发票上注明价款 200 000 元,增值税额 32 000 元,该批货物成本 144 000 元。当日 B 小企业以银行存款支付剩余货款。

要求:编制 A 小企业相关的会计分录。

五、技能操作训练

【实训目的】

学生通过实训,能熟练办理银行托收手续;熟练掌握应收账款、应收票据、预付账款、其他应收款等业务的账务处理及相关总账、明细账的登记方法。

【实训资料】

（一）海滨华联制造有限公司 2018 年 6 月 1 日有关账户余额，如表 3-6 所示。

表 3-6

海滨华联股份有限公司账户余额　　　　　　单位：元

账　户　名　称	借或贷	余额
应收账款	借	362 000.00
应收账款——株洲水泥制造有限公司	借	320 000.00
应收账款——湖南娄底青山有限公司	借	42 000.00
其他应收款	借	3 500.00
其他应收款——潘湘军	借	3 500.00
预付账款	借	1 500.00
预付账款——财产保险费	借	1 000.00
预付账款——报刊杂志费	借	500.00

（二）2018 年 6 月份，海滨公司有关应收及预付款项经济业务的原始凭证如下：

业务 3-1-1

中国工商银行信汇凭证（收账通知）④

委托日期 2018 年 6 月 2 日　　　　　No. 0041014

汇款人	全　称	湖南娄底青山有限公司	收款人	全　称	海滨华联股份有限公司
	账　号	19014268906523000110		账　号	1903019551012985550
	汇出地点	娄底市青山路 1 号		汇入地点	长沙市庆国路 18 号
汇出行名称		工行娄底青山支行	汇入行名称		工行长沙市兴城支行

金额	人民币（大写）肆万贰仟元整	千	百	十	万	千	百	十	元	角	分
				¥	4	2	0	0	0	0	0

归还货款

中国工商银行娄底青山支行
★ 2018.6.2 ★
业　务　清　讫
汇出行签章

支付密码

附加信息及用途：

复核　　　记账

业务 3-2-1　要求：填制托收承付凭证。

托 收 凭 证　（受理回单）

委托日期：　年　月　日

业务类型	委托收款(□邮划, □电划)　　托收承付(□邮划, □电划)													此联作为收款人开户银行给收款人的受理回单
付款人	全称			收款人	全称									
	账号				账号									
	地址	省　市县　开户行			地址	省　市县　开户行								
金额	人民币(大写)					千	百	十	万	千	百	十	元	角	分
款项内容		托收凭据名称												
商品发运情况			合同名称号码											
备注：		款项收妥日期		收款人开户行盖章										
复核　记账			年　月　日											

2013.3.5
业务章

---✂

业务 3-2-2

4300452087　　　　　　## 湖南增值税专用发票　No 00069805　4300452087

此联不作报销、扣税凭证使用

00069805

开票日期：2018 年 6 月 3 日

购货单位	名　称：广州市大华有限公司 纳税人识别号：431302789020214 地址、电话：广州市新星南路 56 号、020—86351204 开户行及账号：广州市工行汉阳 1913010109024525413			密码区	2487—2＜9—7—615945848＜032/52＞9/ 29533—49741626＜8—3024＞82906—2— 41—6＜7＞2*—/＞*＞11458 * 1245 0001212458 * 145/124568—12458 000 * 458/12480		
货物或应税劳务、服务名称	计量单位	数量	单价	金额	税率	税额	
C 产品	件	8	4 000.00	32 000.00	16%	5 120.00	
合　计				￥32 000.00		￥5 120.00	
价税合计(大写)		叁万柒仟壹佰贰拾元整			(小写)　￥37 120.00		
销货单位	名　称：海滨华联股份有限公司 纳税人识别号：436702789022785 地址、电话：长沙市庆园路 18 号、0731—88713218 开户行及账号：工行长沙市兴城支行 1903019551012985550			备注	海滨华联股份有限公司 436702789022785 发票专用章		

收款人：×××　　　　　复核：　　　开票人：陈姬　　　　　　　　销货单位(章)

业务 3-2-3

产成品出库单

2018 年 6 月 5 日

领用单位:销售科   No 0061

产品名称	型号规格	单位	出库数量	单价	金额	备注
C产品		件	8			

记账:×××   保管:×××   检验:×××   制单:×××

业务 3-2-4

代垫费用清单(存根)①

日期:2018 年 6 月 5 日   No 0002

单位名称	广州市大华有限公司		附送单据	1 张
费用项目	运费	金 额:壹仟伍佰元整 ¥1 500.00		
备 注				

业务 3-2-5

中国工商银行
转账支票存根
XII   02952026

附加信息

_____

_____

出票日期 2018 年 6 月 5 日

收款人:长沙市红星运输公司
金 额:¥15 000.00
用 途:代垫运费
备 注:

单位主管:××   会计:××

业务 3-3-1

电子汇划付(收)款补充报告单

No 01321450

币种:人民币　　　　　　　　　　流水号:000124

付款人	全　称	合肥青山水泥制造公司	收款人	全　称	海滨华联股份有限公司
	账　号	190500209619805145		账　号	19030195510129855550
	开户银行	工行青山支行		开户银行	工行长沙市兴城支行

人民币(大写)	伍拾万元整	千	百	十	万	千	百	十	元	角	分
			¥	5	0	0	0	0	0	0	0

用途	预付款
备注:	

中国工商银行兴城支行
2018.6.5
业务章
收款人财务专用章盖章

业务 3-4-1

借据

部门或姓名＿＿＿＿　　　　2018 年 6 月 6 日　　　　　　　第　号

今 借 到		
人民币(大写)　壹仟元整	此据	
¥ 1 000.00		现金付讫
借款用途说明: 去深圳开会		

主管人批准	同意 陈振奋	财务负责人意见	同意 张宏	部门负责人意见	同意 李怀	借款人签章	周清

会计:陆海　　　　　　　　　　复核:陆海　　　　　　　　　　出纳:李艳

业务 3-5-1

43000452088

湖南增值税专用发票　No 00069806　43000452088

此联不作报销、扣税凭证使用

00069806

开票日期:2018 年 6 月 8 日

购货单位	名　　　称:合肥青山水泥制造公司 纳税人识别号:45901270061940206 地址、电话:市青山路 20 号、0551—65687301 开户行及账号:工行青山支行 　　　　　　1905002096619805145	密码区	0284—1＜1—7—6151035＜014/52＞9/ 2954—491624＜8—3024＞829—0—40—6 ＜7＞2*—/＞4589＊1245879//120＊ 12456458—/4578＊2＜7＞245890236＊ 1245—4587

货物或应税劳务、服务名称	计量单位	数量	单价	金额	税率	税额
A 产品	台	2	160 000.00	320 000.00	16%	51 200.00
B 产品	台	4	30 000.00	120 000.00	16%	19 200.00
合　计				￥440 000.00		￥70 400.00

价税合计(大写)	伍拾壹万零仟肆佰零拾零元零分	(小写)　￥510 400.00

销货单位	名　　　称:海滨华联股份有限公司 纳税人识别号:436702789022785 地址、电话:长沙市庆园路 18 号、0731—88713218 开户行及账号:工行长沙市兴城支行 　　　　　　19030195510129855550	备注	海滨华联股份有限公司 436702789022785 发票专用章

收款人:×××　　　　复核:　　　　开票人:陈姬　　　　销货单位(章)

第三联:记账联　销货方记账凭证

业务 3-5-2

产成品出库单

2018 年 6 月 8 日

领用单位:销售科　　　　　　　　　　　　　　　　　　　　　　No 0062

产品名称	型号规格	单位	出库数量	单价	金额	备注
A 产品		台	2			
B 产品		台	4			

记账:×××　　　　保管:×××　　　　检验:×××　　　　制单:×××

业务 3-6-1

商业承兑汇票　2

Ⅳ0002041

出票日期（大写）贰零壹捌年零陆月零捌日

<table>
<tr><td rowspan="3">付款人</td><td>全　称</td><td>郑州长风水泥制造公司</td><td rowspan="3">收款人</td><td>全　称</td><td colspan="11">海滨华联股份有限公司</td></tr>
<tr><td>账　号</td><td>1913010109024569896</td><td>账　号</td><td colspan="11">1903019551012985550</td></tr>
<tr><td>开户银行</td><td>长沙市工行兴城支行</td><td>开户银行</td><td colspan="11">工行长沙市兴城支行</td></tr>
<tr><td colspan="2">出票金额</td><td colspan="2">人民币（大写）
壹拾万零肆仟肆佰元整</td><td>千</td><td>百</td><td>十</td><td>万</td><td>千</td><td>百</td><td>十</td><td>元</td><td>角</td><td>分</td></tr>
<tr><td colspan="2"></td><td colspan="2"></td><td>¥</td><td>1</td><td>0</td><td>4</td><td>4</td><td>0</td><td>0</td><td>0</td><td>0</td><td></td></tr>
<tr><td colspan="2">汇票到期日</td><td colspan="2">贰零壹捌年零玖月零捌日</td><td colspan="5">交易合同 号码</td><td colspan="5">00258</td></tr>
<tr><td colspan="2">本汇票已经承兑，到期无条件支付票款</td><td colspan="12">本汇票承兑予以承兑于到期日付款</td></tr>
<tr><td colspan="2">承兑日期　2018 年 6 月 8 日</td><td colspan="12">出票人盖章</td></tr>
</table>

业务 3-6-2

43000452089

湖南增值税专用发票　No 00069807　43000452089

此联不作报销、扣税凭证使用

00069807

开票日期:2018 年 6 月 8 日

<table>
<tr><td rowspan="4">购货单位</td><td colspan="5">名　　称:郑州长风水泥制造公司</td><td rowspan="4">密码区</td><td colspan="2">4015911＜9－7－615962848＜032/52＞9/
29533—49741628＜8—3054＞82906—2—
47—6＜7＞2*—/＞*＞6458/1245 *
654891478956//124879 * 1245//1296 —
1245689//1245 * 2</td></tr>
<tr><td colspan="5">纳税人识别号:481328906352147</td></tr>
<tr><td colspan="5">地址、电话:郑州市西安路 45 号、0731—68563102</td></tr>
<tr><td colspan="5">开户行及账号:工行伏天支行 5165002096198 05222</td></tr>
<tr><td colspan="2">货物或应税劳务、服务名称</td><td>计量单位</td><td>数量</td><td>单价</td><td>金额</td><td>税率</td><td>税额</td></tr>
<tr><td colspan="2">B 产品</td><td>台</td><td>3</td><td>30 000.00</td><td>90 000.00</td><td>16%</td><td>14 400.00</td></tr>
<tr><td colspan="2">合　计</td><td></td><td></td><td></td><td>¥90 000.00</td><td></td><td>¥14 400.00</td></tr>
<tr><td colspan="2">价税合计(大写)</td><td colspan="5">壹拾万零肆仟肆佰元整　　　　　(小写)　¥104 400.00</td></tr>
<tr><td rowspan="4">销货单位</td><td colspan="5">名　　称:海滨华联股份有限公司</td><td rowspan="4">备注</td><td rowspan="4">436702789022785
发票专用章</td></tr>
<tr><td colspan="5">纳税人识别号:436702789022785</td></tr>
<tr><td colspan="5">地址、电话:长沙市庆园路 18 号、0731—88713218</td></tr>
<tr><td colspan="5">开户行及账号:工行长沙市兴城支行 1903019551012985550</td></tr>
</table>

收款人:　　　　复核:　　　开票人:陈姬　　　　　　销货单位

业务 3-6-3

产成品出库单

2018 年 6 月 8 日

领用单位:销售科　　　　　　　　　　　　　　　　　　　　　　No 0063

产品名称	型号规格	单位	出库数量	单价	金额	备注
B 产品		台	3			

记账:×××　　　　　　保管:×××　　　　　　检验:×××　　　　　　制单:×××

业务 3-7-1

中国工商银行信汇凭证(收账通知)

委托日期 2018 年 6 月 8 日　　　　　　　　　　　　No. 0041014

汇款人	全　称	广州市大华有限公司	收款人	全　称	海滨华联股份有限公司
	账　号	19130101090245254 13		账　号	1903019551012985550
	汇出地点	广州市新星南路 56 号		汇入地点	长沙市庆园路 18 号

汇出行名称	广州市工行汉阳支行	汇入行名称	工行长沙市兴城支行

金额	人民币 (大写)	叁万柒仟捌佰肆拾柒元陆角整	千	百	十	万	千	百	十	元	角	分
					¥	3	7	8	4	7	6	0

支付货款　　　　　　　　　　　支付密码

应付 38 620 元,现金折扣 2%,实付 37 847.60 元。

中国工商银行汉阳支行
附加信息及用途
★ 2018.6.8 ★
业　务　清　讫

汇出行签章　　　　　　　　　　　　　　　　　　复核　　　　记账

业务 3-8-1

电子汇划付(收)款补充报告单

No 01321461

币种:人民币　　　　　　　　流水号:000131

<table>
<tr><td rowspan="3">付款人</td><td>全　称</td><td>合肥青山水泥制造公司</td><td rowspan="3">收款人</td><td>全　称</td><td colspan="11">海滨华联股份有限公司</td><td rowspan="6">此联是收款人开户行交给收款人的收账通知</td></tr>
<tr><td>账　号</td><td>190500209619805145</td><td>账　号</td><td colspan="11">1903019551012985550</td></tr>
<tr><td>开户银行</td><td>工行青山支行</td><td>开户银行</td><td colspan="11">工行长沙市兴城支行</td></tr>
<tr><td rowspan="2" colspan="2">人民币
(大写)　壹万零肆佰元整</td><td rowspan="2"></td><td>千</td><td>百</td><td>十</td><td>万</td><td>千</td><td>百</td><td>十</td><td>元</td><td>角</td><td>分</td></tr>
<tr><td colspan="2">¥</td><td>1</td><td>0</td><td>4</td><td>0</td><td>0</td><td>0</td><td>0</td></tr>
<tr><td>用途</td><td>补付货款</td><td></td></tr>
<tr><td colspan="2">备注:</td><td colspan="12"></td></tr>
</table>

中国工商银行兴城支行　2018.6.10　收款人开户行盖章

业务 3-9-1

差旅费报销单

单位名称:办公室　　　填报日期:2018 年 6 月 11 日　　　　　单位:元

<table>
<tr><td>姓名</td><td>潘湘军</td><td>职级</td><td colspan="2">办公室主任</td><td>出差事由</td><td>学习</td><td>出差时间</td><td colspan="2">计划 6 天</td><td rowspan="2">备注</td></tr>
<tr><td colspan="8"></td><td colspan="2">实际 6 天</td></tr>
<tr><td colspan="2">日期</td><td colspan="3">起 止 地 点</td><td colspan="2">飞机、车、船票</td><td colspan="3">其 他 费 用</td><td></td></tr>
<tr><td>月</td><td>日</td><td>起</td><td>止</td><td>类别</td><td>金额</td><td colspan="2">项　目</td><td>标准</td><td>计算天数</td><td>核报金额</td></tr>
<tr><td>6</td><td>5</td><td>长沙市</td><td>北京</td><td>飞机</td><td>843.00</td><td rowspan="2">住宿费</td><td>包干报销</td><td>250.00</td><td>5</td><td>1 250.00</td></tr>
<tr><td>6</td><td>10</td><td>北京</td><td>长沙市</td><td>飞机</td><td>838.00</td><td>限额报销</td><td></td><td></td><td></td></tr>
<tr><td colspan="6"></td><td colspan="2">伙食补助费</td><td>35.00</td><td>5</td><td>175.00</td></tr>
<tr><td colspan="6"></td><td colspan="2">车、船补助费</td><td></td><td></td><td></td></tr>
<tr><td colspan="6"></td><td colspan="2">其 他 杂 支</td><td>74.00</td><td></td><td>74.00</td></tr>
<tr><td colspan="4">小　　　计</td><td></td><td>1 681.00</td><td colspan="3">小　　　计</td><td></td><td>1 499.00</td></tr>
<tr><td colspan="2">总计金额
(大写)</td><td colspan="4">⊗万叁仟壹佰捌拾零元整</td><td colspan="5">预支 3 500.00　核销 3 180.00　退补 320.00</td></tr>
</table>

主管:陈振奋　　　　部门:　　　　　审核:张宏　　　　填报人:潘湘军

业务 3-9-2

收　据

2018 年 6 月 11 日　　　　　　　　　　　　第 1 号

今收到　潘湘军										
人民币(大写):叁佰贰拾元整		十万	千	百	十	元	角	分		
				￥	3	2	0	0	0	
事由:交来借支差旅费余款	现金付讫	现金 √								
		支票　　　　号								
收款单位		财务负责人	张宏		收款人		李艳			

第三联　记账联

业务 3-10-1

预付费用分配表

2018 年 6 月 30 日

部门	分　摊　项　目		合　计
	财产保险费	报刊杂志费	
行政管理部门	1 000.00	500.00	1 500.00
合　计	1 000.00	500.00	1 500.00

【实训要求】

1. 根据资料(一)开设应收账款、其他应收款、应收票据、预付账款总账和明细账并登记期初余额。

2. 根据资料(二)填制(部分)和审核原始凭证,并编制记账凭证。

3. 根据记账凭证登记相关总账、明细账,并结账。

【实训用具】

记账凭证12张,三栏式明细账若干张,三栏式总账若干张。

项目四　存货业务核算

知识目标

通过对本项目的学习,明确存货的范围,熟悉周转材料业务的核算;熟悉委托加工物资的内容及业务核算;掌握原材料的按计划成本和按实际成本核算方法;掌握库存商品的内容及业务核算。

能力目标

能正确地填写各种存货的入库单和出库单;能正确编制原材料、周转材料、委托加工物资和库存商品等业务的相关原始凭证和记账凭证,登记有关明细账和总账。

存货是指小企业在日常生产经营过程中持有以备出售的产成品或商品、处在生产过程中的在产品、将在生产过程或提供劳务过程中耗用的材料和物料等,以及小企业(农、林、牧、渔业)为出售而持有的或在将来收获为农产品的消耗性生物资产。

小企业的存货包括原材料、在产品、半成品、产成品、商品、周转材料、委托加工物资和消耗性生物资产等。

(1)原材料是指小企业在生产过程中经加工改变其形态或性质并构成产品主要实体的各种原料及主要材料、辅助材料、外购半成品(外购件)、修理用备件(备品备件)、包装材料、燃料等。

(2)在产品是指小企业正在制造尚未完工的产品。在产品包括正在各个生产工序加工的产品,以及已加工完毕但尚未检验或已检验但尚未办理入库手续的产品。

(3)半成品是指小企业经过一定生产过程并已检验合格交付半成品仓库保管,但尚未制造完工成为产成品,仍需进一步加工的中间产品。

(4)产成品是指小企业已经完成全部生产过程并已验收入库,符合标准规格和技术条件,可以按照合同规定的条件送交订货单位,或者可以作为商品对外销售的产品。

(5)商品是指小企业(批发业、零售业)外购或委托加工完成并已验收入库用于销售的各种商品。

(6)周转材料是指小企业能够多次使用、逐渐转移其价值但仍保持原有形态且不确认为固定资产的材料。周转材料包括包装物、低值易耗品、小企业(建筑业)的钢模板、木模板、脚手架等。

(7)委托加工物资是指小企业委托外单位加工的各种材料、商品等物资。

(8)消耗性生物资产是指小企业(农、林、牧、渔业)生长中的大田作物、蔬菜、用材林以及存栏待售的牲畜等。

　　小企业取得的存货,应当按照成本进行计量。存货的成本包括采购成本、加工成本和其他成本,但是取得存货的来源不同,其成本的构成内容不尽相同。

　　小企业应当采用先进先出法、加权平均法或者个别计价法确定发出存货的实际成本。计价方法一经选用,不得随意变更。对于性质和用途相似的存货,应当采用相同的成本计算方法确定发出存货的成本。对于不能替代使用的存货、为特定项目专门购入或制造的存货以及提供的劳务,采用个别计价法确定发出存货的成本。

　　对于周转材料,采用一次转销法进行会计处理,在领用时按其成本计入生产成本或当期损益;金额较大的周转材料,也可以采用分次摊销法进行会计处理。出租或出借周转材料,不需要结转其成本,但应当进行备查登记。

　　存货发生毁损,处置收入、可收回的责任人赔偿和保险赔款,扣除其成本、相关税费后的净额,应当计入营业外支出或营业外收入。盘盈存货实现的收益应当计入营业外收入。盘亏存货发生的损失应当计入营业外支出。

任务 1　原材料业务核算

【相关知识】

一、原材料的分类

　　原材料是指小企业在生产过程中经加工改变其形态或性质并构成产品主要实体的各种原料及主要材料、辅助材料、外购半成品(外购件)、修理用备件(备品备件)、包装材料、燃料等。

二、原材料收入的计价

　　小企业收入的原材料应按取得时的实际成本计价。但由于原材料的来源不同,其实际成本的构成内容就有所不同。

(一) 外购的原材料

　　外购原材料的成本是指小企业物资从采购到入库前所发生的全部支出,包括购买价款、相关税费、运输费、装卸费、保险费以及在外购原材料过程中发生的其他直接费用,但不含按照税法规定可以抵扣的增值税进项税额。

　　(1) 购买价款是指小企业购入的材料或商品的发票账单上列明的价款,但不包括按照税法规定可以抵扣的增值税进项税额。

　　(2) 相关税费是指小企业在交易过程中按照有关规定应负担的进口关税、消费税、资源税和不能抵扣的增值税进项税额等。

　　(3) 在外购原材料过程中发生的其他直接费用,是指除上述各项以外的可归属于原材料采购成本的费用,如在原材料采购过程中发生的仓储费、包装费、运输途中的合理损耗、入库前的挑选整理费用等。这些费用能分清负担对象的,应直接计入原材料的采购成本;不能分清负担对象的,应选择合理的分配方法,分配计入有关原材料的采购成本,可按所购原材料的数量或采购价格比例进行分配。

但是,对于采购过程中发生的物资毁损、短缺等,除合理的途中损耗应当作为其他可归属于原材料采购成本的费用计入采购成本外,应区别不同情况进行处理:

(1) 从供货单位、外部运输机构等收回的物资短缺或其他赔款,应冲减所购物资的采购成本。

(2) 因遭受自然灾害等发生的损失或尚待查明原因的途中损耗,暂作为待处理财产损溢进行核算,待查明原因后再作处理。

(二) 委托外单位加工的原材料

委托外单位加工完成的原材料,以实际耗用的原材料或者半成品、加工费、运输费、装卸费等费用以及按规定应计入成本的税金,作为实际成本。

(三) 自行生产的原材料

自行生产的原材料的实际成本包括直接材料费用、直接人工费用、其他直接费用和制造费用等的各项实际支出。

(四) 投资者投入原材料

投资者投入原材料的成本应当按照评估价值确定。

三、原材料发出的计价

日常工作中,小企业发出的原材料,既可以按实际成本计价核算,也可以按计划成本计价核算。按实际成本计价核算时,小企业应当采用先进先出法、加权平均法或者个别计价法确定发出存货的实际成本。计价方法一经选用,不得随意变更。

(一) 个别计价法

个别计价法又称个别认定法、具体辨认法、分批实际法,采用这一方法是假设原材料具体项目的实物流转与成本流转相一致,按照各种原材料逐一辨认各批发出原材料和期末原材料所属的购进批别或生产批别,分别按其购入或生产时所确定的单位成本计算各批发出原材料和期末原材料成本的方法。在这种方法下,是把每一种原材料的实际成本作为计算发出原材料成本和期末原材料成本的基础。计算公式如下:

$$\genfrac{}{}{0pt}{}{每次(批)原材料}{发出成本} = \genfrac{}{}{0pt}{}{该次(批)原材料实际}{收入时的单位成本} \times \genfrac{}{}{0pt}{}{该次(批)原材料}{发出数量}$$

【课堂练习 4-1】 海滨公司 2018 年 6 月份 A 辅助材料有关情况如下:期初库存数量为 200 千克,单位成本为 50 元;6 月 5 日购进 500 千克,单位成本为 51 元;6 月 8 日领用 300 千克,其中:100 千克为期初结存的,200 千克为 6 月 5 日购进的;6 月 10 日购进 400 千克,单位成本为 52 元;6 月 21 日领用 500 千克,其中:100 千克为期初结存的,150 千克为 6 月 5 日购进的,250 千克为 6 月 10 日购进的。

请计算:本月发出 A 辅助材料的成本。

解答:

$$\genfrac{}{}{0pt}{}{本月发出\ A\ 辅助}{材料的成本} = (100 \times 50 + 200 \times 51) + (100 \times 50 + 150 \times 51 + 250 \times 52)$$

$$= 40\,850(元)$$

采用个别计价法确定发出原材料的成本,计算结果准确。但采用这种方法要求小企业对原材料按进货批次分别堆放,发出原材料要逐一认定其批次,工作量大,操作难度也大。这种方法适用于原材料品种数量不多、单位成本较高或能分清批次、整批进整批出的原材料,以及企业中不能互换使用的原材料、为特定的项目专门购入或制造并单独存放的原材料。

(二) 先进先出法

先进先出法是假定先购入的存货先发出(销售或耗用),并根据这一假定的成本流转顺序,对发出原材料和期末结存原材料进行计价的方法。在这种方法下,收入原材料要逐笔登记每一批原材料的数量、单价和金额;对发出的原材料要按照先进先出的原则计价,逐笔登记原材料的发出金额和结存金额。

【课堂练习4-2】 以[课堂练习4-1]的资料为例,请采用先进先出法计算发出A辅助材料成本和期末A辅助材料成本。

解答:先进先出法下发出A辅助材料成本和期末A辅助材料成本,如表4-1所示。

表4-1

A辅助材料明细账

计量单位:千克   金额单位:元

2018 年		摘要	收入			发出			结存		
月	日		数量	单价	金额	数量	单价	金额	数量	单价	金额
6	1	期初余额							200	50	10 000
	5	购入	500	51	25 500				200 500	50 51	35 500
	8	领用				200 100	50 51	15 100	400	51	20 400
	10	购入	400	52	20 800				400 400	51 52	41 200
	21	领用				400 100	51 52	25 600	300	52	15 600
	30	合计	900	—	46 300	800		40 700	300	52	15 600

(1) 8日发出的300千克,先将200千克按50元单价计价,其余100千克按51元的单价计算,结存400千克单价均为51元的。因此,8日发出A辅助材料及结存A辅助材料成本为:

$$8 日发出 A 辅助材料成本 = 200 \times 50 + 100 \times 51 = 15\,100(元)$$
$$8 日结存 A 辅助材料成本 = 400 \times 51 = 20\,400(元)$$

(2) 21日发出的500千克,先将400千克按51元单价计价,其余100千克按52元的单价计算,结存300千克单价均为52元的。因此,21日发出A辅助材料及结存A辅助材料成本为:

$$21 日发出 A 辅助材料成本 = 400 \times 51 + 100 \times 52 = 25\,600(元)$$
$$21 日结存 A 辅助材料成本 = 300 \times 52 = 15\,600(元)$$

　　先进先出法的特点是本期发出原材料成本反映较早期购进原材料成本,而期末结存原材料的账面价值则接近于市价,比较实际。但是,由于每次发货都要计算其实际成本,如果企业原材料收发业务频繁,那么计算的工作量就非常繁重;另外,在物价上涨时期,已耗或已销成本就会偏低,会高估企业当期利润和库存存货价值。

(三)月末一次加权平均法

　　月末一次加权平均法是指以本月全部进货数量加上月初原材料数量作为权数,去除本月全部进货成本加上月初原材料成本,计算出原材料的加权平均单位成本,以此为基础计算本月发出原材料的成本和期末原材料的成本的一种方法。其计算公式如下:

$$原材料加权平均单位成本 = \frac{月初库存原材料的实际成本 + \sum\left(\begin{matrix}本月各批进货\\的实际单位成本\end{matrix} \times \begin{matrix}本月各批\\进货的数量\end{matrix}\right)}{月初库存原材料数量 + 本月各批进货数量之和}$$

$$本月发出原材料的成本 = 本月发出原材料的数量 \times 原材料单位成本$$

$$本月月末库存原材料成本 = 月末库存原材料的数量 \times 原材料单位成本$$

或　　$$本月月末库存原材料成本 = 月初库存原材料的实际成本 + 本月收入原材料的实际成本 - 本月发出原材料的实际成本$$

　　【课堂练习4-3】　以[课堂练习4-1]的资料为例,请采用月末一次加权平均法计算发出原材料成本和期末原材料成本。

　　解答:月末一次加权平均法下发出 A 辅助材料成本和期末 A 辅助材料成本,如表4-2所示。

　　表4-2

A 辅助材料明细账

计量单位:吨　　　　　　　　　　　　　　　　　　　　　　　　　　　　　　　　金额单位:元

2018年		摘要	收入			发出			结存		
月	日		数量	单价	金额	数量	单价	金额	数量	单价	金额
6	1	期初余额							200	50	10 000
	5	购入	500	51	25 500				700		
	8	领用				300			400		
	10	购入	400	52	20 800				800		
	21	领用				500			300		
	30	合计	900	—	46 300	800	51.18	40 946	300	51.18	15 354

　　有关计算如下:

$$加权平均单价 = \frac{10\,000 + 46\,300}{200 + 900} = 51.18(元/千克)$$

　　由于当期加权平均单价是根据本期期初结存原材料的成本与本期全部购入原材料成本之和及相对应的数量来计算的,只有到期末时才加以计算,而且,一般情况下,期末计算出的加权平均单位成本多为小数,为了保持账面数字之间的平衡关系,一般采用倒轧成本法计算发出原材料成本。即:

期末结存 A 辅助材料成本 ＝ 300×51.18 ＝ 15 354(元)

本期发出 A 辅助材料成本 ＝ 10 000＋46 300－15 354 ＝ 40 946(元)

加权平均法的特点是月末一次计算发出原材料和期末结存原材料成本,减轻了日常核算工作量。但由于已耗或已销货成本到月末才能计算确定,平时账面上不能反映发出和结存原材料的单价和金额,因此影响了成本计算的及时性,不利于存货的日常管理;此外,加权平均成本与现行成本有一定差距,不论在物价上涨时期还是下降时期,都会使已耗或已销成本不切实际,影响财务成果的真实性。所以,这种方法适用于原材料品种较少,收发频繁,且前后收入原材料单位成本相差较大的企业。

(四) 移动加权平均法

移动加权平均法又称移动平均法,是指每次收到材料后,立即根据库存材料数量和库存材料成本,计算出一个新加权平均单价,从而确定发出材料成本的方法。这种方法与月末一次加权平均法计算原理基本相同,只是要求在每次收入存货时重新计算加权平均单价。其计算公式如下:

$$移动平均单位成本 ＝ \frac{本次收入前结存原材料成本＋本次收入原材料成本}{本次收入前结存原材料数量＋本次收入原材料数量}$$

本次发出原材料成本 ＝ 本次发出原材料数量×本次发货前的移动加权平均单价

本月月末结存原材料成本 ＝ 本期结存原材料数量×期末移动加权平均单价

采用移动加权平均法的优点是在材料发出时,可直接以新确定的加权平均单价确定发出材料的成本,可以随时转账。但由于每收入一批材料就要重新计算一次单价,每发出一次材料也要计算其发出材料的成本,因而计算工作量也比较大。

【课堂练习 4-4】　仍以[课堂练习 4-1]的资料为例,请采用移动加权平均法计算发出 A 辅助材料成本和期末 A 辅助材料成本。

【业务操作】

原材料日常核算分为按实际成本计价核算和按计划成本计价核算。

一、原材料按实际成本计价的业务核算

原材料按实际成本计价核算,是指材料的收、发、存的核算均按实际成本计价。其特点是:从原材料的收发凭证到其明细分类账和总分类账的登记,全部按实际成本计价。原材料按实际成本计价的核算一般适用于规模较小、存货品种简单、采购业务不多的小企业。

(一) 账户的设置

1. "原材料"账户

"原材料"账户用来核算小企业库存的各种材料,包括原料及主要材料、辅助材料、外购半成品(外购件)、修理用备件(备品备件)、包装材料、燃料等的实际成本。该账户可按材料的保管地点(仓库)、材料的类别、品种和规格等进行明细核算。在原材料按实际成本计价核算时,借方登记入库材料的实际成本,贷方登记发出材料的实际成本,期末余额在

借方,反映小企业库存材料的实际成本。购入的工程用材料,在"工程物资"账户核算,不在该账户核算。

2. "在途物资"账户

"在途物资"账户用来核算小企业购入尚未到达或尚未验收入库的各种物资的实际成本。该账户借方登记已经付款或已经开出经过承兑的商业汇票,而存货尚在运输途中或虽已运达企业但尚未点验入库的存货实际成本;贷方登记验收入库的在途物资的实际成本;期末余额在借方,反映小企业已付款或已开出、承兑商业汇票但尚未到达或尚未验收入库的在途物资的实际成本。该账户可按供货单位设置明细账,进行明细分类核算。

(二)外购原材料业务核算

外购材料由于结算方式和采购地点的不同,材料入库和货款的支付在时间上不一定完全同步。从本地采购的材料,通常在货款支付后就能立即收到材料。从外地采购的材料,由于材料运输时间和结算凭证的传递以及承付货款时间的不一致,经常会发生结算凭证已到,货款已支付,但材料尚在运输途中的情况;有时也会发生材料已到,而结算凭证尚未到达,货款也未支付的情况。因此,材料采购要根据具体情况进行核算。

1. 单货同到业务

单货同到业务是指发票账单到达付款或开出并承兑的商业汇票与材料到达验收入库发生在同一日的购进业务。在这种情况下,小企业应根据发货票、结算凭证、有关费用单据和收料单,按材料的实际成本,借记"原材料"账户,贷记"银行存款"或"应付票据"账户,如果是一般纳税人,还应根据增值税专用发票,将购进材料所支付的增值税单独记账(购进用于非应税项目或免税项目货物支付的增值税不得单独记账),即借记"应交税费——应交增值税(进项税额)"账户(以下相同,不再赘述)。

【任务4-1】 2018年6月15日,海滨公司仓库送来收料单(见表4-3),验收湖南华润有限责任公司发来的乙材料10吨,同时,承付款货款22 000元,增值税额3 520元(见表4-4和表4-5)。

表4-3

收 料 单

材料科目:原材料　　　　　　　　　　　　　　　　　　　编　　号:1005
材料类别:原料及主要材料　　　　　　　　　　　　　　收料仓库:1号仓库
供应单位:湖南华润有限责任公司　　2018年6月15日　　发票号码:00015841

材料编号	材料名称	规格	计量单位	数量		实际价格(元)			
				应收	实收	单价	发票金额	运费	合计
	乙材料		吨	10	10	2 200	22 000.00		22 000.00
备注									

采购员:王安　　　　检验员:李小光　　　　记账员:　　　　保管员:陈海

表 4-4

4300045200

湖南增值税专用发票　No 00015814　4300045200

00015814

开票日期:2018 年 6 月 13 日

购货单位	名　　称:海滨华联股份有限公司 纳税人识别号:436702789022785 地址、电话:长沙市庆园路 18 号、0731—88713218 开户行及账号:工行长沙市兴城支行 　　　　　　　1903019551012985550	密码区	1＜9—7—615962148＜032/52＞9/29533—49711626＜8—3024＞80906—2—48—6＜7＞24578/1245＊589—4589//124＊458/458/124124568—457/45＊—4589》125649—1248/12546

货物或应税劳务、服务名称	计量单位	数量	单价	金　额	税率	税　额
乙材料	吨	10	2 200	22 000.00	16%	3 520.00
合　计				￥22 000.00		￥3 520.00

价税合计(大写)	贰万伍仟伍佰贰拾元整	(小写)　￥25 520.00

销货单位	名　　称:湖南华润有限责任公司 纳税人识别号:552224512878882 地址、电话:长沙市人民路 14 号、0731—88752180 开户行及账号:工行长沙市萍乡支行 　　　　　　　1900560058940030001	备注	湖南华润有限责任公司 552224512878882 发票专用章

收款人:　　　　　　　复核:　　　　开票人:王军　　　　　　　　销货单位(章)

表 4-5

中国工商银行信汇凭证(回单)

委托日期 2018 年 6 月 15 日　　　　　　　　　　　　　　No. 004612

汇款人	全　称	海滨华联股份有限公司	收款人	全　称	湖南华润有限责任公司
	账　号	1903019551012985550		账　号	1900560058940030001
	汇出地点	湖南省长沙 市/县		汇入地点	湖南省长沙市/县
汇出行名称		工行长沙市兴城支行	汇入行名称		工行长沙市萍乡支行

金额	人民币 (大写)　贰万伍仟伍佰贰拾元整	千	百	十	万	千	百	十	元	角	分
				￥	2	5	5	2	0	0	0

支付密码

中国工商银行兴城支行
★
2018.6.15
业务章　汇出行签章

附加信息及用途:

复核　　　　记账

此联汇出行给汇款人的回单

第二联:发票联　购货单位记账凭证

根据上述原始凭证,编制会计分录如下:

借:原材料——乙材料　　　　　　　　　　　　　　　　　　　　22 000
　　应交税费——应交增值税(进项税额)　　　　　　　　　　　　3 520
　　贷:银行存款　　　　　　　　　　　　　　　　　　　　　　　　　25 520

2. 单到货未到业务

单到货未到业务是指先付款或开出并承兑的商业汇票,材料尚未到达或尚未验收入库的购进业务。在这种情况下,小企业先收到结算凭证及发票等单据,经审核无误后即可承付货款或开出并承兑的商业汇票,并根据有关凭证,借记"在途物资""应交税费——应交增值税(进项税额)"账户,贷记"银行存款"或"应付票据"账户。待收到材料时,再根据收料单,借记"原材料"账户,贷记"在途物资"账户。

【任务 4-2】 2018 年 6 月 18 日,海滨公司从外地甲公司购进丙材料 10 吨,收到银行转来该公司的结算凭证及所附的增值税专用发票和代垫费用单据,丙材料的单价为 5 650 元,货款为 56 500 元,增值税额 9 040 元,代垫运费 1 000 元,代垫运费增值税税率为10%。经审核无误承付款项。材料尚未收到。应编制会计分录如下:

借:在途物资——甲公司　　　　　　　　　　　　　　　　　　　57 500
　　应交税费——应交增值税(进项税额)　　　　　　　　　　　　9 140
　　贷:银行存款　　　　　　　　　　　　　　　　　　　　　　　　　66 640

5 日后,丙材料到达验收入库。编制会计分录如下:

借:原材料——丙材料　　　　　　　　　　　　　　　　　　　　57 500
　　贷:在途物资——甲公司　　　　　　　　　　　　　　　　　　　57 500

3. 货到单未到业务

货到单未到业务是指材料先到达验收入库,发票账单未到,货款尚未支付的购进业务。在这种情况下,一般在短时间内,发票账单就可能到达。为了简化核算手续,在月份内发生的,收料时暂不进行总分类核算,在收到结算凭证,支付货款或开出、承兑商业汇票后,一并进行账务处理。如果月末仍未收到结算凭证时,按材料的暂估价格(合同价),借记"原材料"账户,贷记"应付账款——暂估应付账款"账户。下月初用红字做同样的记录,予以冲销,以便下月付款或开出承兑的商业汇票后,按正常程序进行账务处理,借记"原材料""应交税费——应交增值税(进项税额)"账户,贷记"银行存款"等账户。

【任务 4-3】 海滨公司 2018 年 6 月 25 日收到乙材料一批,合同价为 21 000 元,材料已验收入库,但发票等结算凭证尚未收到,货款尚未支付。有关结算凭证 7 月 6 日到达,实际支付货款 21 000 元,增值税额为 3 360 元。

(1) 6 月 30 日,估价入账:

借:原材料——乙材料　　　　　　　　　　　　　　　　　　　　21 000
　　贷:应付账款——暂估应付账款　　　　　　　　　　　　　　　　21 000

(2) 7 月 1 日,用红字冲销上述分录:

借:原材料——乙材料   21 000

  贷:应付账款——暂估应付账款   21 000

注:☐表示红字。

(3) 7月6日,收到结算凭证付款时:

借:原材料——乙材料   21 000

  应交税费——应交增值税(进项税额)   3 360

  贷:银行存款   24 360

4. 采用预付货款方式采购材料

小企业根据有关合同规定,预付材料价款时,应借记"预付账款"账户,贷记"银行存款"账户。已经预付货款的材料验收入库,应根据发票账单所列的价款、税额等,借记"原材料""应交税费——应交增值税(进项税额)"账户,贷记"预付账款"账户;预付款项不足,应按所需补付的金额,借记"预付账款"账户,贷记"银行存款"账户;退回多付的款项,应借记"银行存款"账户,贷记"预付账款"账户。

【任务4-4】 海滨公司向乙公司采购辅助材料5 000吨,单价10元,所需支付的款项总额50 000元。按照合同规定向乙公司预付货款的50%,验收货物后补付其余款项。

(1) 预付50%的货款时:

借:预付账款——乙公司   25 000

  贷:银行存款   25 000

(2) 收到乙公司发来的5 000吨辅助材料,验收无误,增值税专用发票记载的货款为50 000元,增值税额8 000元。海滨公司以银行存款补付所欠款项33 000元。海滨公司编制会计分录如下:

借:原材料——辅助材料   50 000

  应交税费——应交增值税(进项税额)   8 000

  贷:预付账款——乙公司   58 000

借:预付账款——乙公司   33 000

  贷:银行存款   33 000

5. 购入材料发生短缺和毁损

购入材料在验收入库时,如发生短缺或毁损,应及时查明原因,根据不同的情况进行处理。属于定额内的合理损耗应计入材料的采购成本,不另做账务处理。属于运输部门、保险公司或个人负责的损失,应根据赔偿请求单所列的索赔金额,记入"其他应收款"账户;属于供货单位少发货造成的短缺,在货款未付的情况下,按实收货物的实际成本入账,在货款已经支付的情况下,应将短缺货物的实际成本记入"应收账款"或"应付账款"账户;属于自然灾害等非常原因造成的损失,应将扣除残料价值和过失人、保险公司赔款后的净损失,记入"营业外支出"账户。材料入库的当时不能确定短缺毁损原因的,应按短缺材料的实际成本,先记入"待处理财产损溢"账户,待查明原因后再结转到有关账户。

(三) 自制材料或委托加工材料业务核算

自制材料在完工并验收入库时,应按其实际成本,借记"原材料"账户,贷记"生产成本"账户;委托加工材料在加工完成收回并验收入库时,应按其实际成本,借记"原材料"账户,贷记"委托加工物资"账户。

(四) 投资者投入原材料业务核算

投资者投入的原材料应当按照评估价值确定,借记"原材料""应交税费——应交增值税(进项税额)"账户,贷记"实收资本"或"股本""资本公积"等账户。

【任务 4-5】 海滨公司的注册资本为 1 000 万元。2018 年 6 月 15 日,海滨公司接受乙公司以一批原材料进行投资。该批原材料评估价值为 200 万元。乙公司开出增值税专用发票,发票上注明的金额为 200 万元,增值税额 32 万元。占海滨公司注册资本的 15%,假定不考虑其他相关税费。海滨公司编制会计分录如下:

借:原材料　　　　　　　　　　　　　　　　　　　　　　　2 000 000
　　应交税费——应交增值税(进项税额)　　　　　　　　　　 320 000
　　贷:实收资本——乙公司　　　　　　　　　　　　　　　 1 500 000
　　　　资本公积——资本溢价　　　　　　　　　　　　　　　 820 000

(五) 发出原材料的业务核算

由于小企业材料的日常收、发业务频繁,为了简化核算,可以在月末根据"领料单"或"限额领料单"中有关领料的单位、部门和领料用途加以归类,汇总编制"发料凭证汇总表"(格式见表 4-6),据以编制记账凭证,登记入账。发出材料实际成本的确定,可以由企业从先进先出法、加权平均法或者个别计价法等方法中选择,计价方法一经确定,不得随意变更。

(1) 生产经营领用原材料,借记"生产成本""制造费用""销售费用""管理费用"等账户,贷记"原材料"账户。

(2) 在建工程、福利等部门领用原材料,借记"在建工程""应付职工薪酬"等账户,贷记"原材料""应交税费——应交增值税(进项税额转出)"等账户。

(3) 出售原材料,按售价和应收的增值税,借记"银行存款"等账户,按实现的营业收入,贷记"其他业务收入"账户,按增值税专用发票上注明的增值税,贷记"应交税费——应交增值税(销项税额)"账户;月份终了,按出售原材料的实际成本,借记"其他业务成本"账户,贷记"原材料"账户。

【任务 4-6】 海滨公司 2018 年 4 月份发料凭证汇总表,如表 4-6 所示。

表 4-6

发料凭证汇总表

2018 年 4 月 30 日　　　　　　　　　　　　　　　　　　　　　单位:元

领用部门或产品	领用材料				
	甲材料	乙材料	辅助材料	燃料	合计
基本生产车间 A 产品	80 000	40 000	2 000	6 000	128 000
基本生产车间 B 产品	60 000	50 000	3 000	4 000	117 000
基本生产车间一般耗用	2 000		3 000	2 000	7 000
企业管理部门				5 000	5 000
销售部门				1 000	1 000
合计	142 000	90 000	8 000	18 000	258 000

根据表 4-6,编制会计分录如下:

借:生产成本——基本生产成本——A 产品	128 000
——B 产品	117 000
制造费用	7 000
管理费用	5 000
销售费用	1 000
贷:原材料——甲材料	142 000
——乙材料	90 000
——辅助材料	8 000
——燃料	18 000

材料按实际成本计价进行核算时,材料成本的计算相对比较准确。但对于收发料业务频繁的小企业,材料计价的工作量较大;账簿中不能提供材料采购业务情况,不利于加强对材料采购业务的管理;此外,在这种计价方式下,不能反映材料价格变动对产品成本的影响,不利于考核各生产部门的经营成果。因此,这种方法只适用于材料收发业务较少的小企业。对于材料收发业务频繁,且具备材料计划成本资料的小企业,原材料应按计划成本计价核算。

二、原材料按计划成本计价的业务核算

小企业采用计划成本进行原材料日常核算时,日常领用、发出原材料均按照计划成本记账;月末,计算本月领用、发出材料应负担的成本差异并进行分摊,根据领用材料的用途计入生产成本或者当期损益,从而将发出材料的计划成本调整为实际成本。

(一) 材料成本差异的确定

材料实际成本大于计划成本的差异为超支额;反之,为节约额。发出材料应负担的成本差异应当按月分摊,不得在季末或年末一次计算。发出材料应负担的成本差异,除委托外部加工发出材料可按照月初成本差异率计算外,应使用本月的实际差异率;月初成本差异率与本月成本差异率相差不大的,也可按照月初成本差异率计算。计算方法一经确定,不得随意变更。

材料成本差异率的计算公式如下:

$$\text{本月材料成本差异率} = \frac{\text{月初结存材料的成本差异} + \text{本月收入材料的成本差异}}{\text{月初结存材料的计划成本} + \text{本月收入材料的计划成本}}$$

$$\text{月初材料成本差异率} = \text{月初结存材料的成本差异} \div \text{月初结存材料的计划成本} \times 100\%$$

$$\text{本月发出材料应负担的成本差异} = \text{本月发出材料的计划成本} \times \text{材料成本差异率}$$

$$\text{发出材料的实际成本} = \text{发出材料的计划成本} \pm \text{发出材料应负担的成本差异}$$

$$\text{结存材料应负担的成本差异} = \text{结存材料的计划成本} \times \text{材料成本差异率}$$

$$\text{结存材料的实际成本} = \text{结存材料的计划成本} \pm \text{结存材料应负担的成本差异}$$

(二) 账户设置

材料按计划成本计价进行核算时,应设置以下账户。

1. "原材料"账户

"原材料"账户与按实际成本计价时的"原材料"账户核算内容除其借方、贷方和余额,均按材料的计划成本计价外,基本相同。在原材料按计划成本计价核算时,该账户的借方登记入库材料的计划成本,贷方登记发出材料的计划成本,期末余额在借方,反映小企业库存材料的计划成本。

"原材料"账户借方期末余额与"材料成本差异"账户的借方(超支数)相加或与其贷方(节约数)相减,即为库存材料的实际成本。

2. "材料采购"账户

"材料采购"账户用来核算和监督购入材料的采购成本。该账户属于资产类账户,借方登记购入材料的实际成本及结转入库材料的实际成本小于计划成本的差异额(节约额);贷方登记已入库的购入材料的计划成本及结转其实际成本大于计划成本的差异额(超支额);余额在借方,反映在途材料的实际成本。该账户可按供应单位和材料的类别或品种进行明细核算。

采用计划成本核算的原材料采购任务,不管结算方式如何,一律通过"材料采购"账户核算。

3. "材料成本差异"账户

"材料成本差异"账户用来核算和监督各种材料的实际成本与计划成本的差异。该账户属于资产类账户,是"原材料"账户的调整账户,借方登记入库材料的超支差异额和发出材料应负担的节约差异额;贷方登记入库材料的节约差异额和发出材料应负担的超支差异额;期末余额如在借方,反映库存材料的成本超支;期末余额如在贷方,反映库存材料的成本节约额。该账户的明细核算应与"材料采购"账户一致。

(三) 外购原材料的业务核算

材料按计划成本计价时,小企业外购材料需做 3 笔账务处理:

第一,购入材料时应根据发票账单等单据按实际成本,借记"材料采购"账户,贷记"银行存款"或"应付账款""应付票据"账户,如果是一般纳税人并取得增值税专用发票,应将购进材料所支付的增值税单独核算,记入"应交税费——应交增值税(进项税额)"账户的借方。

第二,根据收料凭证汇总表按计划成本,借记"原材料"账户,贷记"材料采购"账户。

第三,根据收料凭证汇总表结转入库材料的成本差异。若入库材料的实际成本大于计划成本,则借记"材料成本差异"账户,贷记"材料采购"账户;若入库材料的实际成本小于计划成本,则借记"材料采购"账户,贷记"材料成本差异"账户。

在按计划成本计价的情况下,材料采购业务和按实际成本计价一样,也有三种情况:一是结算单据和材料同时到达,简称单到货到;二是材料已运达并验收入库,但结算单据尚未收到,简称货到单未到;三是结算单据到达,货款已付但材料尚未运达,简称单到货未到。

1. 单货同到业务

【任务 4-7】 2018 年 6 月 4 日,宏达公司购入甲材料一批,价款为 35 000 元,增值税额 5 600 元,发票等结算凭证已经收到,货款已通过银行转账支付。材料已验收入库。该批材料的计划成本为 32 000 元。

（1）付款时：

借：材料采购　　　　　　　　　　　　　　　　　　　　　　　35 000
　　应交税费——应交增值税（进项税额）　　　　　　　　　　　5 600
　　　贷：银行存款　　　　　　　　　　　　　　　　　　　　　　　40 600

（2）材料验收入库时：

借：原材料　　　　　　　　　　　　　　　　　　　　　　　　32 000
　　　贷：材料采购　　　　　　　　　　　　　　　　　　　　　　　32 000

（3）结转材料采购超支差异时：

借：材料成本差异　　　　　　　　　　　　　　　　　　　　　　3 000
　　　贷：材料采购　　　　　　　　　　　　　　　　　　　　　　　3 000

2. 单到货未到业务

【任务4-8】　2018 年 6 月 6 日，宏达公司购入乙材料一批，价款 40 000 元，增值税额 6 400 元。购销双方协商采用商业承兑汇票结算方式结算货款，付款期限为 3 个月。宏达公司已经开出经承兑的商业承兑汇票，但材料尚未收到。该批材料计划成本44 000元。

（1）付款时：

借：材料采购　　　　　　　　　　　　　　　　　　　　　　　40 000
　　应交税费——应交增值税（进项税额）　　　　　　　　　　　6 400
　　　贷：应付票据　　　　　　　　　　　　　　　　　　　　　　　46 400

（2）材料并验收入库时：

借：原材料　　　　　　　　　　　　　　　　　　　　　　　　44 000
　　　贷：材料采购　　　　　　　　　　　　　　　　　　　　　　　44 000

（3）结转材料采购超支差异时：

借：材料采购　　　　　　　　　　　　　　　　　　　　　　　　4 000
　　　贷：材料成本差异　　　　　　　　　　　　　　　　　　　　　4 000

3. 货到单未到业务

【任务4-9】　2018 年 5 月 25 日，宏达公司购入辅助材料一批，材料已经运到，并验收入库，但发票等结算凭证尚未收到，货款尚未支付。该批材料的计划成本为 8 000 元。月末，发票等结算凭证仍未收到，货款仍未支付。公司应按计划成本估价入账。

（1）5 月 31 日，估价入账：

借：原材料——辅助材料　　　　　　　　　　　　　　　　　　8 000
　　　贷：应付账款——暂估应付账款　　　　　　　　　　　　　　8 000

（2）6 月 1 日，用红字冲销上述会计分录：

借:原材料——辅助材料　　　　　　　　　　　　　　　　　　8 000

　　贷:应付账款——暂估应付账款　　　　　　　　　　　　　　　8 000

（3）6 月 5 日,收到有关发票等结算凭证并支付货款时,按正常程序记账。取得的增值税专用发票上注明的价款为 8 500 元,增值税额 1 360 元。编制如下会计分录:

借:材料采购　　　　　　　　　　　　　　　　　　　　　　　8 500

　　应交税费——应交增值税(进项税额)　　　　　　　　　　　1 360

　　贷:银行存款　　　　　　　　　　　　　　　　　　　　　　9 860

同时,结转入库材料计划成本及材料成本差异:

借:原材料　　　　　　　　　　　　　　　　　　　　　　　　8 000

　　材料成本差异　　　　　　　　　　　　　　　　　　　　　　 500

　　贷:材料采购　　　　　　　　　　　　　　　　　　　　　　8 500

（四）自制、委托加工、接受投资材料业务核算

小企业对自制、委托加工、接受投资收到的材料,于验收入库时,应按计划成本,借记"原材料"账户,按各自所确定的实际成本,贷记"生产成本""委托加工物资""实收资本""资本公积"等账户,同时,将其实际成本与计划成本的差额予以结转,借(或贷)记"材料成本差异"账户。

【任务 4-10】　宏达公司辅助生产车间自制原材料一批,实际制造成本为 52 000 元,经验收合格入库。该批材料计划成本 58 000 元。应编制会计分录如下:

借:原材料　　　　　　　　　　　　　　　　　　　　　　　58 000

　　贷:生产成本——辅助生产成本　　　　　　　　　　　　　52 000

　　　材料成本差异　　　　　　　　　　　　　　　　　　　　6 000

（五）发出原材料的业务核算

在材料按计划成本计价的情况下,小企业也应于月末根据发料单,按材料的领用部门和用途,分类汇总编制"发料凭证汇总表",据以填制记账凭证,登记总分类账。与材料按实际成本计价核算不同的是,企业需要通过"材料成本差异"账户将发出存货和期末存货调整为实际成本。

生产和管理部门领用的材料,应按其计划成本,借记"生产成本""制造费用""管理费用"等账户,贷记"原材料"账户。生产车间退回剩余材料,应按计划成本,借记"原材料"账户,贷记"生产成本"账户。

独立销售机构领用的材料,应按计划成本,借记"销售费用"账户,贷记"原材料"账户。

月末结转本月耗用材料应分摊的成本差异,按照实际成本大于计划成本的差异借记"生产成本""制造费用""管理费用""销售费用"等账户,贷记"材料成本差异"账户;实际成本小于计划成本的差异做相反的会计分录。

【任务 4-11】　宏达公司根据"发料凭证汇总表"的记录,2018 年 6 月甲材料的消耗(计划成本)为 290 000 元,其中:基本生产车间领用 200 000 元,辅助生产车间领用 60 000 元,车间管理部门领用 25 000 元,企业行政管理部门领用 5 000 元。

借:生产成本——基本生产成本	200 000
——辅助生产成本	60 000
制造费用	25 000
管理费用	5 000
贷:原材料——甲材料	290 000

【任务 4-12】 承[任务 4-11]资料,宏达公司 2018 年 6 月初结存甲材料的计划成本为 1 000 000 元,成本差异为超支 30 740 元;当月入库甲材料的计划成本 320 000 元,成本差异为节约 2 000 元。则:

$$材料成本差异率 = (30\ 740 - 2\ 000) \div (1\ 000\ 000 + 320\ 000) \times 100\% = 2.18\%$$

结转发出材料的成本差异的会计分录如下:

借:生产成本——基本生产成本	4 360
——辅助生产成本	1 308
制造费用	545
管理费用	109
贷:材料成本差异——甲材料	6 322

任务 2 周转材料业务核算

【相关知识】

一、周转材料的分类

除了直接构成企业产品的原材料外,企业产品的形成还需要其他一些辅助性材料的协助,而这些辅助性材料不直接构成企业产品的实体,它们能够被反复使用,其效益和价值的实现也有一个时间过程,这就是周转材料。

周转材料是指小企业能够多次使用、逐渐转移其价值但仍保持原有形态且不确认为固定资产的材料。周转材料包括包装物、低值易耗品、小企业(建筑业)的钢模板、木模板和脚手架等。

(一) 包装物

包装物是为包装本企业产品而储备的各种包装容器。其范围包括:

(1) 生产过程中用于包装产品作为产品组成部分的包装物。

(2) 随同产品出售不单独计价的包装物。

(3) 随同产品出售单独计价的包装物。

(4) 出租或出借给购买单位使用的包装物。

下列情况不属于包装物核算的范围:

(1) 各种包装材料,如纸、绳、铁丝、铁皮等,应在"原材料"账户内核算。

(2) 用于储存和保管产品、商品和材料而不对外出售的包装物,应按其价值大小和使用年限长短,分别在"固定资产"或"周转材料——低值易耗品"账户核算。

(3)单独列作商品产品的自制包装物,应作为库存商品进行核算和处理。

(二)低值易耗品

低值易耗品是指不能作为固定资产核算的各种用具物品,如工具、管理用具、玻璃器皿,以及在经营过程中周转使用的包装容器等。

低值易耗品通常被视同存货,作为流动资产进行核算和管理,一般划分为一般工具、专用工具、替换设备、管理用具、劳动保护用品和其他用具等。

二、周转材料的计价原则

周转材料是一类介于存货和固定资产之间的特殊存货,因此,对周转材料的计价做了专门规定,具体包括以下三种情况。

1. 基本原则

对于周转材料,采用一次转销法进行会计处理,在领用时按其成本计入生产成本或当期损益。即小企业通常都应当采用一次转销法核算周转材料,也就是说,在领用时一次性将成本按照其受益对象计入生产成本或当期损益,如管理费用、销售费用等。

2. 例外原则

对于金额较大的周转材料,也可以采用分次摊销法进行会计处理。即对金额较大的周转材料,允许小企业根据其可使用的次数按照受益对象平均计入生产成本或当期损益,而不是在领用时一次性结转成本。至于"金额较大"的标准,由小企业根据实际情况自行确定,但是一经确定,在同一会计年度的各月和前后各年度不得随意变更。

比如,某小企业支付 1 000 元购入某管理用具,该管理用具不符合固定资产的确认条件。因此,将该管理用具作为存货按照周转材料的规定进行核算,并根据企业的实际情况,估计该管理用具可使用 10 次。在这种情况下,小企业每使用一次该管理用具,就应当结转 100 元的成本。

3. 特殊原则

出租或出借周转材料,不需要结转其成本,但应当进行备查登记。

小企业出于提高资产使用效率的目的,偶尔会将暂时不用的周转材料用于出租或出借。《小企业会计准则》考虑到周转材料是小企业的一种存货,其成本应当在领用时一次进行结转,出租或出借周转材料是小企业的一种偶发行为,因此,不要求对出租或出借的周转材料结转其成本。这种处理原则:一是符合存货核算的要求,二是简化核算。也正是基于这种考虑,《小企业会计准则》规定小企业出租周转材料取得的租金作为营业外收入而不是其他业务收入进行核算。但是,从加强实物管理的角度,小企业对出租或出借的周转材料应当建立备查簿,进行备查登记。

【业务操作】

一、包装物的业务核算

为了核算和监督包装物的增减变化及其价值损耗、结存等情况,小企业应当设置"周转材料——包装物"账户进行核算。

(一) 收入包装物的业务核算

小企业购入、自制、委托外单位加工完成验收入库的包装物的核算,与原材料的核算基本相同,可比照原材料的核算方法进行相应的会计处理。在此不再赘述。

(二) 生产领用包装物的业务核算

小企业生产部门领用的用于包装本企业产品并构成产品组成部分的包装物,应根据领用包装物的实际成本或计划成本,借记"生产成本"账户,贷记"周转材料——包装物""材料成本差异"等账户。

【任务 4-13】　宏达公司包装物按计划成本计价核算,2018 年 4 月生产车间领用包装产品用包装箱一批,计划成本为 3 000 元。该包装物的材料成本差异率为 3%。

编制会计分录如下:

借:生产成本——基本生产成本 3 090
　　贷:周转材料——包装物 3 000
　　　　材料成本差异——包装物 90

(三) 出售包装物的业务核算

随同商品出售的包装物。有单独计价和不单独计价两种形式。

1. 随同商品出售而单独计价的包装物

随同商品出售而单独计价的包装物,其销售收入和销售成本均应单独记账,即应于销售发出时,视同材料销售处理,按包装物成本,借记"其他业务成本"账户,贷记"周转材料——包装物"账户。销售所取得的收入,记入"其他业务收入"账户。

【任务 4-14】　宏达公司 2018 年 6 月 5 日销售商品领用单独计价包装物的计划成本 8 000 元,销售收入 10 000 元,增值税额 1 600 万元,款项已存入银行。该包装物的材料成本差异率为 3%。

(1) 出售包装物收到款项,确认收入时:

借:银行存款 11 600
　　贷:其他业务收入 10 000
　　　　应交税费——应交增值税(销项税额) 1 600

(2) 结转包装物成本时:

借:其他业务成本 8 240
　　贷:周转材料——包装物 8 000
　　　　材料成本差异 240

2. 随同商品出售但不单独计价的包装物

随同商品出售但不单独计价的包装物,其不计价收费的实质是为了推销或扩大其商品产品的销售,因此,包装物的成本作为包装费记入"销售费用"账户,即结转发出包装物的成本时,借记"销售费用"账户,贷记"周转材料——包装物"账户。

【任务 4-15】　2018 年 4 月 10 日,宏达公司为销售积压产品,领用不单独计价的包装箱 50 个,每个计划成本 20 元,计 1 000 元。本月包装物成本差异率为 3%。编制会计分录如下:

借:销售费用	1 030	
贷:周转材料——包装物		1 000
材料成本差异——包装物		30

二、低值易耗品的业务核算

为了反映和监督低值易耗品的增减变化及其结存情况,小企业应当设置"周转材料——低值易耗品"账户,借方登记低值易耗品的增加,贷方登记低值易耗品的减少,期末余额在借方,通常反映企业期末结存低值易耗品的金额。

(一)外购低值易耗品的业务核算

比照"原材料"账户的相关规定进行账务处理。

(二)领用低值易耗品的业务核算

1. 一次转销法核算

一次转销法是指小企业在领用低值易耗品时,就将其全部账面价值一次计入有关成本、费用的摊销方法。这种方法主要应用于一次领用数量不多,价值较低,使用期限较短或者容易破损的低值易耗品的摊销。在领用时,借记"制造费用""管理费用"等账户,贷记"周转材料——低值易耗品"账户。报废时,将报废低值易耗品的残料价值作为当月低值易耗品摊销额的减少,冲减有关成本费用,借记"原材料"等账户,贷记"制造费用""管理费用"等账户。

【任务 4-16】　海滨公司低值易耗品按实际成本计价核算,2018 年 5 月 12 日,生产车间领用生产工具 1 件,其实际成本为 800 元,该工具采用一次转销法摊销。编制会计分录如下:

借:制造费用	800	
贷:周转材料——低值易耗品		800

2. 分次摊销法核算

采用分次摊销法摊销低值易耗品时,低值易耗品在领用时摊销其账面价值的单次平均摊销额。该方法适用可供多次反复使用的低值易耗品。在这种摊销法下,需要设置"在库""在用""摊销"三个三级账户,分别反映低值易耗品在库、在用和摊销等情况。

【任务 4-17】　海滨公司的基本生产车间领用专用工具一批,实际成本为 30 000 元,采用分次摊销法进行摊销,假定使用次数为 3 次。

(1)领用专用工具时:

借:周转材料——低值易耗品(在用)	30 000	
贷:周转材料——低值易耗品(在库)		30 000

(2)第一次领用时:

借:制造费用	10 000	
贷:周转材料——低值易耗品(摊销)		10 000

(3)第二次领用时:

| 借:制造费用 | 10 000 |
| 　　贷:周转材料——低值易耗品(摊销) | 10 000 |

（4）第三次领用时：

| 借:制造费用 | 10 000 |
| 　　贷:周转材料——低值易耗品(摊销) | 10 000 |

同时：

| 借:周转材料——低值易耗品(摊销) | 30 000 |
| 　　贷:周转材料——低值易耗品(在用) | 30 000 |

任务3 委托加工物资业务核算

【相关知识】

一、委托加工物资的定义

委托加工物资是指小企业委托外单位加工的各种材料和商品等物资。小企业由于受工艺设备限制，有时需要把某些物资委托外单位加工制成另一种性能和用途的物资，以满足经营的需要，如将木材加工成木箱，生铁加工成铸件等。委托加工物资经过加工后，其实物形态、性能等要发生变化，使用价值也相应发生变化。发往外单位加工的物资，虽暂时离开企业，但仍属于本企业的存货。

二、委托加工物资的成本构成

1. 委托加工物资的实际成本

委托加工物资的实际成本包括发出被加工物资的实际成本、支付的加工费用、应负担的运杂费和应计入委托加工物资成本的税金等。

2. 加工物资应负担的增值税

凡属加工物资用于应交增值税项目并取得了增值税专用发票的一般纳税小企业，其加工物资所应负担的增值税可作为进项税，不计入加工物资成本；凡属加工物资用于非应纳增值税项目或免征增值税项目，以及未取得增值税专用发票的一般纳税小企业和小规模纳税企业的加工物资，应将这部分增值税计入加工物资成本。

3. 缴纳消费税

按照消费税的有关规定，如果委托加工物资属于应纳消费税的应税消费品，应由受托方向委托方交货时，代收代缴税款。委托加工的应税消费品，用于连续生产的，所纳税款准予按规定抵扣；委托加工的应税消费品收回后直接出售的，其所负担的消费税应计入加工物资成本。

【业务操作】

一、账户的设置

小企业应设置"委托加工物资"账户,用来核算企业委托加工物资的发出、收回以及计算委托加工物资的成本。该账户借方登记发出被加工物资的实际成本、支付的加工费用、应负担的运杂费和应计入委托加工物资成本的税金等;贷方登记加工后验收入库新的材料物资的成本;期末借方余额,反映尚未完工的委托加工物资的实际成本。"委托加工物资"账户可以按照加工合同、受托加工单位以及加工物资的品种等进行明细核算。

二、委托加工物资的业务核算

(一) 发出加工物资的业务核算

小企业根据加工合同的规定,拨付给加工单位加工用原材料时,由供应部门根据加工合同填制"委托加工物资发料单",经审核后,由仓库据以发料。发出物资时,根据发出物资的实际成本,借记"委托加工物资"账户,贷记"原材料""库存商品"等账户。如果发出物资采用计划成本法核算,还应结转材料成本差异。

【任务 4-18】　大华公司原材料采用计划成本核算,2018 年 6 月 20 日委托丁公司加工商品一批(属于应税消费品)100 000 件。6 月 20 日,发出材料一批,计划成本为 600 000 元,材料成本差异率为 -3%。

(1) 发出委托加工材料时:

借:委托加工物资	600 000
贷:原材料	600 000

(2) 结转发出材料应分摊的材料成本差异时:

借:材料成本差异	18 000
贷:委托加工物资	18 000

(二) 支付加工费的业务核算

小企业除按照加工费标准支付加工费外,还应按加工费的 16% 计算交纳增值税。如果按税法规定需要交纳消费税的,还应计算交纳消费税。

(1) 委托加工材料收回用于连续生产应税消费品时,借记"委托加工材料""应交税费——应交增值税(进项税额)""应交税费——应交消费税"等账户,贷记"银行存款"账户。

(2) 委托加工应税消费品收回直接销售时,借记"委托加工材料""应交税费——应交增值税(进项税额)"账户,贷记"银行存款"账户。

【任务 4-19】　承[任务 4-18]资料,7 月 20 日,支付商品加工费 12 000 元,支付应当交纳的消费税 60 000 元,8 月 4 日,用银行存款支付往返运杂费 1 000 元。该商品收回后用于连续生产,消费税可抵扣,大华公司和丁公司均为一般纳税人,适用增值税税率为 16%。

(1) 7 月 20 日，支付加工费、税金时：

借:委托加工物资——丁公司	12 000
应交税费——应交消费税	60 000
——应交增值税(进项税额)	1 920
贷:银行存款	73 920

(2) 8 月 4 日，支付往返运杂费时：

| 借:委托加工物资——丁公司 | 1 000 |
| 　贷:银行存款 | 1 000 |

(三) 委托加工物资收回的业务核算

委托加工物资收回时，应由供应部门填制"委托加工物资收料单"，通知仓库据以收料。收回委托加工材料用于连续生产应税消费品的，借记"原材料"账户，贷记"委托加工物资"账户。收回委托加工应税消费品直接销售的，借记"库存商品"账户，贷记"委托加工物资"账户。

【任务 4-20】　承［任务 4-18］［任务 4-19］资料，8 月 5 日，上述商品 10 000 件(每件计划成本为 65 元)加工完毕，公司已办理验收入库手续。

借:库存商品	650 000
贷:委托加工物资——丁公司	595 000
材料成本差异	55 000

任务 4　库存商品业务核算

【相关知识】

一、库存商品概念

库存商品是指小企业已完成全部生产过程并已验收入库、合乎标准规格和技术条件，可以按照合同规定的条件送交订货单位，或可以作为商品对外销售的产品以及外购或委托加工完成验收入库用于销售的各种商品。

二、库存商品的管理

(一) 外购商品入库须办理入库手续

商品入库前，根据公司发货信息表核对商品信息，经核对无误后，经办人填制"商品验收入库单"，注明商品信息(商品厂家，商品名称、规格型号、数量、单价、金额、入库时间等)一式三联，由经办人、财务、经理共同签字认可，商品入库。"商品验收入库单"第一、第二联交财务记账，第三联交保管员登记"库存商品明细表"，并存档备查。

(二) 销售商品出库须办理出库手续

店铺零售的情况下,销售人员办理出库手续,凭销售发票、商品出库单,领取商品出库。销售发票注明商品销售信息(客户信息,商品名称,规格型号、数量、单价、金额等),由经办人签字。销售发票第一联交由销售人员留底,第四联交保管员登记,第二、第三联交财务记账,保管。

仓库批发情况下,销售人员办理出库手续,凭销售发票、订货单、送货单领取商品出库。销售发票注明商品销售信息(客户信息,商品名称,规格型号、数量、单价、金额等),由经办人签字。送货单注明送货日期、订货单编号、销售发票编号、商品出库地点、运输地点等,销售发票第一联交由销售人员留底,第四联交保管员登记,第二、第三联及订货单,送货单交财务记账,保管。

(三) 库存商品保管

根据实际数量,及时按规定办理出入库手续,同时建立"库存商品明细账",根据商品出库单每月月末入账结存;财务人员不定期进行实地盘点,对盘盈、盘亏做出处理意见。

【业务操作】

一、账户的设置

(一)"库存商品"账户

"库存商品"账户用来核算小企业库存的各种商品的实际成本或售价。该账户包括库存产成品、外购商品、存放在门市部准备出售的商品、发出展览的商品以及寄存在外的商品等。

"库存商品"账户借方登记验收入库的库存商品成本,贷方登记发出的库存商品成本,期末余额在借方,反映各种库存商品的实际成本或售价。接受来料加工制造的代制品和为外单位加工修理的代修品,在制造和修理完成验收入库后,视同小企业的产成品,也通过该账户核算。可以降价出售的不合格品,也在该账户核算,但应与合格产品分开记账。已经完成销售手续,但购买单位在月末未提取的库存产成品,应作为代管产品处理,单独设置代管产品备查簿,不再在该账户核算。小企业(农、林、牧、渔业)可将该账户改为"农产品"账户。

(二)"商品进销差价"账户

"商品进销差价"账户用来核算小企业采用售价进行日常核算的商品售价与进价之间的差额。该账户应按照库存商品的种类、品种和规格等进行明细核算。

"商品进销差价"账户的借方主要登记计算出的本月应分摊已销商品实现的进销差价,贷方登记售价与进价之间的差额,期末贷方余额表示库存的商品进销差价。

二、工业小企业库存商品业务核算

工业小企业的库存商品主要指产成品。产成品是指小企业已经完成全部生产过程并已验收入库合乎标准规格和技术条件,可以按照合同规定的条件送交订货单位,或者可以作为商品对外销售的产品。小企业接受外来原材料加工制造的代制品和为外单位加工修理的代修品,制造和修理完成验收入库后,视同小企业的产成品,所发生的支出,也在库存商品里核算。

工业小企业的产成品一般应按实际成本进行核算。在这种情况下,产成品的收入、发出和销售,平时只计数量不计金额;月度终了,计算入库产成品的实际成本。

产成品种类比较多的小企业,也可以按计划成本进行日常核算,其实际成本与计划成本的差异,通过"材料成本差异"账户进行核算。在这种情况下,产成品的收入、发出和销售,平时可以用计划成本进行核算,月度终了,计算入库产成品的实际成本,按产成品的计划成本记入本账户,并将实际成本与计划成本的差异,记入"材料成本差异"账户,然后再将材料成本差异在发出、销售和结存的产成品之间进行分配。

(一)完工入库产成品的业务核算

工业企业生产完成验收入库的产成品按实际成本,借记"库存商品"账户,贷记"生产成本"等账户;采用计划成本核算的企业,按计划成本,借记"库存商品"账户,按实际成本,贷记"生产成本"等账户,按计划成本与实际成本的差异,借记或贷记"材料成本差异"账户。

【任务 4-21】 海滨公司"产品入库汇总表"记载,2018 年 5 月已验收入库 A 产品 20 台,实际单位成本 110 000 元,计 2 200 000 元;B 产品 30 台,实际单位成本 22 000 元,计 660 000 元。海滨公司应作会计处理如下:

借:库存商品——A 产品		2 200 000
——B 产品		660 000
贷:生产成本——基本生产成本——A 产品		2 200 000
——B 产品		660 000

(二)销售产品的业务核算

对发出和销售的产成品,可以采用先进先出法、加权平均法或者个别计价法等方法确定其实际成本。核算方法一经确定,不得随意变更。如需变更,应在会计报表附注中予以说明。

对外销售产成品并结转成本时,借记"主营业务成本"账户,贷记"库存商品"账户。

分期收款销售的产成品,应在商品发出后,按实际成本,借记"分期收款发出商品"账户,贷记"库存商品"账户。采用计划成本核算的企业,还应分摊计划成本与实际成本的差异。

【任务 4-22】 海滨公司月末汇总的发出商品中,2018 年 5 月已实现销售的 A 产品有 30 台,B 产品有 20 台。该月按加权平均法计算的 A 产品单位成本 112 000 元,B 产品单位成本 21 000 元。在结转其销售成本时,应作会计处理如下:

借:主营业务成本		3 780 000
贷:库存商品——A 产品		3 360 000
——B 产品		420 000

三、商品流通企业库存商品业务核算

商品流通企业的库存商品主要是指外购或委托加工完成验收入库用于销售的各种商

品。由于商品流通企业的库存商品一般为外购,因此,在核算时除了需设置"库存商品"账户外,为核算商品的采购成本,还应设置"在途物资"账户进行核算。对于进货费用,商品流通企业应当计入当期损益,列入"销售费用"账户进行核算。

商品流通企业分为批发企业和零售企业,这两种商品流通企业由于业务特点和经营管理要求不同,其库存商品的核算方法也不尽相同。

（一）数量进价金额核算法

数量进价金额核算法是指按商品品名、规格同时用数量和进价金额反映其收、发、存情况的一种核算方法。

库存商品采用进价核算的企业,在采购商品支付货款或开出、承兑商业汇票时,应根据发货票等有关凭证,按照进价借记"库存商品"账户(已入库)或"在途物资"账户(尚未入库),贷记"银行存款""应付票据"等账户;商品到达验收入库以后,应根据收货单等有关凭证,按照进价借记"库存商品"账户,贷记"在途物资"账户。企业销售库存商品,结转销售成本时,可按先进先出法、加权平均法、毛利率法等方法计算已销商品的销售成本。

毛利率法是根据本期销售净额乘以上期实际(或本期计划)毛利率匡算本期销售毛利,据以计算发出存货和结存存货成本的一种方法。其计算公式如下:

$$毛利率 = \frac{销售毛利}{销售净额} \times 100\%$$

$$销售毛利 = 销售净额 \times 毛利率$$

$$销售净额 = 商品销售收入 - 销售折扣与折让$$

$$销售成本 = 销售净额 - 销售毛利$$

或　　　　$$销售成本 = 销售净额 \times (1 - 毛利率)$$

$$期末存货成本 = 期初存货成本 + 本期购货成本 - 本期销售成本$$

【课堂练习4-5】 某商场2018年8月初乙类商品结存100 000元,本月购进该类商品60 000元,本月商品销售收入120 000元,发生销售折让1 000元,该类商品上期实际毛利率为28%。

请计算:本月商品销售成本和期末结存商品成本是多少?

解答:本月商品销售成本和期末结存商品成本计算如下:

$$本月销售毛利 = (120\,000 - 1\,000) \times 28\% = 33\,320(元)$$

$$本月商品销售成本 = (120\,000 - 1\,000) - 33\,320 = 85\,680(元)$$

$$期末结存商品成本 = 100\,000 + 60\,000 - 85\,680 = 74\,320(元)$$

这一计算方法手续比较简便,工作量不大,在商品批发企业中常用。但毛利率法是按存货大类来计算的,由于企业各期商品销售受到多种因素的影响,采用上期毛利率计算本期商品销售成本和期末结存商品成本,其结果往往不够准确。因此,这种方法只用于每季度前2个月,企业应在每季末采用先进先出法、加权平均法等方法,先计算季末结存商品成本,然后计算本季度商品销售成本,再以本季度商品销售成本减去前2个月已结转的销售成本,计算出季末应结转的销售成本,从而,对前2个月用毛利率法计算出的销售成本进行调整。

【任务 4-23】　某批发公司 2018 年 7 月发生的 A 商品的部分购销业务如下：

（1）5 日，向外单位购进 A 商品 200 件，单价为 500 元，商品价款为 100 000 元，增值税税率 16%，对方代垫运费 1 000 元，增值税税率 10%，以上款项均已开出转账支票支付，商品已验收入库。

（2）15 日，对外销售 A 商品 100 件，单位售价 620 元，计 62 000 元，销项税额 9 920 元，销货款已存入银行。

（3）月末结转上述已销 A 商品的进价成本。上述销售的 A 商品的单位进价为 500 元。

企业应编制会计分录如下：

（1）5 日，根据供货单位的发货票和本企业的支票存根：

借：库存商品——A 商品	100 000
应交税费——应交增值税（进项税额）	16 100
销售费用	1 000
贷：银行存款	117 100

（2）15 日，根据销售账单和银行收账通知：

借：银行存款	71 920
贷：主营业务收入	62 000
应交税费——应交增值税（销项税额）	9 920

（3）根据已销商品进价成本计算表：

借：主营业务成本——A 商品	50 000
贷：库存商品——A 商品	50 000

数量进价金额核算法提供的核算资料具体全面，便于进行实物管理，但每笔销货均需制证，核算工作量较大。因此，这种方法适用于收发批量大、次数少的批发企业。

（二）售价金额核算法

售价金额核算法是指对库存商品按售价和实物数量进行核算和监督的一种方法。在这种方法下，平时的商品购进、储存、销售均按售价记账，售价与进价的差额通过"商品进销差价"账户核算，购入商品时，商品售价大于进价的差额记入贷方；月末结转已销商品实现的差价，记入借方；期末计算进销差价率和本期已销商品应分摊的进销差价，并据以调整本期销售成本。"商品进销差价"账户期末贷方余额，反映尚未销售也尚未摊销的商品的进销差价。这种方法主要用于百货公司、超市等零售企业。

在售价金额核算法下，为了反映商品的采购成本以及库存商品的收入、发出和结存情况，与数量进价金额核算法一样，也应设置"在途物资""库存商品"账户。但是，售价金额核算法的"库存商品"账户一律按商品售价登记，其进销差价在"商品进销差价"账户中登记。购入商品验收入库时，按商品的售价，借记"库存商品"账户，按商品的进价，贷记"在途物资"账户，按商品的进销差价，贷记"商品进销差价"账户。

计算公式如下：

$$\text{商品进销} \atop \text{差价率} = {\text{月末分摊前“商品进销差价”} \atop \text{账户的贷方余额}} \div \left({\text{“库存商品”账户} \atop \text{月末借方余额}} + {\text{本月“主营业务收入”} \atop \text{账户贷方发生额}} \right) \times 100\%$$

$$\text{本月销售商品应分摊} \atop \text{的商品进销差价} = {\text{本月“主营业务收入”} \atop \text{账户贷方发生额}} \times {\text{商品进销} \atop \text{差价率}}$$

$$\text{本月销售} \atop \text{商品的成本} = {\text{本月“主营业务收入”} \atop \text{账户贷方发生额}} - {\text{本月销售商品应分摊} \atop \text{的商品进销差价}}$$

$$\text{月末结存商品应分摊} \atop \text{的商品进销差价} = {\text{“库存商品”账户} \atop \text{月末借方发生额}} \times {\text{商品进销} \atop \text{差价率}}$$

$$\text{月末结存} \atop \text{商品的成本} = {\text{“库存商品”账户} \atop \text{月末借方余额}} - {\text{月末结存商品应分摊} \atop \text{的商品进销差价}}$$

小企业的商品进销差价率各月之间比较均衡的,也可以采用上月商品进销差价率分摊本月的商品进销差价。年度终了,应对商品进销差价进行核实调整。

(1)购进时,按采购发票金额,借记"在途物资"账户,按采购商品过程发生的运输费、装卸费、保险费以及其他直接费用,借记"销售费用"账户,按增值税专用发票上注明的税额,借记"应交税费——应交增值税(进项税额)"账户,根据不同的付款方式,贷记"库存现金""银行存款""其他货币资金""应付票据""应付账款"等账户。

(2)入库时,按售价,借记"库存商品"账户,按实际成本,贷记"在途物资"账户,按差额,贷记"商品进销差价"账户。

(3)销售时,按售价,借记"主营业务成本"账户,贷记"库存商品"账户。

(4)月末,根据计算得出本月销售商品应分摊的商品进销差价,借记"商品进销差价"账户,贷记"主营业务成本"账户。

【任务 4-24】　海滨公司附属的独立核算某商场采用售价金额核算法对库存商品进行核算。该商场 2018 年 2 月期初库存商品的进价成本为 100 000 元,售价总额为110 000元,本月公司购进该商品的进价成本为 75 000 元,售价总额为 90 000 元,本月销售收入为120 000 元,有关计算如下:

进销差价率(10 000 + 15 000) ÷ (110 000 + 90 000) × 100% = 12.5%

已销商品应分摊的进销差价 = 120 000 × 12.5% = 15 000(元)

本期销售商品的实际成本 = 120 000 − 15 000 = 105 000(元)

期末结存商品的实际成本 = 100 000 + 75 000 − 105 000 = 70 000(元)

相应的会计分录如下:

(1)商品入库时:

借:库存商品	90 000
贷:在途物资	75 000
商品进销差价	15 000

(2)在实现销售时(假设相关增值税等税费的核算略):

借:银行存款(或应收账款)	120 000
贷:主营业务收入	120 000

(3)结转成本时按售价结转:

借:主营业务成本　　　　　　　　　　　　　　　　　　　　　120 000
　　贷:库存商品　　　　　　　　　　　　　　　　　　　　　　　　120 000

（4）期末根据进销差价率计算已销商品应分摊的进销差价,调整主营业务成本:

借:商品进销差价　　　　　　　　　　　　　　　　　　　　　15 000
　　贷:主营业务成本　　　　　　　　　　　　　　　　　　　　　　 15 000

任务 5　存货盘点清查业务核算

【相关知识】

一、存货盘点清查的定义

存货盘点清查是指通过对存货的实地盘点,确定存货的实有数量,并与账面结存数核对,从而确定存货实存数与账面结存数是否相符的一种专门方法。由于存货种类繁多、收发频繁,在日常收发过程中可能发生计量误差、计算错误、自然损耗,还可能发生损坏变质以及贪污、盗窃等情况,造成账实不符,形成存货的盘盈盘亏。对于存货的盘盈盘亏,应填写存货盘点报告(如实存账存对比表),及时查明原因,按照规定程序报批处理。

二、存货盘点清查的方法

存货的盘点清查是指对各类材料、商品、在产品、半成品、产成品、低值易耗品和包装物等的清查。由于其实物形态不同,体积重量、码放方式各异,需要采用不同的方法进行清查。一般而言,存货清查方法有实地盘点法和技术推算法两种,但大多采用实地盘点法。清查时,既要从数量上核实,还要对质量进行鉴定。在清查过程中,首先必须以各项存货目录规定的名称规格为标准,查明各项存货的名称、规格,然后再盘点数量检查质量。为明确经济责任和便于查询,各项存货的保管人必须在场,并参加盘点工作。

清查盘点结束时,应及时把盘点的数量和质量情况如实填制"盘存单",并由盘点人和存货保管人签名或盖章。盘存单是记录存货盘点结果,反映存货实有数的原始凭证。为进一步查明账实是否相符,确定盘盈盘亏,还应根据"盘存单"和有关账簿记录填制"盘点盈亏报告单"。该报告单是调整账簿记录的重要原始凭证,也是分析差异原因、明确经济责任的依据。

【业务操作】

一、账户的设置

"待处理财产损溢"账户用来核算小企业在清查财产过程中查明的各种财产盘盈、盘亏和毁损的价值。该账户借方登记发生的待处理财产物资盘亏和盘损数和结转已批准处理的财产物资盘盈数;贷方登记发生的待处理财产资盘盈数和转销已批准处理财产物资盘亏和盘损数;借方余额表示尚待批准处理财产物资盘亏及毁损净额,贷方余额表示尚待批准处理财产物资的盘盈净额。

二、存货盘盈的核算

由于盘盈的存货没有账面记录,因此,产生了盘盈应该予以补记,按照存货的计划成本或估计价值,借记有关存货账户,贷记"待处理财产损溢"账户;存货盘盈一般是由于收发计量或核算上的差错所造成的,《小企业会计准则》规定,存货的盘盈计入营业外收入,借记"待处理财产损溢"账户,贷记"营业外收入"账户。

【业务 4-25】 2018 年 12 月 20 日,海滨公司在财产清查中盘盈材料 1 000 千克,按同类材料市场价格计算确定的价值为 60 000 元。

(1)批准处理前:

借:原材料 60 000
　　贷:待处理财产损溢——待处理流动资产损溢 60 000

(2)批准处理后:

借:待处理财产损溢——待处理流动资产损溢 60 000
　　贷:营业外收入 60 000

三、存货盘亏和毁损的核算

存货的盘亏和毁损,先按其账面成本,借记"待处理财产损溢"账户,贷记有关存货账户。经审批后,按发生的原因和相应的处理决定,分别进行转销。

属于过失人责任造成的损失,扣除其残料价值后,记入"其他应收款——××责任人"账户;应向保险公司收取赔偿金,记入"其他应收款——××保险公司"账户;剩余净损失或未参加保险部分的损失,记入"营业外支出"账户。

【业务 4-26】 2018 年 6 月 2 日,海滨公司因台风造成一批库存材料毁损,实际成本为 30 000 元(增值税税率为 16%),根据保险责任范围及保险合同规定,应由保险公司赔偿 25 000 元,残料已办理入库手续,价值 2 000 元。

(1)批准处理前:

借:待处理财产损溢——待处理流动资产损溢 34 800
　　贷:原材料 30 000
　　　　应交税费——应交增值税(进项税转出) 4 800

(2)批准处理后:

借:其他应收款——××保险公司 25 000
　　原材料 2 000
　　营业外支出 7 800
　　贷:待处理财产损溢——待处理流动资产损溢 34 800

相关链接

《小企业会计准则》与《企业会计准则》的差异。

1. 商品流通企业进货费用

《小企业会计准则》下，商品流通企业在购买商品过程中发生的进货费用，应当计入当期损益，列入"销售费用"账户进行核算。而《企业会计准则》下，对于进货费用，商品流通企业应当计入存货采购成本，也可以先进行归集，期末根据所购商品的存销情况进行分摊。对于已售商品的进货费用，计入当期损益；对于未售商品的进货费用，计入期末存货成本。企业进货费用金额较小的，可以在发生时直接计入当期损益。

2. 投资者投入存货的成本

《小企业会计准则》下，投资者投入存货的成本应当按照评估价值确定。而《企业会计准则》下，投资者投入存货的成本，应当按照投资合同或协议约定的价值确定，但合同或协议约定价值不公允的除外。在投资合同或协议约定价值不公允的情况下，按照该存货的公允价值作为其入账价值。

3. 周转材料的摊销方法

《小企业会计准则》下，对于周转材料，采用一次转销法进行会计处理，在领用时按其成本计入生产成本或当期损益；金额较大的周转材料，也可以采用分次摊销法进行会计处理。而《企业会计准则》下，对于周转材料，应当采用一次转销法或者五五摊销法进行摊销。

4. 周转材料出租的会计处理

《小企业会计准则》下，出租周转材料，不需要结转其成本，但应当进行备查登记。小企业出租周转材料取得的租金作为营业外收入核算。而《企业会计准则》下，出租领用周转材料应结转成本，计入其他业务成本，出租周转材料收到的租金，作为其他业务收入核算。

5. 期末存货的计量

《小企业会计准则》下，资产负债表日，存货按照成本计量，不计提存货跌价准备。而《企业会计准则》下，资产负债表日存货按照成本与可变现净值孰低计量。即当存货成本低于可变现净值时，期末存货按成本计价；当存货成本高于可变现净值时，期末存货按可变现净值计价，同时按照成本高于可变现净值的差额计提存货跌价准备，计入当期损益。

6. 存货盘盈的会计处理

《小企业会计准则》下，存货的盘盈记入"营业外收入"账户。而《企业会计准则》下，则冲减"管理费用"账户。

7. 存货的盘亏、毁损和报废净损失的会计处理

《小企业会计准则》下，存货的盘亏、毁损和报废净损失记入"营业外支出"账户。而《企业会计准则》下，存货的盘亏损失记入"管理费用"账户。

【课后练习】

一、单项选择题

1. 某企业采用计划成本进行材料的日常核算。月初结存材料的计划成本为 80 万

元,成本差异为超支 20 万元。当月购入材料一批,实际成本为 110 万元,计划成本为 120 万元。当月领用材料的计划成本为 100 万元,当月领用材料应负担的材料成本差异为(　　)万元。

  A. 超支 5　　　　　B. 节约 5　　　　　C. 超支 15　　　　　D. 节约 15

  2. 某小企业为增值税一般纳税企业,适用的增值税税率为 16%。本期购入原材料 100 千克,价款为 57 000 元(不含增值税额)。验收入库时发现短缺 5%,经查属于运输途中合理损耗。该批原材料入库前的挑选整理费用为 380 元。该批原材料的实际单位成本为每千克(　　)元。

  A. 545.3　　　　　B. 573.8　　　　　C. 604　　　　　D. 706

  3. 某企业月初结存材料的计划成本为 250 万元,材料成本差异为超支 45 万元;当月入库材料的计划成本为 550 万元,材料成本差异为节约 85 万元;当月生产车间领用材料的计划成本为 600 万元。当月生产车间领用材料的实际成本为(　　)万元。

  A. 502.5　　　　　B. 570　　　　　C. 630　　　　　D. 697.5

  4. 某企业为增值税一般纳税人,购入材料一批,增值税专用发票上标明的价款为 25 万元,增值税额为 4 万元,另支付材料的保险费 2 万元、包装物押金 2 万元。该批材料的采购成本为(　　)万元。

  A. 27　　　　　B. 29　　　　　C. 29.25　　　　　D. 31.25

  5. 应交消费税的委托加工物资收回后用于连续生产应税消费品的,按规定准予抵扣的由受托方代扣代缴的消费税,应当计入(　　)。

  A. 生产成本　　　　　　　　　　　B. 应交税费
  C. 主营业务成本　　　　　　　　　D. 委托加工物资

  6. 某一般纳税企业委托外单位加工一批消费税应税消费品,材料成本为 150 万元,加工费为 15 万元(不含税),受托方增值税税率为 16%,受托方代扣代缴消费税 20 万元。该批材料加工后委托方直接出售,则该批材料加工完毕入库时的成本为(　　)万元。

  A. 163.5　　　　　B. 185　　　　　C. 158.5　　　　　D. 155

  7. 企业对随同商品出售并单独计价的包装物进行会计处理时,该包装物的实际成本应结转到(　　)账户。

  A. "制造费用"　　　　　　　　　　B. "销售费用"
  C. "管理费用"　　　　　　　　　　D. "其他业务成本"

  8. 某工业企业采用计划成本进行原材料的核算。2018 年 1 月初结存原材料的计划成本为 100 000 元,本月购入原材料的计划成本为 200 000 元,本月发出材料的计划成本为 180 000 元,原材料成本差异的月初数为 2 000 元(节约差异),本月购入材料成本差异为 8 000 元(超支差异)。本月结存材料的实际成本为(　　)元。

  A. 183 600　　　　　B. 122 400　　　　　C. 181 800　　　　　D. 117 600

  9. 某企业 2018 年 1 月 1 日甲材料账面实际成本为 90 000 元,结存数量 500 吨;1 月 4 日购进甲材料 500 吨,每吨实际单价为 200 元,1 月 17 日购进甲材料 300 吨,每吨实际单价 180 元;1 月 5 日和 22 日各发出甲材料 100 吨。如果该企业按移动平均法计算其发出甲材料的实际成本,那么 2018 年 1 月 31 日甲材料的账面余额应为(　　)元。

A. 206 000　　　　B. 206 250　　　　C. 206 452　　　　D. 208 000

10. 某商场月初"库存商品"账户余额为 5 000 元,"商品进销差价"账户余额为 500 元。本月购买商品进价 55 000 元,售价 65 000 元;本月销售商品 45 000 元。则月末库存商品实际成本为( )元。

A. 18 504　　　　B. 21 250　　　　C. 34 695　　　　D. 45 000

二、多项选择题

1. 下列各项中,构成企业委托加工物资成本的有( )。
A. 加工中实际耗用物资的成本
B. 支付的加工费用和保险费
C. 收回后直接销售物资的代收代缴消费税
D. 收回后继续加工物资的代收代缴消费税

2. 一般纳税企业委托其他单位加工材料收回后直接对外销售的,其发生的下列支出中,应计入委托加工材料成本的有( )。
A. 加工费　　　　　　　　　　B. 增值税
C. 发出材料的实际成本　　　　　D. 消费税

3. 企业购进货物发生的下列相关税金中,应计入货物取得成本的有( )。
A. 进口商品支付的关税
B. 收购未税矿产品代缴的资源税
C. 签订购买合同缴纳的印花税
D. 一般纳税企业购进固定资产支付的增值税

4. "材料成本差异"账户贷方核算的内容有( )。
A. 入库材料成本超支差异　　　　B. 入库材料成本节约差异
C. 结转发出材料应负担的节约差异　D. 结转发出材料应负担的超支差异

5. 小规模纳税企业委托其他单位加工材料收回后用于直接对外出售的,其发生的下列支出中,应计入委托加工物资成本的有( )。
A. 加工费　　　　　　　　　　B. 增值税
C. 发出材料的实际成本　　　　　D. 受托方代收代缴的消费税

6. 下列各项中,属于存货采购成本的有( )。
A. 采购价款　　　　　　　　　B. 入库前的挑选整理费
C. 运输途中的合理损耗　　　　　D. 存货入库后发生的仓储费用

7. 下列各项中,构成一般纳税企业外购存货入账价值的有( )。
A. 买价　　　　　　　　　　　B. 运杂费
C. 运输途中的合理损耗　　　　　D. 支付的增值税

8. 小企业进行材料清查时,对于盘亏的材料,应先记入"待处理财产损溢"账户,待期末或报经批准后,根据不同原因可分别转入( )账户。
A. "管理费用"　　　　　　　　B. "其他应付款"
C. "营业外支出"　　　　　　　D. "其他应收款"

9. 甲企业生产汽车轮胎,属一般纳税企业,适用增值税税率为 16%。3 月 5 日,委托乙单位(一般纳税企业)加工汽车外胎 20 个,发出材料的实际成本为 4 000 元,加工费为

928 元(含增值税),乙单位同类外胎的单位销售价格为 400 元,外胎的消费税率为 10%。
3 月 20 日,该企业将外胎提回后当即投入整胎生产(加工费及乙单位代收代缴的消费税
均未结算),此时,甲企业所作的会计分录有(　　　)。

A. 借:原材料　　　　　　　　　　　　　　　　　　　　　5 600

　　贷:委托加工物资　　　　　　　　　　　　　　　　　　　　5 600

B. 借:应交税费——应交消费税　　　　　　　　　　　　　800

　　贷:应付账款　　　　　　　　　　　　　　　　　　　　　　800

C. 借:委托加工物资　　　　　　　　　　　　　　　　　　800

　　　应交税费——应交增值税　　　　　　　　　　　　　128

　　贷:应付账款　　　　　　　　　　　　　　　　　　　　　　928

D. 借:原材料　　　　　　　　　　　　　　　　　　　　　4 800

　　贷:委托加工物资　　　　　　　　　　　　　　　　　　　　4 800

10. 下列存货中,应在"周转材料——包装物"或"包装物"账户核算的有(　　　)。

A. 用于包装产品的各种包装材料

B. 出租给购货单位使用的包装物

C. 生产过程中用于包装产品作为产品组成部分的包装物

D. 用于存储和保管产品而不对外出售的包装物

三、判断题

1. 采用售价金额核算法核算库存商品时,期末结存商品的实际成本为本期商品销售
收入乘以商品进销差价率。　　　　　　　　　　　　　　　　　　　　　　　(　　)

2. 小企业购进的物资、处于生产中的产品和已经入库的产成品发生非正常损失所涉
及的进项税额应当一并转出记入"待处理财产损溢"账户。　　　　　　　　　　(　　)

3. 自然灾害或意外事故造成的存货损毁发生的净损失,均应计入管理费用。(　　)

4. 企业销售产品领用不单独计价包装物一批,其计划成本为 8 000 元,材料成本差异
率为 1%,此项业务企业应计入其他业务成本的金额为 8 080 元。　　　　　　　(　　)

5. 随同商品出售而单独计价的包装物的实际成本应记入"销售费用"账户。(　　)

6. 存货发出计价方法的选择直接影响着资产负债表中资产总额的多少,而与利润表
中净利润的大小无关。　　　　　　　　　　　　　　　　　　　　　　　　　(　　)

7. 由于存货发出的计价方法不同,期末在资产负债表中反映的存货项目金额就会不
同,当期计算出的利润也可能不同。　　　　　　　　　　　　　　　　　　　(　　)

8. 企业领用的低值易耗品,在领用时均应记入"制造费用"账户。　　　　(　　)

9. 企业核算低值易耗品增减变化以及结存情况时,应当设置"周转材料——低值易
耗品"账户进行核算,期末在企业的存货项目进行反映。　　　　　　　　　　　(　　)

10. 企业收回的委托加工物资,如果是用于连续生产应税消费品的,受托方代收代缴
的消费税应计入委托加工物资成本;支付的收回后直接用于销售的委托加工应税消费品
的消费税,应记入"应交税费——应交消费税"账户借方。　　　　　　　　　　(　　)

四、计算分析题

(一) 甲企业为增值税一般纳税人,增值税税率为 16%。原材料采用实际成本核算,
原材料发出采用月末一次加权平均法计价。运输费不考虑增值税。

2018 年 6 月，与 A 材料相关的资料如下：

(1) 1 日，"原材料——A 材料"账户余额 20 000 元(共 2 000 千克，其中含 3 月末验收入库但因发票账单未到而以 2 000 元暂估入账的 A 材料 200 千克)。

(2) 5 日，收到 3 月末以暂估价入库 A 材料的发票账单，货款 1 800 元，增值税额 288 元，对方代垫运输费 400 元，增值税 40 元，全部款项已用转账支票付讫。

(3) 8 日，以汇兑结算方式购入 A 材料 3 000 千克，发票账单已收到，货款 36 000 元，增值税额 5 760 元，运输费用 1 000 元，增值税 100 元。材料尚未到达，款项已由银行存款支付。

(4) 11 日，收到 8 日采购的 A 材料，验收时发现只有 2 950 千克。经检查，短缺的 50 千克确定为运输途中的合理损耗，A 材料验收入库。

(5) 18 日，持银行汇票 80 000 元购入 A 材料 5 000 千克，增值税专用发票上注明的货款为 49 500 元，增值税额为 7 920 元，另支付运输费用 2 000 元，增值税 200 元，材料已验收入库，剩余票款退回并存入银行。

(6) 21 日，基本生产车间自制 A 材料 50 千克验收入库，总成本为 600 元。

(7) 30 日，根据"发料凭证汇总表"的记录，6 月份基本生产车间为生产产品领用 A 材料 6 000 千克，车间管理部门领用 A 材料 1 000 千克，企业管理部门领用 A 材料 1 000 千克。

要求：

(1) 计算甲企业 4 月份发出 A 材料的单位成本。

(2) 根据上述经济业务编制相关的会计分录。

(二) 某工业企业为增值税一般纳税企业，材料按计划成本计价核算。甲材料计划单位成本为每千克 10 元。该企业 2018 年 6 月份有关资料如下：

(1) "原材料"账户月初余额 40 000 元，"材料成本差异"账户月初借方余额 500 元。

(2) 6 月 5 日，企业发出 100 千克甲材料委托 A 公司加工成新的物资(注：发出材料时应计算确定其实际成本)。

(3) 6 月 15 日，从外地 A 公司购入甲材料 6 000 千克，增值税专用发票注明的材料价款为 61 000 元，增值税额为 9 760 元，企业已用银行存款支付上述款项，材料尚未到达。

(4) 6 月 20 日，从 A 公司购入的甲材料到达，验收入库时发现短缺 20 千克，经查明为途中定额内自然损耗。按实收数量验收入库。

(5) 6 月 30 日，汇总本月发料凭证，本月共发出甲材料 5 000 千克，全部用于产品生产。

要求：

(1) 根据上述任务编制相关的会计分录。

(2) 计算本月材料成本差异率、本月发出材料应负担的成本差异及月末库存材料的实际成本。

(三) 甲企业为一般纳税人，适用的增值税税率为 16%，2018 年 5 月该企业发生如下经济业务：

(1) 本月生产完工验收入库甲产品 1 500 件，实际单位成本为 200 元。

(2) 本月销售甲产品 300 件，每件售价 300 元，款项已收到并送存银行；本月企业购建办公楼领用甲产品100件。

（3）月末对存货进行清查，发现原材料A盘盈50千克，单价为20元；包装物B盘亏5个，每个成本为1000元。经查，原材料A的盘盈未查明原因，包装物B盘亏是保管员工作失误引起，损失应由责任人赔偿。

（4）企业本月因仓库保管人员管理不善发生火灾烧毁一仓库，内有材料价值为6000元，根据保险责任及保险合同规定，保险公司赔偿3000元，已收到赔款并存入银行。

要求：根据上述经济业务编制相关的会计分录。

五、技能操作训练

【实训目的】

学生通过实训，熟悉存货采购、入库、发出核算所涉及的原始凭证及业务程序；明确存货收、发、存的计价；掌握存货按实际成本计价的核算方法；掌握"原材料"总账及明细账的设置和登记方法。

【实训资料】

（一）核算方法：

生产产品耗用的原材料均实行领料制，由用料单位填写领料单，据以领料。公司存货按实际成本核算，发出存货采用月末一次加权平均法计价，发出存货实际的成本月末根据有关"领料单"编制"发出存货汇总表"一次结转。

（二）海滨华联股份有限公司2018年6月1日有关账户明细账期初余额如下：

1. 在途物资明细账账户期初余额表，如表4-7所示。

表4-7

在途物资明细账期初余额表

明细账户	供货单位	数量（吨）	单价（元）	金额（元）
乙材料	时达钢铁公司	10	2 300	23 000
合计				23 000

2. 原材料明细账账户期初余额表，如表4-8所示。

表4-8

原材料明细账账户期初余额表

明细账户		规格	单位	数量	单价（元）	金额（元）
主要材料	乙材料		吨	50	2 200	110 000
	甲材料		吨	20	3 500	70 000
	丙材料		吨	8	5 652	45 216
辅助材料	配件A		件	100	200	20 000
	配件B		件	400	30	12 000
	配件C		件	120	200	24 000
合计						281 216

（三）2018年6月份有关存货经济业务的原始凭证如下：

业务 4-1-1

托 收 凭 证（付款通知）5

委托日期：2018 年 6 月 2 日

业务类型	委托收款（□邮划，□电划）　　托收承付（□邮划，□电划）															
付款人	全称	海滨华联股份有限公司		收款人	全称	宝山钢铁股份有限公司										
	账号	1903019551012985550			账号	020200214509980561										
	地址	湖南省长沙市/县	开户行	工行兴城支行		地址	上海市/县	开户行		工行宝钢支行						
金额	人民币（大写）	壹拾壹万贰仟肆佰伍拾陆元零角零分				千	百	十	万	千	百	十	元	角	分
							￥	1	1	2	4	5	6	0	0
款项内容	货款及运费	托收凭据名称	增值税专用发票运输发票			附寄单证张数			3							
商品发运情况		已发运		合同名称号码		44 512										

备注	付款人开户银行收到日期 　　年　月　日 复核　　记账	付款人注意： 1. 根据支付结算办法，上列委托收款（托收承付）款项在付款期限内未提出拒付。即视为同意付款，以此代付款通知。 2. 如需提出拒付，应在规定期限内，将拒付理由书并附债务证明交退开户银行。

（印章：中国工商银行兴城支行 业务章 2018.6.3）

此联作为付款人开户银行给付款人的按期付款通知

业务 4-1-2

02042053845

上海市增值税专用发票

No 000246706　　02042053845

000246706

发票联

开票日期：2018 年 6 月 2 日

购货单位	名　称：海滨华联股份有限公司 纳税人识别号：436702789022785 地址、电话：长沙市庆园路 18 号、0731—88713218 开户行及账号：工行长沙市兴城支行 　　　　　　1903019551012985550	密码区	533024＞84106—21626＜8—3241—12*—/＞ ＞1—49742＞9/291＜4—5964527＜032/5— 40—6＜7＞7—64586//125 * 12—12545891// 1245－458 * 458－1256//124581458＜458/ 1256 * 4589—1245//145893210//1245 * 1

货物或应税劳务、服务名称	计量单位	数量	单价	金额	税率	税额
甲材料	吨	20	3 520	70 400.00	16%	11 264.00
乙材料	吨	10	2 370	23 700.00		3 792.00
合　计				￥94 100.00		￥15 056.00

价税合计（大写）	壹拾万零玖仟壹佰伍拾陆元零角零分	（小写）￥109 156.00

销货单位	名　称：宝山钢铁股份有限公司 纳税人识别号：430679425900067 地址、电话：上海市宝山路 2 号、021—26097512 开户行及账号：工行宝钢支行 　　　　　　020200214509980561	备注	（印章：宝山钢铁股份有限公司 4306794 25900067 发票专用章）

收款人：×××　　　　复核：×××　　　　开票人：×××　　　　销货单位（章）

第二联：发票联　购货单位记账凭证

业务 4-1-3

0230045201

货物运输业增值税专用发票

№ 00258254

发票联

0230045201

00258254

开票日期:2018 年 6 月 2 日

承运人及纳税人识别号	上海市联运公司 280090338653701	密码区	039+<+58941789*5*<47859<9<82++2845>2-457894*1577<1256+45+26>>12345879-/1+<3/3+215610-/75/23/98741563<26-06+039<363+-5012469-456+8512
实际受票方及纳税人识别号	海滨华联股份有限公司 43670278902278		

收货人及纳税人识别号	海滨华联股份有限公司 43670278902278	发货人及纳税人识别号	宝钢股份有限公司 430679425900067

起运地、经由、到达地			

费用项目及金额	费用项目	金额	费用项目	金额	运输货物信息
	运输	3 000.00			

合计金额	￥3 000.00	税率	10%	税额	￥300.00	机器编号 789300099188 280090338653701
价税合计(大写)	⊗叁仟叁佰元整					(小写)￥3 300.00
车种车号			车船吨位			备注

第三联:发票联 受票方记账凭证

业务 4-1-4

要求:填写运杂费分配表。

材料运杂费分摊表

2018 年 6 月 3 日

材料名称	分配标准	分配率	分配金额
甲材料	20 吨		
乙材料	10 吨		
合计			

制表:王洁

业务 4-1-5

要求:填写收料单。

收　料　单

材料科目:材料　　　　　　　　　　　　　　　　　　　　　　　编　　号:1210

材料类别:原料及主要材料　　　　　　　　　　　　　　　　　收料仓库:1 号仓库

供应单位:宝钢股份有限公司　　　2018 年 6 月 3 日　　　　发票号码:000246706

材料编号	材料名称	规格	计量单位	数量		实际价格			
				应收	实收	单价	发票金额	运费	合计
备注									

采购员:×××　　　　　检验员:×××　　　记账员:×××　　　　　保管员:××

业务 4-2-1

领　料　单

2018 年 6 月 5 日

领料单位:一车间　　　　　　　　　　　　　　　　　　　　　　编号:

用　　途:生产用　　　　　　　　　　　　　　　　　　　　　　仓库:

材料编号	材料名称	计量单位	数　量		规格	单价	金　额
			请领	实发			
	乙材料	吨	20	20			

③
记
账

领料部门负责人:××　　　　　领料:××　　　　　发料:××　　　　　制单:××

业务 4-2-2

领　料　单

2018 年 6 月 5 日

领料单位:一车间　　　　　　　　　　　　　　　　　　　　　　编号:

用　　途:生产用　　　　　　　　　　　　　　　　　　　　　　仓库:

材料编号	材料名称	计量单位	数　量		规格	单价	金　额
			请领	实发			
	甲材料	吨	5	5			

③
记
账

领料部门负责人:××　　　　　领料:××　　　　　发料:××　　　　　制单:××

业务 4-3-1

收　料　单

材料科目：　　　　　　　　　　　　　　　　　　　　　　编　　号：1211

材料类别：　　　　　　　　　　　　　　　　　　　　　　收料仓库：原材料库

供应单位：时达钢铁公司　　　　　2018 年 6 月 8 日　　　发票号码：000458102

材料编号	材料名称	规格	计量单位	数量		实际价格			
				应收	实收	单价	发票金额	运费	合计
	乙材料		吨	10	10	2 300	23 000		23 000
备注									

采购员：×××　　　　　检验员：×××　　　　　记账员：×××　　　　　　　　保管员：××

业务 4-4-1

委　托　收　款 凭证(付款通知)

委托日期：2018 年 6 月 15 日　　　　　付款日期 2018 年 6 月 17 日

付款人	全　　称	海滨华联股份有限公司	收款人	全　　称	涟源钢铁股份有限公司		
	账号或地址	1903019551012985550		账号或地址	1913010109601099805		
	开户银行	工行长沙市兴城支行		开户银行	工行天心支行	行号	25567

委收金额	人民币（大写）	叁万叁仟捌佰柒拾元整	千	百	十	万	千	百	十	元	角	分
					¥	3	3	8	7	0	0	0

款项内容	货款	委托收款凭据名称	增值税专用发票运输发票	附寄单证张数	3

备注

付款人注意：
★ 应于见票当日通知开户银行划款。
2. 如需拒付应在规定期限内，将拒付理由书并附债权证明交退开户银行。

单位主管　　　会计　　　复核　　　记账　　　付款人开户银行盖章　　　年　月　日

（印章：中国工商银行业务章 2018.6.17）

业务 4-4-2

43000452105

湖南增值税专用发票　No 00065953　43000452105

发票联

00065953

开票日期：2018 年 6 月 15 日

购货单位	名　　称：海滨华联股份有限公司 纳税人识别号：436702789022785 地址、电话：长沙市庆园路 18 号、0731—88713218 开户行及账号：工行长沙市兴城支行 　　　　　　1903019551012985550	密码区	489＜9—7—615962148＜032/52＞9/ 29533—4971166＜8—3024＞809—2458/ 4589＊12545897/12516＊4589－1254// 12458－124589＊12451254/5＞12584/ 41589＊458/45899＊458/1246

货物或应税劳务、服务名称	计量单位	数量	单价	金　额	税率	税　额
丙材料	吨	5	5 650	28 250.00	16%	4 520.00
合计				￥28 250.00		￥4 520.00

价税合计（大写）	叁万贰仟柒佰柒拾元整	（小写）　￥32 770.00

销货单位	名　　称：涟源钢铁股份有限公司 纳税人识别号：430679425900067 地址、电话：娄底市涟浜路 32 号、0738—7765128 开户行及账号：工行涟钢红叶支行 　　　　　　1913010109601099805	备注	4306794 25900067 发票专用章

收款人：　　　　　　复核：　　　　　　开票人：陆小苗　　　　　　销货单位（章）

第二联：发票联　购货单位记账凭证

业务 4-4-3

4300135200

货物运输业增值税专用发票

发票联

No 00208236　4300135200

00208236

开票日期：2018 年 6 月 15 日

承运人及 纳税人识别号	娄底市顺天货运有限公司 431302590123657	密码区	0257894//－0－0＊2＋99＜478582＋2845＞＞2－ 457894＊1577＜1256＋45＋26＞＞12345879＊0－90 －/0＜514＊8/006//3＋125478/0/－8＜47894561/－2 －3＊124＜＞01－8＜458＋68
实际受票方及 纳税人识别号	海滨华联股份有限公司 43670278902278		

收货人及 纳税人识别号	海滨华联股份有限公司 43670278902278	发货人及 纳税人识别号	涟源钢铁股份有限公司 430679425900067
起运地、经由、到达地			

费用项目及金额	费用项目 运输	金额 1 000.00	费用项目	金额	运输货物信息

合计金额	￥1 000.00	税率	10%	税额	￥100.00	机器编号	889800099199
价税合计（大写）	⊗壹仟壹佰元整						100.00
车种车号			车船吨位				431302590123657
主管税务机关及代码	娄底市新星区国家税务局税源管理二科 14315894700				备注 发票专用章		

收款人：　　　　　复核人：　　　　　开票人：蒋小军　　　　　承运人：（章）

第三联：发票联　受票方记账凭证

业务 4-5-1

领　料　单

2018 年 6 月 18 日

领料单位:二车间　　　　　　　　　　　　　　　　　　　　　编号:
用　　途:生产用　　　　　　　　　　　　　　　　　　　　　仓库:

材料编号	材料名称	计量单位	数量		规格	单价	金额
			请领	实发			
	配件 A	件	35	35			
	配件 B	件	10	10			

领料部门负责人:×× 　　　　　领料:×× 　　发料:×× 　　　　　　制单:××

③记账

业务 4-5-2

领　料　单

2018 年 6 月 18 日

领料单位:一车间　　　　　　　　　　　　　　　　　　　　　编号:
用　　途:生产用　　　　　　　　　　　　　　　　　　　　　仓库:

材料编号	材料名称	计量单位	数量		规格	单价	金额
			请领	实发			
	丙材料	吨	3	3			

领料部门负责人:×× 　　　　　领料:×× 　　发料:×× 　　　　　　制单:××

③记账

业务 4-6-1

收 料 单

材料科目：　　　　　　　　　　　　　　　　　　　　　编　　号：1212
材料类别：　　　　　　　　　　　　　　　　　　　收料仓库：原材料库
供应单位：涟源钢铁股份有限公司　　　2018 年 6 月 20 日　发票号码：00065953

| 材料编号 | 材料名称 | 规格 | 计量单位 | 数量 | | 实际价格 | | | |
				应收	实收	单价	发票金额	运费	合计
	丙材料		吨	5	5		28 250	930	29 180
备注									

采购员：×××　　　　　检验员：×××　　记账员：×××　　　　　保管员：×××

业务 4-7-1

发出材料汇总表

2018 年 6 月 30 日

材料名称	计量单位	数量	单价	金额	领料部门
甲材料					
乙材料					
丙材料					
配件 A					
配件 B					
合计					

【实训要求】

1. 根据资料(二)开设"原材料"总账、明细账,并登记期初余额。

2. 根据资料(三)完成相关原始凭证的填制和审核,并编制记账凭证。

3. 根据记账凭证登记"原材料"总账、明细账,并结账。

【实训用具】

记账凭证 12 张,三栏式明细账若干张,三栏式总账若干张。

项目五　对外投资业务核算

知识目标

通过对本项目的学习,了解投资业务的划分依据及类别;明确短期投资和长期投资初始计量和后续计量的原则;掌握短期投资、长期股权投资和长期债券投资业务的账务处理程序和核算方法。

能力目标

能正确编制短期投资、长期股权投资和长期债券投资等业务的相关原始凭证和记账凭证,登记有关明细账和总账。

投资是指小企业为通过分配来增加财富,或为谋求其他利益,而将资产让渡给其他单位所获得的另一项资产。《小企业会计准则》所指的投资仅指对外投资。首先,投资按照投资对象的可变现性和投资目的进行分类,可分为短期投资和长期投资。易变现并且意图短期持有的投资,归为短期投资;不易变现且意图长期持有的投资,归为长期投资。其次,在短期投资中再按照投资性质分类,分为股票投资、债券投资等。在长期投资中也按照投资性质做进一步分类,分为长期股权投资、长期债券投资等。长期股权投资通过投资取得被投资单位的股权;长期债券投资通过投资拥有被投资单位的债权。

任务 1　短期投资业务核算

【相关知识】

短期投资是指小企业购入的能随时变现并且持有时间不准备超过 1 年(含 1 年)的投资,如小企业以赚取差价为目的从二级市场购入的股票、债券和基金等。

一、短期投资的特征

短期投资相对于长期股权投资和长期债券投资,具有以下特征。

1. 投资目的明确

小企业短期投资的目的是为了提高暂时闲置资金的使用效率和效益而进行的对外投资,也包括以赚取差价为目的。

2. 投资时间比较短

小企业通常是为了提高暂时闲置资金的使用效率和效益,其持有时间往往会较短,通常不超过 1 年。

3. 投资品种易变现

短期投资为了能够实现及时变现的目的,通常投资于二级市场上公开交易的股票、债券、基金等,这些资产在市场上极易变现。

二、短期投资的初始计量

通常,小企业都是以支付现金的方式取得短期投资,应当按照购买价款和相关税费作为成本进行计量。相关税费是指小企业在交易过程中按照有关规定应负担的各种税款、行政事业性收费以及手续费和佣金等。

如果在取得短期投资时,实际支付价款中包含了已宣告但尚未发放的现金股利或已到付息期但尚未领取的债券利息的,属于购买时暂时垫付的资金,应当单独确认为应收股利或应收利息,不计入短期投资的成本。

三、短期投资的后续计量

在短期投资持有期间,被投资单位宣告分派的现金股利或在债务人应付利息日按照分期付息、一次还本债券投资的票面利率计算的利息收入,应当计入投资收益。

【业务操作】

为了核算小企业短期投资的取得、收取现金股利或利息、处置等业务,小企业应当设置"短期投资""应收股利""应收利息""投资收益"等账户。"短期投资"账户借方余额,反映小企业持有的短期投资成本。

一、短期投资取得的业务核算

小企业以支付现金的方式取得短期投资,应当按照购买价款和相关税费作为成本进行计量,借记"短期投资"账户,贷记"银行存款"账户。若小企业购买股票时,实际支付的价款中包含已宣告但尚未发放的现金股利,应当按照实际支付的购买价款和相关税费扣除已宣告但尚未发放的现金股利后的金额,借记"短期投资"账户,按照应收的现金股利,借记"应收股利"账户,按照实际支付的购买价款和相关税费,贷记"银行存款"账户。若小企业购买债券时,实际支付的价款中包含已到付息期但尚未领取的债券利息,应当按照实际支付的购买价款和相关税费扣除已到付息期但尚未领取的债券利息后的金额,借记"短期投资"账户,按照应收的债券利息,借记"应收利息"账户,按照实际支付的购买价款和相关税费,贷记"银行存款"账户。

【任务 5-1】 海滨公司于 2018 年 5 月 10 日从证券交易所购入甲公司发行的股票 10 万股准备短期持有,以银行存款支付投资款 458 000 元,其中含有 3 000 元相关交易费用。海滨公司应编制会计分录如下:

借:短期投资——甲公司股票　　　　　　　　　　　　　　　458 000
　　贷:银行存款　　　　　　　　　　　　　　　　　　　　　　458 000

【任务 5-2】　海滨公司于 2018 年 5 月 12 日从证券交易所购入乙公司发行的股票 15 万股,作为短期投资,共支付投资款 200 000 元,其中含有已宣告但尚未发放的现金股利 12 000 元。另外支付相关交易费用 2 000 元。海滨公司应编制会计分录如下:

```
借:短期投资——乙公司股票                                         190 000
    应收股利                                                     12 000
    贷:银行存款                                                          202 000
```

【任务 5-3】　海滨公司于 2018 年 3 月 1 日从证券市场以 105 000 元的价格购入 A 公司 2012 年 3 月 1 日发行的 3 年期债券,准备作为短期投资,其利息按年支付,年利率为 5%,票面价值为 100 000 元,另支付相关税费 1 000 元。海滨公司应编制会计分录如下:

```
借:短期投资——A 公司债券                                         101 000
    应收利息                                                      5 000
    贷:银行存款                                                          106 000
```

$$应收利息 = 100\ 000 \times 5\% = 5\ 000(元)$$

二、短期投资现金股利或利息收入的业务核算

小企业收到取得短期投资所支付的价款中包含的已宣告发放的现金股利或债券利息时,借记“银行存款”账户,贷记“应收股利”或“应收利息”账户。

小企业在短期投资持有期间,被投资单位宣告发放的现金股利或企业在资产负债表日按分期付息、一次还本债券投资的票面利率计算的利息收入,应当确认为应收项目和投资收益,借记“应收股利”或“应收利息”账户,贷记“投资收益”账户。

【任务 5-4】　承[任务 5-2]资料,海滨公司于 2018 年 5 月 28 日收到购买价中已宣告的现金股利 12 000 元。2018 年 7 月 10 日,乙公司宣告发放现金股利 4 000 元,8 月 5 日,收到乙公司已宣告的现金股利。

(1) 5 月 28 日,收到宣告的现金股利时:

```
借:银行存款                                                      12 000
    贷:应收股利                                                          12 000
```

(2) 7 月 10 日,乙公司宣告发放现金股利时:

```
借:应收股利                                                       4 000
    贷:投资收益                                                           4 000
```

(3) 8 月 5 日,收到乙公司已宣告的现金股利时:

```
借:银行存款                                                       4 000
    贷:应收股利                                                           4 000
```

三、短期投资处置业务核算

小企业出售短期投资,应当按照实际收到的出售价款,借记“银行存款”或“其他货币资金”等账户,按照该项短期投资的账面余额,贷记“短期投资”账户,按照尚未收到的现金

股利或债券利息,贷记"应收股利"或"应收利息"账户,按照出售价款扣除其账面余额、相关税费后的净额,贷记或借记"投资收益"账户。

【任务 5-5】 承[任务 5-2]资料,海滨公司于 2018 年 12 月 28 日将所持的乙公司的股票出售,收取价款 250 000 元,另外支付相关交易费用 2 500 元。

出售乙公司股票应确认的投资收益 = 250 000 - 190 000 - 2 500 = 57 500(元)

编制会计分录如下:

借:银行存款　　　　　　　　　　　　　　　　　　　　　　　247 500
　　贷:短期投资——乙公司股票　　　　　　　　　　　　　　　190 000
　　　　投资收益　　　　　　　　　　　　　　　　　　　　　　57 500

相关链接

《小企业会计准则》与《企业会计准则》的差异。

1. 短期投资初始计量

《小企业会计准则》下,设置"短期投资"账户用来核算企业取得的短期投资,取得投资时,采用历史成本计量,交易费用计入投资成本。而《企业会计准则》下,设置"交易性金融资产"账户用来核算企业取得的短期投资,取得投资时须按照公允价值计量,相关交易费用在发生时直接冲减投资收益。

2. 短期投资后续计量

《小企业会计准则》下,设置"应收股利""应收利息"账户用来核算企业持有投资期间的收益,确认投资收益时,借记"应收股利"或"应收利息"账户,贷记"投资收益"账户。对于资产负债表日发生的短期投资的公允价值变动,《小企业会计准则》下不作任何处理。而《企业会计准则》规定,在资产负债表日,交易性金融资产按照公允价值计量,交易性金融资产公允价值与其账面余额的差额,计入当期损益。具体做法是:当公允价值大于账面价值时,借记"交易性金融资产——公允价值变动"账户,贷记"公允价值变动损益"账户;当公允价值小于账面价值时,借记"公允价值变动损益"账户,贷记"交易性金融资产——公允价值变动"账户。

3. 短期投资的处置

短期投资最终处置时,《小企业会计准则》下,只需按照出售价款扣除其账面余额、相关税费后的净额,确认投资收益即可。而《企业会计准则》除了上述处理之外,还需要将持有期间累计的公允价值变动损益,从"公允价值变动损益"账户转入"投资收益"账户。

任务 2　长期债券投资业务核算

【相关知识】

长期债券投资是指小企业准备长期(在 1 年以上)持有的在 1 年内不能变现或者不准备随时变现的债券投资。小企业进行长期债券投资的目的主要是为了获得稳定的收益。

一、长期债权投资的特征

长期债券投资相对于短期投资和长期股权投资,通常具有以下特征:

(1) 投资目的明确。投资的目的不是为了获得另一企业的剩余资产,而是为了获取高于银行储蓄存款利率的利息,并保证到期收回本金和利息。

(2) 投资时间比较长。投资期限通常会超过 1 年。

(3) 投资品种不易变现或持有意图长于 1 年。

二、长期债权投资的初始计量

小企业购入准备长期持有的债券时,应当按照购买价款和相关税费作为成本进行计量。实际支付价款中包含的已到付息期但尚未领取的债券利息,应当单独确认为应收利息,不计入长期债券投资的成本。

三、长期债权投资溢(折)价的确定和摊销

(一) 长期债券投资溢(折)价的确定

小企业购入长期债券时,由于债券的发行方式不同,其实际支付的价款与债券面值可能不一致。这种不一致取决于债券的票面利率与市场利率的关系。当债券的票面利率与市场利率一致时,债券发行方按债券面值发行,小企业按面值购入债券,称为平价购入;当债券的票面利率高于市场利率时,债券发行方以高于债券面值的价格溢价发行,小企业按溢价购入债券,溢价部分是小企业为以后各期多得利息而预先付出的代价;当债券的票面利率低于市场利率时,债券发行方以低于债券面值的价格溢价发行,小企业按折价购入债券,折价部分是小企业为以后各期少得利息而预先得到的补偿。

长期债券投资溢价或折价可按下列公式计算:

$$债券投资溢价或折价 = 债券初始投资成本 - 债券面值$$

(二) 长期债券投资溢(折)价的摊销

《小企业会计准则》规定,债券的溢价或者折价在债券存续期间内于确认相关债券利息收入时采用直线法进行摊销。直线法是指将债券的溢折价按债券持有期限平均分摊。直线法下,每期溢(折)价的摊销数额相等。溢价或折价的摊销,应与确认相关债券利息收入同时进行,并作为计提的利息收入的调整。即在债务人应付利息日按照债券面值和票面利率计算的应收利息扣除当期摊销的溢价确认为投资收益,或在债务人应付利息日按照债券面值和票面利率计算的应收利息与当期摊销的折价的合计额确认为投资收益。

有关计算公式如下:

$$应计债券利息 = 债券面值 \times 债券每期票面利率$$

$$每期溢价或折价的摊销额 = 溢价或折价总额 \div 债券的持有期限$$

$$各期债券投资收益 = 应计债券利息 - 每期溢价摊销额(或 + 每期折价摊销额)$$

四、长期债权投资的后续计量

小企业长期债券投资在持续期间,后续计量的内容主要是计量应收利息和分摊长期债

券投资溢折价。长期债券投资应当在债务人应付利息日,按照债券面值和债券票面利率计算利息收入,并计入当期投资收益。由于债券付息时间不同,分别以下两种情况进行处理。

(一) 分期付息、一次还本的长期债券投资

分期付息、一次还本的长期债券投资,在债务人应付利息日按照票面利率计算的应收未收利息收入应当确认为应收利息,不增加长期债券投资的账面余额。

(二) 持有的一次还本付息的长期债券投资

持有的一次还本付息的长期债券投资,在债务人应付利息日按照票面利率计算的应收未收利息收入应当增加长期债券投资的账面余额。

五、长期债券投资损失的确认

小企业持有长期债券投资可能会因发行人(即债务人)资不抵债、现金短缺、破产、清算等原因而无法收回本金和收到利息。这类无法收回的长期债券投资而产生的损失为长期债券投资损失。

(一) 长期债券投资损失的确认时点

长期债券投资损失的确认时点是实际发生时,而不是预计或预期发生时。

(二) 长期债券投资损失的认定条件

小企业长期债券投资损失实际上也是坏账损失的一种,因此,其认定条件与坏账损失的认定条件完全相同,即小企业长期债券投资符合下列条件之一的,减除可收回的金额后确认的无法收回的长期债券投资,作为长期债券投资损失:

(1) 债务人依法宣告破产、关闭、解散、被撤销,或者被依法注销、吊销营业执照,其清算财产不足清偿的。

(2) 债务人死亡,或者依法被宣告失踪、死亡,其财产或者遗产不足清偿的。

(3) 债务人逾期 3 年以上未清偿,且有确凿证据证明已无力清偿债务的。

(4) 与债务人达成债务重组协议或法院批准破产重整计划后,无法追偿的。

(5) 因自然灾害、战争等不可抗力导致无法收回的。

(6) 国务院财政、税务主管部门规定的其他条件。

(三) 长期债券投资损失金额的确定

小企业的长期债券投资出现上述所列条件之一时,应当积极与债务人进行协商,努力收回相关款项。如果确实无法再收回,应将该长期债券投资的账面余额减除可收回的金额后的净额,确认为长期债券投资损失,计入营业外支出。

【业务操作】

为了核算小企业长期债权投资的取得、收取利息、处置等业务,小企业应当设置"长期债券投资""应收利息""投资收益"等账户。此外,在"长期债券投资"账户下再设置"面值""溢折价""应计利息"三个明细账户进行明细核算。

一、长期债券购入的业务核算

小企业购入的债券作为长期投资,应按债券面值,借记"长期债券投资——面值"账户,按实际支付的价款中包含的已到付息期但尚未领取的利息,借记"应收利息"账户,按实际支付的购买价款和相关税费,贷记"银行存款"等账户,按其差额,借记或贷记"长期债券投资——溢折价"账户。

【任务 5-6】 2017 年 1 月 3 日,海滨公司购入甲公司当年 1 月 2 日发行的 2 年期公司债券,票面利率 10%,债券面值 1 000 元,海滨公司按 1 100 元的价格购入 100 张,另支付有关税费 1 000 元。该债券每年付息一次,最后一年偿还本金并支付最后一次利息。海滨公司购入的债券时应编制会计分录如下:

借:长期债券投资——面值   100 000
            ——溢折价   11 000
    贷:银行存款   111 000

【任务 5-7】 2017 年 1 月 2 日,海滨公司购入 A 公司当日发行的 2 年期公司债券,票面利率 6%,债券面值 1 000 元,海滨公司按 950 元的价格购入 100 张,另支付有关税费 1 000 元。该债券为一次还本付息的债券。海滨公司购入的债券时应编制会计分录如下:

借:长期债券投资——面值   100 000
    贷:银行存款   96 000
        长期债券投资——溢折价   4 000

二、长期债券利息及债券溢(折)价摊销的业务核算

小企业的长期债券投资应在债券存续期间内按期计提利息收入,并于计息时进行溢(折)价的摊销,调整利息收入,确定投资收益。

(一) 计息与溢价摊销的业务核算

在债务人应付利息日,按照票面利率计算的利息收入,借记"长期债券投资——应计利息"(一次还本付息方式)或"应收利息"账户(分期付息方式);按计算出的溢价摊销额,贷记"长期债券投资——溢折价"账户;按每期债券利息减去每期溢价摊销额的差额,贷记"投资收益"账户。

(二) 计息与折价摊销的业务核算

在债务人应付利息日,按照票面利率计算的利息收入,借记"长期债券投资——应计利息"(一次还本付息方式)或"应收利息"账户(分期付息方式);按计算出的折价摊销额,借记"长期债券投资——溢折价"账户;按每期债券利息与每期折价摊销额之和,贷记"投资收益"账户。

(三) 收回利息的业务核算

(1) 收到取得长期债券投资支付的价款中包含的已到付息期的债券利息,借记"银行存款"账户,贷记"应收利息"账户。

(2) 收到分期付息一次还本长期债权投资持有期间的利息,借记"银行存款"账户,贷记"应收利息"账户。

(3) 收到一次还本付息长期债权投资持有期间的利息,借记"银行存款"账户,贷记"长期债券投资——应计利息"账户。

【任务 5-8】 承[任务 5-6]资料,海滨公司购入甲公司债券为每年计算利息,则每年

计提利息摊销溢价时,编制会计分录如下。

(1) 2017 年年末,计提利息摊销溢价时:

借:应收利息　　　　　　　　　　　　　　　　　　　　　　10 000
　　贷:长期债券投资——溢折价　　　　　　　　　　　　　　　5 500
　　　　投资收益　　　　　　　　　　　　　　　　　　　　　4 500

应收利息 $= 100\,000 \times 10\% = 10\,000$(元)

溢价摊销额 $= 11\,000 \div 2 = 5\,500$(元)

投资收益 $= 10\,000 - 5\,500 = 4\,500$(元)

(2) 2018 年年初,收到债券利息时:

借:银行存款　　　　　　　　　　　　　　　　　　　　　　10 000
　　贷:应收利息　　　　　　　　　　　　　　　　　　　　　10 000

(3) 2018 年年末,计提利息摊销溢价时,会计分录同(1)。

【任务 5-9】　承[任务 5-7]资料,海滨公司购入 A 公司债券也应每年计算利息,则每年计提利息摊销折价时,编制会计分录如下。

(1) 2017 年年末,计提利息摊销折价时:

借:长期债券投资——应计利息　　　　　　　　　　　　　　6 000
　　　　　　　　——溢折价　　　　　　　　　　　　　　　2 000
　　贷:投资收益　　　　　　　　　　　　　　　　　　　　　8 000

应收利息 $= 100\,000 \times 6\% = 6\,000$(元)

折价摊销额 $= 4\,000 \div 2 = 2\,000$(元)

投资收益 $= 6\,000 + 2\,000 = 8\,000$(元)

(2) 2018 年年末,计提利息摊销折价时,会计分录同(1)。

三、收回长期债券投资的业务核算

(一) 到期收回本息业务核算

小企业无论是以面值购入还是溢折价购入债券,在债券到期时,所有的债券溢折价都已摊销完毕,使"长期债券投资——溢折价"账户余额为零。因此,到期收回债券投资时,按债券本息合计数额,借记"银行存款"账户,按债券面值,贷记"长期债券投资——面值"账户,按计提的利息,贷记"长期债券投资——应计利息"账户。

【任务 5-10】　承[任务 5-7][任务 5-9]资料,2019 年 1 月 2 日,海滨公司到期收回 A公司债券本金和利息。编制会计分录如下:

借:银行存款　　　　　　　　　　　　　　　　　　　　　112 000
　　贷:长期债券投资——面值　　　　　　　　　　　　　　100 000
　　　　　　　　　　——应计利息　　　　　　　　　　　　12 000

(二) 提前收回本息业务核算

小企业提前收回债券本息时,由于债券溢折价尚未摊销完毕,因此,应按账面价值分别注销"长期债券投资——面值""长期债券投资——应计利息""长期债券投资——溢折价"账户余额,并将所收到的款项与债券账面价值的差额作为投资收益入账。

【任务5-11】 承[任务5-7][任务5-9]资料,若海滨公司因资金紧张,于2018年6月1日将持有的A公司债券出售给乙企业,售价130 000元。此时,"长期债券投资——面值"账户余额为100 000元,"长期债券投资——应计利息"账户余额为6 000元,"长期债券投资——溢折价"账户余额为2 000元。则编制会计分录如下:

借:银行存款		130 000
长期债券投资——溢折价		2 000
贷:长期债券投资——面值		100 000
——应计利息		6 000
投资收益		26 000

四、长期债券投资损失业务核算

按照《小企业会计准则》规定,小企业在确认实际发生的长期债券投资损失时,应当按照可收回的金额,借记"银行存款"等账户;按照长期债券投资的账面余额,贷记"长期债券投资(面值、溢折价、应计利息)"账户;按照其差额,借记"营业外支出"账户。

【任务5-12】 2018年12月31日,海滨公司持有的B公司3年期债券到期,该债券面值为100 000元,票面利率为8%,到期一次还本付息。由于B公司在2018年11月因水灾致使其无法全额支付到期债券金额,只能支付98 000元,此时,该债券账面余额为116 000元(其中:面值100 000元,应计利息16 000元)。

(1) 计提2018年利息时:

借:长期债券投资——应计利息		8 000
贷:投资收益		8 000

(2) 确认实际发生的长期债券投资损失时:

借:银行存款		98 000
营业外支出		26 000
贷:长期债券投资——面值		100 000
——应计利息		24 000

相关链接

《小企业会计准则》与《企业会计准则》的差异。

1. 核算账户不同

《小企业会计准则》下,设置"长期债券投资"账户核算,在"长期债券投资"账户下设置"面值""溢折价""应计利息"三个明细账户进行明细核算。而《企业会计准则》中,设置"持有至到期投资"账户核算,并按照持有至到期投资的类别和品种,分别"成本""利息调整""应计利息"等明细账户进行明细核算。

2. 债券溢价或者折价的摊销方法不同

《小企业会计准则》规定,债券的溢价或者折价在债券存续期间内于确认相关债券利息收入时采用直线法进行摊销。而《企业会计准则》规定,债券的溢价或者折价在债券存续期间内于以确认相关债券利息收入时采用实际利率法进行摊销。

3. 减值损失的处理不同

《小企业会计准则》规定,小企业不计提减值准备,如果长期债券投资确实无法再收回,应将该长期债券投资的账面余额减除可收回的金额后的净额,确认为长期债券投资损失,计入营业外支出。在确认实际发生的长期债券投资损失时,按照可收回的金额,借记"银行存款"等账户;按照长期债券投资的账面余额,贷记"长期债券投资(面值、溢折价、应计利息)"账户;按照其差额,借记"营业外支出"账户。而《企业会计准则》规定,资产负债表日,持有至到期投资发生减值的,应当将该持有至到期投资的账面价值与预计未来现金流量现值之间的差额,确认为减值损失,计提减值准备,借记"资产减值损失"账户,贷记"持有至到期投资减值准备"账户。

任务 3　长期股权投资业务核算

【相关知识】

长期股权投资是指小企业准备长期持有的权益性投资。

一、长期股权投资的分类

长期股权投资依据对被投资单位产生的影响,分为以下四种类型。

1. 控制型长期股权投资

控制是指有权决定一个企业的财务和经营政策,并能据以从该企业的经营活动中获取利益。一般股权比例在 50% 以上(不含 50%),如母公司对子公司的投资。

2. 共同控制型长期股权投资

共同控制是指按照合同约定对某项经济活动所共有的控制,仅在与该项经济活动相关的重要财务和经营决策需要分享控制权的投资方一致同意时存在。投资企业与其他被投资企业实施共同控制的,被投资企业为合营企业。如 A、B 各投资 50% 设立 C 公司,即产生共同控制 C 公司。

3. 重大影响型长期股权投资

重大影响是指对一个企业的财务和经营政策有参与决策的权力,但并不能够控制或者与其他方一起共同控制这些政策的制定。当投资企业直接拥有被投资企业 20% 以上(含 20%)至 50%(含 50%)表决权资本时,通常对被投资企业的财务和经营政策的决策有重大影响。投资企业能够对被投资企业施加重大影响的,被投资企业为其联营企业。如 A、B、C 分别按 3∶3∶4 的比例投资设立 D 企业,即产生对 D 企业的重大影响。

4. 无控制、无共同控制且无重大影响型长期股权投资

这一类型的长期股权投资是指上述三种类型以外的长期股权投资。当投资企业直接拥有被投资企业 20% 以下(不含 20%)表决权资本时,通常对被投资企业的财务和经营政

策的决策没有重大影响。例如，A 对 B 的投资只达到 B 企业权益性资本的 10％，且在活跃市场没有报价、公允价值不能可靠计量，也反映在长期股权投资里面。如果是有报价、公允价值能计量，就属于金融工具了。

二、长期股权投资的特点

（一）长期持有

长期股权投资的目的是为长期持有被投资单位的股份，成为被投资单位的股东，并通过所持有的股份，对被投资单位实施控制或施加重大影响，或为了改善和巩固贸易关系，或持有不易变现的长期股权投资等。

（二）利益风险并存

利益风险并存指的是获取经济利益，并承担相应的风险。长期股权投资的最终目标是为了获得较大的经济利益，这种经济利益可以通过分得利润或股利获取，也可以通过其他方式取得，如被投资单位生产的产品为投资企业生产所需的原材料，在市场上这种原材料的价格波动较大，且不能保证供应。在这种情况下，投资企业通过所持股份，达到控制或对被投资单位施加重大影响，使其生产所需的原材料能够直接从被投资单位取得，而且价格比较稳定，保证其生产经营的顺利进行。但是，如果被投资单位经营状况不佳，或者进行破产清算时，投资企业作为股东，也需要承担相应的投资损失。

（三）通常不能随时出售

除股票投资外，长期股权投资通常不能随时出售。投资企业一旦成为被投资单位的股东，依所持股份份额享有股东的权利并承担相应的义务，一般情况下不能随意抽回投资。

三、长期股权投资的初始计量

《小企业会计准则》规定，长期股权投资应当按照成本进行计量。初始取得时的计量方法如下所述。

（一）以支付现金取得的长期股权投资的成本确定

以支付现金取得的长期股权投资，应当按照实际支付的购买价款和相关税费作为初始投资成本，但实际支付价款中包含的被投资单位已宣告但尚未发放的现金股利，应当单独确认为应收股利，不构成长期股权投资的成本。

（二）通过非货币性资产交换取得的长期股权投资的成本确定

通过非货币性资产交换取得的长期股权投资，根据《公司法》的规定，实际上是一种用非货币性资产出资的行为，应当对其价值进行评估，因此，《小企业会计准则》要求应当按照换出非货币性资产的评估价值和相关税费之和作为长期股权投资的成本。

四、长期股权投资的后续计量

《小企业会计准则》规定，小企业取得的长期股权投资应当采用成本法进行会计处理。所谓成本法，是指投资按投资成本计价的方法。采用成本法核算的长期股权投资应当按照初始投资成本计量。追加或收回投资应当调整长期股权投资的成本，除此之外，长期股权投资的账面价值一般应保持不变。在长期股权投资持有期间，被投资单位宣告分派的现金股利或利润，应当按照应分得的金额确认为投资收益。

五、长期股券投资损失的确认

(一)长期股权投资损失确认的时点

长期股权投资损失应在实际发生时确认,而不是预计或预期发生时确认。

(二)长期股权投资损失的认定条件

小企业长期股权投资符合下列条件之一的,减除可收回的金额后确认的无法收回的长期股权投资,作为长期股权投资损失:

(1)被投资单位依法宣告破产、关闭、解散、被撤销,或者被依法注销、吊销营业执照的。

(2)被投资单位财务状况严重恶化,累计发生巨额亏损,已连续停止经营 3 年以上,且无重新恢复经营改组计划的。

(3)对被投资单位不具有控制权,投资期限届满或者投资期限已超过 10 年,且被投资单位因连续 3 年经营亏损导致资不抵债的。

(4)被投资单位财务状况严重恶化,累计发生巨额亏损,已完成清算或清算期超过 3 年以上的。

(5)国务院财政、税务主管部门规定的其他条件。

(三)长期股权投资损失金额的确定

小企业长期股权投资符合上述所列的任一条件的,应将该项长期股权投资的账面余额减除可收回的金额后的净额,作为长期股权投资损失的金额。

【业务操作】

小企业进行长期股权投资核算通常应设置"长期股权投资""投资收益"等账户。

一、取得长期股权投资的业务核算

(一)以支付现金取得的长期股权投资的业务核算

小企业以支付现金取得的长期股权投资,如果实际支付的购买价款中包含已宣告但尚未发放的现金股利,应当按照实际支付的购买价款和相关税费扣除已宣告但尚未发放的现金股利后的金额,借记"长期股权投资"账户,按照应收的现金股利,借记"应收股利"账户,按照实际支付的购买价款和相关税费,贷记"银行存款"账户。

【任务 5-13】 2018 年 4 月 1 日,海滨公司以银行存款购买丙上市公司的股票 10 000 股,作为长期股权投资核算,每股买入价为 10 元,每股价格中包含有 0.2 元的已宣告但尚未发放的现金股利,另支付相关税费 700 元。4 月 15 日,海滨公司实际收到上述现金股利。

(1)2018 年 4 月 1 日,取得投资时:

借:长期股权投资——丙公司   98 700
  应收股利   2 000
  贷:银行存款   100 700

（2）2018 年 4 月 15 日,实际收到现金股利时:

借:银行存款　　　　　　　　　　　　　　　　　　　　　　2 000
　　贷:应收股利　　　　　　　　　　　　　　　　　　　　　　　　2 000

（二）通过非货币性资产交换取得的长期股权投资的业务核算

小企业通过非货币性资产交换取得的长期股权投资,应当按照非货币性资产的评估价值与相关税费之和,借记"长期股权投资"账户,按照换出非货币性资产的账面价值,贷记"固定资产清理""无形资产"等账户,按照支付的相关税费,贷记"应交税费"等账户,按照其差额,贷记"营业外收入"或借记"营业外支出"等账户。

【任务 5-14】　2018 年 5 月 15 日,海滨公司以 1 台专有设备从 C 企业换入一项长期股权投资,该设备账面原价 3 000 000 元,已计提折旧 2 200 000 元,评估价值为 1 000 000元。假定不考虑相关税费。海滨公司应编制会计分录如下:

借:固定资产清理　　　　　　　　　　　　　　　　　　　　800 000
　　累计折旧　　　　　　　　　　　　　　　　　　　　　2 200 000
　　贷:固定资产　　　　　　　　　　　　　　　　　　　　　3 000 000
借:长期股权投资——C 企业　　　　　　　　　　　　　　1 000 000
　　贷:固定资产清理　　　　　　　　　　　　　　　　　　　　800 000
　　　营业外收入　　　　　　　　　　　　　　　　　　　　　200 000

二、持有期间取得现金股利或利润的业务核算

长期股权投资持有期间被投资单位宣告发放现金股利或利润时,小企业按照应分得的金额确认为投资收益。借记"应收股利"账户,贷记"投资收益"账户。

【任务 5-15】　承[任务 5-13]2019 年 3 月 15 日,丙公司宣告发放现金股利,每股 0.4元。4 月 5 日,海滨公司收到分得的现金股利。

（1）2019 年 3 月 15 日,丙公司宣告发放现金股利时:

借:应收股利　　　　　　　　　　　　　　　　　　　　　　4 000
　　贷:投资收益　　　　　　　　　　　　　　　　　　　　　　　4 000

（2）2019 年 4 月 5 日,收到分得的现金股利时:

借:银行存款　　　　　　　　　　　　　　　　　　　　　　4 000
　　贷:应收股利　　　　　　　　　　　　　　　　　　　　　　　4 000

三、处置长期股权投资损益的业务核算

小企业处置长期股权投资,应当将处置价款扣除该投资的账面余额(即成本)、出售过程中支付的相关税费的净额计入处置当期的投资收益。即应当按照处置价款,借记"银行存款"等账户,按照其成本,贷记"长期股权投资"账户,按照应收未收的现金股利或利润,贷记"应收股利"账户,按照其差额,贷记或借记"投资收益"账户。

【任务 5-16】　承[任务 5-13]2019 年 6 月 15 日,海滨公司将作为长期股权投资核算的丙公司股票 10 000 股全部出售,每股售价为 12 元,支付相关税费 2 100 元,款项已通过

银行收付。海滨公司应编制会计分录如下：

借:银行存款		117 900
贷:长期股权投资——丙公司		98 700
投资收益		19 200

四、长期股权投资损失业务核算

小企业实际发生长期股权投资损失时,应当按照可收回的金额,借记"银行存款"等账户,按照长期股权投资账面余额,贷记"长期股权投资"账户,按照其差额,借记"营业外支出"账户。

相关链接

《小企业会计准则》与《企业会计准则》的差异。

1. 长期股权投资初始计量

《小企业会计准则》下,设置"长期股权投资"账户,核算小企业取得的长期股权投资成本,以成本进行初始计量。而《企业会计准则》下,在"长期股权投资"账户下设置"成本""损益调整""其他权益变动"二级明细账户进行明细核算。初始计量还应进一步区分属于同一控制下的企业合并还是非同一控制下的企业合并两种情形处理。如果同一控制下的企业合并,应当在合并日按照取得被合并方所有者权益账面价值的份额确认初始投资成本,其他情况下,按照支付对价的公允价值确认初始投资成本。

2. 长期股权投资后续计量

《小企业会计准则》规定,小企业统一采用成本法对长期股权投资进行会计处理,而不再采用权益法进行会计处理。长期股权投资持有期间被投资单位宣告发放现金股利或利润时,小企业按照应分得的金额确认为投资收益。而《企业会计准则》规定,长期股权投资在持有期间,根据投资企业对被投资单位的影响程度及是否存在活跃市场、公允价值能否可靠取得等情况,分别采用成本法和权益法进行会计处理。

3. 长期股权投资减值损失的处理

《小企业会计准则》规定,小企业不计提长期股权投资减值准备,如果小企业实际发生长期股权投资损失时,应将该长期股券投资的账面余额减除可收回的金额后的净额,确认为长期股权投资损失,计入营业外支出。而《企业会计准则》规定,在资产负债表日存在可能发生减值的迹象时,要确认为减值损失,计提减值准备。

【课后练习】

一、单项选择题

1. 小企业取得短期债券投资时所支付的相关税费,其正确的会计处理是(　　)。

A. 一次性计入财务费用　　　　　B. 冲减投资成本

C. 计入投资成本　　　　　　　　D. 一次性计入投资收益

2. 以存款购买 A 公司股票 1 000 股,准备作为短期投资,每股价格为 8 元,另支付相关税费 200 元,每股价款中含有已宣告但尚未发放的现金股利 0.5 元,应记入"短期投资"

账户的金额是(　　)元。

　　A. 8 200　　　　　　B. 7 700　　　　　C. 8 700　　　　　D. 8 000

　　3. 小企业溢价购入债券的原因在于(　　)。

　　A. 票面利率低于市场利率　　　　　　B. 票面利率等于市场利率

　　C. 票面利率高于市场利率　　　　　　D. 银行利率上调

　　4. 小企业购入长期债券投资,实际支付的价款中包含已到付息期但尚未领取的债券利息,企业应将这部分利息记入(　　)账户。

　　A. "应收账款"　　　　　　　　　　　B. "应收利息"

　　C. "长期债权投资——应计利息"　　　D. "其他应收款——应收利息"

　　5. 短期债券投资在持有期间所获得的利息,应计入(　　)。

　　A. 投资收益　　　B. 财务费用　　　C. 短期投资　　　D. 应收利息

　　6. 2018 年 7 月 1 日,甲公司购入乙公司 2018 年 1 月 1 日发行的债券,支付价款为 2 100 万元(含已到付息期但尚未领取的债券利息 40 万元),另支付交易费用 15 万元。该债券面值为 2 000 万元,票面年利率为 4%(票面利率等于实际利率),每半年付息一次,甲公司将其作为短期投资。甲公司 2018 年度该项短期投资应确认的投资收益为(　　)万元。

　　A. 25　　　　　　　B. 40　　　　　　C. 65　　　　　　D. 80

　　7. 2018 年 7 月 1 日,海滨公司以银行存款购入 A 公司 2018 年 1 月 1 日发行的一批债券,面值为 200 000 元,年利率为 6%,3 年期,每年 1 月 1 日和 7 月 1 日付息 2 次,实际购入价为 206 000 元(A 公司尚未支付 2018 年上半年利息),海滨公司购入上述债券时应记入"应收利息"账户的金额为(　　)元。

　　A. 4 000　　　　　　B. 6 000　　　　　C. 8 000　　　　　D. 1 000

　　8. 对购买债券的企业而言,溢价是指(　　)。

　　A. 购买债券的超额收入

　　B. 因以后各期少收利息而预先得到的补偿

　　C. 为以后各期多收利息而预付的代价

　　D. 购买债券的投资损失

　　9. 甲公司从证券市场购入乙公司发行的普通股票 50 000 股,每股价格 6 元,其中含有已宣告发放但尚未支取的股利每股 1 元,另支付交易手续费 30 000 元,则该项长期股权投资的成本为(　　)元。

　　A. 230 000　　　　　B. 250 000　　　　C. 300 000　　　　D. 280 000

　　10. 下列各项中,不构成短期投资成本的是(　　)。

　　A. 购买股票支付的手续费

　　B. 购买股票的价款中包含的已宣告但尚未领取的现金股利

　　C. 购买股票支付的价款

　　D. 购买股票支付的印花税

二、多项选择题

　　1. 小企业为核算长期债券投资,应在"长期债券投资"账户下设置明细账户的有(　　)。

A.“面值”　　　　B.“成本”　　　　C.“溢折价”　　　　D.“应计利息”

2. 下列各项中,不构成短期投资入账价值的有(　　)。

A. 短期投资在持有期间所获得的现金股利

B. 取得短期投资时实际支付的价款中包含的已宣告而尚未领取的现金股利或已到付息期但尚未领取的债券利息

C. 短期投资在持有期间所获得的利息

D. 取得短期投资时实际支付的全部价款

3. 小企业确认的长期债券投资损失,不应记入(　　)账户。

A.“营业外支出”　　　　　　　　　　B.“管理费用”

C.“投资收益”　　　　　　　　　　　D.“长期债券投资”

4. 购买长期债券的相关税费可以不通过(　　)账户核算。

A.“财务费用”　　　B.“管理费用”　　　C.“投资收益”　　　D.“长期债券投资”

5. 关于短期投资的下列说法中,正确的有(　　)。

A. 短期投资是为暂时存放剩余资金

B. 企业需要使用现金时,短期投资即可兑换成现金

C. 企业购入虽能上市交易但不准备随时变现的债券,一般不作为短期投资核算

D. 短期投资必须在公开市场交易且有明确市价

6. 小企业短期投资核算的内容主要包括(　　)。

A. 取得短期投资　　　　　　　　B. 收取现金股利和利息

C. 转让短期投资　　　　　　　　D. 短期投资期末计价

7. 为了核算长期投资业务,小企业设置的账户有(　　)。

A.“长期股权投资”　B.“长期债券投资”　C.“投资收益”　　　D.“其他应收款”

8. 投资企业收到被投资单位派发的股票股利时,不应当(　　)。

A. 计入投资收益　　　B. 冲减投资成本　　　C. 只作备忘记录　　　D. 增加资本公积

9. 某企业通过购买股票长期投资时,实际支付的下列款项中,应计入股票投资成本的有(　　)。

A. 购买股票的价款

B. 佣金及手续费

C. 交易过程中的有关税金

D. 价款中含有的已宣告发放而未支取的股利

10. 作为短期投资的有价证券,必须是(　　)。

A. 能随时变现　　　　　　　　　　B. 投资时间不超过 1 年

C. 投资目的在于控制对方　　　　　D. 投资目的在于获得较高的投资收益

三、判断题

1. 小企业购入长期股票投资,若在实际支付的价款中包括已宣告但尚未领取的现金股利,应作为应收账款处理。　　　　　　　　　　　　　　　　　　　(　　)

2. 长期股权投资采用成本法核算的情况下,除追加或收回投资外,长期股权投资的账面价值一般应当保持不变。　　　　　　　　　　　　　　　　　　　(　　)

3. 折价购入的债券,在当期计算利息和摊销折价时,按应计利息和摊销的折价金额

的差额作为投资收益。　　　　　　　　　　　　　　　　　　　　　（　　）

4. 小企业溢价购入债券,是为以后多得利息而事先付出的代价,企业折价购入债券,是为以后少得利息而预先得到的补偿。　　　　　　　　　　　　　（　　）

5. 小企业以支付现金取得的长期股权投资,应当按照实际支付的购买价款作为初始投资成本。初始投资成本包括与取得长期股权投资直接相关的费用、税金及其他必要支出。　　　　　　　　　　　　　　　　　　　　　　　　　　　（　　）

6. 小企业通过非货币性资产交换取得的长期股权投资,应当按照非货币性资产的评估价值与相关税费之和,计入长期股权投资成本。　　　　　　　　　（　　）

7. 如果小企业实际发生长期股权投资损失时,应将该长期股券投资的账面余额减除可收回的金额后的净额,确认为长期股权投资损失,冲减投资收益。　　　（　　）

8. A 公司购入 B 公司 5%的股份,买价 322 000 元,其中含有已宣告发放但尚未领取的现金股利 8 000 元。那么 A 公司取得长期股权投资的成本为 314 000 元。（　　）

9. 小企业收到取得长期债权投资支付的价款中包含的已到付息期的债券利息,借记“银行存款”账户,贷记“投资收益”账户。　　　　　　　　　　　　　（　　）

10. 小企业处置长期股权投资,应当将处置价款扣除该投资的账面余额(即成本)、出售过程中支付的相关税费的净额计入处置当期的投资收益。　　　　　（　　）

四、计算分析题

(一)某小企业 2018 年发生有关短期投资业务如下:

(1)1 月 1 日,购入上市交易的股票 1 000 股,每股面值 100 元,购入价格每股 105元,其中包括已经宣告发放但尚未支取的股利 5 元。另外支付佣金等费用 1 000 元。5 月5 日,收到未支取的股利 5 000 元,10 月 7 日,该企业将其中的 500 股出售,售价为每股110 元。

(2)1 月 1 日,以银行存款 6 000 元购入 A 公司发行的债券 60 张,每张面值为100 元。

(3)2 月 1 日,以银行存款 10 800 元购入 B 公司发行的股票 10 000 股,内含当年年初已宣告发放而未发放出去的股利 800 元,每张面值为 1 元。

(4)4 月 1 日,收到 B 公司分派股利 800 元。

(5)9 月 18 日,以 7 000 元的价款将前购入 A 公司的债券全部出售。

(6)10 月 1 日,出售 B 公司发行的股票 5 000 股,每股售价 3 元。

要求:根据上述资料编制会计分录。

(二)某小企业于 2018 年 7 月 1 日购入某金融公司同日发行的 3 年期债券。债券面值为 500 000 元,购入价格为 515 000 元,票面利率为 6%,债券到期一次还本付息,债券溢价按直线法摊销。

要求:编制该小企业购入、年末计提利息及溢价摊销和到期收回投资的会计分录。

(三)宏达公司为一小企业,2017 年 1 月 1 日购入某公司当日发行的 3 年期公司债券,面值为 200 000 元,购入价格为 196 300 元,债券年利率为 5%,每年付息一次,另付佣金等费用 700 元。宏达公司于 2018 年 7 月 1 日将该项债券投资全部出售,售价为252 000 元,另付佣金等费用 880 元。

要求:编制该小企业购入、年末计提利息及折价摊销、每年收到利息和到期收回投资的会计分录。

(四)南方公司对长期股票投资采用成本法核算,2018年有关长期股票投资发生以下经济业务:

(1)南方公司于2018年7月1日购买B公司普通股股票20 000股的10%,每股售价40元,共计80 000元,另支付经纪人佣金400元。

(2)B公司于2018年12月25日宣布分派现金股利,每股3元,定于2019年1月10日起按1月1日的股东名册支付。假定南方公司2019年1月10日收到B公司发放的现金股利,款项已存入银行。

(3)南方公司从A公司购入普通股股票3 000股,占A公司股权15%。每股售价18.50元,其中含有A公司已宣告发放的股利0.5元,另外支付经纪人佣金500元,款项已通过银行支付。

(4)南方公司收到A公司发放的股利5 000元,其中含有购入时已宣告股利1 500元,款项存入银行。

要求:根据上述经济业务编制有关的会计分录。

五、技能操作训练

【实训目的】

学生通过实训,熟悉对外投资核算所涉及的原始凭证及业务程序;掌握短期投资、持长期债券投资、长期股权投资的核算方法;掌握对外投资有关总账及明细账的设置和登记方法。

【实训资料】

(一)对外投资相关总账、明细账期初余额如表5-1所示。

表5-1

对外投资相关总账、明细账期初余额

总账账户	明细账户	借或贷	期初余额(元)	备注
短期投资	金达公司(金达股份)	借	210 000	60 000股

(二)海滨华联股份有限公司2018年8月发生下列有关对外投资经济业务:

业务5-1-1

中国工商银行进账单(回单)

2018年8月1日 第002号

收款人	全 称	海滨华联股份有限公司	付款人	全 称	海滨华联股份有限公司
	账 号	1903188151689124589		账 号	1903019551012985550
	开户银行	工行长洲南方支行		开户银行	工行长沙市兴城支行

人民币(大写)	壹佰万元整	千	百	十	万	千	百	十	元	角	分
		¥	1	0	0	0	0	0	0	0	0

票据种类	转账支票	票据张数	1
票据号码	02952085		
单位主管	会计	复核	记账

收款人开户行盖章
2018.8.1
2018年8月1日
业务章

此联是银行交收款人的收账通知

业务 5-1-2

中国工商银行
转账支票存根
XII 02952095

附加信息 _____

出票日期 2018 年 8 月 1 日

收款人：海滨华联股份有限公司	
金 额：￥1 000 000.00	
用 途：存出投资款	
备 注：	

单位主管　　　　　会计

- ✂

业务 5-2-1

长沙市证券公司
证券成交过户交割单
（买）

客户账号	B 03388776655	成交证券类别	公司股票
电脑编号	508761	成交证券名称	东方股份
客户名称	海滨华联股份有限公司	成交数量	10 000（股）
申报编号	826058	成交价格	10.00
申报时间	2018 年 8 月 8 日	成交金额	100 000.00
成交时间	2018 年 8 月 8 日	佣金	200
		印花税	300
上次余额	0（手）	应收金额	100 500.00
本次成交	★000（股）	附加费用	0
本次余额	10 000（股）	应付金额	100 500.00

经办单位　南方营业部（章）　　　客户签章　海滨华联股份有限公司（章）

备注：（1）作为短期投资。
　　　（2）资金从证券存款中划转。

业务 5-3-1

长沙市证券公司
证券成交过户交割单

（卖）

客户账号	B 03388776655	成交证券类别	公司股票
电脑编号	508761	成交证券名称	金达股份
客户名称	海滨华联股份有限公司	成交数量	60 000（股）
申报编号	826058	成交价格	6.00
申报时间	2018 年 8 月 18 日	成交金额	360 000.00
成交时间	2018 年 8 月 18 日	佣金	720.00
		印花税	1 080.00
上次余额	60 000（股）	应收金额	358 200.00
本次成交	60 000（股）	附加费用	0
本次余额	0（股）	实收金额	358 200.00

经办单位　南方营业部（章）　　　客户签章　海滨华联股份有限公司（章）

业务 5-4-1

投资协议书（摘要）

甲方：海滨华联股份有限公司
乙方：华联实业有限责任公司
甲乙双方经友好协商，就投资事宜，达成如下协议：
……
三、出资方式及占股比例
1. 甲方以货币资金 50 万元向乙方投资，获得乙方 10％的股份，对乙方的财务和经营政策无重大影响。
2. 甲方必须在 2018 年 9 月 1 日前向乙方出资。
四、本协议自双方签字之日起生效。一式二份，各方各执一份，以便共同遵守。若一方违约，按有关条款处理。

甲方：海滨华联股份有限公司
甲方代表：陈振奋

乙方：华联实业有限责任公司
乙方代表：吴海军

合同专用章

签订日期：　2018 年 8 月 19 日

业务 5-4-2

中国工商银行
转账支票存根
ⅩⅡ　02952096

附加信息 _____

_____

_____

_____

出票日期 2018 年 8 月 19 日

收款人：华联实业有限责任公司
金　额：￥500 000.00
用　途：投资款
备　注：

单位主管　　　　　会计

业务 5-5-1

长沙市证券公司
证券成交过户交割单

（买）

客户账号	B 03388776655	成交证券类别	公司股票
电脑编号	508778	成交证券名称	通达债券
客户名称	海滨华联股份有限公司	成交数量	2 000(份)
申报编号	846145	成交价格	9.00
申报时间	2018 年 8 月 28 日	成交金额	180 000.00
成交时间	2018 年 8 月 28 日	佣金	360.00
		印花税	540.00
上次余额	0(份)	应付金额	180 900.00
本次成交	2 000(份)	附加费用	0.00
本次余额	2 000(份)	实付金额	180 900.00

经办单位 南方营业部(章)　　客户签章 海滨华联股份有限公司(章)

备注：(1) 准备长期持有。

　　　(2) 资金从证券存款中划转。

【实训要求】

1. 根据资料(一)开设短期投资、长期债券投资、长期股权投资总账、明细账,并登记有关期初余额。

2. 根据资料(二)审核原始凭证,并编制记账凭证。

3. 根据记账凭证及所附原始凭证登记有关明细账、总账,并结账。

【实训用具】

记账凭证10张,三栏式明细账若干张,三栏式总账若干张。

项目六　在建工程及固定资产业务核算

知识目标

通过本项目的学习,掌握自营工程和出包工程业务的账务处理流程和会计核算方法;掌握固定资产取得、固定资产折旧、固定资产后续支出、固定资产处置、固定资产期末计价等业务账务处理流程和会计核算方法。

能力目标

能够根据在建工程业务、固定资产各业务所涉及的原始凭证熟练编制记账凭证;能设置并登记相关明细账和总账。

任务 1　在建工程业务核算

【相关知识】

小企业的固定资产,有些是直接从其他单位或者个人购买的,而有些则是小企业自己建造的,如小企业自己制造生产经营所需的机器设备、自行建造房屋、建筑物以及进行大型机器设备安装工程等。在建工程是指小企业固定资产的新建、改建、扩建,或技术改造、设备更新和大修理工程等尚未完工的工程支出。自行建造固定资产的成本,由建造该项资产在竣工决算前发生的支出构成,包括工程物资成本、人工成本、缴纳的相关税费、应予资本化的借款费用以及应分摊的间接费用等。只要是固定资产竣工决算之前所发生的,为建造固定资产所必需的、与固定资产的形成具有直接关系的支出,都应作为固定资产成本的组成部分。此外,小企业在建工程在试运转过程中形成的产品、副产品或试车收入冲减在建工程成本。

小企业自行建造固定资产包括自营建造和出包建造两种方式。自营建造是指小企业自行组织工程物资采购、自行组织施工人员从事工程施工完成固定资产的建造。除施工企业外,其他行业的企业较少采用自营方式建造固定资产。出包工程是指小企业通过招标方式将工程项目发包给建造承办商,由建造承办商组织工程项目施工。无论采用何种方式,所建工程都应当按照实际发生的支出确定其工程成本并单独核算。

【业务操作】

一、设置账户

两种工程建设方式不同,核算也不相同。但不管采用何种方式,由于自行建造固定资产从发生第一笔购置支出到固定资产完工交付使用,通常需要经历一段较长的建造期间,因此,小企业需先通过"在建工程"账户归集固定资产建造期间实际发生的各项支出。所建造的固定资产竣工时,再从"在建工程"账户转入"固定资产"账户。为在建工程需要专门购入的各种物资,包括为工程准备的材料、尚未安装的设备等,应在"工程物资"账户中核算。

1."在建工程"账户

该账户用来核算小企业基建工程、安装工程、技术改造工程、大修理工程等所发生的实际支出和工程成本的结转情况。小企业购入不需要安装的固定资产,不通过该账户核算。该账户借方登记小企业各项在建工程的实际支出,包括需要安装设备的价款;贷方登记工程完工交付使用而转出的实际工程成本;期末借方余额反映尚未完工或虽已完工但尚未办理竣工手续的工程累计支出额。该账户应按工程项目设置"建筑工程""安装工程""在安装设备""技术改造工程"等明细账户,进行明细分类核算。

2."工程物资"账户

该账户用来核算小企业为基建工程、更新改造工程、大修理工程准备的各种物资的实际成本,包括为工程准备的材料、尚未交付安装的需要安装设备的实际成本等。该账户借方登记购入工程物资的实际成本;贷方登记在建工程领用、工程完工后剩余结转等原因减少的工程物资的实际成本;期末借方余额,反映企业库存工程物资的实际成本。该账户应设置"专用材料""专用设备""工器具"等明细账户,进行明细分类核算。

二、自营方式建造固定资产业务核算

自营方式建造固定资产的核算,包括购入工程物资、投入建设和完工转入固定资产三个步骤。

第一,小企业为建造固定资产准备的各种物资应当按照实际支付的买价、运输费、保险费等相关税费作为实际成本。工程完工后,剩余的工程物资,如转作本企业库存材料的,按其实际成本或计划成本结转。存在可抵扣增值税进项税额的,应按减去增值税进项税额后的实际成本或计划成本,转作企业的库存材料。工程建设期间发生的工程物资盘亏、报废及毁损,减去残料价值以及保险公司、过失人等赔款后的净损失,计入所建工程项目的成本;盘盈的工程物资或处置净收益,冲减所建工程项目的成本。工程完工后发生的工程物资盘盈、盘亏、报废、毁损,计入当期营业外收支。

第二,建造固定资产领用工程物资、生产用原材料或库存商品,应按其实际成本转入所建工程成本。自营方式建造固定资产应负担的职工薪酬、辅助生产部门为之提供的水、电、修理、运输等劳务,以及其他必要支出等也应计入所建工程项目的成本。

符合资本化条件的借款费用,应计入所建造固定资产成本。借款费用是小企业因借入资金所付出的代价,主要包括小企业向银行或者其他金融机构等借入资金发生的利息、借款过程中发生的手续费或佣金等辅助费用、因外币借款而发生的汇兑差额等。

按照《小企业会计准则》规定,小企业为购置、建造固定资产、无形资产和经过12个月以上的建造才能达到预定可销售状态的存货发生借款的,在有关资产购置、建造期间发生的合理的借款费用,应当作为资本性支出计入有关资产的成本。其他借款费用应当在发生时根据其发生额确认为费用,计入当期损益。

　　小企业在建工程项目在试运转过程中形成的产品、副产品或试车收入冲减在建工程成本。

　　第三,小企业以自营方式建造固定资产,发生的工程成本应通过"在建工程"账户核算,工程完工并办理竣工决算手续时,从"在建工程"账户转入"固定资产"账户。

　　小企业采用自营工程方式建造固定资产,购入工程物资时,借记"工程物资"账户,贷记"银行存款"等账户;在建工程领用工程物资时,借记"在建工程"账户,贷记"工程物资"账户;在建工程领用本企业的原材料时,借记"在建工程"账户,贷记"原材料""应交税费——应交增值税(进项税额转出)"等账户;在建工程领用本企业生产的产品时,借记"在建工程"账户,贷记"库存商品""应交税费——应交增值税(销项税额)"等账户;自营工程发生的其他费用(如支付工程人员工资、借款利息等),借记"在建工程"账户,贷记"银行存款""应付职工薪酬""长期借款"或"应付利息"等账户;在建工程在试运转过程中所取得的收入,借记"银行存款"等账户,贷记"在建工程"账户;自营工程完工交付使用时,按实际发生的全部支出,借记"固定资产"账户,贷记"在建工程"账户。

　　【任务6-1】　甲小企业为一般纳税人,2018年采用自营方式建造一个简易仓库工程项目。有关资料如下:

　　(1)5月12日,购入房屋建筑工程所需的建筑安装材料120 000元,增值税专用发票注明的增值税额为19 200元,用银行存款支付。

　　(2)6月3日,工程开工,领用建筑安装材料114 660元。

　　(3)7月1日,领用本企业生产用原材料10 000元,应转出的增值税1 600元。

　　(4)7月20日,领用本企业生产的产品一批,成本为12 000元,计税价格为20 000元,增值税税率16%。

　　(5)8月5日,分配工程人员工资10 000元,并计提福利费1 400元。

　　(6)8月6日,结转工程应负担的辅助生产车间提供的水、电、运输等劳务费2 000元。

　　(7)8月15日,剩余工程物资转作企业原材料。

　　(8)8月20日,工程完工,办理竣工决算手续后交付使用。

　　甲小企业的会计处理如下:

　　(1)5月12日,购入建筑安装材料时:

借:工程物资	120 000
应交税费——应交增值税(进项税额)	19 200
贷:银行存款	139 200

　　(2)6月3日,领用建筑安装材料时:

借:在建工程——建筑工程(仓库)	114 660
贷:工程物资	114 660

　　(3)7月1日,领用本企业生产用原材料时:

借:在建工程——建筑工程(仓库)	11 600
贷:原材料	10 000
应交税费——应交增值税(进项税额转出)	1 600

(4) 7 月 20 日,领用本企业生产的产品时:

借:在建工程——建筑工程(仓库)　　　　　　　　　　　　　　　　15 200

　　贷:库存商品　　　　　　　　　　　　　　　　　　　　　　　　　12 000

　　　　应交税费——应交增值税(销项税额)　　　　　　　　　　　　3 200

(5) 8 月 5 日,分配工程人员薪酬时:

借:在建工程——建筑工程(仓库)　　　　　　　　　　　　　　　　11 400

　　贷:应付职工薪酬——工资　　　　　　　　　　　　　　　　　　　10 000

　　　　　　　　——职工福利费　　　　　　　　　　　　　　　　　　1 400

(6) 8 月 6 日,结转工程应负担的辅助生产车间提供的劳务时:

借:在建工程——建筑工程(仓库)　　　　　　　　　　　　　　　　2 000

　　贷:生产成本——辅助生产　　　　　　　　　　　　　　　　　　　2 000

(7) 8 月 15 日,将剩余工程物资转作企业原材料时:

借:原材料　　　　　　　　　　　　　　　　　　　　　　　　　　　5 340

　　贷:工程物资　　　　　　　　　　　　　　　　　　　　　　　　　5 340

　　　　　剩余工程物资实际成本 = 120 000 − 114 660 = 5 340(元)

(8) 8 月 20 日,工程完工交付使用时:

借:固定资产——仓库　　　　　　　　　　　　　　　　　　　　　　154 860

　　贷:在建工程——建筑工程(仓库)　　　　　　　　　　　　　　　154 860

　　　　工程成本 = 114 660 + 11 600 + 15 200 + 11 400 + 2 000 = 154 860(元)

三、出包方式建造固定资产业务核算

　　小企业采用出包方式建造的固定资产工程,其工程的具体支出在建造承包单位核算。出包企业主要通过"在建工程"账户核算与承包单位结算的工程价款以及建设期间的资本化的借款费用。

　　小企业出包工程,按照合同规定预付的工程款,借记"预付账款"账户,贷记"银行存款"账户;按照工程进度和合同规定结算的工程款,借记"在建工程"账户,贷记"预付账款""银行存款"等账户;工程完工,按合同规定补付工程款时,借记"在建工程"账户,贷记"银行存款"等账户;结算建设期间的资本化的借款费用时,借记"在建工程"账户,贷记"长期借款"或"应付利息"等账户;结转完工工程成本时,借记"固定资产"账户,贷记"在建工程"账户。

　　【任务 6-2】　2018 年 4 月 5 日,海滨公司与亚太建筑公司签订建筑合同,新建一座生产车间,工程价款 1 000 000 元。合同规定,海滨公司预付工程款 120 000 元。海滨公司应编制会计分录如下:

借:预付账款——亚太建筑公司　　　　　　　　　　　　　　　　　120 000

　　贷:银行存款　　　　　　　　　　　　　　　　　　　　　　　　120 000

【任务 6-3】　承[任务 6-2]资料,2018 年 12 月 31 日,经测算新仓库完工 60％,补付工程款 400 000 元。海滨公司编制会计分录如下:

借:在建工程——建筑工程(生产车间)	600 000
贷:预付账款——亚太建筑公司	200 000
银行存款	400 000

【任务 6-4】　承[任务 6-3]资料,2019 年 3 月 31 日,工程完工验收合格并办理了竣工决算手续后支付剩余工程款 480 000 元。

(1) 补付剩余工程款时:

借:在建工程——建筑工程(生产车间)	400 000
预付账款——亚太建筑公司	80 000
贷:银行存款	480 000

(2) 结转工程成本时:

借:固定资产——生产车间	1 000 000
贷:在建工程——建筑工程(生产车间)	1 000 000

任务 2　固定资产业务核算

【相关知识】

固定资产是指小企业为生产产品、提供劳务、出租或经营管理而持有的,使用寿命超过 1 年的有形资产。小企业的固定资产包括房屋、建筑物、机器、机械、运输工具、设备、器具和工具等。

固定资产是小企业非流动资产的重要组成部分,是小企业重要的劳动手段,它以实物形态加入生产过程,可连续参加多个生产周期,但不构成产品实体,其价值是逐渐地、部分地转移到它所生产的产品成本中。固定资产是小企业从事生产经营活动的必要条件,代表着小企业的生产能力,一个小企业拥有的固定资产的规模、质量、先进程度,决定着该企业产品的质量以及产品在市场上的竞争能力。

一、固定资产的基本特征

从固定资产的定义看,固定资产具有以下三个特征。

(一) 持有固定资产的目的是为了生产商品、提供劳务、出租或经营管理

固定资产是小企业的劳动工具或手段,持有固定资产的目的,是为了生产商品、提供劳务、出租或经营管理的需要,而不是为了对外出售。这个特征是固定资产区别于商品等流动资产的重要标志。需要说明的是,小企业以经营租赁方式出租的建筑物也属于固定资产,这不同于大中型企业根据《企业会计准则》的有关规定需将其单独划分为投资性房地产的会计处理。

（二）固定资产的使用寿命一般超过一个会计年度

小企业使用固定资产的期限较长,使用寿命一般超过一个会计年度。固定资产的使用寿命是指小企业使用固定资产的预计期间,或者该固定资产所能生产产品或提供劳务的数量。固定资产的使用寿命超过一个会计年度,意味着固定资产能在 1 年以上的时间里为小企业创造经济利益。这一特征表明固定资产属于非流动资产,随着使用和磨损,通过计提折旧方式逐渐减少账面价值。因此,对固定资产计提折旧是对固定资产进行后续计量的重要内容。

（三）固定资产是有形资产

固定资产具有实物形态,这一特征将固定资产与无形资产区别开来。有些无形资产可能同时符合固定资产的其他特征,如无形资产为生产商品、提供劳务而持有,使用寿命超过一个会计年度,但是,由于其没有实物形态,所以不属于固定资产。工业企业所持有的工具、用具、备品备件、维修设备等资产,施工企业所持有的模板、挡板、架料等周转材料,尽管该类资产具有固定资产的某些特征,如使用期限超过 1 年,也能够带来经济利益,但由于数量多、单价低,考虑到成本效益原则,在实务中,通常将其确认为存货。

二、固定资产的分类

小企业固定资产种类繁多、规格不一,它们在生产中所处地位不同,发挥的作用也不同。为加强管理和便于组织会计核算,应对固定资产进行科学、合理地分类,主要有以下几种分类方法。

（一）按固定资产的经济用途分类

固定资产按经济用途不同,可分为生产经营用固定资产和非生产经营用固定资产。生产经营用固定资产是指直接参加企业生产、经营过程或直接服务于生产、经营过程的各种固定资产。例如,房屋、建筑物、机器设备、运输工具、管理用具等。非生产经营用固定资产是指不直接服务于生产、经营过程的各种固定资产。例如,职工宿舍、学校、幼儿园、食堂、浴室、医院、理发室、职工活动室等方面的固定资产。

这种分类可以归类反映和监督小企业生产经营用固定资产和非生产经营用固定资产之间,以及生产经营用各类固定资产之间的组成和变化情况,借以考核和分析小企业固定资产的利用情况,促使小企业合理地配备固定资产,充分发挥其效用。

（二）按固定资产使用情况分类

固定资产按使用情况不同,可分为在用固定资产、未使用固定资产和不需用固定资产。

这种分类可反映固定资产使用情况,促使企业将未使用固定资产尽快投入使用,提高固定资产利用率,将不需用固定资产及时处理。

（三）固定资产综合分类

在实际工作中,小企业的固定资产是按经济用途和使用情况综合分类的,按固定资产的经济用途和使用情况可将企业的固定资产分为七大类。

（1）生产经营用固定资产。

（2）非生产经营用固定资产。

（3）租出固定资产，是指在经营租赁方式下出租给外单位使用的固定资产。

（4）不需用固定资产，是指本企业不需用、准备处理的固定资产。

（5）未使用固定资产，是指尚未使用的新增固定资产、调入尚待安装的固定资产、进行改扩建的固定资产，以及经批准停止使用的固定资产。由于季节性生产、大修理等原因而停止使用的固定资产，应作为使用中的固定资产处理。

（6）土地，是指过去已经估价单独入账的土地。因征用土地而支付的补偿费，应计入与土地有关的房屋、建筑物的价值内，不单独作为土地入账。企业取得的土地使用权不作为固定资产管理，应作为无形资产核算。

（7）融资租入固定资产，是指企业以融资租赁方式租入的固定资产。在租赁期内，应视同企业自有固定资产进行管理。

三、固定资产的计价

（一）固定资产的计价基础

固定资产的计价主要有以下两种方法：

（1）按历史成本计价。历史成本又称原始购置成本或原始价值，简称原价，是指企业购置某项固定资产达到预定可使用状态前所发生的一切合理的必要支出。这种计价方法具有客观、可验证性的特点，因而是固定资产的基本计价标准。

（2）按净值计价。固定资产净值又称折余价值，是指固定资产原始价值减去已提折旧后的净额。它可以反映企业实际占用在固定资产上的资金数额和固定资产的新旧程度。这种计价方法主要用于计算盘盈固定资产的价值。

（二）固定资产成本的确定

按照《小企业会计准则》规定，固定资产应当按照成本进行计量，以取得固定资产发生的全部相关支出作为成本。但是，对于不同方式取得的固定资产，其成本构成不尽相同。小企业取得固定资产方式主要有外购、自行建造、投资者投入、融资租入和盘盈五种。

1. 外购固定资产成本的确定

外购固定资产的成本包括购买价款、相关税费、运输费、装卸费、保险费、安装费等，但不含按照税法规定可以抵扣的增值税进项税额。

以一笔款项购入多项没有单独标价的固定资产，应当按照各项固定资产或类似资产的市场价格或评估价值比例对总成本进行分配，分别确定各项固定资产的成本。

2. 自行建造固定资产成本的确定

自行建造固定资产的成本，由建造该项资产在竣工决算前发生的支出（含相关的借款费用）构成。

小企业在建工程在试运转过程中形成的产品、副产品或试车收入冲减在建工程成本。

3. 投资者投入固定资产成本的确定

投资者投入固定资产的成本，应当按照评估价值和相关税费确定。

4. 融资租入固定资产成本的确定

融资租入的固定资产的成本，应当按照租赁合同约定的付款总额和在签订租赁合同过程中发生的相关税费等确定。

5. 盘盈固定资产成本的确定

盘盈固定资产的成本，应当按照同类或者类似固定资产的市场价格或评估价值，扣除按照该项固定资产新旧程度估计的折旧后的余额确定。

四、固定资产折旧

（一）固定资产折旧的意义

固定资产能够连续在若干个生产周期内发挥作用并保持其原有的实物形态，但其价值随着固定资产的损耗逐渐地转移到产品成本中去，构成了企业的费用。这部分随着固定资产磨损而逐渐转移到成本和费用中去的价值，称为固定资产折旧。

固定资产以折旧的方式实现了价值转移，并从产品销售收入中得到补偿。为了保证企业将来有能力重置固定资产，用新设备去更新技术落后的旧设备，同时把固定资产的成本分摊到各个受益期，实现期间收入与费用的配比，小企业必须在固定资产的有效使用年限内计提一定数额的折旧费。

（二）影响固定资产折旧的因素

应计折旧额是指应当计提折旧的固定资产的原价（成本）扣除其预计净残值后的金额。影响固定资产折旧的因素主要有以下几个方面。

1. 固定资产原价

固定资产原价是指固定资产的成本。

2. 预计净残值

预计净残值是指固定资产预计使用寿命已满，小企业从该项固定资产处置中获得的扣除预计处置费用后的净额。通俗地讲，就是固定资产在报废时预计残料变价收入扣除清理费用后的净值。固定资产的净残值是固定资产使用期满时的回收额，在计提折旧时，应从固定资产原价中扣除。

3. 预计使用寿命

固定资产的使用寿命，是指小企业使用固定资产的预计期间。有些固定资产的使用寿命也可以用该固定资产所能生产的产品或提供服务的数量表示。小企业在确定固定资产使用寿命时，应当考虑下列因素：

（1）该项资产预计生产能力或实物产量。

（2）该项资产预计有形损耗，如设备使用中发生磨损、房屋建筑物受到自然侵蚀等。

（3）该项资产预计无形损耗，如因新技术的出现而使现有的资产技术水平相对陈旧、市场需求变化使产品过时等。

（4）法律或者类似规定对该项资产使用的限制。

4. 折旧方法

计算折旧额的方法，也是影响固定资产折旧的一个重要因素。

固定资产的折旧方法、使用寿命、预计净残值一经确定，不得随意变更。

（三）固定资产计提折旧的范围

小企业所有固定资产均应计提折旧，但两种情况除外。

1. 已提足折旧仍继续使用的固定资产

固定资产提足折旧后，不论能否继续使用，均不再计提折旧，提前报废的固定资产也不再补提折旧。所谓提足折旧是指已经提足该项固定资产的应计折旧额。

2. 单独计价入账的土地

在我国,土地归国家所有,任何企业和个人只拥有土地的使用权,企业取得的土地使用权应作为"无形资产"入账。计入固定资产的土地,是指特定情况下按国家规定允许入账的土地,这种情况目前相当少见。

计提固定资产折旧时,还需注意以下几点:

(1) 小企业建造的固定资产已达到预定可使用状态,但尚未办理竣工决算的,应当按估计的价值确定其成本,并计提折旧;待办理竣工决算手续后,再按照实际成本调整原来的暂估价值,但不需要调整原已计提的折旧额。

(2) 处于更新改造过程而停止使用的固定资产,因已转入在建工程,因此,不计提折旧,待更新改造项目达到预定可使用状态转为固定资产后,再按重新确定的折旧方法和该项固定资产尚可使用年限计提折旧。

(3) 因进行大修理而停用的固定资产,应当照提折旧,计提的折旧应计入相关成本费用。

(4) 小企业应当按月计提折旧,在计提当月折旧时,应以月初应计提折旧的固定资产原值为依据。对于当月增加的固定资产,当月不提折旧,从下月起计提折旧;当月减少的固定资产,当月照提折旧,从下月起不提折旧。固定资产提足折旧后,不管能否继续使用,均不再计提折旧;提前报废的固定资产,也不再补提折旧。值得注意的是,折旧年度并不是指会计年度,而是指从取得固定资产的下月开始到第二年相对应的月份为止。

(四) 固定资产计提折旧的方法

按照《小企业会计准则》规定,小企业应当按照年限平均法(即直线法)计提折旧。小企业的固定资产由于技术进步等原因,确需加速折旧的,可以采用双倍余额递减法和年数总和法。

1. 年限平均法

年限平均法又称直线法,是指将固定资产的应计折旧额均衡地分摊到固定资产预计使用寿命内的一种方法。其计算公式如下:

$$年折旧率 = \frac{1-预计净残值率}{预计使用年限} \times 100\%$$

$$年折旧额 = 固定资产原价 \times 年折旧率$$

$$月折旧率 = 年折旧率 \div 12$$

$$月折旧额 = 固定资产原价 \times 月折旧率$$

【课堂练习6-1】 海滨公司一台大型设备原值为 100 000 元,预计使用年限为 5 年,预计残值率为 4%,按年限平均法计提折旧。

请计算:海滨公司该台大型设备每月折旧额是多少?

解答:该设备的折旧率和折旧额计算如下:

$$预计净残值 = 100\,000 \times 4\% = 4\,000(元)$$

$$每年折旧额 = (100\,000 - 4\,000) \div 5 = 19\,200(元)$$

或

$$每年折旧额 = 100\,000 \times (1-4\%) \div 5 = 19\,200(元)$$

$$每月月折旧额 = 19\,200 \div 12 = 1\,600(元)$$

2. 双倍余额递减法

双倍余额递减法是指在不考虑固定资产预计净残值的情况下,根据每期期初固定资产原价减去累计折旧后的金额和双倍的直线法折旧率计算固定资产折旧的一种方法。其计算公式如下:

$$年折旧率 = \frac{2}{预计使用年限} \times 100\%$$

$$月折旧率 = 年折旧率 \div 12$$

$$年折旧额 = 固定资产账面净值 \times 年折旧率$$

$$月折旧额 = 固定资产账面净值 \times 月折旧率$$

需要指出的是,应用这种方法计算折旧额时,只是在确定双倍余额递减法的折旧率时不考虑净残值,企业应计提的折旧额应是固定资产原始价值扣除其预计残值后的金额。所以,采用双倍余额递减法计提折旧,应当在其折旧年限到期前 2 年内,将固定资产账面净值扣除预计净残值后的余额平均摊销。即最后 2 年采用的应是年限平均法。

3. 年数总和法

年数总和法是指将固定资产的原值减去净残值后的净额乘以一个逐年递减的分数计算每年折旧额的方法。其计算公式如下:

$$年折旧率 = 尚可使用的年数 \div 预计使用年限的年数总和$$

$$月折旧率 = 年折旧率 \div 12$$

$$年折旧额 = (固定资产原值 - 预计净残值) \times 年折旧率$$

$$月折旧额 = (固定资产原值 - 预计净残值) \times 月折旧率$$

双倍余额递减法和年数总和法都是加速折旧法,其特点是在固定资产使用的前期多提折旧,后期少提折旧,各期所提折旧呈递减趋势。加快折旧速度的目的是使固定资产成本在估计使用寿命内加快得到补偿。

【课堂练习 6-2】 海滨公司一台管理用设备,原价为 300 000 元,预计使用年限为 5 年,预计净残值为 1 200 元,请分别采用按双倍余额递减法和年数总和法计算每年的折旧额。

解答:该设备两种方法的年折旧率和折旧额计算表,如表 6-1 和表 6-2 所示。

表 6-1

固定资产折旧计算表(双倍余额递减法)   (单位:元)

年 份	折旧率	年折旧额	累计折旧额	账面净值
第一年	40%	120 000(300 000×40%)	120 000	180 000
第二年	40%	72 000(180 000×40%)	192 000	108 000
第三年	40%	43 200(108 000×40%)	235 200	64 800
第四年		31 800[(64 800−1 200)÷2]	267 000	33 000
第五年		31 800[(21 600−4 000)÷2]	298 800	1 200

其中:

$$该设备年折旧率 = 2 \div 5 \times 100\% = 40\%$$

表 6-2

固定资产折旧计算表(年数总和法)　　　　　　　　　（单位:元）

年　份	尚可使用年限	原价一净残值	年折旧率	年折旧额	累计折旧额
第一年	5	298 800	5/15	99 600	99 600
第二年	4	298 800	4/15	79 680	179 280
第三年	3	298 800	3/15	59 760	239 040
第四年	2	298 800	2/15	39 840	278 880
第五年	1	298 800	1/15	19 920	298 800

其中:

预计使用年限的年数总和 = 1+2+3+4+5 = 15(年)

五、固定资产的后续支出

固定资产后续支出是指固定资产在使用过程中发生的更新改造支出、修理费用等。固定资产后续支出的处理原则是:与固定资产有关的更新改造等后续支出,如果符合固定资产确认的条件,应当计入固定资产成本,同时将被替换部分的账面价值扣除;不符合固定资产确认条件的固定资产修理费用等,应当在发生时计入当期损益。

（一）日常修理支出

固定资产日常修理费是指为了维护固定资产的正常运转和使用,充分发挥其使用效能,小企业对该固定资产进行必要维护时所发生的相关支出。

在一般情况下,固定资产投入使用后,由于固定资产磨损、各组成部分耐用程度不同,可能导致固定资产的局部损坏,为了维护固定资产正常运转和使用,小企业会对固定资产进行必要的维护和修理,发生一些日常修理费。例如,对机器设备进行局部检修、更换零部件、排除故障或清理设备,对房屋进行局部的修缮等。

发生固定资产日常修理支出只是保证固定资产的正常工作状况,它并不导致固定资产性能的改变或固定资产未来经济利益的增加。因此,应当在发生时根据固定资产的受益对象计入相关资产成本或者当期损益。

（二）改建支出

固定资产的改建支出是指改变房屋或者建筑物结构、延长使用年限等发生的支出。

根据《小企业会计准则》规定,固定资产的改建支出,应当计入固定资产的成本,但已提足折旧的固定资产和经营租入的固定资产发生的改建支出应当计入长期待摊费用。

在一般情况下,固定资产改建支出应当计入固定资产的成本。在对固定资产进行改扩建时,小企业应将该固定资产的原价、已计提的累计折旧转销,将固定资产的账面价值转入在建工程,并停止计提折旧。改扩建过程中发生的相关支出,通过"在建工程"账户核算。改扩建完成办理竣工决算时,再从在建工程转为固定资产,并按重新确定的使用寿命、预计净残值和折旧方法计提折旧。改扩建活动延长固定资产使用寿命的,应适当延长该固定资产的折旧年限。

对于已提足折旧的固定资产,账面价值仅剩了净残值。也就是说,该项固定资产的可利用价值已全部转移,这时候在这些资产上发生的改建支出,是不能将其计入固定资产成本的,因为,此时固定资产的价值形式已经消失,后续支出也已失去了可以附着的载体。所以,应将其作为长期待摊费用,在固定资产预计尚可使用年限内分期摊销。

对于经营租入的固定资产与该资产相关的风险和报酬并没有转移给承租方,资产的所有权仍属于出租方,承租方只在协议规定的期限内拥有对该资产的使用权,因而对以经营租赁方式租入的固定资产发生的改建支出,不能计入固定资产成本,只能计入长期待摊费用,在合同约定的剩余租赁期限内分期摊销。

六、固定资产处置

固定资产的处置主要是指小企业因出售、报废、毁损、捐赠、抵债、无偿调出、投资转出等对固定资产进行的清理工作。小企业在生产经营过程中,对那些不适用或不需用的固定资产,可以出售转让。对那些由于使用而不断磨损直至最终报废,或由于技术进步等原因发生提前报废,或由于遭受自然灾害等非常损失发生毁损的固定资产应及时进行清理。按规定程序办理有关手续,结转固定资产账面价值,确认和计量有关的清理收入、清理费用及残料价值等。

根据《小企业会计准则》规定,处置固定资产时,将处置收入扣除其账面价值、相关税费和清理费用后的净额,应当计入营业外收入或营业外支出。其中,固定资产的账面价值是指固定资产原价(成本)扣减累计折旧后的金额。

七、固定资产清查

小企业于每年编制年度财务报告前,应当对固定资产进行全面清查。平时,可根据需要,组织局部的轮流清查或抽查。固定资产的清查方法是实地盘点法。

小企业应定期或者至少每年年末对固定资产进行清查盘点,以保证固定资产核算的真实性和完整性,充分挖掘企业现有固定资产的潜力。如果发现盘盈、盘亏的固定资产,应当填写固定资产盘盈或盘亏报告表,及时查明原因,并按照规定程序报批处理。

【业务操作】

一、账户设置

固定资产核算包括固定资产取得、固定资产折旧、固定资产后续支出、固定资产处置、固定资产清查等。为进行固定资产的核算,小企业一般设置"固定资产""累计折旧""固定资产清理"等账户。

1. "固定资产"账户

该账户用来核算小企业固定资产的原始价值,反映固定资产的增减变动和结存情况。该账户借方登记增加的固定资产的原始价值;贷方登记减少的固定资产的原始价值;期末余额在借方,反映小企业现有固定资产的原始价值。该账户按固定资产类别和项目进行明细分类核算。固定资产明细账一般采用卡片的形式,又称固定资产卡片。临时租入的固定资产,应另设租入固定资产备查簿进行登记,不在该账户内核算。

2."累计折旧"账户

该账户是"固定资产"账户的调整账户,用来核算小企业提取固定资产折旧的累计数额。该账户贷方登记小企业按月计提的折旧额;借方登记因固定资产减少而注销的折旧额;贷方余额反映小企业现有固定资产的累计折旧数额。该账户可按固定资产类别和项目进行明细分类核算。"固定资产"账户借方余额减去"累计折旧"账户贷方余额,反映小企业固定资产的净值。

3."固定资产清理"账户

该账户用来核算小企业因出售、报废和毁损等原因转入清理的固定资产净值,以及在清理过程中发生的清理费用和清理收入等。该账户借方登记转入清理固定资产的净值和清理费用,以及结转的清理净收益;贷方登记出售固定资产的价款、残料收入等变价收入,以及结转的清理净损失;期末余额如果在借方,反映未结转的清理损失;期末余额如果在贷方,则反映未结转的清理收益。该账户应按被清理的固定资产设置明细账。固定资产清理完毕后,小企业应将清理净损益结转至"营业外收入"或"营业外支出"账户,结转后无余额。

二、取得固定资产业务核算

小企业取得固定资产方式主要有:外购、自行建造、投资者投入、融资租入和盘盈等。其价值构成不同,账务处理也不尽相同。

(一)外购固定资产业务核算

外购固定资产分为不需要安装的固定资产和需要安装的固定资产两类。

1.外购不需要安装的固定资产

外购不需安装的固定资产,是指小企业购入的固定资产不需要安装就可以直接交付使用。购置的不需要安装即可使用的固定资产,应按照实际支付的购买价款、相关税费(不含按照税法规定可以抵扣的增值税进项税额)、运输费、装卸费和保险费等,借记"固定资产"账户,按照税法规定可以抵扣的增值税进项税额,借记"应交税费——应交增值税(进项税额)"账户,贷记"银行存款"等账户。

【任务 6-5】 海滨公司于 2018 年 10 月 15 日购入一台不需要安装的设备,增值税专用发票上注明的价款为 30 000 元,增值税额 4 800 元,另支付运输费 300 元、增值税 30 元,包装费 400 元,全部价款已用银行存款支付。编制会计分录如下:

借:固定资产		30 700
应交税费——应交增值税(进项税额)		4 830
贷:银行存款		35 530

2.购入需要安装的固定资产

购入需要安装的固定资产,按实际支付的买价、包装费、运输费等,借记"在建工程"账户,贷记"银行存款"等账户;发生的安装费用,借记"在建工程"账户,贷记"银行存款""原材料"等账户;安装完毕达到可使用状态时,按其实际成本,借记"固定资产"账户,贷记"在建工程"账户。

【任务 6-6】 2018 年 11 月 2 日,海滨公司购入一台需要安装的设备,增值税专用发票上的设备买价为 80 000 元,增值税税率为 16%,支付的运输费为 1 000 元,增值税额 100 元,设备的价款及运费已用银行存款支付,设备已运达本公司,交付安装,支付安装费 1 900 元。安装完毕交付使用。

(1) 支付价款、税金、运输费时:

借:在建工程　　　　　　　　　　　　　　　　　　　　　　　　81 000

　　应交税费——应交增值税(进项税额)　　　　　　　　　　　12 900

　　贷:银行存款　　　　　　　　　　　　　　　　　　　　　　　　93 900

(2) 支付安装费用时:

借:在建工程　　　　　　　　　　　　　　　　　　　　　　　　1 900

　　贷:银行存款　　　　　　　　　　　　　　　　　　　　　　　　1 900

(3) 安装完毕达到可使用状态时:

借:固定资产　　　　　　　　　　　　　　　　　　　　　　　　82 900

　　贷:在建工程　　　　　　　　　　　　　　　　　　　　　　　　82 900

固定资产入账价值 = 81 000 + 1 900 = 82 900(元)

(二) 投资者投入固定资产业务核算

小企业接受投资者投入的固定资产,应当按照评估价值和相关税费确定入账价值。会计核算时,在办理固定资产移交手续之后,按照评估价值和相关税费,借记"固定资产"账户,贷记"实收资本"账户。

【任务 6-7】　海滨公司收到 B 公司投入的设备一台。该设备在 B 公司的账面原价为 200 000 元,已提折旧 40 000 元;海滨公司接受投资时,经资产评估部门评估,该设备净值为 180 000 元。双方约定以评估净值确认投资额。则海滨公司应编制会计分录如下:

借:固定资产　　　　　　　　　　　　　　　　　　　　　　　　180 000

　　贷:实收资本　　　　　　　　　　　　　　　　　　　　　　　　180 000

(三) 租入固定资产业务核算

固定资产的租赁按其性质和形式的不同,可分为经营性租赁和融资性租赁两种。

经营性租赁是指小企业为满足生产经营中临时需要而以租赁的方式取得固定资产使用权的一种租赁方式。小企业经营租入的固定资产不作为本企业的固定资产入账核算,而只在备查簿中做备查登记,发生的租赁费列入小企业的成本费用,小企业只是在租赁期内拥有资产的使用权,租赁期满,小企业将资产退还给出租人。租入的固定资产应由承租方计提折旧。

融资租赁是指在实质上转移了与资产所有权有关的全部风险和报酬的一种租赁方式。小企业在固定资产融资租赁期间虽然所有权尚未转移,但其全部的风险和报酬已全部转移到承租方。因此,小企业应将融资租入的固定资产视为自有资产入账。融资租入的固定资产的成本,应当按照租赁合同约定的付款总额和在签订租赁合同过程中发生的相关税费等确定。由于租赁方式不同,会计核算的内容、方法也有所不同。

经营性租入固定资产,因所有权不属于小企业,所以,不记入"固定资产"账户,也不计提折旧,只在备查簿中记录。租入固定资产支付的租金,应借记"制造费用"或"管理费用"账户,贷记"银行存款"等账户;如果租金一次预付十几个月,可先记入"长期待摊费用"账户,以后再分月摊销。

小企业融资租入固定资产,在租赁开始日,按照租赁合同约定的付款总额和在签订租赁合同过程中发生的相关税费等,借记"固定资产"或"在建工程"账户,贷记"长期应付款""银行存款"等账户。

【任务 6-8】 某甲小企业由于季节性生产以经营性租赁方式租入一台设备,租期 30个月。共支付租金 30 000 元,于租赁期初一次付清。

(1)预付租金时:

借:长期待摊费用　　　　　　　　　　　　　　　　　　　　　　　　　30 000
　　贷:银行存款　　　　　　　　　　　　　　　　　　　　　　　　　　30 000

(2)每月摊销租金时:

借:制造费用　　　　　　　　　　　　　　　　　　　　　　　　　　　1 000
　　贷:长期待摊费用　　　　　　　　　　　　　　　　　　　　　　　　1 000

【任务 6-9】 某乙小企业融资租入机器设备一台,租期为 5 年,该设备在租赁开始日按照租赁合同确定的价款 300 000 元,于每年年底支付 60 000 元。同时以银行存款支付途中运输等费用 6 000 元。

(1)融资租入机器设备时:

借:固定资产——融资租入固定资产　　　　　　　　　　　　　　　　　306 000
　　贷:长期应付款——应付融资租赁款　　　　　　　　　　　　　　　　300 000
　　　　银行存款　　　　　　　　　　　　　　　　　　　　　　　　　　6 000

(2)每年年底支付租金时:

借:长期应付款——应付融资租赁款　　　　　　　　　　　　　　　　　60 000
　　贷:银行存款　　　　　　　　　　　　　　　　　　　　　　　　　　60 000

三、固定资产折旧业务核算

固定资产计提折旧是以月初可提取折旧的固定资产账面原价为依据的,当月增加的固定资产,当月不提折旧,从下月起计提折旧;当月减少的固定资产,当月照提折旧,从下月起不提折旧。因此,小企业在计算各月应提折旧时,可以在上月计提折旧的基础上,对上月固定资产的增减情况进行调整后计算当月应提的折旧额。其计算公式如下:

$$\text{当月固定资产应计提折旧额} = \text{上月固定资产计提的折旧额} + \text{上月增加固定资产应计提的折旧额} - \text{上月减少固定资产应计提的折旧额}$$

固定资产计提的折旧应当记入"累计折旧"账户,并根据固定资产的用途计入相关资产的成本或者当期损益。小企业自行建造固定资产过程中使用的固定资产,其计提的折旧应入在建工程成本;基本生产车间所使用的固定资产,其计提的折旧应计入制造费用;管理部门所使用的固定资产,其计提的折旧应计入管理费用;销售部门所使用的固定资产,其计提的折旧应计入销售费用;经营租出的固定资产,其应提的折旧额应计入其他业务成本。

小企业按月计提固定资产折旧时,应借记"在建工程""制造费用""管理费用""销售费用""其他业务成本"等账户,贷记"累计折旧"账户。

在会计实务中,各月固定资产折旧的计提一般是通过编制"固定资产折旧计算表"(格式见表6-3)进行的。

【任务6-10】　海滨公司2018年9月份编制的固定资产折旧计算表,如表6-3所示。

表6-3

固定资产折旧计算表

使用部门	固定资产项目	上月折旧额	上月增加固定资产		上月减少固定资产		本月折旧额	分配费用项目
			原价	折旧额	原价	折旧额		
一车间	厂房 机器设备 其他设备 小计	4 000 16 000 800 20 800	100 000	20 000	80 000	10 000	4 000 26 000 800 30 800	制造费用
二车间	厂房 机器设备 其他设备 小计	2 000 11 000 900 13 900					2 000 11 000 900 13 900	制造费用
机修车间	厂房 机器设备 其他设备 小计	3 000 15 000 1 000 19 000	100 000	20 000			3 000 35 000 1 000 39 000	制造费用
厂部管理部门	房屋建筑 运输工具 小计	12 000 5 000 17 000					12 000 5 000 17 000	管理费用
合计		70 700	200 000	40 000	80 000	10 000	100 700	

海滨公司根据固定资产折旧计算表应编制会计分录如下:

```
借:制造费用——一车间                                30 800
        ——二车间                                13 900
        ——机修车间                              39 000
   管理费用                                      17 000
   贷:累计折旧                                           100 700
```

四、固定资产后续支出业务核算

(一)日常修理支出业务核算

固定资产的日常修理费,应当在发生时根据固定资产的受益对象计入相关资产成本或者当期损益。小企业生产车间(部门)发生的固定资产修理费用,记入"制造费用"账户;行政管理部门发生的固定资产修理费用,记入"管理费用"账户;小企业专设销售机构的,其发生的与专设销售机构相关的固定资产修理费用等后续支出,记入"销售费用"账户。

【任务 6-11】　2018 年 8 月 12 日,海滨公司对现有的一台管理用设备进行日常修理,以银行存款支付维修费用 5 000 元。海滨公司应编制会计分录如下:

借:管理费用　　　　　　　　　　　　　　　　　　　　　　　　　5 000
　　贷:银行存款　　　　　　　　　　　　　　　　　　　　　　　　　　5 000

(二) 改建支出业务核算

在一般情况下,固定资产改建支出应当计入固定资产的成本。在对固定资产进行改扩建时,小企业应将该固定资产的原价、已计提的累计折旧转销,将固定资产的账面价值转入在建工程,并停止计提折旧。其账务处理为:借记"在建工程""累计折旧"账户,贷记"固定资产"账户;改扩建过程中发生的相关支出,通过"在建工程"账户核算。其账务处理为:借记"在建工程"账户,贷记"银行存款""应付职工薪酬""原材料"等账户;改扩建完成办理竣工决算时,再从"在建工程"账户转入"固定资产"账户,借记"固定资产"账户,贷记"在建工程"账户,并按重新确定的使用寿命、预计净残值和折旧方法计提折旧。改扩建活动延长固定资产使用寿命的,应适当延长该固定资产的折旧年限。

【任务 6-12】　海滨公司 2016 年 12 月自建一条生产线,建造成本为 600 000 元,采用年限平均法计提折旧;预计使用年限为 5 年,不考虑净残值因素。2019 年 1 月 1 日至 3 月 31 日,公司对生产线进行改扩建,共发生支出 200 000 元,全部以银行存款支付。该生产线达到预定可使用状态后,预计将使其使用年限延长 4 年,即为 9 年。

(1) 2019 年 1 月 1 日,转入改扩建时:

借:在建工程　　　　　　　　　　　　　　　　　　　　　　　　360 000
　　累计折旧　　　　　　　　　　　　　　　　　　　　　　　　240 000
　　贷:固定资产　　　　　　　　　　　　　　　　　　　　　　　　600 000

2017 年 1 月 1 日至 2018 年 12 月 31 日两年间,计提的折旧 = 600 000 ÷ 5 × 2 = 240 000(元)

(2) 2019 年 1 月 1 日至 3 月 31 日,发生后续支出时:

借:在建工程　　　　　　　　　　　　　　　　　　　　　　　　200 000
　　贷:银行存款　　　　　　　　　　　　　　　　　　　　　　　　200 000

(3) 2019 年 3 月 31 日,生产线改扩建完成达到预定可使用状态,结转工程成本:

借:固定资产　　　　　　　　　　　　　　　　　　　　　　　　560 000
　　贷:在建工程　　　　　　　　　　　　　　　　　　　　　　　　560 000

　　　　改扩建后的固定资产入账价值 = 360 000 + 200 000 = 560 000(元)

(4) 自改扩建完成投入使用,每月应提折旧为:

$$560\ 000 ÷ (7 × 12) = 6\ 666.67(元)$$

借:制造费用　　　　　　　　　　　　　　　　　　　　　　　　6 666.67
　　贷:累计折旧　　　　　　　　　　　　　　　　　　　　　　　　6 666.67

五、固定资产处置业务核算

固定资产的处置是指固定资产退出现有的工作状态。固定资产退出小企业的原因有出售、报废和毁损等。小企业因出售、转让、报废或毁损等原因（除固定资产盘亏外）减少的固定资产，要通过"固定资产清理"账户核算。其会计处理一般可分以下几个步骤。

1. 固定资产转入清理

小企业因出售、转让、报废或毁损的固定资产转入清理时，应按清理固定资产的账面价值，借记"固定资产清理"账户，按已提的折旧，借记"累计折旧"账户，按固定资产原价，贷记"固定资产"账户。

2. 发生的清理费用

固定资产清理过程中发生的清理费用（如支付清理人员的工资等），也应记入"固定资产清理"账户，按实际发生的清理费用，借记"固定资产清理"账户，贷记"银行存款"等账户。

3. 出售收入和残料等的处理

小企业收回出售固定资产的价款、报废固定资产的残料价值和变价收入等，应冲减清理支出，按实际收到的出售价款及残料变价收入等，借记"银行存款""原材料"等账户，贷记"固定资产清理"账户。

4. 保险赔偿的处理

小企业计算或收到的应由保险公司或过失人赔偿的报废、毁损的固定资产的损失，应冲减清理支出，借记"银行存款"或"其他应收款"账户，贷记"固定资产清理"账户。

5. 清理净损益的处理

应区别不同的情况进行处理：

（1）固定资产清理后发生的净收益，借记"固定资产清理"账户，贷记"营业外收入——非流动资产处置净收益"账户。

（2）固定资产清理后发生的净损失，属于生产经营期间由于自然灾害等非正常原因造成的损失，借记"营业外支出——非常损失"账户，贷记"固定资产清理"账户；属于生产经营期间正常的处理损失，借记"营业外支出——非流动资产处置净损失"账户，贷记"固定资产清理"账户；属于对外捐赠的，借记"营业外支出——捐赠支出"账户，贷记"固定资产清理"账户；属于投资转出的，借记"长期股权投资"账户，贷记"固定资产清理"账户。

【任务6-13】　2018年9月30日，海滨公司出售一座建筑物，账面原价为1 000 000元，已提折旧300 000元，出售时以银行存款支付清理费用15 000元，收到出售价款800 000元已经存入银行，出售该建筑物适用的增值税税率为16%。

（1）将出售的建筑物转入清理时：

借:固定资产清理　　　　　　　　　　　　　　　　　　　　　　　700 000
　　累计折旧　　　　　　　　　　　　　　　　　　　　　　　　　300 000
　贷:固定资产　　　　　　　　　　　　　　　　　　　　　　　　　　　　1 000 000

（2）支付清理费用时：

借：固定资产清理　　　　　　　　　　　　　　　　　　　　　　　15 000
　　贷：银行存款　　　　　　　　　　　　　　　　　　　　　　　　　　　15 000

（3）收到出售建筑物价款时：

借：银行存款　　　　　　　　　　　　　　　　　　　　　　　　　928 000
　　贷：固定资产清理　　　　　　　　　　　　　　　　　　　　　　　　800 000
　　　　应交税费——应交增值税（销项税额）　　　　　　　　　　　　　128 000

（4）结转清理净收益时：

借：固定资产清理　　　　　　　　　　　　　　　　　　　　　　　　85 000
　　贷：营业外收入——非流动资产处置净收益　　　　　　　　　　　　　85 000

【任务 6-14】　2018 年 11 月 3 日，海滨公司一台设备由于性能等原因决定提前报废，原价 500 000 元，已计提折旧 450 000 元。报废时的残值变价收入为 20 000 元，报废清理过程中发生清理费用 3 500 元。有关收入、支出均通过银行办理结算。假定不考虑相关税费影响。

（1）将报废固定资产转入清理：

借：固定资产清理　　　　　　　　　　　　　　　　　　　　　　　　50 000
　　累计折旧　　　　　　　　　　　　　　　　　　　　　　　　　　450 000
　　贷：固定资产　　　　　　　　　　　　　　　　　　　　　　　　　500 000

（2）收回残料变价收入：

借：银行存款　　　　　　　　　　　　　　　　　　　　　　　　　　20 000
　　贷：固定资产清理　　　　　　　　　　　　　　　　　　　　　　　　20 000

（3）支付清理费用：

借：固定资产清理　　　　　　　　　　　　　　　　　　　　　　　　 3 500
　　贷：银行存款　　　　　　　　　　　　　　　　　　　　　　　　　　 3 500

（4）结转报废固定资产发生的净损失：

借：营业外支出——非流动资产处置净损失　　　　　　　　　　　　　 33 500
　　贷：固定资产清理　　　　　　　　　　　　　　　　　　　　　　　　33 500

六、固定资产清查业务核算

　　固定资产是一种单位价值较高、使用期限较长的有形资产，因此，对于管理规范的小企业而言，盘盈、盘亏的固定资产较为少见。小企业应当健全制度，加强管理，定期或者至少于每年年末对固定资产进行清查盘点，以保证固定资产核算的真实性和完整性，充分挖掘企业现有固定资产的潜力。如果清查中发现固定资产的损益应及时查明原因，在期末结账前处理完毕。

（一）固定资产盘盈业务核算

　　盘盈的固定资产是指盘点中发现的账外固定资产。由于固定资产单位价值较高、使用时限较长,对于管理规范的小企业而言,盘盈固定资产的情况应当比较少见。一旦发现,应当立即补登会计账簿。由于盘盈的固定资产往往在小企业以前的会计账簿上没有记载或者记载的相关资料不全等原因,无法有效确定其历史成本,所以,盘盈固定资产的成本,应当按照同类或者类似固定资产的市场价格或评估价值,扣除按照该项固定资产新旧程度估计的折旧后的余额确定,相当于采用重置成本计量。

盘盈的固定资产,按照同类或者类似固定资产的市场价格或评估价值,扣除按照该项固定资产新旧程度估计的折旧后的余额,借记"固定资产"账户,贷记"待处理财产损溢——待处理固定资产损溢"账户;经审批后,借记"待处理财产损溢——待处理固定资产损溢"账户,贷记"营业外收入"账户。

【任务 6-15】　海滨公司年末清查固定资产时,发现账外设备一台,重置成本 45 000元,公司根据固定资产盈亏报告表补办交接手续,设立卡片,并报有关部门审批。

(1) 盘盈固定资产时:

借:固定资产　　　　　　　　　　　　　　　　　　　　　　　　　　45 000
　　贷:待处理财产损溢——待处理固定资产损溢　　　　　　　　　　　　45 000

(2) 报经批准后:

借:待处理财产损溢——待处理固定资产损溢　　　　　　　　　　　　45 000
　　贷:营业外收入　　　　　　　　　　　　　　　　　　　　　　　　45 000

(二) 固定资产盘亏业务核算

小企业发生固定资产盘亏时,应按照盘亏固定资产的账面价值,借记"待处理财产损溢——待处理固定资产损溢"账户,按照已提折旧,借记"累计折旧"账户,按照固定资产的原价,贷记"固定资产"账户。盘亏的固定资产报经批准转销时,按照残料价值,借记"原材料"等账户,按照可收回的保险赔偿额或者过失人赔偿额,借记"其他应收款"账户,按照账面价值扣除残料价值和可收回的保险公司、过失人赔偿后的净损失,借记"营业外支出——固定资产盘亏"账户,按照盘亏固定资产的账面价值,贷记"待处理财产损溢——待处理固定资产损溢"账户。

【任务 6-16】　海滨公司进行财产清查时盘亏一台办公设备,其原价 15 400 元,已提折旧 3 500 元。经查明应由责任人李力军赔偿 900 元,其余由公司承担。

(1) 盘亏固定资产时:

借:待处理财产损溢——待处理固定资产损溢　　　　　　　　　　　11 900
　　累计折旧　　　　　　　　　　　　　　　　　　　　　　　　　　3 500
　　贷:固定资产　　　　　　　　　　　　　　　　　　　　　　　　15 400

(2) 报经批准转销时:

借:其他应收款——李力军　　　　　　　　　　　　　　　　　　　　900
　　营业外支出——固定资产盘亏　　　　　　　　　　　　　　　　　11 000
　　贷:待处理财产损溢——待处理固定资产损溢　　　　　　　　　　　11 900

相关链接

《小企业会计准则》与《企业会计准则》的差异。

1. 固定资产的初始计量

(1) 自行建造固定资产。《小企业会计准则》下,自行建造固定资产的成本,由建造该项资产在竣工决算前发生的支出(含相关的借款费用)构成。而《企业会计准则》下,自行建造固定资产的成本,由建造该项资产达到预定可使用状态前所发生的必要支出构成。

(2) 投资者投入固定资产。《小企业会计准则》下,投资者投入固定资产的成本,应当按照评估价值和相关税费确定。而《企业会计准则》下,投资者投入固定资产的成本,应当按照投资合同或协议约定的价值确定,但合同或协议约定价值不公允的除外。

(3) 融资租入的固定资产。《小企业会计准则》下,融资租入的固定资产的成本,应当按照租赁合同约定的付款总额和在签订租赁合同过程中发生的相关税费等确定。而《企业会计准则》下,融资租入的固定资产,按租赁开始日租赁资产的公允价值与最低租赁付款额的现值两者中较低者确定。

2. 固定资产折旧方法

《小企业会计准则》下,小企业应当按照年限平均法(即直线法)计提折旧。小企业的固定资产由于技术进步等原因,确需加速折旧的,可以采用双倍余额递减法和年数总和法。而《企业会计准则》下,企业可选用的折旧方法包括年限平均法、工作量法、双倍余额递减法和年数总和法等。

3. 固定资产后续支出

《小企业会计准则》下,不要求对固定资产后续支出资本化或者费用化进行职业判断,而是统一规定固定资产日常修理费在发生时根据受益对象计入相关资产成本或者当期损益,未提足折旧的固定资产的改建支出计入固定资产成本,已提足折旧的固定资产的改建支出计入长期待摊费用。《企业会计准则》下,固定资产后续支出如果符合资本化条件的,应当作为资本化支出计入固定资产成本,不符合资本化条件的,应当在发生时作为费用化支出计入当期损益。

4. 生产车间(部门)固定资产修理费

《小企业会计准则》下,小企业生产车间(部门)发生的固定资产日常修理费用记入"制造费用"账户。而《企业会计准则》下,企业生产车间(部门)发生的固定资产日常修理费用记入"管理费用"账户。

5. 固定资产盘盈

《小企业会计准则》下,对固定资产盘盈,不再要求作为以前年度差错,而是作为营业外收入处理。通过"待处理财产损溢"账户过渡,盘盈净收益记入"营业外收入"账户。《企业会计准则》下,对盘盈的固定资产,作前期差错处理,通过"以前年度损益调整"账户核算。

6. 固定资产减值

《小企业会计准则》下,固定资产不计提减值。而《企业会计准则》下,固定资产要计提减值。

【课后练习】

一、单项选择题

1. 某小企业为购建某项固定资产领用专项物资 50 000 元,领用原材料价款 10 000 元,其进项税额为 1 700 元,另支付工人工资 6 000 元,为购建固定资产发生的利息支出,在固定资产交付使用前为 1 500 元,在固定资产交付使用后为 2 000 元,则该固定资产的实际成本为( )元。

   A. 67 500   B. 69 200   C. 67 700   D. 69 500

2. 某小企业于 2018 年 12 月 31 日购入一台不需安装的设备,已交付使用。其原价 50 000 元,预计使用 5 年,预计净残值为 2 000 元。如果按年数总和法计算折旧,则第二年的折旧额为( )元。

   A. 6 400   B. 6 667   C. 12 800   D. 13 333

3. 甲小企业购入一台需要安装的设备,增值税专用发票上注明的设备买价为 50 000 元,增值税额为 8 000 元。支付的运输费 1 000 元,增值税额 100 元。设备安装时领用工程材料物资价值 1 755 元,设备安装时支付有关人员工资费用 2 500 元,该固定资产的成本为( )元。

   A. 55 255   B. 59 500   C. 62 000   D. 63 755

4. 2018 年 10 月 31 日,甲公司一台机器设备因使用期满决定报废。该机器设备原价为 580 000 元,已计提累计折旧 505 000 元。在处置过程中,发生清理费用 4 500 元,收到残料变价收入 15 000 元。则该机器设备的清理净损失为( )元。

   A. 3 000   B. −7 500   C. 7 500   D. 64 500

5. 在建工程项目达到预定可使用状态前,试生产产品对外出售取得的收入应( )。

   A. 冲减工程成本   B. 计入营业外收入
   C. 冲减营业外支出   D. 计入其他业务收入

6. 固定资产原值为 10 万元,预计净残值为 1 万元,预计使用年限为 10 年,则双倍余额递减法下固定资产年折旧率为( )。

   A. 9.5%   B. 10%   C. 19.5%   D. 20%

7. 某小企业于 2017 年 12 月 1 日购入一项固定资产。该固定资产原价为 243 万元,预计使用年限 5 年,预计净残值为 3 万元,按年数总和法计提折旧。该固定资产 2018 年应计提的折旧额是( )万元。

   A. 64.8   B. 64   C. 81   D. 80

8. 某小企业 2018 年 5 月计提折旧额为 70 万元。6 月增加了一项固定资产 A,A 入账价值为 12 万元,预计使用 4 年,残值为 0;同时 6 月减少了固定资产 B,B 原来每月应提 0.6 万元,则 6 月份该小企业应提折旧为( )万元。

   A. 70   B. 70.25   C. 69.65   D. 69.4

9. 某公司 2018 年 6 月购入生活用设备一台,买价为 10 万元,增值税额为 1.6 万元,支付的运杂费等其他费用共 3.3 万元(假设不考虑相关税费),当月设备交付使用,预计可使用 15 年,预计净残值率为 5%,小企业采用平均年限法计提折旧,该设备当年应提折旧额为( )元。

A. 4 211. 67　　　　B. 4 718. 33　　　　C. 8 312　　　　D. 14 250

10. 正常报废的固定资产应通过(　　)账户核算。

A. "待处理财产损溢"　　　　　　　B. "在建工程"

C. "营业外支出"　　　　　　　　　D. "固定资产清理"

二、多项选择题

1. 一般纳税人小企业固定资产入账价值由(　　)构成。

A. 买价　　　　　　　　　　　　　B. 增值税的进项税

C. 运输费　　　　　　　　　　　　D. 安装调试费

2. 下列固定资产中,应当计提折旧的有(　　)。

A. 闲置的固定资产　　　　　　　　B. 单独计价入账的土地

C. 经营租出的固定资产　　　　　　D. 已提足折旧仍继续使用的固定资产

3. 下列各项中,不能在"固定资产"账户核算的有(　　)。

A. 购入正在安装的设备　　　　　　B. 经营性租入的设备

C. 融资租入不需安装的设备　　　　D. 正在改扩建中的房屋

4. 小企业计算固定资产折旧的主要依据包括(　　)。

A. 固定资产的预计使用年限　　　　B. 固定资产取得时的原始价值

C. 固定资产的预计净残值　　　　　D. 固定资产的使用部门

5. 下列各项中,应通过"固定资产清理"账户核算的有(　　)。

A. 盘亏的固定资产　　　　　　　　B. 出售的固定资产

C. 报废的固定资产　　　　　　　　D. 毁损的固定资产

6. 小企业盘盈固定资产,不应记入(　　)账户。

A. "营业外收入"　　　　　　　　　B. "以前年度损益调整"

C. "其他业务收入"　　　　　　　　D. "主营业务收入"

7. 双倍余额递减法和年数总和法这两种计算固定资产累计折旧的方法的共同点有(　　)。

A. 属于加速折旧法　　　　　　　　B. 每期折旧率固定

C. 前期折旧高,后期折旧低　　　　D. 不考虑净残值

8. 计提固定资产折旧的加速折旧法包括(　　)。

A. 双倍余额递减法　B. 年数总和法　C. 直线法　　　　D. 工作量法

9. 下列固定资产在购建时需记入"在建工程"账户的有(　　)。

A. 无需安装的固定资产　　　　　　B. 需要安装的固定资产

C. 固定资产的改扩建　　　　　　　D. 固定资产新建工程

10. 小企业结转固定资产清理净损益时,可能涉及的账户有(　　)。

A. "管理费用"　　　　　　　　　　B. "营业外收入"

C. "营业外支出"　　　　　　　　　D. "长期待摊费用"

三、判断题

1. 小企业发生毁损的固定资产的净损失,应计入营业外支出。　　　　　(　　)

2. 小企业对固定资产进行更新改造时,应当将该固定资产账面价值转入在建工程,并在此基础上核算经更新改造后的固定资产原价。　　　　　　　　　(　　)

3. 因进行大修理而停用的固定资产,应当照提折旧,计提的折旧应计入相关成本费用。 （　　）

4. 对于已达到预定可使用状态但尚未办理竣工决算的固定资产,待办理竣工决算后,若实际成本与原暂估价值存在差异的,应调整已计提折旧。 （　　）

5. 小企业在计提固定资产折旧时,一般应根据月初应计提的固定资产账面原值和月折旧率,按月计算提取。当月增加的固定资产,当月不计提折旧;当月减少的固定资产,当月照提折旧。 （　　）

6. 采用双倍余额递减法计算固定资产折旧,小企业每年负担的折旧费用逐年增加。 （　　）

7. 采用双倍余额递减法和年数总和法第一年计提折旧的基数是相同的。 （　　）

8. 小企业为取得固定资产而缴纳的契税,不应作为固定资产入账价值,而记入"管理费用"账户进行核算。 （　　）

9. 经营性租赁和融资租赁的固定资产在一般情况下,由租入方计提折旧。 （　　）

10. 小企业在财产清查时,盘盈的固定资产和盘亏的固定资产均通过"待处理财产损溢"账户进行核算。 （　　）

四、计算分析题

(一) 海滨公司准备自行建造一座小型仓库,当年发生以下业务:

(1) 以银行存款购入工程物资一批,取得的增值税专用发票上注明的价款为 320 000元,增值税进项税额为 51 200 元。

(2) 工程先后领用工程物资共 300 000 元,剩余工程物资转为该公司的存货。

(3) 工程先后领用生产用原材料一批,价值为 10 000 元,购进该批原材料时支付的增值税进项税额为 1 600 元。

(4) 辅助生产车间为工程提供有关的劳务支出为 40 000 元。

(5) 支付工程人员工资为 30 000 元。

(6) 工程达到预定可使用状态,但尚未办理竣工决算手续,结转固定资产成本。

要求:根据上述资料作出海滨公司的会计处理。

(二) 海滨公司出售一幢办公楼,该办公楼账面原价 370 万元,累计折旧 115 万元,未计提减值准备。出售取得价款 360 万元,增值税额 57.6 万元,发生清理费用 10 万元,假定不考虑其他相关税费。

要求:

(1) 计算海滨公司出售该幢办公楼确认的净收益。

(2) 编制海滨公司出售该幢办公楼的会计分录。

(三) 海滨公司对固定资产进行清查时发生以下业务:

(1) 公司有一台设备因使用期满经批准报废。该设备原价为 450 000 元,累计已提折旧为 439 000 元。在清理过程中,以银行存款支付清理费用 3 000 元,残料变卖收入为 45 000 元。

(2) 海滨公司进行财产清查时盘亏设备一台,其账面原价为 750 000 元,已计提折旧 38 000 元,经调查,应由保险公司赔偿 10 000 元。

要求:根据以上资料作出海滨公司相应的会计处理。

（四）甲小企业为增值税一般纳税人。2014年1月，甲小企业因生产需要，决定用自营方式建造一间材料仓库。相关资料如下：

（1）2014年1月5日，购入工程用专项物资20万元，增值税额为3.2万元，该批专项物资已验收入库，款项用银行存款付讫。

（2）领用上述专项物资，用于建造仓库。

（3）领用本单位生产的水泥一批用于工程建设，该批水泥成本为2万元，税务部门核定的计税价格为3万元，增值税税率为16%。

（4）领用本单位外购原材料一批用于工程建设，原材料实际成本为1万元，应负担的增值税额为0.16万元。

（5）2014年1～3月，应付工程人员工资2万元，用银行存款支付其他费用0.92万元。

（6）2014年3月31日，该仓库达到预定可使用状态，估计可使用20年，估计净残值为2万元，采用直线法计提折旧。

（7）2018年12月31日，该仓库突遭火灾焚毁，残料估计价值5万元，验收入库，用银行存款支付清理费用2万元。经保险公司核定的应赔偿损失7万元，尚未收到赔款。甲公司确认了该仓库的毁损损失。

要求：

（1）计算该仓库的入账价值。

（2）计算2014年度该仓库应计提的折旧额。

（3）编制甲小企业2014年度与上述业务相关的会计分录。

（4）编制甲小企业2018年12月31日清理该仓库的会计分录

（"应交税费"账户要求写出明细账户和专栏名称，答案中的金额单位用万元表示）

五、技能操作训练

【实训目的】

学生通过实训，熟悉固定资产核算所涉及的原始凭证；掌握固定资产增加、减少、折旧的核算方法；掌握折旧额的计算方法。

【实训资料】

海滨公司固定资产采用年限平均法计提折旧；折旧率采用分类折旧率，每月月初按固定资产的原值计提折旧。

（一）2018年6月份固定资产期初余额表，如表6-4所示。

表6-4

固定资产明细账期初余额表

类别 部门	房屋建筑物	机器设备	运输设备	办公设备	合计
一车间	1 844 000	1 282 000		8 600	3 134 600
二车间	1 086 000	94 675		5 780	1 186 455
三车间	1 000 000	150 000		4 700	1 154 700
行政管理部门	2 440 000		350 000	150 000	2 940 000
出租固定资产	1 500 000				1 500 000
合计	7 870 000	1 526 675	350 000	169 080	9 915 755

（二）公司 2018 年 6 月份发生以下有关固定资产经济业务的原始凭证如下：

业务 6-1-1

中国工商银行
转账支票存根
XII　02952053

附加信息

出票日期 2018 年 6 月 13 日

| 收款人：长沙市新源电脑公司 |
| 金　　额：￥ 12 064.00 |
| 用　　途：购手提电脑 |
| 备　　注：人力资源部办公用 |

单位主管　　　　会计

- ✂

业务 6-1-2

43100452055　　　　湖南增值税专用发票　　№ 00025869　　43100452055

发票联

00025869

开票日期：2018 年 6 月 13 日

| 购货单位 | 名　　称：海滨华联股份有限公司
纳税人识别号：436702789022785
地址、电话：长沙市庆园路 18 号、0731—88713218
开户行及账号：工行长沙市兴城支行
　　　　　　　1903019551012985550 | 密码区 | 289—1 ＜ 97—615962008 ＜ 032/5 ＞ 9/
29531—49741626 ＜ 8—3024 ＞ 8090—2—
18—6 ＜ 7 ＞ 2*—/＞* ＞ 5125/12 *
0025698/—1258/12058 * 1458/* 125＞125/
12 000 * 125/1245 * 1478—125/98520
* 125402361 |

货物或应税劳务、服务名称	规格型号	单位	数量	单价	金　额	税率	税　额
手提电脑		台	2	5 200	10 400.00	16％	1 664.00
合　计					￥10 400.00		￥1 664.00

| 价税合计（大写） | 壹万贰仟零陆拾肆元整 | （小写）　￥12 064.00 |

| 销货单位 | 名　　称：长沙市新源电脑公司
纳税人识别号：430228906354578
地址、电话：劳动东路 164 号、0731—86751321
开户行及账号：工行劳动路办事处
　　　　　　　1902100800303105001 | 备注 | （长沙市新源电脑公司
430228906354578
发票专用章） |

收款人：×××　　　　　复核：×××　　　　开票人：×××　　　　　　销货单位（章）

第二联：发票联　购货单位记账凭证

业务 6-1-3

固定资产验收交接单

No 00025

2018 年 6 月 13 日

金额单位:元

资产编号	资产名称	型号规格结构面积	计算单位	数量	设备价值或工程造价	设备基础及安装费用	附加费用	合计
	手提电脑		台	2	10 400			10 400

资产来源	外购	使用年限	5	主要附属设备	1.
制造厂名		估计残值	500.00		2.
制造日期及编号		基本折旧率			3.
工程项目或使用部门	厂部管理部门	复杂系数			4.

交验部门:　　　　　　　交点人:×× 　接管部门:厂办　　　　　　　接管人:××

业务 6-2-1

投资协议书(摘要)

甲方:湖南时达投资有限公司　　　　　　　法定地址:长沙市湘江路 64 号
乙方:海滨华联股份有限公司　　　　　　　法定地址:长沙市庆园路 18 号
经上述各方充分协商,就投资事宜,达成如下协议:
……
出资方式及占股比例
三、甲方以磨床一台对乙方投资。该磨床市场价值为 140 000 元,双方协商以评估价值 138 000 元认定投资额,占乙方注册资本 1 000 万元的 1% 的股份。
四、甲方按投资所占股份比例分享红利和分担亏损额。
五、本协议自双方签字之日起生效。一式二份,各方各执一份,以便共同遵守。若一方违约,按有关条款处理。

甲方:湖南时达投资有限公司
甲方代表人:李阳光

乙方:海滨华联股份有限公司
乙方代表人:陈振奋

签订日期:2018 年 6 月 13 日

业务 6-2-2

4310045789

湖南增值税专用发票   № 00022247   4310045789

00022247

开票日期：2018 年 6 月 18 日

购货单位	名　称：海滨华联股份有限公司 纳税人识别号：436702789022785 地址、电话：长沙市庆园路 18 号、0731—88713218 开户行及账号：工行长沙市兴城支行 19030195510129855550		密码区	615962008＜032/5＞9/29531—4974＊14589— 457//11626＜8—3024＞8450—2—18—6＜7 ＞2*—/＞*＞5125/12＊25698/1258/12058 ＊1458/＊12478945/455＞125/12000＊125/ 1245＊1478—125/98＊12540—4584		
货物或应税劳务、服务名称	规格型号	单位	数量	单价	金　额	税率	税　额
磨床	VLF-78	台	1	138 000	138 000.00	16％	22 080.00
合　计					￥138 000.00		￥22 080.00
价税合计(大写)	壹拾陆万零捌拾元整				(小写)　￥160 080.00		
销货单位	名　称：湖南时达投资有限公司 纳税人识别号：430228906300127 地址、电话：长沙市湘江路 64 号、0731—86478912 开户行及账号：工行湘江路支行 19019008003031050588		备注			

收款人：×××　　　　复核：×××　　　开票人：×××　　　　　　　销货单位(章)

第二联：发票联 购货单位记账凭证

---✂---

业务 6-2-3

固定资产验收交接单   № 00025871

2018 年 6 月 20 日

金额单位：元

资产编号	资产名称	型号规格或结构面积	计算单位	数量	设备价值或工程造价	设备基础及安装费用	附加费用	合计
	磨床	VLF-78	台	1	138 000.00			138 000.00
资产来源	接受投资	使用年限		8		主要附属设备	1.	
制造厂名		估计残值		2 000.00			2.	
制造日期及编号		基本折旧率					3.	
工程项目或使用部门	一车间	复杂系数					4.	

交验部门：　　　　　交点人：××　　　接管部门：一车间　　　　　　接管人：××

业务 6-3-1

固定资产调拨单

调出单位:海滨华联股份有限公司

调入单位:长沙市乡镇企业总公司　　　2018 年 6 月 22 日

调拨原因或依据		出售			调拨方式		有偿	
固定资产名称	规格及型号	单位	数量	预计使用年限	原值	已提折旧	净值	协商价格
机床	A-105	台	1	5	120 000	80 000	40 000	36 000

调出单位	调入单位	备注:
公章: 财务: 经办:　　　　★　　　(公章)	公章: 财务: 经办:　　　　★　　　(公章)	

会计主管:　　　　　　　稽核:　　　　　　　　　　　　制单:刘威

业务 6-3-2

4300452095

湖南增值税专用发票　№ 00069813　4300452095

此联不作报销、扣税凭证使用

00069813

开票日期:2018 年 6 月 22 日

购货单位	名　称:长沙市乡镇企业总公司 纳税人识别号:430145897200123 地址、电话:长沙市开源路 120 号、0731—86572180 开户行及账号:工商银行开源办事处 　　　　　1908567438675397589	密码区	12/45 ＊—1＜1—7—012561624＜800— 3024＞829—0—4489004—6＜125897＞2 ＊—/＞4126/5687//1＊87560/301＊569＊ 458—145501258/4581＊1240001—45812＊ 458＞1251412

货物或应税劳务、服务名称	计量单位	数量	单价	金额	税率	税额
机床	台	1	36 000.00	36 000.00	16%	5 760.00
合　计				￥36 000.00		￥5 760.00

价税合计(大写)	肆万壹仟柒佰陆拾元整	(小写)　￥41 760.00

销货单位	名　称:海滨华联股份有限公司 纳税人识别号:436702789022785 地址、电话:长沙市庆园路 18 号、0731—88713218 开户行及账号:工行长沙市兴城支行 　　　　　1903019551012985550	备注	

第三联:记账联　销货方记账凭证

收款人:×××　　　　　复核:××　　　　　开票人:　　　　　销货单位(章)

表 6-3-3

中国工商银行进账单 (收账通知) 3

2018 年 6 月 22 日　　　　　　　　　　　第　号

<table>
<tr><td rowspan="3">收款人</td><td>全　称</td><td>海滨华联股份有限公司</td><td rowspan="3">付款人</td><td>全　称</td><td>长沙市乡镇企业总公司</td></tr>
<tr><td>账　号</td><td>19030195510129855550</td><td>账　号</td><td>19085674386753975889</td></tr>
<tr><td>开户行</td><td>工商银行长沙市兴城支行</td><td>开户银行</td><td>工商银行开源办事处</td></tr>
<tr><td>人民币(大写)</td><td colspan="2">肆万壹仟柒佰陆拾元整</td><td colspan="3">百 十 万 千 百 十 元 角 分
4 ★ 7 0 0 0
2018.6.22
收款人开户行盖章
2018 年 6 月 22 日</td></tr>
<tr><td>票据种类</td><td>转账支票</td><td>票据张数</td><td>1</td><td colspan="2"></td></tr>
<tr><td>票据号码</td><td colspan="5"></td></tr>
<tr><td>单位主管</td><td>会计</td><td>复核</td><td>记账</td><td colspan="2"></td></tr>
</table>

此联是银行交收款人的收账通知

业务 6-3-4

固定资产清理损益计算表

2018 年 6 月 22 日

<table>
<tr><td>清理项目</td><td>A-105</td><td>清理原因</td><td>不需用</td></tr>
<tr><td colspan="2">固定资产清理借方发生额</td><td colspan="2">固定资产清理贷方发生额</td></tr>
<tr><td>清理支出内容</td><td>金额</td><td>清理收入内容</td><td>金额</td></tr>
<tr><td>固定资产净值</td><td>40 000.00</td><td>出售价款</td><td>36 000.00</td></tr>
<tr><td></td><td></td><td></td><td></td></tr>
<tr><td>借方合计</td><td>40 000.00</td><td>贷方合计</td><td>36 000.00</td></tr>
<tr><td colspan="4">固定资产清理净损失金额：人民币肆仟元整</td></tr>
</table>

业务 6-4-1

固定资产租赁合同

2018 年 6 月 23 日

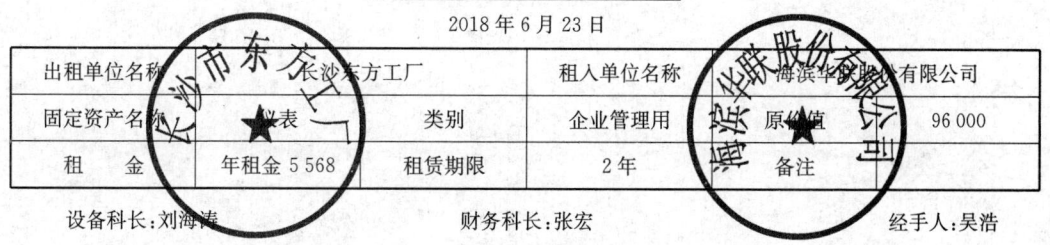

<table>
<tr><td>出租单位名称</td><td colspan="2">长沙东方工厂</td><td>租入单位名称</td><td colspan="2">海滨华联股份有限公司</td></tr>
<tr><td>固定资产名称</td><td colspan="2">仪表</td><td>类别</td><td>企业管理用</td><td>原价值</td><td>96 000</td></tr>
<tr><td>租　金</td><td colspan="2">年租金 5 568</td><td>租赁期限</td><td>2 年</td><td>备注</td><td></td></tr>
</table>

设备科长：刘海涛　　　　　　财务科长：张宏　　　　　　　　经手人：吴浩

业务 6-4-2

中国工商银行
转账支票存根
XII　02952054

附加信息 _____

_____

_____

_____

出票日期 2018 年 6 月 23 日

收款人：	长沙东方工厂
金　额：	￥464.00
用　途：	支付 4 月份的租金
备　注：	租入仪表厂部使用

单位主管　　　　　会计

- ✂

业务 6-4-3

4300161132

湖南增值税专用发票　№ 00447892　4300160032

00447892

开票日期：2018 年 6 月 23 日

购货单位	名　　称：海滨华联股份有限公司 纳税人识别号：436702789022785 地址、电话：长沙市庆园路 18 号，0731—88713218 开户行及账号：工行长沙市兴城支行 　　　　　　　1903019551012985550	密码区	4781－99984521－＋＋5－45＊4587－ 9841752－139＋6//5＋6＋1－11222＜97－ 615967400＜032/5＞9/29531－4－10－＊ ＊18－6＜7＞2＊—＞＋890/05410－11 ＊120

货物或应税劳务、服务名称	规格型号	单位	数量	单价	金　额	税率	税　额
租金					400.00	16%	64.00
合　计					￥400.00		￥64.00

价税合计（大写）	肆佰陆拾肆元整		（小写）￥464.00

销货单位	名　　称：长沙市东方工厂 纳税人识别号：430045810001235 地址、电话：长沙市湘府路 141 号，0731—86530051 开户行及账号：中国建设银行长沙市湘府支行 　　　　　　　1900112354788963012	备注	长沙市东方工厂 430045810001235 发票专用章

收款人：×××　　　　　复核：×××　　　　　开票人：×××　　　　　销货单位（章）

第二联：发票联　购货方记账凭证

业务 6-5-1

固定资产盘盈盘亏报告单

2018 年 6 月 27 日　　　　　　　　　　　　　　单位:元

名称	型号	单位	盘　盈			盘　亏			原因	备注
			数量	市场价格	价值损耗	数量	原值	已提折旧		
机床		台	1	20 000	4 000				待查	二车间用
电脑		台				1	5 000	2 000	待查	厂办用
处理意见	使用部门		清查小组			审批部门				

业务 6-6-1

固定资产折旧计算汇总表

2018 年 6 月 30 日

类别\部门	房屋建筑物	机器设备	运输设备	办公设备	合计
一车间					
二车间					
三车间					
行政管理部门					
出租固定资产					
合计					

注:房屋建筑物月折旧率为 0.35%,机器设备、运输设备月折旧率为 1.6%,办公设备月折旧率为 2.67%。

【实训要求】

1. 根据资料(一)开设相固定资产总账、明细账,并登记期初余额。

2. 根据资料(二)完成相关原始凭证的填制和审核,并编制记账凭证。

3. 根据记账凭证登记固定资产明细账、总账,并结账。

【实训用具】

记账凭证 15 张,三栏式明细账若干张,三栏式总账若干张。

项目七 无形资产及其他资产业务核算

知识目标

通过对本项目的学习,明确无形资产的基本概念;了解无形资产的特点及分类;掌握无形资产取得、摊销、出租、处置和期末计价业务的账务处理流程和会计核算方法;理解长期待摊费用的核算内容;掌握长期待摊费用的发生、摊销的业务核算。

能力目标

能根据无形资产取得、摊销、出租、处置和期末计价业务准确地编制记账凭证;能设置并登记无形资产明细账和总账;掌握无形资产的核算方法和操作技能。

任务 1 无形资产业务核算

【相关知识】

无形资产是指小企业为生产产品、提供劳务、出租或经营管理而持有的、没有实物形态的可辨认非货币性资产。小企业的无形资产包括土地使用权、专利权、商标权、著作权和非专利技术等。

一、无形资产的特征

无形资产具有三个主要特征。

1. 不具有实物形态

无形资产通常表现为某种权利、某项技术或是某种获取超额利润的综合能力,它们不具有实物形态,如土地使用权、非专利技术等。小企业的无形资产很大程度上是通过自身所具有的技术等优势为小企业带来未来经济利益的。

2. 具有可辨认性

符合以下条件之一的,则认为无形资产具有可辨认性:

(1) 能够从小企业中分离或者划分出来,并能单独用于出售或转让等,表明无形资产可以辨认。某些情况下无形资产可能需要与有关的合同一起用于出售转让等,这种情况下也视为可辨认资产。

(2) 产生于合同性权利或其他法定权利。比如,一方通过与另一方签订特许权合同而获得的特许使用权;又如,通过法律程序申请获得的商标权、专利权等。

3. 属于非货币性资产

非货币性资产是指小企业持有的货币资金和将以固定或可确定的金额收取的资产以

外的其他资产。无形资产由于没有发达的交易市场，一般不容易转化成现金，在持有过程中为企业带来未来经济利益具有不确定性，不属于以固定或可确定的金额收取的资产，属于非货币性资产。

二、无形资产的分类

(一) 按经济内容分类

小企业的无形资产按其反映的经济内容，可分为专利权、商标权、土地使用权、著作权、非专利技术和特许权等。

1. 专利权

专利权是指国家专利主管机关依法授予发明创造专利申请人对其发明创造在法定期限内所享有的专有权利，包括发明专利权，实用新型专利权和外观设计专利权。

2. 商标权

商标权是指小企业专门在某种指定的商品上使用特定的名称、图案和标记的权利。商标权的内容包括独占使用权和禁止使用权。我国法律规定的商标权的有效期限为 10 年。

3. 土地使用权

土地使用权是指国家准许某一企业在一定的期间对国有土地享有开发、利用、经营的权利。按照我国有关法律的规定，我国土地实行公有制，任何单位和个人不得侵占、买卖或以其他形式非法转让。国有土地可以依法确定给国有企业、集体企业等单位使用，其使用权可以依法转让。企业取得土地使用权的方式大致有行政划拨、外购及投资者投入。

4. 著作权

著作权又称版权，是指作者对其创作的文学、科学和艺术作品依法享有的某些特殊权利。著作权包括作品署名权、发表权、修改权和保护作品完整权，还包括复制权、发行权、出租权、展览权、表演权、放映权、广播权、信息网络传播权、摄制权、改编权、翻译权、汇编权以及应当由著作权人享有的其他权利。

5. 非专利技术

非专利技术又称专有技术，是指不为外界所知的技术知识，如独立的设计、造型、配方、生产工艺等工艺诀窍、技术秘密以及经营管理知识经验等。它没有在专利机关登记注册，依靠保密手段进行垄断。因此，它不受法律保护，也没有有效期，只要不泄露，并有经济效益，即可有效地使用并可有偿转让。

6. 特许权

特许权又称特许经营权、专营权，是指在某一地区经营或销售某种特定商品的权利或是一家企业接受另一家企业使用其商标、商号、技术秘密等的权利。通常有两种形式：一种是由政府机构授权，准许企业使用或在一定地区享有经营某种业务的特权，如水、电、邮电通信等专营权、烟草专卖权等；另一种是指企业间按照签订的合同，有限期或无限期使用另一家企业的某些权利，如连锁店分店使用总店的名称等。

(二) 按来源途径分类

无形资产按其来源途径，可以分为外来无形资产和自创无形资产。

外来无形资产是指企业通过从国内外科研单位及其企业购进、接受投资取得的无形资产。

自创无形资产是指企业自行研究、开发的无形资产。

三、土地使用权的特别规定

有关土地使用权的会计处理应把握以下几项原则：

（1）小企业取得的土地使用权应确认为无形资产。

（2）土地使用权用于自行开发建造厂房等建筑物，相关的土地使用权不与地上建筑物合并计算其成本，而仍作为无形资产进行核算，土地使用权与地上建筑物分别进行摊销和计提折旧。

（3）小企业（房地产开发经营）将土地使用权用于建造对外出售的房屋建筑物，相关的土地使用权应当计入所建造的房屋建筑物的成本。

（4）小企业外购的房屋建筑物，实际支付的价款中包含了土地和建筑物的价值，应当按照合理的方法在建筑物和土地使用权之间进行分配；如果确实无法合理分配，应当全部作为固定资产。合理的分配方法通常是按照土地使用权和建筑物的市场价格或评估价值的相应比例进行分配。

四、无形资产的初始计量

无形资产应当按照成本进行计量，以取得无形资产发生的全部支出作为成本。但是，对于不同方式取得的无形资产，其成本构成不尽相同。小企业取得无形资产方式主要有外购、投资者投入和自行开发三种。

（一）外购无形资产成本的确定

外购无形资产的成本由三部分构成：

（1）购买价款。

（2）相关税费，即在购买无形资产的过程中发生的直接相关的税费，如商标权的注册费等。

（3）相关的其他支出，如购买无形资产过程中发生的专业测试费、使用借款购买无形资产应负担的借款费用。其中，相关的借款费用，是指小企业在购买无形资产时使用了借款，因该借款发生的利息及其他相关成本。

（二）投资者投入无形资产成本的确定

根据我国《公司法》的规定，投资者既可以用货币出资，也可以用实物、知识产权、土地使用权出资，并且应当评估作价，不得高估或者低估作价。其中，知识产权和土地使用权等构成了接受投资方的无形资产。因此，遵照《公司法》的规定，投资者投入的无形资产应当按照评估价值确定其成本。

（三）自行开发无形资产成本的确定

小企业自行研究开发项目应划分为研究阶段和开发阶段。研究是指为获取新的技术和知识等进行的有计划的调查。开发是指在进行商业性生产或使用前，将研究成果或其他知识应用于某项计划或设计，以生产出新的或具有实质性改进的材料、装置和产品等。

1. 在研究阶段的支出全部费用化

研究阶段基本上是探索性的，是为进一步的开发活动进行资料及相关方面的准备，在这一阶段不会形成阶段性成果。其研究能否在未来形成成果也有很大的不确定性，因此，准则规定,研究阶段的支出在发生时应当费用化,直接计入当期损益(管理费用)。

2. 在开发阶段的支出符合资本化条件的,计入无形资产的成本;不符合资本化条件的,计入当期损益(管理费用)

由于开发阶段相对于研究阶段更进一步,且很大程度上形成一项新产品或新技术的基本条件已经具备,所发生的支出如果符合资本化的条件,应当资本化,即确认为无形资产的成本。

小企业自行开发无形资产发生的支出,同时满足下列条件的,才能确认为无形资产:

(1) 完成该无形资产以使其能够使用或出售在技术上具有可行性。

(2) 具有完成该无形资产并使用或出售的意图。

(3) 能够证明运用该无形资产生产的产品存在市场或无形资产自身存在市场,无形资产将在内部使用的,应当证明其有用性。

(4) 有足够的技术、财务资源和其他资源支持,以完成该无形资产的开发,并有能力使用或出售该无形资产。

(5) 归属于该无形资产开发阶段的支出能够可靠地计量。

五、无形资产的摊销

无形资产应当在其使用寿命内采用年限平均法进行摊销,根据其受益对象计入相关资产成本或者当期损益。年限平均法又称直线法,是指按无形资产使用寿命平均计算摊销额的一种方法。

无形资产的摊销期自其可供使用时开始至停止使用或出售时止。有关法律规定或合同约定了使用年限的,可以按照规定或约定的使用年限分期摊销。如果既有法律规定又有合同约定,通常按照孰短的原则来掌握。小企业不能可靠估计无形资产使用寿命的,摊销期不得低于 10 年。

无形资产的残值通常为零,因此,无形资产的应摊销额就是其成本。

六、无形资产的处置

无形资产的处置,主要是指无形资产对外出售、对外投资、对外捐赠,或者是无法为企业带来未来经济利益时,应予以报废。

处置无形资产所取得的处置收入扣除其账面价值、相关税费等后的净额,应当计入营业外收入或营业外支出。其中,无形资产的账面价值是指无形资产的成本扣减累计摊销后的金额。

【业务操作】

为了核算无形资产的取得、摊销和处置等情况,小企业应当设置"研发支出"、"无形资产"和"累计摊销"等账户。

一、无形资产取得的业务核算

小企业取得无形资产应当按照成本进行初始计量。小企业取得无形资产的主要方式有外购、投资者投入和自行研究开发等。取得的方式不同,其会计处理也有差别。

(一) 外购无形资产的业务核算

小企业外购无形资产,应当按照实际支付的价款,借记"无形资产"账户,贷记"银行存款"账户。

【任务 7-1】　2018 年 6 月 5 日,海滨公司外购一项商标所有权,以银行存款支付了买价和相关费用合计为 30 000 元,增值税 1 800 元。海滨公司应编制会计分录如下:

借:无形资产——商标权	30 000
应交税费——应交增值税(进项税额)	1 800
贷:银行存款	31 800

(二) 自行研究开发无形资产的业务核算

小企业内部研究开发项目所发生的支出应区分研究阶段支出和开发阶段支出,企业自行开发无形资产发生的研发支出,不满足资本化条件的,计入当期损益;满足资本化条件的,计入研发支出。研究开发项目达到预定用途形成无形资产的,转入无形资产。

小企业应设置"研发支出"账户,用来核算企业进行研究与开发无形资产过程中发生的各项支出。该账户应当按照研究开发项目,分别"费用化支出"与"资本化支出"进行明细核算。

(1) 小企业自行开发无形资产发生的研发支出,不满足资本化条件的,借记"研发支出——费用化支出"账户,满足资本化条件的,借记"研发支出——资本化支出"账户,贷记"原材料""银行存款""应付职工薪酬"等账户。

(2) 期末,小企业应将"研发支出——费用化支出"账户归集的费用化支出金额转入"管理费用"账户,借记"管理费用"账户,贷记"研发支出——费用化支出"账户。

(3) 研究开发项目达到预定用途形成无形资产的,应按"研发支出——资本化支出"账户的余额,借记"无形资产"账户,贷记"研发支出——资本化支出"账户。

如果无法可靠区分研究阶段的支出和开发阶段的支出,应将其所发生的研发支出全部费用化,计入当期损益。

【任务 7-2】　海滨公司于 2018 年 4 月 1 开始自行研究开发一项新产品专利技术,在研究开发过程中发生材料费 40 000 元,人工工资 10 000 元,用银行存款支付其他费用 30 000 元,总计 80 000 元,其中,符合资本化条件的支出为 50 000 元,年末,该专利技术已经达到预定用途。假设不考虑相关税费。

(1) 相关费用发生时:

借:研发支出——费用化支出	30 000
——资本化支出	50 000
贷:原材料	40 000
应付职工薪酬	10 000
银行存款	30 000

(2) 年末,开发项目达到预定用途形成无形资产时:

借:管理费用	30 000
贷:研发支出——费用化支出	30 000

借:无形资产——专利技术　　　　　　　　　　　　　　　　　　　　　50 000
　　贷:研发支出——资本化支出　　　　　　　　　　　　　　　　　　　　　50 000

（三）投资者投入无形资产的业务核算

投资者投入的无形资产的成本,应当按照评估价值和相关税费确定,借记"无形资产"账户,贷记"实收资本"账户。

【任务7-3】　2018年6月9日,海滨公司接受B公司投资转入的非专利技术一项,经资产评估机构评估确认的价值为60 000元,增值税税率6%。海滨公司应编制会计分录如下:

借:无形资产——非专利技术　　　　　　　　　　　　　　　　　　　　60 000
　　应交税费——应交增值税(进项税额)　　　　　　　　　　　　　　　3 600
　　贷:实收资本——B公司　　　　　　　　　　　　　　　　　　　　　63 600

二、无形资产摊销的业务核算

小企业应当按月对无形资产进行摊销。无形资产的摊销额一般应当计入当期损益。小企业自用的无形资产,其摊销金额计入管理费用,借记"管理费用"账户,贷记"累计摊销"账户;出租的无形资产,其摊销金额计入其他业务成本,借记"其他业务成本"账户,贷记"累计摊销"账户;某项无形资产包含的经济利益通过所生产的产品或其他资产实现的,其摊销金额应当计入相关资产成本,借记"制造费用"账户,贷记"累计摊销"账户。

【任务7-4】　2018年8月1日,海滨公司购入一项专利权,支付价款共计150 000元,增值税额9 000元,作无形资产入账,确定的摊销期限为10年。

(1) 购入专利权时:

借:无形资产——专利权　　　　　　　　　　　　　　　　　　　　　150 000
　　应交税费——应交增值税(进项税额)　　　　　　　　　　　　　　　9 000
　　贷:银行存款　　　　　　　　　　　　　　　　　　　　　　　　159 000

(2) 按月摊销时:

借:管理费用　　　　　　　　　　　　　　　　　　　　　　　　　　1 250
　　贷:累计摊销　　　　　　　　　　　　　　　　　　　　　　　　　1 250

$$月摊销额 = 150\ 000 \div 10 \div 12 = 1\ 250(元)$$

三、无形资产处置的业务核算

小企业因出售、对外投资、报废等原因处置无形资产,应当按照取得的出售无形资产的价款等处置收入,借记"银行存款"等账户,按照其已计提的累计摊销,借记"累计摊销"账户,按照应支付的相关税费及其他费用,贷记"应交税费——应交增值税(销项税额)""银行存款"等账户,按其账面余额,贷记"无形资产"账户,按其差额,贷记"营业外收入——非流动资产处置利得"账户或借记"营业外支出——非流动资产处置损失"账户。

【任务7-5】　承[任务7-4]资料,海滨公司在购入该项专利权使用18个月后又将其所有权出售给其他单位,取得出售收入130 000元,按6%增值税率计算的应交增值税为7 800元。海滨公司应编制会计分录如下:

借:银行存款　　　　　　　　　　　　　　　　　　　　　　　　130 000
　　营业外支出——非流动资产处置损失　　　　　　　　　　　　5 300
　　累计摊销　　　　　　　　　　　　　　　　　　　　　　　　22 500
　　贷:无形资产——某项专利权　　　　　　　　　　　　　　　　150 000
　　　　应交税费——应交增值税(销项税额)　　　　　　　　　　7 800

累计摊销 = 1 250 × 18 = 22 500(元)

四、无形资产出租业务核算

小企业出租无形资产是将无形资产的使用权让渡给他人,并取得租金,在满足收入确认条件的情况下,应确认相关的收入及成本。出租无形资产时,按照确认的转让收入,记入"其他业务收入"账户;同时,将摊销无形资产成本和发生的与该转让有关的相关费用支出,记入"其他业务成本"账户,应交纳的增值税记入"应交税费——应交增值税(销项税额)"账户。

【任务7-6】　海滨公司在第八年年初将本公司8年前注册的商标权出租给合作单位A企业使用,租期3年,每月收取租金2 000元,出租期满,A企业不再对该商标权进行续租。已知该商标权账面余额为18 000元,按36个月平均转销;每月租金收入按6%计算应交纳的增值税。

(1)收取租金时:

借:银行存款　　　　　　　　　　　　　　　　　　　　　　　　2 120
　　贷:其他业务收入　　　　　　　　　　　　　　　　　　　　　2 000
　　　　应交税费——应交增值税(销项税额)　　　　　　　　　　120

(2)每月摊销无形资产成本:

借:其他业务成本　　　　　　　　　　　　　　　　　　　　　　500
　　贷:累计摊销　　　　　　　　　　　　　　　　　　　　　　　500

任务2　其他资产业务核算

其他资产是除流动资产、长期投资、固定资产、无形资产等以外的资产,主要包括长期待摊费用和其他长期资产。

一、长期待摊费用

【相关知识】

(一)长期待摊费用的含义

长期待摊费用是指企业已经发生但应由本期和以后各期负担的分摊期限在1年以上的各项费用。小企业的长期待摊费用包括已提足折旧的固定资产的改建支出、经营租入固定资产的改建支出、固定资产的大修理支出和其他长期待摊费用等。其中,固定资产的大修理支出,是指同时符合下列条件的支出:①修理支出达到取得固定资产时的计税基础

50％以上;②修理后固定资产的使用寿命延长 2 年以上。

(二) 长期待摊费用的摊销

长期待摊费用作为小企业的一项非流动资产,能够在超过 1 年以上的期间为小企业带来经济利益,因此,其价值应在摊销期内进行摊销,并由其受益对象承担。

按《小企业会计准则》规定,长期待摊费用应当在其摊销期限内采用年限平均法进行摊销,根据其受益对象计入相关资产的成本或者管理费用,并冲减长期待摊费用。

长期待摊费用摊销期的具体规定是:

(1) 已提足折旧的固定资产的改建支出,按照固定资产预计尚可使用年限分期摊销。

(2) 经营租入固定资产的改建支出,按照合同约定的剩余租赁期限分期摊销。

(3) 固定资产的大修理支出,按照固定资产尚可使用年限分期摊销。

(4) 其他长期待摊费用,自支出发生月份的下月起分期摊销,摊销期不得低于 3 年。

【业务操作】

小企业应设置"长期待摊费用"账户对长期待摊费用进行核算。企业发生长期待摊费用时,借记"长期待摊费用"账户,贷记"原材料""银行存款"等账户;摊销长期待摊费用时,借记"管理费用"等账户,贷记"长期待摊费用"账户;"长期待摊费用"账户借方余额,反映企业尚未摊销完毕的长期待摊费用。该账户可按费用项目进行明细核算。

【任务 7-7】　2018 年 8 月 1 日,海滨公司对其以经营租赁方式新租入的办公楼进行装修,发生以下有关支出:领用生产用材料 500 000 元,购进该批原材料时支付的增值税进项税额为 80 000 元;辅助生产车间为该装修工程提供的劳务支出为 180 000 元;有关人员工资等职工薪酬 435 000 元。2018 年 11 月 30 日,该办公楼装修完工,达到预定可使用状态并交付使用,按租赁期 10 年进行摊销。假定不考虑其他因素。

(1) 装修领用原材料时:

借:长期待摊费用　　　　　　　　　　　　　　　　　　　　　　　580 000
　贷:原材料　　　　　　　　　　　　　　　　　　　　　　　　　　　　500 000
　　　应交税费——应交增值税(进项税额转出)　　　　　　　　　　　　 80 000

(2) 辅助生产车间为装修工程提供劳务时:

借:长期待摊费用　　　　　　　　　　　　　　　　　　　　　　　180 000
　贷:生产成本——辅助生产成本　　　　　　　　　　　　　　　　　　180 000

(3) 确认工程人员职工薪酬时:

借:长期待摊费用　　　　　　　　　　　　　　　　　　　　　　　435 000
　贷:应付职工薪酬　　　　　　　　　　　　　　　　　　　　　　　　435 000

(4) 2018 年 12 月,摊销装修支出时:

借:管理费用　　　　　　　　　　　　　　　　　　　　　　　　9 958.33
　贷:长期待摊费用　　　　　　　　　　　　　　　　　　　　　　　9 958.33

每月摊销金额 ＝ (580 000 ＋ 180 000 ＋ 435 000) ÷ (10 × 12) ＝ 9 958.33(元)

二、其他长期资产

其他长期资产是指具有特定用途，不参加正常生产经营过程的，除流动资产、长期投资、固定资产、无形资产和长期待摊费用以外的资产。其他长期资产一般包括经国家特批的特准储备物资、银行冻结存款和冻结物资等。

特准储备物资是指由于特殊原因经国家批准储备的特定用途的物资，未经批准，不得挪作他用。

银行冻结存款和冻结物资是指人民法院对被执行人在银行的存款或企业的物资实施强制执行的一种措施，经冻结后的存款和物资。

相关链接

《小企业会计准则》与《企业会计准则》的差异。

1. 摊销方法不同

《小企业会计准则》下，无形资产应当在其使用寿命内采用年限平均法（直线法）进行摊销。而《企业会计准则》下，无形资产可采用直线法、生产总量法等方法摊销。

2. 减值处理不同

《小企业会计准则》下，无形资产不计提减值，而《企业会计准则》下，无形资产要计提减值。

3. 对于使用寿命不确定的无形资产

《小企业会计准则》中规定要按照不低于 10 年的期限进行摊销。《企业会计准则》中规定可以不摊销，但需每期进行减值测试。

【课后练习】

一、单项选择题

1. 转让无形资产所有权发生的损益，应计入（　　）。

A. 其他业务收支　　B. 营业外收支　　　C. 财务费用　　　　D. 管理费用

2. 小企业（房地产开发经营）有偿取得的土地使用权，在土地上进行开发或建造房屋建筑物时，应将其账面价值（　　）。

A. 继续进行摊销　　　　　　　　　　B. 全部转入管理费用

C. 转入长期待摊费用　　　　　　　　D. 全部转入开发成本或在建工程成本

3. 小企业摊销无形资产价值时，不应考虑（　　）账户。

A. "营业外支出"　　B. "累计摊销"　　C. "管理费用"　　　D. "其他业务成本"

4. 小企业无形资产的摊销应当采用（　　）。

A. 直线法　　　　　B. 产品产量法　　　C. 双倍余额递减法　D. 使用年限总和法

5. 小企业自行开发无形资产发生的研发支出，应计入（　　）。

A. 长期待摊费用　　B. 研发支出　　　　C. 管理费用　　　　D. 无形资产的价值

6. 2018 年 7 月 1 日，乙公司将某专利权的使用权转让给丙公司，每年收取租金 10 万元，适用的增值税税率 6%。转让期间乙公司不使用该项专利。该专利权系乙公司 2015 年 7 月 1 日购入的，初始入账价值为 10 万元，预计使用年限为 5 年。假定不考虑其他因素,乙公司 2018 年度因该专利权形成的其他业务利润为(　　)万元。

A. －2 　　　　　　B. 7.5 　　　　　　C. 8 　　　　　　D. 9.5

7. 小企业自创无形资产过程中发生的费用,在会计实务中,应先记入(　　)账户。

A. "管理费用"　　B. "其他业务支出"　C. "无形资产"　　D. "研发支出"

8. 下列各项中,不属于其他长期资产的是(　　)。

A. 特种储备物资　　B. 银行定期存款　　C. 银行冻结存款　　D. 诉讼中的财产

9. 某小企业研制一项新技术,开始并无成功把握,该企业在此项研究过程中发生研究费用 70 000 元。研究成功后申请获得专利权,在申请专利的过程中发生的专利登记费为 30 000 元,律师费为 8 000 元。该项专利权的入账价值为(　　)元。

A. 8 000 　　　　　B. 120 000 　　　　C. 108 000 　　　　D. 38 000

10. 某企业出售一项 3 年前取得的专利权,该专利取得时的成本为 50 万元,按 10 年摊销,出售时取得收入 40 万元,增值税税率为 6%,不考虑城市维护建设税和教育费附加,则出售该项专利时影响当期的损益为(　　)万元。

A. 10 　　　　　　B. 12 　　　　　　C. 2.6 　　　　　　D. 5

二、多项选择题

1. 小企业对使用寿命有限的无形资产进行摊销时,其摊销额应根据不同情况分别计入(　　)。

A. 管理费用　　　B. 制造费用　　　C. 财务费用　　　D. 其他业务成本

2. 无形资产确认的条件有(　　)。

A. 符合无形资产的定义　　　　　　B. 为企业获得的经济利益很可能流入企业

C. 取得资产的成本能够可靠计量　　D. 有预计的使用寿命

3. 下列说法中,正确的有(　　)。

A. 投资者投入的无形资产,按照评估价值和相关税费确定成本

B. 企业内部研究开发项目研究阶段的支出,应当于发生时直接计入当期损益(管理费用)

C. 如果企业能够证明开发支出符合无形资产的定义及相关确认条件,则可将其确认为无形资产

D. 土地使用权用于自行开发建造厂房等建筑物,相关的土地使用权不与地上建筑物合并计算其成本,而仍作为无形资产进行核算,土地使用权与地上建筑物分别进行摊销和计提折旧

4. 小企业的无形资产包括(　　)。

A. 土地使用权　　B. 专利权　　　　C. 非专利技术　　D. 商誉

5. 确定无形资产摊销年限的原则包括(　　)。

A. 法律、合同分别规定了有效期限与受益年限的,按两者孰短的原则加以确定

B. 法律无规定,合同规定受益年限的,按合同规定的受益年限确定

C. 不能可靠估计无形资产使用寿命的,摊销期不得低高于 10 年

D. 不能可靠估计无形资产使用寿命的,摊销期不得低于 10 年

6. 小企业取得无形资产的方式很多,其中包括(　　)。

A. 购入　　　　　B. 投资者投入　　　C. 自行开发　　　D. 接受捐赠

7. 长期待摊费用主要包括( )。

A. 已提足折旧的固定资产的改建支出　　B. 企业的开办费

C. 经营租入固定资产的改建支出　　　　D. 固定资产的大修理支出

8. 下列各项中,属于其他资产的有( )。

A. 开办费　　　　B. 银行冻结存款　　C. 特准储备物资　　D. 诉讼中的财产

9. 下列关于长期待摊费用期限的叙述中,正确的有( )。

A. 其他长期待摊费用自支出发生月份的下月起分期摊销,摊销期不得低于 3 年

B. 经营租入固定资产的改建支出应当在租赁期限内平均摊销

C. 固定资产的大修理支出,按照固定资产尚可使用年限分期摊销

D. 已提足折旧的固定资产的改建支出,按照固定资产预计尚可使用年限分期摊销

10. 下列各项中,属于无形资产的有( )。

A. 未注册的商标　　　　　　　　　　B. 企业内部产生的品牌

C. 政府特许的专营权　　　　　　　　D. 购入的专利权

三、判断题

1. 小企业自行研究开发非专利技术,有关研究开发费用发生时,在会计核算上一般应将其全部列作当期费用处理,不作为无形资产核算。 （ ）

2. 小企业出售无形资产,应将所得价款与该项无形资产的账面价值之间的差额,计入当期其他业务利润。 （ ）

3. 小企业取得的使用寿命有限的无形资产均应按直线法摊销。 （ ）

4. 小企业摊销无形资产,应当自无形资产可供使用时起,至停止使用或出售时止。

（ ）

5. 无形资产的残值一般为零。 （ ）

6. 商誉和非专利技术均属于不可辨认的无形资产。 （ ）

7. 小企业接受投资者以无形资产进行的投资,应按无形资产账面余额作为入账价值。 （ ）

8. 出售无形资产如有收益,应计入营业外收入,如有损失,应计入营业外支出。

（ ）

9. 在商标注册申请时,企业交纳的注册费,作为无形资产入账。 （ ）

10. 企业拥有的未入账的土地使用权不能作为无形资产入账核算。 （ ）

四、计算分析题

(一) 2018 年,华一公司发生下列与无形资产有关的经济业务:

(1) 购买某项专利权,用银行存款支付相关费用 240 000 万元,增值税税率 6%。

(2) 企业自行研制一种新工艺,研制过程中投入原材料 200 000 元,应付工资 50 000元,用银行存款支付设计费、咨询费、研制费计 24 000 元,其中,符合资本化条件的支出为215 000 元。该项新工艺研制获得成功。

(3) 接受某单位以某项专利技术所做的投资,经评估确认该项专利技术价值 250 000 元。

(4) 企业以已经入账的商标权对外投资,其账面余额为 50 000 元,已累计摊销 24 000元,经评估机构评估价值 60 000 元。

要求:编制以上经济业务的会计分录。

（二）2015 年 7 月 1 日，某企业以银行存款 40 000 元购入一项专利权。该专利权法定有效期为 10 年，合同规定有效期为 8 年。2018 年 7 月 1 日，企业将该专利权有偿转让，取得收入 35 000 元存入银行，增值税税率为 6%。

要求：编制该项专利权购入、摊销和转让的会计分录。

（三）2018 年 6 月，某企业发生与其他资产有关的会计事项如下：

（1）对经营租入的机床做技术改良工作，共投入原材料 26 800 元，工资 7 600 元，用现金支付其他相关费用 1 000 元。

（2）对上述租入机床改良工程和支出予以费用摊销（租期 2 年）。

要求：编制以上经济业务的会计分录。

五、技能操作训练

【实训目的】

学生通过实训，熟悉无形资产核算所涉及的原始凭证及业务程序；明确无形资产计价；掌握无形资产增加、处置、计提摊销的核算方法；掌握"无形资产"总账及明细账的设置和登记方法。

【实训资料】

（一）无形资产总账、明细账期初余额，如表 7-1 所示。

表 7-1

无形资产总账、明细账期初余额表

总账账户	明细账户	借或贷	期初余额
无形资产	A 专利技术	借	300 000
	B 专利技术	借	40 000

（二）海滨华联股份有限公司 2018 年 5 月份有关无形资产经济业务的原始凭证如下：

业务 7-1-1

中国工商银行

转账支票存根

XII　02952058

附加信息　_____

_____

_____

出票日期 2018 年 5 月 13 日

收款人：长沙市国土资源局
金　额：￥3 300 000.00
用　途：购买土地使用权
备　注：

单位主管　　　　会计

业务 7-1-2

4300045115

湖南增值税普通发票　　No 00922256　4300045115

00922256

开票日期:2018 年 5 月 13 日

购货单位	名　称:海滨华联股份有限公司 纳税人识别号:436702789022785 地址、电话:长沙市庆园路 18 号、0731—88713218 开户行及账号:工行长沙市兴城支行 　　　　　1903019551012985550					密码区	032/5 ＊ 9/29531—4974 ＊ 14589 － 457// 145891234/45416//45 ＜ 8—3024 ＞ 8450—2— 18—6＜7＞2458＞5125/12 ＊ 257 ＊ 8/1258/12058 ＊ 1458/ ＊ 1/158945/455＞125/12000 ＊ 125/1245 ＊ 1478—125/98 ＊ 12//14—589		
货物或应税劳务、服务名称	规格型号	单位	数量	单价	金　额		税率	税　额	
土地使用权					3 000 000.00		10%	300 000.00	
合　计					￥3 000 000.00			￥300 000.00	
价税合计(大写)	叁佰叁拾万元整					(小写)	￥3 300 000.00		
销货单位	名　称:长沙市国土资源局 纳税人识别号:430198906300155 地址、电话:长沙市八一路 45 号、0731—88078948 开户行及账号:工行湘江路支行 　　　　　1903300800303105478					备注			

收款人:×××　　　　　复核:×××　　　　开票人:×××　　　　　　销货单位(章)

- ✂

业务 7-1-3

中华人民共和国国有土地使用证

土地使用人	海滨华联股份有限公司		
坐落	长沙经济开发区下江路 10-45		
地号	2114578910001	图号	
地类(用途)	工业用地	取得价格(大写)叁佰万元整	
使用权类型	划拨	终止日期	2068 年 5 月 13 日
使用权面积	1 300 平方米	长沙市人民政府(章) 2018 年 5 月 12 日	

业务 7-2-1

投资协议书（摘要）

甲方:湖南宏达投资有限公司　　　　　　　法定地址:长沙市湘府路 141 号
乙方:海滨华联股份有限公司　　　　　　　法定地址:长沙市庆园路 18 号

经上述各方充分协商,就投资事宜,达成如下协议:

……

出资方式及占股比例

三、甲方以一项 A 专利技术对乙方投资,该项 A 专利技术账面余额 300 000 元,已累计摊销 170 000 元,以专业机构评估价值 140 000 元认定投资额,占乙方注册资本 1 000 万元的 1%的股份。

四、甲方按投资所占股份比例分享红利和分担亏损额。

五、本协议自双方签字之日起生效。一式二份,各方各执一份,以便共同遵守。若一方违约,按有关条款处理。

甲方:湖南宏达投资有限公司　　　　　乙方:海滨华联股份有限公司

甲方代表:陈峰　　　　　　　　　　　乙方代表:陈振奋

签订日期:2018 年 5 月 18 日

业务 7-2-2

4300061389

湖南增值税专用发票

№ 00025864　　4300061389

00025864

开票日期:2018 年 5 月 18 日

购货单位	名　　称:海滨华联股份有限公司 纳税人识别号:436702789022785 地址、电话:长沙市庆园路 18 号、0731—88713218 开户行及账号:工行长沙市兴城支行 1903019551012985550	密码区	760001 — 139 ＋ 6//5 ＋ 6 ＋ 1—11222 ＜ 97— 615967400＜032/5＞9/29531—4—10—＊＊18—6 ＜7＞2＊—＞＋890/05410〈650—5—25—60＞＞ —001258＋8—58120/01047/＊＊》125789—8941 —//12110/》12＋1456123/0112		
货物或应税劳务、服务名称	规格型号	单位	数量	单价	金　额	税率	税　额
专利技术					140 000.00	6%	8 400.00
合　　计					￥140 000.00		￥8 400.00
价税合计(大写)	壹拾肆万捌仟肆佰元整				(小写)　￥148 400.00		
销货单位	名　　称:湖南宏达投资有限公司 纳税人识别号:430011458962140 地址、电话:长沙市湘府路 141 号、0731—85612358 开户行及账号:中国建设银行长沙市湘府支行 19001123547889963012	备注			

第二联:发票联　购货方记账凭证

收款人:×××　　　　复核:×××　　　　开票人:×××　　　　　　销货单位(章)

业务 7-3-1

4300014589　　　　**湖南增值税专用发票** № 0001899　4300014589

此联不作报销、扣税凭证使用

0001899

开票日期：2018 年 5 月 25 日

购货单位	名　　称：湖南鑫益机械制造有限公司 纳税人识别号：421053011130100 地址、电话：长沙市湘阳路 25 号，0731—86532145 开户行及账号：建行新中路支行 　　　　　　　1901122710401242457				密码区	2487—2＜9—7—61594584—＊＊4561230/ 458＜032/52＞9/29533—4974＋＋1245 ＜＜12301626＜8—3024＞82906—2—41—6 ＜7＞2		
货物或应税劳务、服务名称	计量单位	数量	单价		金额	税率	税额	
专利技术					30 000.00	6％	1 800.00	
合　　计					￥30 000.00		￥1 800.00	
价税合计(大写)		叁万壹仟捌佰元整			(小写)　￥31 800.00			
销货单位	名　　称：海滨华联股份有限公司 纳税人识别号：436702789022785 地址、电话：长沙市庆园路 18 号，0738—88713218 开户行及账号：工行长沙市兴城支行 　　　　　　　1903019551012985550				备注	海滨华联股份有限公司 436702789022785 发票专用章		

收款人：×××　　　　　复核：　　　开票人：胡红　　　　　　　销货单位(章)

- ✂

业务 7-3-2

中国工商银行进账单(收账通知)3

2018 年 5 月 25 日　　　　　　　　　　　　　　　第 0002 号

收款人	全　称	海滨华联股份有限公司		付款人	全　称	湖南鑫益机械制造有限公司										
	账　号	1903019551012985550			账　号	1901122710401242457										
	开户银行	工行长沙市兴城支行			开户银行	建行新中路支行										
人民币(大写)		叁万壹仟捌佰元整				百	十	万	千	百	十	元	角	分
							￥	3	1	8	0	0	0	0
票据种类		转账支票		收款人开户行盖章										
票据张数								中国工商银行兴城支行 ★ 2018.5.25 业务章 2018 年 5 月 25 日						
单位主管		会计　　　复核　　　记账												

业务 7-3-3

无形资产处置损益计算表

2018 年 5 月 25 日

名称及规格	B专利技术	单位	项	数量	1
原值	40 000.00	已摊销金额	18 000.00	账面净值	22 000.00
变价收入	30 000.00	应交增值税	1 800.00		
结转	清理净收益	￥ 8 000.00			
	清理净损失				

业务 7-4-1

无形资产价值摊销表

2018 年 5 月 31 日

名利	摊销期间（年）	本月摊销额
土地使用权	50	5 000.00
A专利技术	10	2 500.00
合　计		7 500.00

【实训要求】

1. 根据资料(一)开设"无形资产"总账、明细账,并登记期初余额。

2. 根据资料(二)完成相关原始凭证的填制和审核,并编制记账凭证。

3. 根据记账凭证登记"无形资产"总账、明细账,并结账。

【实训用具】

记账凭证 8 张,三栏式明细账 3 张,三栏式总账 1 张。

项目八　负债业务核算

知识目标

通过对本项目的学习,了解流动负债及非流动负债包括的主要内容;明确长期借款和长期应付款的初始计量和后续计量的原则;掌握短期借款取得、计息及本息归还的账务处理流程和核算方法;掌握应付票据、应付款项、预收账款和其他应付款业务的账务处理流程和核算方法;掌握职工薪酬的确认及发放业务的账务处理流程和核算方法;掌握增值税、消费税、营业税及其税费的账务处理流程和核算方法;掌握长期借款和长期应付款业务的账务处理程序和核算方法。

能力目标

能正确填制商业汇票、借款利息费用计算单、工资结算表等原始凭证;能正确编制短期借款、各种应付款项、应交税费、应付职工薪酬等业务的记账凭证;能正确编制长期借款和长期应付款等业务的相关原始凭证和记账凭证;熟练登记流动负债与非流动负债相关明细账和总账。

负债是指小企业过去的交易或者事项形成的,预期会导致经济利益流出小企业的现时义务。小企业的负债按照其流动性,可分为流动负债和非流动负债。

小企业的流动负债是指预计在 1 年内或者超过 1 年的一个正常营业周期内清偿的债务。小企业的流动负债包括短期借款、应付及预收款项、应付职工薪酬、应交税费、应付利息等。小企业各项流动负债应当按照其实际发生额入账,即小企业所发生的流动负债,不需要考虑时间价值因素和市价因素,只需按照实际发生额入账。小企业的流动负债一旦入账,在流动负债的存续期间不允许按照市价或其他公允价值进行调整。

小企业的非流动负债是指流动负债以外的负债。小企业的非流动负债包括长期借款和长期应付款等。非流动负债应当按照其实际发生额入账。即小企业所发生的非流动负债,不需要考虑时间价值因素和市价因素,只需按照实际发生额入账。小企业的非流动负债一旦入账,在非流动负债的存续期间不允许按照市价或其他公允价值进行调整。

任务 1　短期借款业务核算

【相关知识】

一、短期借款的概念

短期借款是指小企业向银行或其他金融机构等借入的期限在 1 年内(含 1 年)的各种

借款。小企业借入短期借款的目的是为了弥补企业短期经营资金不足。

二、短期借款的种类

短期借款主要有经营周转借款、临时借款、结算借款和票据贴现借款等。经营周转借款又称生产周转借款或商品周转借款,是指小企业因流动资金不能满足正常生产经营需要,而向银行或其他金融机构取得的借款。临时借款是指小企业因季节性和临时性客观原因,正常周转的资金不能满足需要而借入的款项。结算借款一般在采用托收承付结算方式办理销售货款结算的情况下,小企业为解决商品发出后至收到托收货款前所需要的在途资金而借入的款项;票据贴现借款是指持有商业汇票的小企业,发生经营周转资金困难时,申请票据贴现的借款,期限一般不超过 3 个月。

三、短期借款利息的计算

小企业的短期借款应按期结算和支付利息。短期借款一般按单利计算,计算公式为:

$$短期借款利息 = 借款本金 \times 借款期限 \times 借款利率$$

【业务操作】

为了核算小企业的短期借款,应设置"短期借款"账户。该账户贷方登记企业取得的短期借款金额;借方登记企业到期归还的短期借款金额;余额在贷方,表示企业尚未归还的短期借款金额。该账户按借款单位、借款种类设置明细账户,进行明细分类核算。

一、短期借款取得的业务核算

小企业借入的各种短期借款,借记"银行存款"账户,贷记"短期借款"账户。

【任务 8-1】　海滨公司于 2018 年 4 月 1 日向银行借入一笔生产经营短期借款,共计 120 000 元,期限为 6 个月,年利率为 8.4%。根据与银行签署的借款协议,该项借款的本金到期后一次归还,利息分月预提按季支付。借款借据,如表 8-1 所示。

表 8-1

工商银行借款借据(收账通知)

借款企业名称:海滨华联股份有限公司　　　　2018 年 4 月 1 日

贷款种类	经营周转借款	贷款账号	1901245789636458796				存款账号			1903019551012985550					
借款金额	人民币 (大写)	壹拾贰万元整		亿	千	百	十	万	千	百	十	元	角	分
						￥	1	2	0	0	0	0	0	0
借款用途:生产经营需要															
约定还款期:期限 6 个月　于 2018 年 9 月 30 日到期															
上列借款此据发放,转入你单位存款账户。 　　此致 单位 　　　　　货款专用章　　　(银行盖章)				单位分录: (借) 　　　(贷) 主管　　会计　　复核　　记账 　　　　　　　　　　　　2018 年 4 月 1 日											

4月1日,借入短期借款时,根据借款借据编制会计分录如下:

借:银行存款　　　　　　　　　　　　　　　　　　　　　　　　　　　120 000
　　贷:短期借款——工行兴城支行　　　　　　　　　　　　　　　　　　　120 000

二、短期借款利息的业务核算

短期银行借款的目的一般是为了弥补小企业自有流动资金的不足,属于小企业的流动负债,因此,短期借款应当按照借款本金和借款合同利率在应付利息日计提利息费用,计入财务费用。在我国,对短期借款所应支付的利息的会计处理可采取两种方式:第一种是当短期借款是按月支付利息的,或利息是在借款到期时连同本金一并偿还但数额不大的,可在支付时直接计入当期损益,借记"财务费用"账户,贷记"银行存款"账户。第二种是借款利息是按期支付(按季、按半年),或利息是在借款到期时连同本金一并偿还且数额较大的,应采取预提办法,按月预提计入财务费用。月末预提时,借记"财务费用"账户,贷记"应付利息"账户;实际支付月份,按照已经预提的利息金额,借记"应付利息"账户,按实际支付的利息金额与预提数的差额(尚未提取的部分),借记"财务费用"账户,按实际支付的利息,贷记"银行存款"账户。

【任务8-2】　承[任务8-1],海滨公司4月末计提当月利息时,编制借款利息计算表,如表8-2所示。

表8-2

借款利息计算表

2018 年 4 月 30 日

贷款银行	借款种类	借款本金	月利率	利息额
工行长沙市兴城支行	经营周转借款	120 000	0.7%	840
合计				840

审核:　　　　　　　　　　　　　　　　　　　　　　　　　　　　制单:陆海

4月30日,根据借款利息计算表,编制会计分录如下:

借:财务费用——利息支出　　　　　　　　　　　　　　　　　　　　　　840
　　贷:应付利息　　　　　　　　　　　　　　　　　　　　　　　　　　　840

本月应计提的利息金额 = 120 000 × 0.7% = 840(元)

5月末,计提利息费用的处理与4月份相同。

【任务8-3】　承[任务8-2],海滨公司于6月20日收到工商银行长沙市兴城支行利息计收清单,收取第二季度借款利息。银行借款利息计收清单,如表8-3所示。

表 8-3

中国工商银行计收利息清单（支取通知）

2018 年 6 月 20 日

户名	海滨华联股份有限公司		账号	1903019551012985550	
	计息起止时间	2018 年 4 月 1 日至 2018 年 6 月 20 日		左列贷款利息已从你单位账户扣付	
贷款种类	贷款账号	计息日贷款金额	月利率	计收利息金额	
	1901245789636458796	120 000		2 520.00	银行签章 转账日期 2018 年 6 月 20 日

利息金额人民币（大写）	贰仟伍佰贰拾元整	千	百	十	万	千	百	十	元	角	分
					￥	2	5	2	0	0	0

单位主管　　　　　会计　　　　　复核　　　　　记账

6 月 20 日，根据银行借款利息计收清单，编制会计分录如下：

借：财务费用	840
应付利息	1 680
贷：银行存款	2 520

本任务中，4~5 月已经计提的利息为 1 680 元，应借记"应付利息"账户，6 月份应当计提的利息为 840 元，应借记"财务费用"账户；实际支付利息 2 520 元，贷记"银行存款"账户。

同样，海滨公司在 7 月末、8 月末计提当月利息，并于第三季度末支付利息 2 520 元。

三、短期借款归还的业务核算

小企业到期归还借款时，借记"短期借款"账户，贷记"银行存款"账户。

【任务 8-4】 海滨公司于 2018 年 9 月 30 日归还借款 120 000 元。

表 8-4

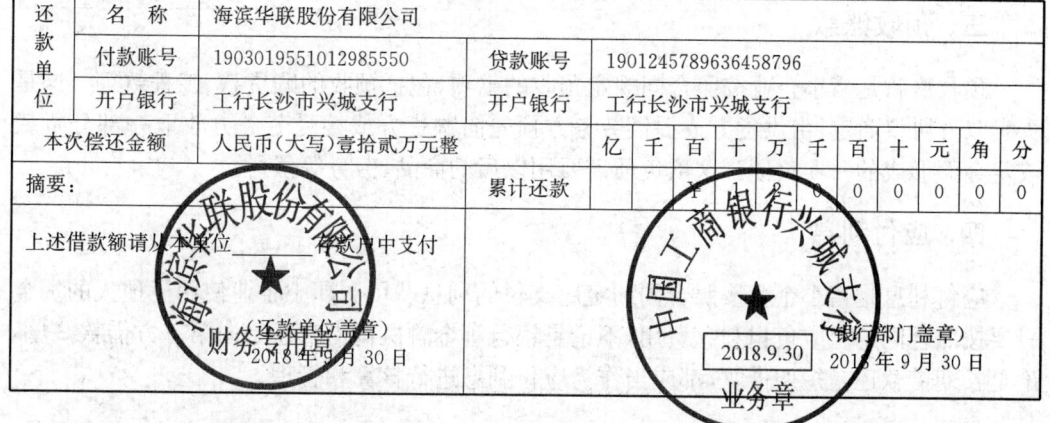

中国工商银行贷款还款凭证

贷款种类：短期借款　　　　　2018 年 9 月 30 日　　　　　第 014 号

还款单位	名称	海滨华联股份有限公司											
	付款账号	1903019551012985550		贷款账号	1901245789636458796								
	开户银行	工行长沙市兴城支行		开户银行	工行长沙市兴城支行								
本次偿还金额	人民币（大写）壹拾贰万元整		亿	千	百	十	万	千	百	十	元	角	分
摘要：		累计还款		1	2	0	0	0	0	0	0	0	

上述借款额请从本单位＿＿＿＿存款户中支付

（还款单位盖章）
2018 年 9 月 30 日

（银行部门盖章）
2018 年 9 月 30 日

9 月 30 日,根据贷款还款凭证(见表 8-4),编制会计分录如下:

借:短期借款——工行兴城支行　　　　　　　　　　　　　　　120 000
　　贷:银行存款　　　　　　　　　　　　　　　　　　　　　　120 000

任务 2　应付款项业务核算

【相关知识】

　　小企业的应付款项是指企业在生产经营过程中因购买材料、商品和接受劳务或由于其他原因而形成的债务,包括应付票据、应付账款、预收账款、应付利息、应付利润、其他应付款等。各项应付款项应当按照其实际发生额入账。

一、应付票据

　　应付票据是指小企业因购买材料、商品或接受劳务供应等而开出、承兑的商业汇票所形成的债务,包括商业承兑汇票和银行承兑汇票。商业汇票按是否带息分为带息票据和不带息票据两种。目前我国常用的是不带息票据。

　　应付票据的入账价值,应分两种情况处理:不带息应付票据,应按票据面值计价入账;带息应付票据,企业开出承兑票据时按面值计价入账,期末计算的应付利息也应列为应付票据款计价入账。

二、应付账款

　　应付账款是指小企业因购买材料、商品和接受劳务等日常生产经营活动应支付的款项。应付账款是由于买卖双方在购销活动中取得材料、商品或接受劳务与支付货款在时间上不一致而产生的负债。小企业确实无法偿付的应付款项,应当计入营业外收入。

　　应付账款一般按发票记载的应付金额入账。存在购货折扣的情况下,应区别情况处理:系商业折扣的,购货方应根据发票价格,按扣除了商业折扣以后的金额入账;系现金折扣的,应先按发票上记载的应付金额记账,即按不扣除折扣金额入账,待实际发生折扣时,再将折扣金额冲减当期财务费用。

三、预收账款

　　预收账款是指小企业按照合同规定预收的款项,包括预收的购货款、工程款等。这是买卖双方协议商定,由供货方或提供劳务方预先向购货方或接受劳务方收取一部分货款或定金而形成的一项负债。这项负债需要用以后的商品、劳务等偿付。

四、应付利息

　　应付利息是指小企业按照合同约定应支付的利息费用。即小企业使用了他人的资金只要按照合同约定应负担利息费用,不论是银行等金融机构借款还是向第三方借款,也不论是长期借款还是短期借款,都应当作为应付利息进行核算和管理。

从经济意义来看,应付利息这项负债实质上反映了小企业与资金提供者之间由资金借贷所产生资金成本承担和支付的关系。

五、应付利润

应付利润是指小企业向投资者分配的利润。小企业根据相关法律、法规等的规定或根据投资协议或合同约定应向投资者分配利润,在未支付给投资者之前,形成了小企业的一项负债。

从经济意义来看,应付利润这项负债实质上反映了小企业与投资者之间分配和取得投资回报的关系。

六、其他应付款

其他应付款是指小企业除应付账款、预收账款、应付职工薪酬、应交税费、应付利息、应付利润等以外的其他各项应付、暂收的款项。具体包括:应付经营租入固定资产和包装物租金;职工未按期领取的工资;存入保证金(如收到的包装物押金等);应付、暂收所属单位、个人的款项;其他应付、暂收款项。

从经济意义来看,其他应付款这项负债实质上反映了小企业与除资金提供者、销货方、国家、投资者以外的其他方之间发生的结算关系。

【业务操作】

一、应付票据的业务核算

为了核算和监督小企业商业汇票的签发、承兑和支付情况,应设置"应付票据"账户。该账户贷方登记企业签发、承兑商业汇票的面值和带息票据已计算的应付利息;借方登记企业到期支付(或结转)票款数额;余额在贷方,表示企业尚未到期的应付票据本息。

此外,还应设置"应付票据备查簿",详细登记每一应付票据的种类、号数、签发日期、到期日、票面金额、合同交易号、收款人姓名或单位名称,以及付款日期和金额等详细资料。应付票据到期结清时,应在备查簿内逐笔注销。

(一)签发应付票据的核算

小企业开出并承兑商业汇票购货或抵付应付账款时,借记"材料采购""原材料""应交税费""应付账款"等账户,贷记"应付票据"账户。若企业开出承兑的是银行承兑汇票,需按票面金额支付一定的手续费,借记"财务费用"账户,贷记"银行存款"账户。

(二)带息应付票据利息的核算

企业应区分带息应付票据和不带息应付票据进行核算。对于带息应付票据,通常应在期末时,对尚未支付的应付票据计提利息,借记"财务费用"账户,贷记"应付票据"账户。票据到期支付票款时,尚未计提的利息部分直接计入当期财务费用,按票据账面余额,借记"应付票据"账户,按未计的利息,借记"财务费用"账户,按实际支付的金额,贷记"银行存款"账户。

（三）应付票据到期的核算

应付票据到期，借记"应付票据"账户，贷记"银行存款"账户；如企业无力支付票款，属商业承兑汇票的，按应付票据账面余额，借记"应付票据"账户，贷记"应付账款"账户；属银行承兑汇票的，按应付票据账面余额，借记"应付票据"账户，贷记"短期借款"账户。到期不能支付的带息应付票据，转入"应付账款"等账户后，期末时不再计提利息。

【任务 8-5】　海滨公司于 2018 年 6 月 6 日开出一张面值为 58 500 元、期限为 5 个月的不带息商业汇票，从 A 公司购入甲材料一批。增值税专用发票上注明的材料价款为 50 000 元，增值税额为 8 000 元。材料已验收入库，材料按实际成本计价。编制会计分录如下：

借：原材料——甲材料　　　　　　　　　　　　　　　　　　　　50 000
　　应交税费——应交增值税（进项税额）　　　　　　　　　　　　 8 000
　　贷：应付票据——商业承兑汇票（A 公司）　　　　　　　　　　　 58 000

【任务 8-6】　2018 年 11 月 6 日，海滨公司于 6 月 6 日开出的商业汇票到期。海滨公司通知其开户银行存款支付票款。编制会计分录如下：

借：应付票据——商业承兑汇票（A 公司）　　　　　　　　　　　　58 000
　　贷：银行存款　　　　　　　　　　　　　　　　　　　　　　　 58 000

如果上述汇票到期，企业暂时无力付款：

借：应付票据——商业承兑汇票（A 公司）　　　　　　　　　　　　58 000
　　贷：应付账款——A 公司　　　　　　　　　　　　　　　　　　 58 000

【任务 8-7】　2018 年 6 月 1 日，海滨公司从 B 公司购入乙材料一批，货款为 30 000 元，增值税额为 4 800 元，当日签发并承兑一张为期 3 个月、面额为 34 800 元的带息银行承兑汇票结算。支付承兑手续费 150 元，年利率 5%，材料已验收入库。

（1）向银行申请承兑，支付承兑手续费时：

借：财务费用——手续费　　　　　　　　　　　　　　　　　　　　 150
　　贷：银行存款　　　　　　　　　　　　　　　　　　　　　　　　 150

（2）持票购料时：

借：原材料　　　　　　　　　　　　　　　　　　　　　　　　　 30 000
　　应交税费——应交增值税（进项税额）　　　　　　　　　　　　 4 800
　　贷：应付票据——银行承兑汇票（B 公司）　　　　　　　　　　　 34 800

（3）6 月 30 日，计算应付利息时：

$$月应付利息 = 34\,800 \times 5\% \div 12 = 145（元）$$

借：财务费用——利息支出　　　　　　　　　　　　　　　　　　　 145
　　贷：应付票据——银行承兑汇票（B 公司）　　　　　　　　　　　 145

（4）票据到期企业支付票据本息：

借:应付票据——银行承兑汇票(B公司)	34 945
财务费用——利息	290
贷:银行存款	35 235

(5)若票据到期,企业无力付款,则由承兑银行承担付款责任,代其付款:

借:应付票据——银行承兑汇票(B公司)	34 945
财务费用——利息	290
贷:短期借款	35 235

二、应付账款的业务核算

为了核算小企业应付账款的发生及偿还情况,应设置"应付账款"账户。该账户贷方登记发生的应付款项以及因无款支付到期商业汇票转入的应付票据款;贷方登记企业偿还、抵付的应付账款以及转销无法支付的应付账款;余额一般在贷方,表示企业尚未支付的应付账款。该账户应按供应单位设置明细账,进行明细分类核算。

(一) 发生应付账款的核算

(1)企业购入材料、商品等验收入库,但货款尚未支付,根据有关凭证,借记"材料采购""在途物资""应交税费——应交增值税(进项税额)"等账户,按应付的款项,贷记"应付账款"账户。

(2)接受供应单位提供劳务而发生的应付未付款项,根据供应单位的发票账单,借记"生产成本""制造费用""管理费用"等账户,贷记"应付账款"账户。上述交易涉及增值税进项税额的,还应进行相应的处理。

(二) 偿还应付账款的核算

偿还应付账款时,借记"应付账款"账户,贷记"银行存款"等账户。

如果购入的资产在形成一笔应付账款时是带有现金折扣的,应付账款入账金额按发票上记载的应付金额的总值(即不扣除折扣)确定。付款时获得现金折扣的,按应付数借记"应付账款"账户,按取得的现金折扣,贷记"财务费用"账户,按实付数,贷记"银行存款"账户。

(三) 转销应付账款的核算

小企业由于债权单位撤销或其他原因而无法支付的应付账款,应按其账面余额转入营业外收入,借记"应付账款"账户,贷记"营业外收入"账户。

【任务 8-8】　2018 年 6 月 1 日,海滨公司从 A 公司购入甲材料一批,货款 100 000元,增值税额 16 000 元,材料已验收入库,款项尚未支付。A 公司提供了一定现金折扣为"1/20、N/30"。假设折扣时考虑增值税。材料验收入库时,根据有关原始凭证,编制会计分录如下:

借:原材料	100 000
应交税费——应交增值税(进项税额)	16 000
贷:应付账款——A公司	116 000

【任务 8-9】　承[任务 8-8],海滨公司 6 月 15 日向 A 公司付清货款。编制会计分录如下:

借:应付账款——A公司　　　　　　　　　　　　　　　　　　　　　116 000
　　贷:财务费用　　　　　　　　　　　　　　　　　　　　　　　　　　　1 160
　　　　银行存款　　　　　　　　　　　　　　　　　　　　　　　　　114 840

　　　　海滨公司付款时获得现金折扣 = 116 000 × 1% = 1 160(元)

【任务 8-10】 2018 年 9 月 25 日,海滨公司确定一笔应付 C 企业的账款 4 000 元为无法支付的款项,应予转销。海滨公司应编制会计分录如下:

借:应付账款——C 企业　　　　　　　　　　　　　　　　　　　　　4 000
　　贷:营业外收入　　　　　　　　　　　　　　　　　　　　　　　　　4 000

三、预收账款的业务核算

为了核算和监督预收账款的形成及结算情况,小企业应设置"预收账款"账户。该账户贷方登记企业收到购货方预付的货款及补付的货款;借方登记企业实际发出产品的价税款及退回的余款;期末贷方余额,表示企业向购货单位预收的款项;期末如为借方余额,表示企业应由购货单位补付的款项,即应收款项。该账户应按购货单位设置明细账,进行明细分类核算。

(一) 收到预收款项的核算
小企业向购货单位预收款项时,借记"银行存款"账户,贷记"预收账款"账户。

(二) 销售实现时的核算
销售实现时,按实现的收入和应交的增值税销项税额,借记"预收账款"账户,按照实现的营业收入,贷记"主营业务收入"账户,按照增值税专用发票上注明的增值税额,贷记"应交税费——应交增值税(销项税额)"等账户。

(三) 收到补付货款或退还多余货款的核算
小企业收到购货单位补付的款项,借记"银行存款"账户,贷记"预收账款"账户;向购货单位退回其多付的款项时,借记"预收账款"账户,贷记"银行存款"账户。

【任务 8-11】 2018 年 6 月 3 日,海滨公司与甲企业签订供货合同,向其出售一批设备,货款金额共计 100 000 元,应交纳增值税额 16 000 元。根据购货合同规定,甲企业在购货合同签订 1 周内,应当向海滨公司预付货款 60 000 元,剩余货款在交货后付清。2018 年 6 月 8 日,海滨公司收到甲企业交来的预付款 60 000 元并存入银行;6 月 18 日,海滨公司将货物发到甲企业并开出增值税专用发票,甲企业验收合格后付清了剩余货款。

(1) 6 月 8 日,收到甲企业交来的预付款时:

借:银行存款　　　　　　　　　　　　　　　　　　　　　　　　　60 000
　　贷:预收账款——甲企业　　　　　　　　　　　　　　　　　　　　60 000

(2) 6 月 18 日,海滨公司发货后收到甲企业剩余货款:

借:预收账款——甲企业　　　　　　　　　　　　　　　　　　　　116 000
　　贷:主营业务收入　　　　　　　　　　　　　　　　　　　　　　100 000
　　　　应交税费——应交增值税(销项税额)　　　　　　　　　　　　16 000

借:银行存款　　　　　　　　　　　　　　　　　　　　　　　　　56 000
　　贷:预收账款——甲企业　　　　　　　　　　　　　　　　　　　　56 000

　　　　　　　　甲企业补付的货款 = 116 000 - 60 000 = 56 000(元)

　　本任务中,假若海滨公司只能向甲企业供货 40 000 元,则海滨公司应退回预收款 13 600
元,有关会计分录如下:

借:预收账款——甲企业　　　　　　　　　　　　　　　　　　　　60 000
　　贷:主营业务收入　　　　　　　　　　　　　　　　　　　　　　40 000
　　　　应交税费——应交增值税(销项税额)　　　　　　　　　　　　6 400
　　　　银行存款　　　　　　　　　　　　　　　　　　　　　　　　13 600

四、应付利息的业务核算

　　小企业应设置"应付利息"账户,用来核算企业按照合同约定应支付的利息,包括短期
借款、分期付息到期还本的长期借款等应支付的利息,按存款人或债权人进行明细核算,
期末贷方余额,反映企业应付未付的利息。

　　(一) 计提应付利息的核算

　　在付息日,小企业应按照借款合同利率计算确定的利息费用,借记"在建工程""财务
费用"等账户,贷记"应付利息"账户。

　　(二) 支付应付利息的核算

　　实际支付的利息,借记"应付利息"账户,贷记"银行存款"等账户。

　　【任务 8-12】　2018 年 1 月,海滨公司借入 5 年期到期还本、每年付息的长期借款
5 000 000 元,合同约定年利率为 3.5%。

　　(1) 每年计算确定利息费用时:

借:财务费用——利息支出　　　　　　　　　　　　　　　　　　　175 000
　　贷:应付利息　　　　　　　　　　　　　　　　　　　　　　　　175 000

　　　　　　　　企业每年应支付的利息 = 5 000 000 × 3.5% = 175 000(元)

　　(2) 每年实际支付利息时:

借:应付利息　　　　　　　　　　　　　　　　　　　　　　　　　175 000
　　贷:银行存款　　　　　　　　　　　　　　　　　　　　　　　　175 000

五、应付利润的业务核算

　　小企业应设置"应付利润"账户,用来核算企业经股东大会或类似机构决议确定分配
的现金股利或利润。该账户应按投资人设置明细账进行明细分类核算。

　　小企业根据规定或协议确定的应分配给投资者的利润,借记"利润分配"账户,贷记
"应付利润"账户。向投资者实际支付利润,借记"应付利润"账户,贷记"库存现金""银行
存款"账户。

　　【任务 8-13】　海滨公司 2018 年实行净利润 8 000 000 元,根据股东大会或类似机构
审议批准 2018 年度分配股利 5 000 000 元,利润已经用银行存款支付。

（1）股利宣告日：

借：利润分配——应付现金股利或利润　　　　　　　　　　　　　　　　　　5 000 000
　　贷：应付利润　　　　　　　　　　　　　　　　　　　　　　　　　　　　5 000 000

（2）股利发放日：

借：应付利润　　　　　　　　　　　　　　　　　　　　　　　　　　　　　5 000 000
　　贷：银行存款　　　　　　　　　　　　　　　　　　　　　　　　　　　　5 000 000

六、其他应付款的业务核算

为了核算和监督小企业其他应付款项的应付、暂收及支付情况，应设置"其他应付款"账户。该账户贷方登记企业发生的各种应付、暂收款项；借方登记企业实际支付或转销的应付款项；余额在贷方则表示企业尚未支付的其他应付款项。该账户应按应付和暂收款项的类别和单位或个人设置明细账，进行明细分类核算。

小企业发生其他各种应付、暂收款项时，借记"管理费用"等账户，贷记"其他应付款"账户；支付或退回其他各种应付、暂收款项时，借记"其他应付款"账户，贷记"银行存款"等账户。小企业无法支付的其他应付款，借记"其他应付款"账户，贷记"营业外收入"账户。

【任务 8-14】　海滨公司从 2018 年 1 月 1 日起，以经营租赁方式从 A 公司租入管理用办公设备一批，每月租金为 5 000 元，按季支付。3 月 31 日，甲公司以银行存款支付应付租金。

（1）1 月 31 日，计提应付经营租入固定资产租金：

借：管理费用　　　　　　　　　　　　　　　　　　　　　　　　　　　　　5 000
　　贷：其他应付款——A 公司　　　　　　　　　　　　　　　　　　　　　5 000

（2）2 月底，计提应付经营租入固定资产租金的会计处理同上。

（3）3 月 31 日，支付租金：

借：其他应付款——A 公司　　　　　　　　　　　　　　　　　　　　　　　10 000
　　管理费用　　　　　　　　　　　　　　　　　　　　　　　　　　　　　5 000
　　贷：银行存款　　　　　　　　　　　　　　　　　　　　　　　　　　　15 000

任务 3　应付职工薪酬业务核算

【相关知识】

一、应付职工薪酬的定义

应付职工薪酬是指小企业为获得职工提供的服务而应付给职工的各种形式的报酬以及其他相关支出。

　　从性质上来看,凡是小企业为获得职工提供的服务而给予或付出的各种形式的对价,都构成职工薪酬,作为一种耗费构成人工成本,与这些服务产生的经济利益相匹配。与此同时,小企业与职工之间因职工提供服务形成的关系,大多数构成小企业的现时义务,将导致小企业未来经济利益的流出,从而形成小企业的一项负债。

　　这里所称的"职工",是指与企业订立劳动合同的所有人员,含全职、兼职和临时职工,也包括虽未与企业订立劳动合同但由企业正式任命的人员,如董事会成员、监事会成员等;"职工提供的服务",是指职工在小企业内部所从事的具体工作和岗位,即职工为小企业提供的服务是通过从事具体工作和岗位来体现和实现的,具体工作和岗位包括生产产品、销售产品或商品、对外提供劳务、管理生产经营活动、建造固定资产、自行研发无形资产等;"报酬"的表现形式有货币和非货币两种。

二、职工薪酬的内容

　　小企业的职工薪酬包括以下内容。

(一) 职工工资、奖金、津贴和补贴

　　工资是指计时工资和计件工资。计时工资是指按计时工资标准和工作时间支付给职工的劳动报酬。计件工资是指对已做工作按计件单价支付的劳动报酬。

　　奖金是指支付给职工的超额劳动报酬和增收节支的劳动报酬,例如生产奖,包括超产奖、质量奖、安全奖、考核各项经济指标的综合奖、年终奖、劳动分红等;又如劳动竞赛奖,包括发给劳动模范、先进个人的各种奖金和实物奖励等。

　　津贴和补贴是指为了补偿职工特殊或额外的劳动消耗和因其他特殊原因支付给职工的津贴,以及为了保证职工工资水平不受物价影响支付的物价补贴,包括补偿职工特殊或额外劳动消耗的津贴(如高空津贴、井下津贴等),保健津贴,技术性津贴,工龄津贴及其他津贴(如直接支付的伙食津贴、合同制职工工资性补贴及书报费等)。

　　需要注意的是,根据国家法律、法规和政策规定,因病、工伤、产假、计划生育、婚丧假、探亲假、事假、定期休假、停工学习、执行国家和社会义务等原因应支付的工资也包括在内。

(二) 职工福利费

　　职工福利费主要包括职工因公负伤赴外地就医路费、职工生活困难补助、未实行医疗统筹小企业职工医疗费用,以及按规定发生的其他职工福利支出。

(三) 医疗保险费、养老保险费、失业保险费、工伤保险费和生育保险费等社会保险费

　　医疗保险费、养老保险费、失业保险费、工伤保险费和生育保险费等社会保险费是指小企业按照国务院、各地方人民政府规定的基准和比例计算,向社会保险经办机构缴纳的医疗保险费、养老保险费、失业保险费、工伤保险费和生育保险费,即通常所讲的"五险"。

　　我国养老保险主要分为三个层次:第一层次是社会统筹与职工个人账户相结合的基本养老保险;第二层次是企业补充养老保险;第三层次是个人储蓄性养老保险。但是,第三层次属于职工的个人行为,与小企业无关,不属于职工薪酬的范畴。

　　1. 基本养老保险制度

　　根据我国养老保险制度相关规定,小企业为职工缴纳基本养老保险费的比例,一般不

得超过小企业工资总额的 20%(包括划入个人账户的部分),具体比例由省、自治区、直辖市人民政府确定。

2. 补充养老保险制度

为建立多层次的养老保险制度,更好地保障企业职工退休后的生活,依法参加基本养老保险并履行缴费义务、具有相应的经济负担能力并已建立集体协商机制的企业,经有关部门批准,可申请建立企业年金。企业年金是企业及其职工在依法参加基本养老保险的基础上,自愿建立的补充养老保险制度。根据国家有关规定,企业建立年金所需资金由企业和职工个人共同缴纳,其中,企业缴费每年不超过本企业上年度职工工资总额的 1/12,企业和职工个人缴费合计一般不超过本企业上年度职工工资总额的 1/6。

(四)住房公积金

住房公积金是指小企业按照国家规定的基准和比例计算,向住房公积金管理机构缴存的住房公积金。

(五)工会经费和职工教育经费

工会经费和职工教育经费是指小企业根据《中华人民共和国工会法》的规定,为了改善职工文化生活、为职工学习先进技术和提高文化水平和业务素质,用于开展工会活动和职工教育及职业技能培训等相关支出。

(六)非货币性福利

非货币性福利是指小企业以自己的产品或外购商品发放给职工、企业提供自己拥有或租赁资产给职工无偿使用,以及为职工无偿提供医疗保健服务等的非货币性福利。

(七)因解除与职工的劳动关系给予的补偿

因解除与职工的劳动关系给予的补偿是指小企业在职工劳动合同尚未到期之前解除与职工的劳动关系等情况下根据国家有关规定给予职工的经济补偿,即辞退福利。

(八)其他与获得职工提供的服务相关的支出

其他与获得职工提供的服务相关的支出是指除上述七种薪酬以外的其他为获得职工提供的服务而给予的薪酬。

三、职工薪酬的确认与计量

(一)职工薪酬的确认原则

小企业应当在职工为其提供服务的会计期间,将除辞退福利以外的职工薪酬确认为负债,并按职工提供服务的受益对象,分别下列情况处理:

(1)应由生产产品、提供劳务负担的职工薪酬计入产品成本或劳务成本。

(2)应由在建工程负担的职工薪酬计入固定资产成本。

(3)应由无形资产开发项目负担的职工薪酬计入无形资产成本。

(4)除直接生产人员、直接提供劳务人员、生产车间管理人员、建造固定资产人员、无形资产开发人员等以外的职工,包括小企业行政管理部门人员的职工薪酬,以及难以确定直接对应的受益对象的人员的职工薪酬,比如,因解除与职工的劳动关系给予的补偿,均应当在发生时计入当期损益,即管理费用。

(二) 职工薪酬的计量

小企业在确认应付职工薪酬和应计入成本费用的金额时,应当区别两种情况。

1. 对于国务院有关部门、省、自治区、直辖市人民政府或经批准的企业年金计划规定了计提基础和计提比例的职工薪酬项目

企业应当按照规定的计提标准,计量企业承担的职工薪酬义务和计入成本费用的职工薪酬。其中:

(1) 对于"五险一金",即对于医疗保险费、养老保险费、失业保险费、工伤保险费、生育保险费和住房公积金,企业应当按照国务院、所在地政府或企业年金计划规定的标准计量应付职工薪酬义务和应相应计入成本费用的薪酬金额。

(2) 对于工会经费和职工教育经费,企业应当按照国家相关规定,分别按照职工工资总额的 2% 和 1.5% 计量应付职工薪酬中"两费"(工会经费、职工教育经费)义务金额和应相应计入成本费用的薪酬金额;从业人员技术要求高、培训任务重、经济效益好的企业,可根据国家相关规定,按照职工工资总额的 2.5% 计量应计入成本费用的职工教育经费。按照明确标准计算确定应承担的职工薪酬义务后,再根据受益对象计入相关资产的成本或当期费用。

2. 对于国家(包括省、自治区、直辖市)相关法律、法规没有规定计提基础和计提比例的职工薪酬项目(职工福利费)

企业应当根据历史经验数据和自身实际情况,预计应付职工薪酬和应计入成本费用的金额,每个资产负债表日,企业应当对实际发生的职工薪酬金额和预计金额进行调整。

【业务操作】

小企业应设置"应付职工薪酬"账户,用来核算应付职工薪酬的提取、结算、使用等情况。该账户贷方登记分配计入有关成本费用项目的职工薪酬的数额,借方登记实际发放或支付的职工薪酬的数额;期末贷方余额,反映企业应付未付的职工薪酬。该账户应设置"工资""职工福利""社会保险费""住房公积金""工会经费""职工教育经费""非货币性福利"等明细账户,进行明细核算。

一、确认职工薪酬的业务核算

月末,小企业应当在职工为其提供服务的会计期间,将应付的职工薪酬确认为负债,并根据职工提供服务的受益对象,分别进行会计处理。

(1) 生产部门(提供劳务)人员的职工薪酬,借记"生产成本""制造费用"等账户,贷记"应付职工薪酬"账户。

(2) 应由在建工程、无形资产开发项目负担的职工薪酬,借记"在建工程""研发支出"等账户,贷记"应付职工薪酬"账户。

(3) 管理部门人员的职工薪酬和因解除与职工的劳动关系给予的补偿,借记"管理费用"账户,贷记"应付职工薪酬"账户。

(4) 销售人员的职工薪酬,借记"销售费用"账户,贷记"应付职工薪酬"账户。

二、发放职工薪酬的业务核算

小企业发放职工薪酬应当区分以下情况进行处理：

（1）向职工支付工资、奖金、津贴、福利费等，按应付数，借记"应付职工薪酬"账户，按从应付职工薪酬中扣还的各种款项（代垫的水电费、个人所得税）等，贷记"其他应付款""应交税费——应交个人所得税"等账户，按实付金额，贷记"库存现金""银行存款"等账户。

（2）支付工会经费和职工教育经费用于工会活动和职工培训，借记"应付职工薪酬"账户，贷记"银行存款"等账户。

（3）按照国家有关规定缴纳的社会保险费和住房公积金，借记"应付职工薪酬"账户，贷记"银行存款"账户。

（4）以其自产产品发放给职工的，按照其销售价格，借记"应付职工薪酬"账户，贷记"主营业务收入"账户；同时，还应结转产成品的成本。涉及增值税销项税额的，还应进行相应的账务处理。

（5）支付的因解除与职工的劳动关系给予职工的补偿，借记"应付职工薪酬"账户，贷记"库存现金""银行存款"等账户。

三、典型任务举例

【任务 8-15】　海滨公司 2018 年 5 月"工资结算汇总表"中应付工资总额为 200 000元，其中：生产人员工资 100 000 元；车间管理人员工资 32 000 元，公司管理部门人员工资 36 000 元；公司专设产品销售机构人员工资 10 000 元；建造厂房人员工资 22 000 元。

根据 2017 年实际发生的职工福利费情况，公司预计 2018 年应承担的职工福利费为职工工资总额的 14%，职工福利的受益对象为上述所有人员。

应计入生产成本的职工工资、福利费 = 100 000 + 100 000 × 14% = 114 000(元)

应计入制造费用的职工工资、福利费 = 32 000 + 32 000 × 14% = 36 480(元)

应计入管理费用的职工工资、福利费 = 36 000 + 36 000 × 14% = 41 040(元)

应计入销售费用的职工职工工资、福利费 = 10 000 + 10 000 × 14% = 11 400(元)

应计入在建工程成本的职工工资、福利费 = 22 000 + 22 000 × 14% = 25 080(元)

海滨公司的有关会计处理如下：

借：生产成本　　　　　　　　　　　　　　　　　　　114 000
　　制造费用　　　　　　　　　　　　　　　　　　　　36 480
　　管理费用　　　　　　　　　　　　　　　　　　　　41 040
　　销售费用　　　　　　　　　　　　　　　　　　　　11 400
　　在建工程　　　　　　　　　　　　　　　　　　　　25 080
　　贷：应付职工薪酬——工资　　　　　　　　　　　　200 000
　　　　　　　　　　——职工福利　　　　　　　　　　 28 000

【任务 8-16】　承[任务 8-15]，海滨公司本月"工资结算汇总表"中应付工资总额 200 000

元,其中代扣职工房租 18 000 元,代扣职工基本养老保险费 14 000 元,代扣个人所得税 1 980 元,余款用银行存款支付。有关会计处理如下:

```
借:应付职工薪酬——工资                                    200 000
    贷:银行存款                                             166 020
       其他应付款——房租费                                  18 000
              ——基本养老保险费                              14 000
       应交税费——应交个人所得税                              1 980
```

【任务 8-17】 承[任务 8-15],海滨公司根据所在地政府规定分别按照职工工资总额的 10%、20%、2% 和 12% 计提医疗保险费、养老保险费、失业保险费和住房公积金,并缴纳给当地社会保险经办机构和住房公积金管理机构。公司分别按照职工工资总额的 2% 和 1.5% 计提工会经费和职工教育经费。

(1) 计提"三险一金""两费"时:

应计入生产成本的"三险一金""两费" $= 100\ 000 \times (10\% + 20\% + 2\% + 12\% + 2\% + 1.5\%)$
$= 47\ 500(元)$

应计入制造费用的"三险一金""两费" $= 32\ 000 \times (10\% + 20\% + 2\% + 12\% + 2\% + 1.5\%)$
$= 15\ 200(元)$

应计入管理费用的"三险一金""两费" $= 36\ 000 \times (10\% + 20\% + 2\% + 12\% + 2\% + 1.5\%)$
$= 17\ 100(元)$

应计入销售费用的职"三险一金""两费" $= 10\ 000 \times (10\% + 20\% + 2\% + 12\% + 2\% + 1.5\%)$
$= 4\ 750(元)$

应计入在建工程成本的"三险一金""两费" $= 22\ 000 \times (10\% + 20\% + 2\% + 12\% + 2\% + 1.5\%)$
$= 10\ 450(元)$

有关会计处理如下:

```
借:生产成本                                              47 500
    制造费用                                             15 200
    管理费用                                             17 100
    销售费用                                              4 750
    在建工程                                             10 450
    贷:应付职工薪酬——社会保险费                            64 000
              ——住房公积金                               24 000
              ——工会经费                                 4 000
              ——职工教育经费                              3 000
```

(2) 向当地社会保险经办机构和住房公积金管理机构缴纳"三险一金"时:

```
借:应付职工薪酬——社会保险费                              64 000
           ——住房公积金                                 24 000
    贷:银行存款                                            88 000
```

【任务 8-18】 甲公司为一般纳税人,2018 年 2 月 1 日,甲公司决定将本公司生产的产品发放给职工作为福利,每件产品成本为 900 元,计税价格(不含税售价)每件产品为

1 000 元。2018 年 2 月 20 日,产品已发放给员工,甲公司有 120 名员工,其中生产工人 100 人,管理人员 20 人。

（1）2018 年 2 月 1 日,决定发放产品时:

$$产品的售价总额 = 1\,000 \times 120 = 120\,000(元)$$

$$产品的增值税销项税额 = 120\,000 \times 17\% = 20\,400(元)$$

借:生产成本	117 000
管理费用	23 400
贷:应付职工薪酬——非货币性福利	140 400

（2）2018 年 2 月 20 日,实际发放产品时:

借:应付职工薪酬——非货币性福利	140 400
贷:主营业务收入	120 000
应交税费——应交增值税(销项税额)	20 400
借:主营业务成本	108 000
贷:库存商品	108 000

【任务 8-19】　甲公司 2018 年 6 月因调整产品结构,解雇生产工人 10 名,协议支付给每位工人补偿费 2 万元,其中一半于 6 月底通过银行存款转账进行支付,另一半于当年年底支付。

（1）甲公司 2018 年 6 月底应做的账务处理如下:

借:管理费用	200 000
贷:应付职工薪酬——辞退福利	200 000
借:应付职工薪酬——辞退福利	100 000
贷:银行存款	100 000

（2）2018 年 12 月底应做的账务处理如下:

借:应付职工薪酬——辞退福利	100 000
贷:银行存款	100 000

任务 4　应交税费业务核算

【相关知识】

小企业在一定时期内取得的营业收入、实现的利润以及从事了其他应税项目,应按照税法规定向国家交纳各种税费,包括增值税、消费税、城市维护建设税、企业所得税、资源税、土地增值税、城镇土地使用税、房产税、车船税、教育费附加、矿产资源补偿费、排污费以及代扣代缴的个人所得税等。按照权责发生制的要求,这些应交的税费应当记入相关账户。这些应交的税费在尚未缴纳之前暂留在小企业,形成了小企业的一项负债,构成了小企业的应交税费。

一、增值税

(一) 增值税的概念

增值税是以商品(含应税劳务)在流转过程中产生的增值额作为计税依据而征收的一种流转税。从计税原理上说,增值税是对商品生产、流通、劳务服务中多个环节的新增价值或商品的附加值征收的一种流转税。实行价外税,也就是由消费者负担,有增值才征税没增值不征税。

增值税是对销售货物或者提供加工、修理修配劳务以及进口货物的单位和个人就其实现的增值额征收的一个税种。在实际当中,商品新增价值或附加值在生产和流通过程中是很难准确计算的。因此,中国也采用国际上普遍采用的税款抵扣的办法,即根据销售商品或劳务的销售额,按规定的税率计算出销售税额,然后扣除取得该商品或劳务时所支付的增值税款,也就是进项税额,其差额就是增值部分应交的税额,这种计算方法体现了按增值因素计税的原则。

增值税征收通常包括生产、流通或消费过程中的各个环节,是基于增值额或价差为计税依据的中性税种,理论上包括农业各个产业领域(种植业、林业和畜牧业)、采矿业、制造业、建筑业、交通和商业服务业等,或者按原材料采购、生产制造、批发、零售与消费各个环节。

由于增值税实行凭增值税专用发票抵扣税款的制度,因此,对纳税人的会计核算水平要求较高,要求能够准确核算销项税额、进项税额和应纳税额。但实际情况是有众多的纳税人达不到这一要求,因此《中华人民共和国增值税暂行条例》将纳税人按其经营规模大小以及会计核算是否健全划分为一般纳税人和小规模纳税人。

1. 一般纳税人

(1) 生产货物或者提供应税劳务的纳税人,以及以生产货物或者提供应税劳务为主(即纳税人的货物生产或者提供应税劳务的年销售额占应税销售额的比重在 50% 以上)并兼营货物批发或者零售的纳税人,年应税销售额超过 50 万元的。

(2) 从事货物批发或者零售经营,年应税销售额超过 80 万元的。

2. 小规模纳税人

(1) 从事货物生产或者提供应税劳务的纳税人,以及从事货物生产或者提供应税劳务为主(即纳税人的货物生产或者提供劳务的年销售额占年应税销售额的比重在 50% 以上),并兼营货物批发或者零售的纳税人,年应征增值税销售额(简称应税销售额)在 50 万元以下(含本数)的。

(2) 除上述规定以外的纳税人,年应税销售额在 80 万元以下(含本数)。

(二) 增值税应纳税额的计算

1. 一般纳税人应纳税额的计算

一般纳税人销售货物或者提供应税劳务,应纳税额为当期销项税额抵扣当期进项税额后的余额。其计算公式如下:

$$应纳税额 = 当期销项税额 - 当期进项税额$$

当期销项税额小于当期进项税额不足抵扣时,其不足部分可以结转下期继续抵扣。

（1）销项税额。销项税额是指纳税人销售货物或者提供应税劳务,按照销售额和规定的税率计算并向购买方收取的增值税额。企业销售货物或者提供应税劳务时,一般应开具增值税专用发票,分别注明不含税销售额和销项税额,一并且结转。销项税额计算公式如下：

$$销项税额 ＝ 销售额 \times 税率$$

纳税人销售货物或者提供应税劳务采用销售额和销项税额合并定价方法的,应换算为不含税销售额。

（2）进项税额。是指纳税人购进货物、加工修理修配劳务、服务、无形资产或者不动产,支付或者负担的增值税额。符合规定的进项税额准予从销项税额中抵扣。

准予从销项税额中抵扣的进项税额：

第一,从销售方取得的增值税专用发票（含税控机动车销售统一发票）上注明的增值税额。

第二,从海关取得的海关进口增值税专用缴款书上注明的增值税额。

第三,购进农产品,除取得增值税专用发票或者海关进口增值税专用缴款书外,按照农产品收购发票或者销售发票上注明的农产品买价和13％的扣除率计算的进项税额。其计算公式如下：

$$进项税额 ＝ 买价 \times 扣除率$$

按照其他规定抵扣进项税额的除外。

第四,从境外单位或者个人购进服务、无形资产或者不动产,自税务机关或者扣缴义务人取得的解缴税款的完税凭证上注明的增值税额。纳税人购进货物或者应税劳务,取得的增值税扣税凭证不符合法律、行政法规或者国务院税务主管部门有关规定的,其进项税额不得从销项税额中抵扣。2016 年 5 月 1 日后取得并在会计制度上按固定资产核算的不动产或者 2016 年 5 月 1 日后取得的不动产在建工程,其进项税额应自取得之日起分两年从销项税额中抵扣,第一年抵扣比例为 60％,第二年抵扣比例为 40％。

下列项目的进项税额不得从销项税额中抵扣：①用于简易计税方法计税项目、免征增值税项目、集体福利或者个人消费的购进货物、加工修理修配劳务、服务、无形资产和不动产。②非正常损失的购进货物,以及相关的加工修理修配劳务和交通运输服务。③非正常损失的在产品、产成品所耗用的购进货物（不包括固定资产）、加工修理修配劳务和交通运输服务。④非正常损失的不动产,以及该不动产所耗用的购进货物、设计服务和建筑服务。⑤非正常损失的不动产在建工程所耗用的购进货物、设计服务和建筑服务。⑥购进的旅客运输服务、贷款服务、餐饮服务、居民日常服务和娱乐服务。⑦财政部和国家税务总局规定的其他情形。

已抵扣进项税额的购进货物或者应税劳务,发生规定情形的,应当将该项购进货物或者应税劳务的进项税额从当期的进项税额中扣减；无法直接确定该项进项税额的,按规定公式计算应扣减的进项税额。

（3）增值税税率。2018 年 5 月 1 日之后最新增值税税率其实只有四档 16％、10％、6％、0。①16％,纳税人销售或者进口货物,加工、修理修配劳务,有形动产租赁服务。②10％,纳税人提供交通运输服务、邮政服务、基础电信、建筑服务、不动产租赁服务,销售不动产,转让土地使用权,销售或者进口 23 类货物,税率为 10％。③6％纳税人提从增值电信服务,金融服务,租赁服务以外的现代服务,生活服务、销售无形资产。④0,主要就是纳税人出口货物(国务院另有规定的除外),境内单位和个人跨境销售国务院规定范围内的服务、国际运输服务、航天运输服务。

2. 小规模纳税人应纳税额的计算

小规模纳税人销售货物或者应税劳务,实行按照销售额和征收率计算应纳税额的简易办法,并不得抵扣进项税额。其计算公式如下:

$$应纳税额 = 销售额 \times 征收率$$

小规模纳税人征收率为 3%。

二、消费税

(一) 消费税的概念

消费税是对在我国境内生产、委托加工和进口规定的消费品的单位和个人,就其销售额或销售数量在特定环节征收的一种税。目前的征税范围为 14 类,即烟,酒及酒精,化妆品,贵重首饰及珠宝玉石,鞭炮,焰火,成品油,汽车轮胎,摩托车,小汽车,高尔夫球及球具,高档手表,游艇,木制一次性筷子,实木地板。消费税采用从价定率、从量定额和从价从量复合征收三种征收方法,主要在生产环节征收。

(二) 应纳税额的计算

1. 从价定率方法

计算公式如下:

$$应纳税额 = 销售额 \times 比例税率$$

销售额为纳税人销售应税消费品向购买方收取的全部价款和价外费用,不包括应向购货方收取的增值税额。其具体规定与增值税销售额的规定一致。

2. 从量定额方法

计算公式如下:

$$应纳税额 = 销售数量 \times 定额税率$$

销售应税消费品的,为应税消费品的销售数量;自产自用应税消费品的,为应税消费品的移送使用数量;委托加工应税消费品的,为纳税人收回的应税消费品数量;进口应税消费品的,为海关核定的应税消费品进口征税数量。

3. 从价从量复合计征方法

计算公式如下:

$$应纳税额 = 销售额 \times 比例税率 + 销售数量 \times 定额税率$$

三、城市维护建设税

城市维护建设税是为了加强城市的维护建设,扩大和稳定城市维护建设资金的来源而征收的一种附加税。凡缴纳消费税、增值税、营业税的单位和个人,都是城市维护建设税的纳税义务人。

城市维护建设税税率如下:纳税人所在地在市区的,税率为 7%;纳税人所在地在县城、镇的,税率为 5%;纳税人所在地不在市区、县城或镇的,税率为 1%。以纳税人实际缴纳的消费税、增值税、营业税税额为计税依据。其计算公式如下:

$$\begin{matrix} 应纳 \\ 税额 \end{matrix} = \left(\begin{matrix} 实际缴纳 \\ 的增值税 \end{matrix} + \begin{matrix} 实际缴纳 \\ 的消费税 \end{matrix} + \begin{matrix} 实际缴纳 \\ 的营业税 \end{matrix} \right) \times \begin{matrix} 适用 \\ 税率 \end{matrix}$$

四、教育费附加

教育费附加是为发展地方性教育事业,扩大地方教育经费的资金来源而征收的一种附加费。凡缴纳消费税、增值税、营业税的单位和个人,都是教育费附加的纳税义务人。

教育费附加的附加率为 3%,地方教育附加的附加率为 2%,合计为 5%。以纳税人实际缴纳的消费税、增值税、营业税税额为计税依据。其计算公式如下:

$$\begin{matrix} 应纳 \\ 附加额 \end{matrix} = \left(\begin{matrix} 实际缴纳 \\ 的增值税 \end{matrix} + \begin{matrix} 实际缴纳 \\ 的消费税 \end{matrix} + \begin{matrix} 实际缴纳 \\ 的营业税 \end{matrix} \right) \times 附加率$$

五、资源税

资源税是对在我国境内开采应税矿产品(如原油、天然气、金属矿产品等)和生产盐的单位和个人,就其应税数量征收的一种税。其计算公式如下:

$$应纳税额 = 应课税数量 \times 单位税额$$

开采或生产应税产品销售的,以销售数量为课税数量;开采或生产应税产品自用的,以自用数量为课税数量。而单位税额则按不同产区的产品分别规定差别税额。

六、房产税、城镇土地使用税、车船税、印花税、矿产资源补偿费、排污费

房产税是在城市、县城、建制镇和工矿区征收的产权所有人缴纳的一种税。房产税依照房产原值一次减除 10%～30% 后的余值计算缴纳。没有房产原值作为依据的,由房产所在地税务机关参考同类房产核定。房产出租的,以房产租金收入为房产税的计税依据。房产税的税率,依照房产余值计算缴纳的,税率为 1.2%;依照房产租金收入计算缴纳的,税率为 12%。

城镇土地使用税是国家为了合理利用城镇土地,调节土地级差收入,提高土地使用效益,加强土地管理而征收的一种税,以纳税人实际占用的土地面积为计税依据,依照规定税额计算征收。土地使用税每平方米年税额如下:大城市 0.5～10 元;中等城市 0.4～8 元;小城市 0.3～6 元;县城、建制镇、工矿区 0.2～4 元。各级地方政府,可在税额幅度内,根据市政建设状况、经济繁荣程度等条件,确定所辖地区的适用税额幅度。

车船税是由拥有车辆、船舶的所有人或者管理人按照适用税额缴纳。车船税采用幅度定额税率。载客汽车每辆 60～660 元,载货汽车按自重每吨 16～120 元,三轮汽车低速货车按自重每吨 24～120 元,摩托车每辆 36～180 元,船舶按净吨位每吨 3～6 元。

印花税是对在我国境内书立、领受所列举凭证的单位和个人征收的一种税。下列凭证为应纳税凭证:购销、加工承揽、建设工程承包、财产租赁、货物运输、仓储保管、借款、财产保险、技术合同或者具有合同性质的凭证;产权转移书据;营业账簿;权利、许可证照。

印花税采用自行贴花、汇缴或汇贴的缴纳方法。

矿产资源补偿费是对在中华人民共和国领域和其他管辖海域开采矿产资源而征收的一项费用。矿产资源补偿费按照矿产品销售收入的一定比例计征，由采矿享有人缴纳。

排污费是指直接向环境排放污染物的单位和个体工商户应当按规定缴纳排污费，包括污水排污费、废气排污费、固体废物及危险废物排污费和噪声超标排污费。

【业务操作】

小企业为了核算和监督各种税费的缴纳情况，应当设置"应交税费"账户。该账户贷方登记企业应缴纳的各种税费；借方登记已缴纳的税费；期末余额一般在贷方，反映企业应缴未缴的税费；若余额在借方则反映企业多交或尚未抵扣的税费。企业应按税种开设明细账户进行明细核算。需要注意的是，小企业交纳的车辆购置税、契税、印花税、耕地占用税以及其他不需要预计应缴数的金额，不通过"应交税费"账户核算。

一、应交增值税的业务核算

（一）一般纳税人应交增值税的业务核算

1. 账户设置

为了核算小企业应交增值税的发生、抵扣、缴纳及转出等情况，应在"应交税费"账户下设置"应交增值税"和"未交增值税"明细账户。

（1）"应交税费——应交增值税"账户。小企业应在"应交增值税"多栏式明细账中，按"进项税额""已交税金""减免税款""转出未交增值税"设置借方栏目，按"销项税额""进项税额转出""转出多交增值税"等设置贷方栏目。

月份终了，"应交增值税"明细账只能是零或借方余额，借方余额反映结转下期继续抵扣的留抵税额。

（2）"应交税费——未交增值税"账户。小企业应在"应交税费"账户下设置"未交增值税"明细账户，核算一般纳税人月终时转入的未缴增值税额和实际缴纳的增值税额，转入多交的增值税也在本明细账户核算。

（3）"应交税费——待抵扣进项税额"账户。根据规定，2016 年 5 月 1 日后取得并在会计制度上按固定资产核算的不动产，以及 2016 年 5 月 1 日后发生的不动产在建工程，其进项税额应按照有关规定分两年从销项税额中抵扣，第一年抵扣比例为 60%，第二年抵扣比例为 40%。对不同的不动产和不动产在建工程，应分别核算其待抵扣进项税额。企业应在"应交税费"账户下设置"待抵扣进项税额"明细账户，核算一般纳税人应在第二年抵扣的进项税额的发生和实际抵扣情况。取得扣税凭证时，待抵扣进项税额记入"应交税费——待抵扣进项税额"账户，在取得扣税凭证的当月起第 13 个月从销项税额中抵扣时，转入"应交税费——应交增值税（进项税额）"账户。

2. 业务核算

（1）采购物资和接受劳务。小企业采购物资和接受劳务，按应计入采购成本的金额或应计入加工等物资成本的金额，借记"材料采购""在途物资""原材料""库存商品"或"生产成本""制造费用"等账户,按可抵扣的增值税额,借记"应交税费——应交增值税(进项税额)"账户,按应付或实际支付的金额,贷记"应付账款""应付票据""银行存款"等账户。购入物资发生的退货,编制相反的会计分录。从小规模纳税人购入材料以及购入材料不能取得增值税专用发票的,发生的增值税计入材料采购成本。

小企业购进免税农业产品,按照购入农业产品的买价和税法规定的扣除率计算的增值税进项税额,借记"应交税费——应交增值税(进项税额)"账户,按照买价减去按照税法规定计算的进项税额后的金额,借记"材料采购"或"在途物资"等账户,按照应付或实际支付的价款,贷记"应付账款""库存现金""银行存款"等账户。

【任务 8-20】 甲小企业购入原材料一批,增值税专用发票上注明货款为 60 000 元,增值税额为 9 600 元,货物尚未到达,货款和进项税款已用银行存款支付。该小企业采用计划成本对原材料进行核算。甲小企业的有关会计分录如下:

借:材料采购	60 000
应交税费——应交增值税(进项税额)	9 600
贷:银行存款	69 600

【任务 8-21】 A 商场购入免税农产品一批,价款为 100 000 元,规定的扣除率为 10%,货物已收到,货款已用银行款支付。A 商场的有关会计分录如下:

借:库存商品	90 000
应交税费——应交增值税(进项税额)	10 000
贷:银行存款	100 000

(2) 进项税额转出。小企业购进的货物发生非常损失,或用于非增值税应税项目、免征增值税项目、集体福利或者个人消费,其进项税额应通过"应交税费——应交增值税(进项税额转出)"账户转入有关账户。借记"待处理财产损溢""在建工程""应付职工薪酬"等账户,贷记"应交税费——应交增值税(进项税额转出)"账户。

【任务 8-22】 海滨公司因意外发生火灾,烧毁库存材料一批,经确认的成本为 20 000 元。有关会计分录如下:

借:待处理财产损溢	23 200
贷:原材料	20 000
应交税费——应交增值税(进项税额转出)	3 200

(3) 销售物资或提供应税劳务。

第一,小企业销售物资或提供应税劳务,按营业收入和应收取的增值税额,借记"应收账款""应收票据""银行存款"等账户,按增值税专用发票上注明的增值税额,贷记"应交税费——应交增值税(销项税额)",按实现的营业收入,贷记"主营业务收入""其他业务收入"账户。发生的销售退回,做相反的会计分录。

第二,小企业随同商品出售单独计价的包装物,应当按照实际收到或应收的金额,借记"银行存款""应收账款"等账户,按照税法规定应交纳的增值税销项税额,贷记"应交税费——应交增值税(销项税额)"账户,按照确认的其他业务收入金额,贷记"其他业务收入"账户。

　　第三,小企业将自产的产品等(包括所购商品)用作福利发放给职工个人,应视同产品销售计算应交增值税的,借记"应付职工薪酬"账户,贷记"主营业务收入""应交税费——应交增值税(销项税额)"等账户。

　　【任务 8-23】　海滨公司销售甲产品一批给 B 公司,取得不含税销售收入 100 万元,税率为 16％,提货单和增值税专用发票已交给对方,款项以银行转账方式收讫。有关会计分录如下:

借:银行存款　　　　　　　　　　　　　　　　　　　　　　　1 160 000
　　贷:主营业务收入　　　　　　　　　　　　　　　　　　　　1 000 000
　　　　应交税费——应交增值税(销项税额)　　　　　　　　　　 160 000

　　【任务 8-24】　丙企业为外单位代加工电脑桌 400 个,每个收取加工费 100 元,适用的增值税税率为 16％,加工完成,款项已收到并存入银行。丙企业的有关会计分录如下:

借:银行存款　　　　　　　　　　　　　　　　　　　　　　　　 46 400
　　贷:主营业务收入　　　　　　　　　　　　　　　　　　　　　 40 000
　　　　应交税费——应交增值税(销项税额)　　　　　　　　　　　 6 400

　　(4) 视同销售行为。小企业有些交易从会计角度看不是销售行为,不确认收入,但按照税法规定,应视同对外销售处理,需要缴纳增值税。如企业将自产或者委托加工的货物用于非增值税应税项目、集体福利或者个人消费,将自产、委托加工或者购进的货物作为投资、分配给股东或者投资者、无偿赠送其他单位等。在这些情况下,企业应当视同销售处理,借记"在建工程""长期股权投资""营业外支出"等账户,贷记"应交税费——应交增值税(销项税额)"账户等。销项税额的计算以计税价格为基础。

　　【任务 8-25】　海滨公司将自己生产的产品用于自行建造职工俱乐部。该批产品的成本为 200 000 元,计税价格为 300 000 元,增值税税率为 16％。海滨公司有关会计分录如下:

借:在建工程　　　　　　　　　　　　　　　　　　　　　　　 248 000
　　贷:库存商品　　　　　　　　　　　　　　　　　　　　　　 200 000
　　　　应交税费——应交增值税(销项税额)　　　　　　　　　　　48 000

　　(5) 缴纳增值税。小企业当月缴纳当月的增值税,借记"应交税费——应交增值税(已交税金)"账户,贷记"银行存款"账户。当月缴纳上月的增值税额,借记"应交税费——未交增值税"账户,贷记"银行存款"账户。

　　【任务 8-26】　海滨公司以银行存款缴纳当月增值税额 50 000 元。有关会计分录如下:

借:应交税费——应交增值税(已交税金)　　　　　　　　　　　　 50 000
　　贷:银行存款　　　　　　　　　　　　　　　　　　　　　　　50 000

　　【任务 8-27】　海滨公司在当月申报完毕后,以银行存款缴纳上月增值税额 68 000 元。有关会计分录如下:

借:应交税费——未交增值税　　　　　　　　　　　　　　　　　 68 000
　　贷:银行存款　　　　　　　　　　　　　　　　　　　　　　　68 000

（6）月末结转未交或多交增值税。月末,小企业应检查已入账的进项税额的对应发票是否已到主管税务机关认证,并计算当期销项税额、进项税额、应纳税额,并进行账务处理。月末,"应交税费——应交增值税"账户的贷方余额,表示企业应缴纳的增值税,应转入"应交税费——未交增值税"账户,借记"应交税费——应交增值税(转出未交增值税)"账户,贷记"应交税费——未交增值税"账户。如果"应交税费——应交增值税"账户月末余额在借方,表示尚未抵扣的增值税或多交的增值税。若为多交的增值税,应借记"应交税费——未交增值税"账户,贷记"应交税费——应交增值税(转出多交增值税)"账户。

【任务 8-28】　海滨公司月末进行计算,本月销项税额 209 000 元,进项税额 150 000元,进项税额转出 32 000 元,已交税金 30 000 元。有关会计处理如下:

应纳税额 = 209 000 + 32 000 − 150 000 − 30 000 = 61 000(元)

借:应交税费——应交增值税(转出未交增值税)　　　　　　　　　　　61 000
　　贷:应交税费——未交增值税　　　　　　　　　　　　　　　　　　　　61 000

(二) 小规模纳税人的账务处理

1. 账户设置

为了核算小企业应交增值税的发生等情况,应设置"应交税费"账户,并在"应交税费"账户下设置"应交增值税"明细账户,但不在明细账户下再设若干专栏。小规模纳税人"应交税费——应交增值税"账户的借方发生额,反映已缴纳的增值税额,贷方发生额反映应缴纳的增值税额;期末贷方余额,反映尚未缴纳的增值税额。

2. 业务核算

小规模纳税人购进货物或接受应税劳务,不管是否取得增值税专用发票,发生的增值税额直接计入成本。销售时,按照不含税销售额和规定的增值税征收率计算缴纳增值税,只能开具普通发票,不能直接开具增值税专用发票。

【任务 8-29】　某小规模纳税人企业购入材料一批,取得的增值税专用发票注明货款为 10 000 元,增值税额为 1 600 元,款项以银行存款支付,材料已验收入库,按实际成本核算。该企业的会计分录如下:

借:原材料　　　　　　　　　　　　　　　　　　　　　　　　　　　　11 600
　　贷:银行存款　　　　　　　　　　　　　　　　　　　　　　　　　　11 600

【任务 8-30】　某小规模纳税人企业销售产品一批,开出的普通发票上注明的金额为30 900 元,征收率为 3%,款项已存入银行。该企业的会计分录如下:

借:银行存款　　　　　　　　　　　　　　　　　　　　　　　　　　　30 900
　　贷:主营业务收入　　　　　　　　　　　　　　　　　　　　　　　　30 000
　　　　应交税费——应交增值税　　　　　　　　　　　　　　　　　　　900

【任务 8-31】　某小规模纳税人企业在次月申报后,以现金方式缴纳增值税 900 元。该企业的会计分录如下:

借:应交税费——应交增值税　　　　　　　　　　　　　　　　　　　　900
　　贷:库存现金　　　　　　　　　　　　　　　　　　　　　　　　　　900

二、应交消费税的业务核算

(一) 账户设置

小企业应在"应交税费"账户下设置"应交消费税"明细账户,用来核算应交消费税发生、缴纳情况。该账户贷方登记应缴纳的消费税,借方登记已缴纳的消费税;期末贷方余额为尚未缴纳的消费税,借方余额表示多交的消费税。

(二) 业务核算

1. 销售应税消费品

小企业销售应税消费品应交的消费税,应借记"税金及附加"账户,贷记"应交税费——应交消费税"账户。小企业随同产品出售但单独计价的包装物,按照税法规定应缴纳的消费税,借记"税金及附加"账户,贷记"应交税费——应交消费税"账户。小企业出租、出借包装物逾期未收回没收的押金应交的消费税,借记"税金及附加"账户,贷记"应交税费——应交消费税"账户。

【任务 8-32】 某企业销售所生产的化妆品,价款为 2 000 000 元(不含增值税),适用的消费税税率为 30%。该企业的有关会计分录如下:

借:税金及附加　　　　　　　　　　　　　　　　　　　　600 000
　　贷:应交税费——应交消费税　　　　　　　　　　　　　　　600 000

2. 自产自用应税消费品

小企业以生产的应税消费品作为股权投资、用于在建工程、非生产机构等,按规定应缴纳的消费税,借记"长期股权投资""固定资产""在建工程""营业外支出"等账户,贷记"应交税费——应交消费税"账户。

【任务 8-33】 某企业在建工程领用自产产品一批,该产品的账面价值 40 000 元,市场价格 60 000 元(不含增值税),适用的消费税税率为 10%,增值税税率为 16%。该企业的有关会计分录如下:

借:在建工程　　　　　　　　　　　　　　　　　　　　55 600
　　贷:库存商品　　　　　　　　　　　　　　　　　　　　40 000
　　　　应交税费——应交增值税(销项税额)　　　　　　　　　9 600
　　　　　　　　——应交消费税　　　　　　　　　　　　　　6 000

应记入"在建工程"账户的金额 = 40 000 + 60 000 × 16% + 60 000 × 10% = 55 600(元)

3. 委托加工应税消费品

小企业需要交纳消费税的委托加工物资,由受托方代收代缴税款(除受托加工或翻新改制金银首饰按规定由受托方缴纳消费税外)。受托方按应交税款金额,借记"应收账款""银行存款"等账户,贷记"应交税费——应交消费税"账户。

委托加工物资收回后,直接用于销售的,将代收代缴的消费税计入委托加工物资的成本,借记"委托加工物资"等账户,贷记"应付账款""银行存款"等账户;委托加工物资收回后用于连续生产的,按规定准予抵扣的,按代收代缴的消费税,借记"应交税费——应交消费税"账户,贷记"应付账款""银行存款"等账户。

【任务 8-34】 海滨公司委托乙企业代为加工一批应交消费税的材料(非金银首饰)。

海滨公司的材料成本为 200 000 元,加工费为 40 000 万元,由乙企业代收代缴的消费税为 60 000 元(不考虑增值税)。材料加工完成后由海滨公司验收入库,款项以银行存款支付。海滨公司采用实际成本法进行原材料的核算。

(1) 如果海滨公司收回后用于继续生产应税消费品:

借:委托加工物资	200 000
贷:原材料	200 000
借:委托加工物资	40 000
应交税费——应交消费税	60 000
贷:银行存款	100 000
借:原材料	240 000
贷:委托加工物资	240 000

(2) 如果海滨公司收回后用于直接销售:

借:委托加工物资	200 000
贷:原材料	200 000
借:委托加工物资	100 000
贷:银行存款	100 000
借:原材料	300 000
贷:委托加工物资	300 000

4. 进口应税消费品

需要缴纳消费税的进口物资,其交纳的消费税应计入该项物资的成本,借记"固定资产""材料采购"或"在途物资""库存商品"等账户,贷记"银行存款"等账户。

【任务 8-35】　海滨公司从国外进口一批需要缴纳消费税的商品,商品价值 2 000 000 元,进口环节需要缴纳的消费税为 400 000 元(不考虑增值税),采购的商品已经验收入库,货款尚未支付,税款已经用银行存款支付。海滨公司的有关会计分录如下:

借:库存商品	2 400 000
贷:应付账款	2 000 000
银行存款	400 000

5. 缴纳消费税

小企业缴纳的消费税,借记"应交税费——应交消费税"账户,贷记"银行存款"账户。

三、应交城市维护建设税和教育费附加的业务核算

小企业按税法规定计算出应交纳的城市维护建设税、教育费附加,借记"税金及附加"等账户,贷记"应交税费——应交城市维护建设税""应交税费——应交教育费附加"账户。缴纳城市维护建设税、教育费附加时,借记"应交税费——应交城市维护建设税""应交税费——应交教育费附加"账户,贷记"银行存款"账户。

【任务 8-38】　海滨公司本月上交增值税 118 000 元,消费税 32 000 元,适用的城市维护建设税税率为 7%,教育费附加率为 5%。

(1) 月末计算应缴纳的城市维护建设税和教育费附加时:

应交的城市维护建设税 $= (118\,000 + 32\,000) \times 7\% = 10\,500$(元)

应交的教育费附加 $= (118\,000 + 32\,000) \times 5\% = 7\,500$(元)

借:税金及附加　　　　　　　　　　　　　　　　　　　　　　18 000

　　贷:应交税费——应交城市维护建设税　　　　　　　　　　　　　10 500

　　　　　　——应交教育费附加　　　　　　　　　　　　　　　　7 500

(2) 下月上交城市维护建设税和教育费附加时:

借:应交税费——应交城市维护建设税　　　　　　　　　　　　　10 500

　　　　　——应交教育费附加　　　　　　　　　　　　　　　　7 500

　　贷:银行存款　　　　　　　　　　　　　　　　　　　　　　18 000

四、应交资源税的业务核算

小企业销售商品按照税法规定应交纳的资源税,借记"税金及附加"账户,贷记"应交税费——应交资源税"账户。小企业自产自用的物资应缴纳的资源税,借记"生产成本"账户,贷记"应交税费——应交资源税"账户。缴纳资源税时,借记"应交税费——应交资源税"账户,贷记"银行存款"账户。小企业收购未税矿产品,按照实际支付的价款,借记"材料采购"或"在途物资"等账户,贷记"银行存款"等账户;按照代扣代缴的资源税,借记"材料采购"或"在途物资"等账户,贷记"应交税费——应交资源税"账户。

【任务 8-39】　某企业对外销售某种资源税应税矿产品 2 000 吨,每吨应交资源税 5 元。该企业的有关会计分录如下:

借:税金及附加　　　　　　　　　　　　　　　　　　　　　　10 000

　　贷:应交税费——应交资源税　　　　　　　　　　　　　　　　10 000

五、应交房产税、城镇土地使用税、车船税、矿产资源补偿费、排污费的业务核算

小企业按规定计算应交的房产税、城镇土地使用税、车船税、矿产资源补偿费、排污费,借记"税金及附加"账户,贷记"应交税费——应交房产税(应交土地使用税、应交车船税、应交矿产资源补偿费、应交排污费)"等账户。交纳的房产税、城镇土地使用税、车船税、矿产资源补偿费,借记"应交税费——应交房产税(应交城镇土地使用税、应交车船税、应交矿产资源补偿费、应交排污费)"等账户,贷记"银行存款"账户。

六、应交个人所得税的业务核算

小企业按照税法规定应代扣代缴的职工个人所得税,借记"应付职工薪酬"账户,贷记"应交税费——应交个人所得税"账户。交纳个人所得税时,借记"应交税费——应交个人所得税"账户,贷记"银行存款"账户。

【任务 8-40】　海滨公司结算本月应付职工工资总额 200 000 元,代扣职工个人所得税共计 2 000 元,实发工资 198 000 元。

借:应付职工薪酬——工资　　　　　　　　　　　　　　　　　2 000

　　贷:应交税费——应交个人所得税　　　　　　　　　　　　　　2 000

任务 5　长期借款业务核算

【相关知识】

一、长期借款的定义

长期借款是指小企业向银行或其他金融机构借入的期限在 1 年以上(不含 1 年)的各项借款。

二、长期借款的特征

小企业的长期借款有以下几个基本特征:

(1) 其债权人不仅包括银行,还包括其他金融机构,如小额贷款公司等。如果在实务中,小企业存在向第三方(如个人)借入的款项并且应负担利息费用,也视同长期借款进行会计处理,但如果期限在 1 年以内,则应视同短期借款进行会计处理。

(2) 借款期限较长,为 1 年以上(不含 1 年)。

(3) 不仅应偿还借款本金,根据货币时间价值,还应支付相应的利息费用。

(4) 长期借款不仅包括人民币借款,还包括外币借款。

三、长期借款利息的会计处理

长期借款利息的计算有单利和复利两种方法,我国现行采用单利计算。计算公式如下:

$$长期借款利息 = 借款本金 \times 借款利率 \times 借款期数$$

长期借款应当按照借款本金和借款合同利率在应付利息日计提利息费用,计入相关资产成本或财务费用。

对于长期借款利息费用的会计处理,关键把握两点。

(一) 长期借款利息费用的计提时点

长期借款利息费用的计提时点是借款合同所约定的应付利息日,既不是实际支付利息日,也不是资产负债表日(如月末、季末、年末),即不需要预提利息费用。

(二) 长期借款利息费用要区分两种情况进行业务核算

(1) 符合资本化条件的,应计入相关资产的成本,如固定资产、无形资产、存货等。

(2) 不符合资本化条件的,应计入财务费用。

【业务操作】

一、账户的设置

为了核算长期借款,小企业应设置"长期借款"账户。该账户贷方登记取得的长期借款本金,借方登记偿还的长期借款本金,期末贷方余额反映的是尚未归还的借款本金。该账户应按照借款种类、贷款人和币种进行明细核算。

二、长期借款取得的业务核算

小企业借入长期借款,应按实际收到的金额,借记"银行存款"账户,贷记"长期借款"账户。

三、长期借款利息费用的业务核算

小企业在应付利息日,应当按照借款本金和借款合同利率计提利息费用,借记"财务费用""在建工程"等账户,贷记"应付利息"账户。支付利息时,借记"应付利息"账户,贷记"银行存款"账户。

四、偿还长期借款的业务核算

小企业偿还长期借款本金时,借记"长期借款"账户,贷记"银行存款"账户。

【任务 8-41】　海滨公司于 2018 年 1 月 1 日,从银行借入资金 400 000 元用于补充流动资金不足,借款期限为 3 年,年利率为 8%,按年付息,到期一次还本,所借款项已存入银行。

(1) 取得借款时:

借:银行存款	400 000
贷:长期借款	400 000

(2) 应付利息日计提长期借款利息时:

借:财务费用	32 000
贷:应付利息	32 000

$$每年应付借款利息 = 400\,000 \times 8\% = 32\,000(元)$$

(3) 年末实际支付借款利息时:

借:应付利息	32 000
贷:银行存款	32 000

任务 6　长期应付款业务核算

【相关知识】

长期应付款是指小企业除长期借款以外的其他各种长期应付款项,包括应付融资租入固定资产的租赁费、以分期付款方式购入固定资产发生的应付款项等。

【业务操作】

一、账户的设置

为了核算除长期借款以外的其他各种长期应付款项,小企业设置"长期应付款"账户。该账户贷方登记长期应付款的增加数,借方登记长期应付款的减少数,期末贷方余额,反映小企业应付未付的长期应付款项。该账户应按照长期应付款的种类和债权人进行明细核算。

二、融资租入固定资产业务核算

小企业融资租入固定资产,在租赁期开始日,按照租赁合同约定的付款总额和在签订租赁合同过程中发生的相关税费等,借记"固定资产""在建工程"账户,贷记"长期应付款"账户。

【任务 8-42】 海滨公司融资租入不需安装的机器设备一台,租期为 6 年,租赁合同规定的租金 360 000 元,于每年年底支付 60 000 元。

(1) 租入设备时:

借:固定资产——融资租入固定资产		360 000
贷:长期应付款——应付融资租赁款		360 000

(2) 每年年底支付租金时:

借:长期应付款——应付融资租赁款		60 000
贷:银行存款		60 000

(3) 租赁期满产权转归海滨公司时:

借:固定资产——经营用固定资产		360 000
贷:固定资产——融资租入固定资产		360 000

三、分期付款方式购入固定资产业务核算

小企业以分期付款方式购入固定资产,应当按照实际支付的购买价款和相关税费(不包括按照税法规定可抵扣的增值税进项税额),借记"固定资产""在建工程"账户,按照税法规定可抵扣的增值税进项税额,借记"应交税费——应交增值税(进项税额)"账户,贷记"长期应付款"账户。

【任务 8-43】 2018 年 7 月 3 日,海滨公司以分期付款方式购买一台生产设备,价款为 500 000 元,增值税专用发票上注明增值税额 80 000 元,款项在 5 年内支付完毕。购买当期用银行存款支付运杂费 5 000 元,安装费 5 000 元。

(1) 购入生产设备时:

借:在建工程		505 000
应交税费——应交增值税(进项税额)		80 000
贷:长期应付款—— ××单位		580 000
银行存款		5 000

（2）支付安装费时：

借：在建工程　　　　　　　　　　　　　　　　　　　　5 000

　　贷：银行存款　　　　　　　　　　　　　　　　　　　　　　5 000

（3）上述设备安装完毕，交付使用时：

借：固定资产　　　　　　　　　　　　　　　　　　　510 000

　　贷：在建工程　　　　　　　　　　　　　　　　　　　　510 000

（4）按照协议每年支付款项时：

借：长期应付款——××单位　　　　　　　　　　　　117 000

　　贷：银行存款　　　　　　　　　　　　　　　　　　　　117 000

相关链接

《小企业会计准则》与《企业会计准则》的差异。

《小企业会计准则》下，小企业在应付利息日，应当按照借款本金和借款合同利率计提利息费用，借记"财务费用""在建工程"账户，贷记"应付利息"账户。而《企业会计准则》下，企业在资产负债表日，应按摊余成本和实际利率计算确定利息费用，借记"在建工程""制造费用""财务费用""研发支出"等账户，按合同利率计算确定的应付未付利息，贷记"应付利息"账户，按其差额，贷记"长期借款——利息调整"账户。

【课后练习】

一、单项选择题

1. 某小企业于 2018 年 6 月 2 日从甲公司购入一批产品并已验收入库。增值税专用发票上注明该批产品的价款为 150 万元，增值税额为 24 万元。合同中规定的现金折扣条件为"2/10，1/20，n/30"，假定计算现金折扣时不考虑增值税。该小企业在 2018 年 6 月 11 日付清货款。小企业购买产品时该应付账款的入账价值为（　　）万元。

　　A. 147　　　　　　　B. 150　　　　　　　C. 172.5　　　　　　　D. 174

2. 小企业因债权人撤销而转销无法支付的应付账款时，应将所转销的应付账款计入（　　）。

　　A. 资本公积　　　　B. 其他应付款　　　　C. 营业外收入　　　　D. 其他业务收入

3. 小企业计提短期借款的利息时贷记（　　）账户。

　　A. "财务费用"　　　B. "短期借款"　　　C. "应收利息"　　　D. "应付利息"

4. 某公司 2018 年 11 月 1 日开具了商业承兑汇票，该商业汇票的面值为 50 000 元，年利率 6%，期限为 6 个月。2018 年 12 月 31 日该公司"应付票据"的账面价值应为（　　）元。

　　A. 50 000　　　　　B. 50 500　　　　　C. 51 500　　　　　D. 51 000

5. 小企业从应付职工工资中代扣的职工房租，应借记（　　）账户。

　　A. "应付职工薪酬"　　　　　　　　　　　B. "管理费用"

C. "其他应收款"　　　　　　　　　　D. "其他应付款"

6. 小企业按规定计算缴纳的下列税金,应当计入相关资产成本的是(　　　)。

A. 房产税　　　　　　　　　　　　　B. 土地使用税

C. 城市维护建设税　　　　　　　　　D. 车辆购置税

7. 某小企业为增值税一般纳税人,2018/年应交各种税金为:增值税 350 万元,消费税 150 万元,城市维护建设税 35 万元,房产税 10 万元,车船税 5 万元,所得税 250 万元。上述各项税金应记入"税金及附加"账户的金额为(　　　)万元。

A. 200　　　　　　B. 15　　　　　　C. 50　　　　　　D. 185

8. 委托加工的应税消费品收回后用于连续生产应税消费品的,由受托方代扣代交的消费税,委托方应借记(　　　)账户。

A. "应交税费——应交消费税"　　　　B. "在途物资"

C. "委托加工物资"　　　　　　　　　D. "税金及附加"

9. 某企业 2018 年 1 月 1 日向银行借入 1 000 万元,借款利率为 8%,借款期限为 3 年,每年年末偿还借款利息。该企业用该项借款建造厂房,厂房于 2019 年 3 月 31 日完工,支付工程款 900 万元(不含借款利息),并办好了竣工结算手续。则该厂房的入账价值为(　　　)万元。

A. 1 000　　　　　　B. 1 160　　　　　　C. 1 100　　　　　　D. 1 240

10. 宏达公司因采购商品开出 3 个月期限的商业汇票一张,票面价值为 400 000 元,票面利率为 10%。该商业汇票到期时,企业应支付的金额为(　　　)元。

A. 400 000　　　　　　B. 440 000　　　　　　C. 410 000　　　　　　D. 415 000

二、多项选择题

1. 下列交易或事项中,应通过"其他应付款"账户核算的有(　　　)。

A. 客户存入的保证金　　　　　　　　B. 应付股东的股利

C. 应付租入包装物的租金　　　　　　D. 预收购货单位的货款

2. 下列各项中,增值税一般纳税企业需要转出进项税额的有(　　　)。

A. 自制产成品用于职工福利

B. 自制产成品用于对外投资

C. 外购的生产用原材料发生非正常损失

D. 外购的生产用原材料改用于自建厂房

3. 下列税金中,应计入存货成本的有(　　　)。

A. 由受托方代扣代缴的委托加工直接用于对外销售的商品负担的消费税

B. 由受托方代扣代缴的委托加工继续用于生产应纳消费税的商品负担的消费税

C. 进口原材料缴纳的进口关税

D. 小规模纳税企业购买材料缴纳的增值税

4. 下列各项费用或支出中,应计入应付职工薪酬的有(　　　)。

A. 职工医疗费　　　　　　　　　　　B. 退休人员医疗费

C. 内退人员补贴　　　　　　　　　　D. 职工生活困难补助

5. 企业开出商业汇票抵付应付账款时,应(　　　)账户。

A. 借记"应付账款"　　　　　　　　　B. 贷记"应付票据"

C. 借记"应付票据"　　　　　　　　　　　D. 贷记"应付账款"

6. 宏达公司为增值税一般纳税企业,该公司发生的下列经济业务中,应视同销售,计算增值税销项税额的有(　　)。

A. 用库存材料对外投资　　　　　　　B. 产成品用于职工非货币性福利

C. 库存材料用于在建工程　　　　　　D. 产成品用于在建工程

7. 下列各项中,应作为"长期应付款"核算的有(　　)。

A. 应付的职工统筹退休金

B. 应付的补偿贸易引进设备款

C. 应付的经营租入固定资产租金

D. 应付的融资租入固定资产租赁费

8. 长期借款利息有可能记入的账户有(　　)。

A. "制造费用"　　B. "管理费用"　　C. "财务费用"　　D. "在建工程"

9. 下列说法中,正确的有(　　)。

A. 职工薪酬包括医疗保险费、养老保险费、失业保险费、工伤保险费和生育保险费等社会保险费

B. 职工薪酬包括工会经费和职工教育经费

C. 职工薪酬包括因解除与职工的劳动关系给予的补偿

D. 职工薪酬不包括因解除与职工的劳动关系给予的补偿

10. 在进行会计核算时,若贷记"应付职工薪酬——职工福利"账户,则对应借记的账户有(　　)。

A. "制造费用"　　B. "销售费用"　　C. "生产成本"　　D. "管理费用"

三、判断题

1. 企业为职工缴纳的基本养老保险金、补充养老保险费,以及为职工购买的商业养老保险,均属于企业提供的职工薪酬。　　　　　　　　　　　　　　　　　(　　)

2. 小企业发放工资代扣的个人所得税,在减少一笔负债的同时,减少其他应收款。
　　　　　　　　　　　　　　　　　　　　　　　　　　　　　　　　　　(　　)

3. 企业按规定计算的代扣代缴的职工个人所得税,借记"应付职工薪酬"账户,贷记"应交税费——应交个人所得税"账户。　　　　　　　　　　　　　　　　(　　)

4. 应由生产产品、提供劳务负担的职工薪酬,计入当期损益。　　　　　(　　)

5. 以购买商业保险形式提供给职工的各种保险待遇,不属于职工薪酬。(　　)

6. 将自产或委托加工的货物用于职工福利,在会计上按照货物成本转账,不用计税。
　　　　　　　　　　　　　　　　　　　　　　　　　　　　　　　　　　(　　)

7. 工会经费和职工教育经费属于职工薪酬。　　　　　　　　　　　　　(　　)

8. 小规模纳税企业只有取得增值税专用发票,才能将支付的进项税额抵扣销项税额。　　　　　　　　　　　　　　　　　　　　　　　　　　　　　　　　(　　)

9. "长期借款"账户的月末余额,反映企业尚未支付的各种长期借款的本金。(　　)

10. 企业将于1年内到期的长期负债,按规定,必须在资产负债表中作为流动负债反映。　　　　　　　　　　　　　　　　　　　　　　　　　　　　　　　(　　)

四、计算分析题

（一）信达公司为增值税一般纳税企业,2018 年发生如下经济业务:

（1）7 月 1 日,向银行借入 1 年期借款 150 000 元,用于商品周转。

（2）7 月 31 日,预提本月短期借款利息 750 元。

（3）10 月 1 日,以银行存款支付上季度银行借款利息 2 250 元,已预提 1 500 元。

（4）10 月 1 日,向 B 公司购入商品 200 000 元,增值税额 32 000 元,出具一张期限为 6 个月,年利率为 8％,面值 232 000 元的带息票据。

（5）12 月 31 日,将 B 公司应付票据 3 个月的应付利息入账。

（6）2019 年 4 月 1 日,B 公司应付票据到期,支付款项共计 241 280 元。

（7）收到 C 单位预订商品的预付款 50 000 元。（设"预收账款"账户）

（8）将 C 单位预订的商品发出,货款为 120 000 元,增值税额为 19 200 元,共计 139 200 元。

（9）收到 C 单位补付的货款 89 200 元。

要求:根据经济业务编制会计分录。

（二）乙公司 2018 年 12 月有关职工薪酬业务如下:

（1）本月应付工资总额 462 000 元,工资费用分配汇总表中列示的产品生产人员工资为 320 000 元,车间管理人员工资为 70 000 元,企业行政管理人员工资为 60 400 元,销售人员工资为 11 600 元。

（2）下设一所职工食堂,每月根据在岗职工数量及岗位分布情况、相关历史经验数据等计算需要补贴食堂的金额,从而确定企业每期因职工食堂而需要承担的福利费金额。企业在岗职工共计 100 人,其中管理部门 20 人,生产车间 80 人,企业的历史经验数据表明,对于每个职工企业每月补贴食堂 120 元。

（3）本月以其生产的每台成本为 900 元的电暖器作为圣诞节福利发放给公司每名职工(直接生产的职工 80 人,管理部分人员 20 人)。该型号的电暖器市场销售为每台 1 000 元,乙公司适用的增值税税率为 16％。

（4）乙公司为总部各部门经理级别以上职工提供汽车免费使用,同时为副总裁以上高级管理人员每人租赁 1 套住房。乙公司总部共有部门经理以上职工 15 名,每人提供 1 辆桑塔纳汽车免费使用,假定每辆汽车每月计提折旧 1 000 元;该公司共有副总裁以上高级管理人员 5 名,公司为其每人租赁 1 套面积为 200 平方米带有家具和电器的公寓,月租金为每套 8 000 元。本月以现金支票支付了租金。

（5）乙公司根据"工资结算汇总表"结算本月应付职工工资总额 462 000 元,代扣职工房租 40 000 元,乙公司代垫职工家属医药费 2 000 元,以现金实发工资 420 000 元。

要求:编制上述业务的相关会计分录。（"应交税费"账户写出明细账户,以"元"为金额单位）

（三）某乙企业为增值税一般纳税企业,材料按实际成本核算,适用的增值税税率为 16％,2018 年 6 月份发生如下经济业务:

（1）购入一批原材料,增值税专用发票上注明的材料价款为 200 万元(不含增值税),增值税额为 32 万元。货款已付,材料已验收入库。

（2）工程领用生产用料 8 万元,该批材料的计税价为 10 万元。

(3) 出售一项商标权,转让收入 5 万元已存入银行,该项商标权的账面余额为 6 万元,已累计摊销 4 万元。适用的增值税税率为 6%。

(4) 购入一台设备,增值税专用发票上记载的设备价款 200 万元,支付的增值税额为 32 万元,款项已由银行支付。

(5) 销售产品一批,销售收入为 300 万元(不含税),货款尚未收到。

(6) 销售应交增值税产品给小规模纳税企业,应收取款项(价税合计)为 58 万元,已由银行收妥。

(7) 从小规模纳税企业购入一批材料,发票上记载的货款 174 万元,材料已经验收入库,款项尚未支付。

(8) 出售厂房一栋,原价为 1 000 万元,已提折旧 700 万元,出售所得收入 650 万元,清理费用支出 3 万元,厂房已清理完毕,款项均已由银行收付。适用的增值税税率为 10%。

要求:根据上述资料,编制有关经济业务的会计分录(为简化核算,不考虑城市维护建设税和教育费附加)。(金额单位用万元表示)

(四) 某公司为新建生产线,于 2018 年 1 月 1 日向市工商银行取得 3 年期借款 60 万元,款划存银行存款户,年利率为 6%,每年年末支付借款利息,3 年期满一次还本;本年年末以存款支付工程进度款项 20 万元,第二年年末工程如期竣工,固定资产交付使用达到预定使用状态,以存款支付工程结算款 40 万元;各年利息均于年末以存款支付,本金第三年年末一次以银行存款偿清。

要求:编制借款取得、使用、计息、付息及归还本金的会计分录。

五、技能操作训练

【实训目的】

学生通过实训,能正确填制负债业务的相关原始凭证;能熟练掌握应付票据、预收账款、其他应付款、应交税费、应付职工薪酬和长期借款等业务的账务处理及相关总账、明细账的登记方法。

【实训资料】

(一) 海滨华联股份有限公司 2018 年 6 月 1 日有关负债账户余额,如表 8-5 所示。

表 8-5

海滨华联股份有限公司负债账户余额

单位:元

账 户 名 称	借或贷	余额
其他应付款	贷	5 000.00
其他应付款——长沙市房产公司	贷	5 000.00
应付票据	贷	300 000.00
应付票据——江西萍乡有色金属公司	贷	300 000.00
应交税费	贷	35 000.00
应交税费——应交城市维护建设税	贷	24 500.00
——应交教育费附加	贷	10 500.00

（二）2018年6月,部分负债经济业务的原始凭证如下:

业务8-1-1

中国工商银行
转账支票存根
XII　02952071

附加信息　＿＿＿＿＿＿＿＿＿＿＿＿＿＿＿
　　　　＿＿＿＿＿＿＿＿＿＿＿＿＿＿＿＿＿
　　　　＿＿＿＿＿＿＿＿＿＿＿＿＿＿＿＿＿
　　　　＿＿＿＿＿＿＿＿＿＿＿＿＿＿＿＿＿

出票日期 2018年6月7日

收款人:海滨华联股份有限公司职工工资户	
金　额:228 706.35	
用　途:支付工资	
备　注:	

单位主管　　　　　会计

业务8-1-2

工资结算汇总表

2018年6月7日　　　　　　　　　　单位:元

部门		应付工资	代扣款项					实发工资
			养老金	住房金	医疗金	个人所得税	合计	
一车间	生产工人	64 000.00	5 120.00	4 480.00	1 920.00	2 176.00	13 696.00	50 304.00
	管理人员	8 000.00	640.00	560.00	240.00	272.00	1 712.00	6 288.00
	小计	72 000.00	5 760.00	5 040.00	2 160.00	2 448.00	15 408.00	56 592.00
二车间	生产工人	87 500.00	7 000.00	6 125.00	2 625.00	2 975.00	18 725.00	68 775.00
	管理人员	9 600.00	768.00	672.00	288.00	326.40	2 054.40	7 545.60
	小计	97 100.00	7 768.00	6 797.00	2 913.00	3 301.40	20 779.40	76 320.60
三车间	生产工人	51 875.00	4 150.00	3 631.25	1 556.25	1 763.75	11 101.25	40 773.75
	管理人员	5 200.00	416.00	364.00	156.00	176.80	1 112.80	4 087.20
	小计	57 075.00	4 566.00	3 995.25	1 712.25	1 940.55	12 214.05	44 860.95
行政管理人员		64 800.00	5 184.00	4 536.00	1 944.00	2 203.20	13 867.20	50 932.80
合计		290 975.00	23 278.00	20 368.25	8 729.25	9 893.15	62 268.65	228 706.35

制表:李娟平

业务 8-2-1

中国工商银行信汇凭证（回单）

委托日期 2018 年 6 月 9 日　　　　　　　　　No. 00461253

汇款人	全　称	海滨华联股份有限公司	收款人	全　称	涟源钢铁股份有限公司	此联汇出行给汇款人的回单
	账　号	1903019551012985550		账　号	1913010109601099805	
	汇出地点	湖南省长沙市/县		汇入地点	湖南省娄底市/县	
	汇出行名称	工行长沙市兴城支行		汇入行名称	工行涟钢红叶支行	

金额	人民币（大写）	贰万元整	千	百	十	万	千	百	十	元	角	分
						￥2	0	0	0	0	0	0

预付款　　　　　　　　　　　支付密码

（中国工商银行兴城支行 ★ 2018.6.9 业务章）

附加信息及用途：

汇出行签章　　　　　复核　　　记账

业务 8-3-1（提示：汇票到期）

商业承兑汇票（存根）　3　01321450

出票日期
（大写）贰零壹捌年零壹月零玖日

付款人	全　称	海滨华联股份有限公司	收款人	全　称	江西萍乡有色金属公司	此联是由出票人存查
	账　号	1903019551012985550		账　号	1900560058940035145	
	开户银行	工行长沙市兴城支行		开户银行	工行萍乡支行	

出票金额	人民币（大写）	叁拾万元整	千	百	十	万	千	百	十	元	角	分
					￥3	0	0	0	0	0	0	0

汇票到期日	贰零壹捌年零陆月零玖日	付款人开户行	行号	4589
交易合同号码	122365		地址	

备注：

业务 8-3-2

委收号码：

	委邮		**委托收款凭证**(付款通知)　5										

委托日期：2018 年 6 月 8 日　　　　　付款日期 2018 年 6 月 9 日

付款人	全称	海滨华联股份有限公司	收款人	全称	江西萍乡有色金属公司												
	账号或地址	1903019551012985550		账号或地址	1900560058940035145												
	开户银行	工行长沙市兴城支行		开户银行	工行萍乡支行	行号	267										

委收金额	人民币(大写)	叁拾万元整	千	百	十	万	千	百	十	元	角	分
				¥ 3	0	0	0	0	0	0	0	0

款项内容	货款	委托收款凭据名称	商业承兑汇票	附寄单证张数	
备注				付款人注意： 1. 应于见票当日通知开户银行划款。 2. 如需拒付，应在规定期限内将拒付理由书并附债务证明交退开户银行。	

单位主管　　　　　　　会计　　复核　　记账　　付款人开户银行盖章　年　月　日

此联付款人开户银行给付款人按期付款的通知

- ✂

业务 8-4-1

中国工商银行
转账支票存根
Ⅻ　02952072

附加信息

_____

_____

出票日期 2018 年 6 月 10 日

收款人：长沙市房产公司
金　额：¥ 5 000.00
用　途：支付代扣的房租
备　注：
单位主管：×× 　　　会计：××

业务 8-5-1

中华人民共和国
税 收 通 用 完 税 证 　[地]

（2018）　　　　　　　　　　湘地完电:No :02388441

注册类型:有限公司　　　　　填发日期:2018 年 6 月 10 日　　　　征收机关:长沙地税局第二分局

纳税人代码	436702789022785			地址	长沙市庆园路 18 号		
纳税人名称	海滨华联股份有限公司			税款所属时期	2018 年 5 月 1 日—31 日		
税　种	品目 名称	课税 数量	计税金额或 销售收入	税率或 单位税额	已缴或 扣税额	实缴金额
城市维护建设税 值税			350 000	7％		24 500.00
金额合计	（大写）贰万肆仟伍佰零拾零元零角零分					
缴款单位(人)(盖章) 经办人(章)		税务机关 填票人(章) 李玉		备注	税票号码: 02388441 税管员:黄华	

2018.6.10

业务 8-5-2

中华人民共和国
税 收 通 用 完 税 证 　[地]

（2018）　　　　　　　　　　湘地完电:No :02388442

注册类型:有限公司　　　　　填发日期:2018 年 6 月 10 日　　　　征收机关:长沙地税局第二分局

纳税人代码	436702789022785			地址	长沙市庆园路 18 号		
纳税人名称	海滨华联股份有限公司			税款所属时期	2018 年 5 月 1 日—31 日		
税　种	品目 名称	课税 数量	计税金额或 销售收入	税率或 单位税额	已缴或 扣税额	实缴金额
教育费附加　增 值税			350 000	3％		10 500.00
金额合计	（大写）壹万零仟伍佰零拾零元零角零分					
缴款单位(人)(盖章) 经办人(章)		税务机关 填票人(章) 李玉		备注	税票号码: 02388442 税管员:黄华	

2018.6.10

业务 8-6-1

建设银行借款借据（收账通知）

借款企业名称：海滨华联股份有限公司　　　　　　　　　　2018 年 6 月 30 日

贷款种类	长期借款	贷款账号	2914587921032566681	存款账号	1903019551012985550

借款金额	人民币（大写）	壹佰万元整	亿	千	百	十	万	千	百	十	元	角	分
			¥	1	0	0	0	0	0	0	0	0	0

借款用途：新建厂房

约定还款期：期限 3 年　至 2021 年 6 月 30 日到期

上列借款已批准发放，转入你单位存款账户。　　此致　单位 （银行盖章）	单位分录：（借）　　　（贷）　主管　　会计　　复核　　记账　　　　　　　　　2018 年 6 月 30 日

业务 8-6-2

中国建设银行长期借款合同（摘要）

立合同单位：

借款单位（简称甲方）海滨华联股份有限公司

贷款单位（简称乙方）建设银行长沙市金星支行

甲方为进行建设和发展的需要，依据国家开发银行下达的第一批贷款指标，特向乙方申请借款，经乙方审查同意发放。为明确双方责任，恪守信用，特签订本合同，共同遵守。

为明确责任，恪守合同，特签订本合同，共同信守。

一、甲方向乙方借款人民币（大写）壹佰万元整，规定用于新厂房的基本建设。

二、借款期限约定为叁年零三月。即从 2018 年 6 月 30 日到 2021 年 6 月 30 日止。乙方保证按设计计划和信贷计划在下达的贷款指标额度内贷出资金。甲方保证按规定的借款用途用款。

三、贷款利息自支用贷款之日起，以实际贷款数按月息 6.2‰ 计算，按半年结息。

四、甲方保证按还款计划归还贷款本金。甲方如不能按期偿还，乙方有权从甲方的存款户中扣收。

五、违约责任（略）

六、本合同的附件：借款申请书，担保协议书。

七、本合同经各方签字后生效，贷款本息全部清偿后自动失效。

八、本合同正本一式三份，甲方、乙方、保证方各执一份；合同副本　　　　份，报送　　　　　　有关单位各留存一份。

贷款方　（公章）	法人代表	（盖章）陈　洪
借款方　（公章）	法人代表	（盖章）陈振奋
保证方　（公章）	法人代表	（盖章）杨　恒

业务 8-7-1

工资及福利费分配表

2018 年 6 月 30 日

部门		应付工资	职工福利费		合计
			分配率	分配额	
一车间	生产工人				
	管理人员				
	小计				
二车间	生产工人				
	管理人员				
	小计				
三车间	生产工人				
	管理人员				
	小计				
行政管理人员					
合计			14%		

制表:李娟平

【实训要求】

1. 根据资料(一)开设"应付票据""预收账款""其他应付款""应交税费""应付职工薪酬""长期借款"总账及明细账,并登记期初余额。

2. 根据资料(二)填制(部分)和审核原始凭证,并编制记账凭证。

3. 登记"应付票据""预收账款""其他应付款""应交税费""应付职工薪酬""长期借款"总账及明细账,并结账。

【实训用具】

记账凭证 10 张,三栏式明细账若干张,三栏式总账若干张。

项目九　所有者权益业务核算

知识目标

通过本项目的学习,了解实收资本的管理规定;熟悉资本公积的来源;理解留存收益的内容;掌握实收资本、资本公积和留存收益的账务处理流程和会计核算方法。

能力目标

能根据实收资本、资本公积和留存收益等业务的相关原始凭证熟练地编制记账凭证;能熟练登记有关明细账和总账。

所有者权益是指小企业资产扣除负债后由所有者享有的剩余权益。小企业的所有者权益包括实收资本(或股本)、资本公积、盈余公积和未分配利润。其中,资本公积主要是指小企业收到投资者出资超过其在注册资本(或股本)中所占份额的部分,即资本溢价(或股本溢价)。盈余公积和未分配利润又统称为留存收益。

相对于负债而言,所有者权益具有以下特征:

(1) 所有者权益通常不像负债那样需要偿还。除非小企业发生减资、清算,否则小企业不需要将所有者权益返还给其投资者。

(2) 小企业清算时,负债将优先偿还,而所有者权益只有在负债得到偿还后,才能得到返还。

(3) 所有者有法定的管理企业和委托他人管理企业的权利,能够参与小企业利润分配,而负债通常不能参与利润的分配。

任务 1　实收资本业务核算

【相关知识】

一、实收资本的概念

实收资本是指投资者按照合同协议约定或相关规定投入小企业、构成小企业注册资本的部分。小企业收到投资者以现金或非货币性资产投入的资本,应当按照其在本企业注册资本中所占的份额计入实收资本,超出的部分,应当计入资本公积;投资者根据有关规定对小企业进行增资或减资,小企业应当增加或减少实收资本。

所有者向小企业投入的资本,是企业进行经营活动的初始资金来源,在一般情况下无需偿还,可以长期周转使用。实收资本的构成比例是小企业据以向投资者进行利润或股利分配的主要依据,除了符合规定条件的增资或减资外,小企业的实收资本一般不得随意变动。

二、实收资本的管理规定

我国目前实行的是注册资本制度,要求企业的实收资本与其注册资本相一致。我国《企业法人登记管理条例》规定,除国家另有规定外,企业的注册资金应当与实有资金相一致。企业实收资本比原注册资金数额增减超过 20％时,应持资金使用证明或者验资证明,向原登记主管机关申请变更登记。我国《公司法》规定,投资者可以用货币方式(包括人民币和人民币以外的货币)出资,也可以用实物资产、知识产权、土地使用权等可以用货币估价并可以依法转让的非货币财产作价出资。全体股东的货币出资金额不得低于有限责任公司注册资本的 30％。

三、实收资本的计量

实收资本的计量,取决于投资者的出资方式,应区分以下两种情况分别确定。

(一)以现金方式出资的计量

现金出资方式包括投入的人民币和各种外币。小企业收到投资者以外币投入资本的,应当按收到外币出资额当日的即期汇率折算为人民币。小企业收到投资者的货币出资,应当按照其在小企业注册资本或股本中所占的份额确认实收资本,实际收到或者存入小企业开户银行的金额超过实收资本的差额,确认为资本公积。

(二)以非现金资产出资的计量

对于投资者以非现金资产出资,小企业应当区别取得资产的计量和实收资本的计量分别加以确定。其中,取得的非现金资产的金额根据公司法的要求,应采用评估价值确定;而实收资本的金额应根据投资合同协议或公司章程的约定按照投资者在其中所占份额来确定,超出部分应当计入资本公积。

四、实收资本(或股本)的增减变动

小企业的实收资本应于其在公司登记机关依法登记的注册资本始终保持相一致,因此应当相对固定不变。但在某些情况下,根据相关法律规定或投资者之间的约定,实收资本也可以发生增减变动。

(一)实收资本(或股本)的增加

一般小企业增加资本主要有三个途径:①接受投资者追加投资;②资本公积转增资本;③盈余公积转增资本。

需要注意的是,由于资本公积和盈余公积均属于所有者权益,用其转增资本时,如果是独资企业比较简单,直接结转即可;如果是股份公司或有限责任公司应该按照原投资者出资比例相应增加各投资者的出资额。

(二)实收资本(或股本)的减少

在一般情况下,小企业的实收资本不能随意减少,尤其是法律禁止投资者在企业成立后,从企业抽逃出资。但是,个别情况下可以依法减资。小企业实收资本减少的原因主要有两种:①资本过剩;②小企业发生重大亏损,短期内无力弥补而需要减少实收资本。

资本减少应符合相关条件:

(1) 减资应事先通知所有债权人,债权人无异议方允许减资。

(2) 经股东会议同意,并经有关部门批准。

(3) 公司减资后的注册资本不得低于法定注册资本的最低限额。

【业务操作】

为了核算小企业实际收到的投资者投入的资本,除股份公司对股东投入资本应设置"股本"账户外,其余小企业均设置"实收资本"账户,并按所有者设置明细账户,进行明细分类核算。

一、接受现金资产投资的业务核算

一般小企业收到投资者投入的现金时,应以实际收到或存入开户银行的金额,借记"库存现金""银行存款"等账户,按照其在该企业注册资本中所占的份额,贷记"实收资本"账户,实际收到或存入开户银行的金额超过其在该企业注册资本中所占份额的部分,贷记"资本公积——资本溢价"账户。

股份有限公司发行股票收到现金资产时,借记"银行存款"等账户,按每股股票面值和发行股份总额的乘积计算的金额,贷记"股本"账户,实际收到的金额与该股本之间的差额,贷记"资本公积——股本溢价"账户。

【任务 9-1】 甲、乙、丙共同投资设立 A 有限责任公司,注册资本为 2 000 000 元,甲、乙、丙持股比例分别为 60%、25%、15%。按照章程规定,甲、乙、丙投入资产分别为 1 200 000 元、500 000 元和 300 000 元。A 公司已如期收到各投资者一次缴足的款项。A 有限责任公司在进行会计处理时,应编制会计分录如下:

```
借:银行存款                                        2 000 000
    贷:实收资本——甲                                    1 200 000
              ——乙                                       500 000
              ——丙                                       300 000
```

【任务 9-2】 B 股份有限公司发行普通股 10 000 000 股,每股面值为 1 元,每股发行价格为 5 元。假定股票发行成功,股款 50 000 000 元已全部收到,不考虑发行过程中的税费等因素。根据上述资料,B 股份有限公司应做账务处理如下:

应记入"资本公积"账户的金额＝50 000 000－10 000 000×1＝40 000 000(元)

编制会计分录如下:

```
借:银行存款                                       50 000 000
    贷:股本                                          10 000 000
       资本公积——股本溢价                             40 000 000
```

二、接受非现金资产投资业务核算

小企业接受固定资产、无形资产等非现金资产投资时,按照评估确认的价格或者合同、协议约定的价格,借记"固定资产""无形资产"等账户,按照其在该企业注册资本中所占的份额,贷记"实收资本"(或"股本")账户,按其差额,贷记"资本公积——资本溢价"账户。

【任务 9-3】 甲公司于设立时收到乙公司投入的不需要安装的机器设备一台,合同约定该机器设备的价值为 2 000 000 元,增值税进项税额为 340 000 元(假设允许抵扣)。合同约定的固定资产价值与乙公司在甲公司注册资本中所占的份额相等,不考虑其他因素,甲公司进行会计处理时,应编制会计分录如下:

借:固定资产	2 000 000
应交税费——应交增值税(进项税额)	340 000
贷:实收资本——乙公司	2 340 000

【任务 9-4】 2018 年 2 月 5 日,为扩大经营规模,经批准,丙公司注册资本增加 100 万元,通过吸收新投资者实现。A 新投资者投入一项专利技术,经评估确定的价值为 28 万元,占丙公司新增注册资本的 20%。甲公司应编制会计分录如下:

借:无形资产——专利技术	280 000
贷:实收资本——A 公司	200 000
资本公积——资本溢价	80 000

三、实收资本(或股本)增减变动业务核算

在一般情况下,小企业的实收资本(或股本)应相对固定,但在某些特定情况下,实收资本(或股本)也可能发生增减变化。

(一) 实收资本(或股本)增加业务的核算

一般小企业增加资本主要有三个途径:①接受投资者追加投资;②资本公积转增资本;③盈余公积转增资本。

小企业按规定接受投资者追加投资时,核算原则与投资者初次投入时相同。

小企业采用资本公积或盈余公积转增资本时,应按转增的资本金额确认实收资本或股本。用资本公积转增资本时,借记"资本公积——资本溢价(或股本溢价)"账户,贷记"实收资本"(或"股本")账户。用盈余公积转增资本时,借记"盈余公积"账户,贷记"实收资本"(或"股本")账户。用资本公积或盈余公积转增资本时,应按原投资者各自出资比例计算确定各投资者相应增加的出资额。

【任务 9-5】 甲、乙、丙三人共同投资设立 A 有限责任公司,原注册资本为 4 000 000 元,甲、乙、丙分别出资 500 000 元、2 000 000 元和 1 500 000 元。为扩大经营规模,经批准,A 公司注册资本扩大为 5 000 000 元,甲、乙、丙按照原出资比例分别追加投资 125 000 元、500 000 元和 375 000 元。A 公司如期收到甲、乙、丙追加的现金投资。A 公司会计分录如下:

借:银行存款　　　　　　　　　　　　　　　　　　　　　　　　1 000 000
　　贷:实收资本——甲　　　　　　　　　　　　　　　　　　　　　　125 000
　　　　　　——乙　　　　　　　　　　　　　　　　　　　　　　　500 000
　　　　　　——丙　　　　　　　　　　　　　　　　　　　　　　　375 000

本例中,甲、乙、丙按原出资比例追加实收资本,因此,A 公司应分别按照 125 000 元、500 000 元和 375 000 元的金额,贷记"实收资本"账户中甲、乙、丙明细分类账。

(二) 实收资本(或股本)减少业务的核算

小企业按法定程序报经批准减少实收资本时,应按照减资金额,借记"实收资本"(或"股本")账户,贷记"库存现金""银行存款"等账户。

股份有限公司采取收购本公司股票方式减资的,按股票面值和注销股数计算的股票面值总额,借记"股本"账户,按注销库存股的账面余额,贷记"库存股"账户,按其差额,借记"资本公积——股本溢价"账户。股本溢价不足冲减的,应贷记"盈余公积""利润分配——未分配利润"账户。如果购回股票支付的价款低于面值总额的,应按股票面值总额,借记"股本"账户,按所注销的库存股账面余额,贷记"库存股"账户,按其差额,贷记"资本公积——股本溢价"账户。

【任务 9-6】 A 公司 2018 年 12 月 31 日的股本为 1 000 万股,面值为 1 元,资本公积(股本溢价)为 3 000 000 元,盈余公积为 4 000 000 元。经股东大会批准,A 公司以现金回购本公司股票 200 万股并注销。假定 A 公司按每股 2 元回购股票,不考虑其他因素。

(1) 回购本公司股票时:

借:库存股　　　　　　　　　　　　　　　　　　　　　　　　　4 000 000
　　贷:银行存款　　　　　　　　　　　　　　　　　　　　　　　　4 000 000

　　　　　　库存股成本＝2 000 000×2＝4 000 000(元)

(2) 注销本公司股票时:

借:股本　　　　　　　　　　　　　　　　　　　　　　　　　　2 000 000
　　资本公积——股本溢价　　　　　　　　　　　　　　　　　　　2 000 000
　　贷:库存股　　　　　　　　　　　　　　　　　　　　　　　　4 000 000

　　　　　应冲减的资本公积＝2 000 000×2－2 000 000×1＝2 000 000(元)

假定 A 公司按每股 3 元回购股票,其他条件不变。

(1) 回购本公司股票时:

借:库存股　　　　　　　　　　　　　　　　　　　　　　　　　6 000 000
　　贷:银行存款　　　　　　　　　　　　　　　　　　　　　　　　6 000 000

　　　　　　库存股成本＝2 000 000×3＝6 000 000(元)

(2) 注销本公司股票时:

借:股本　　　　　　　　　　　　　　　　　　　　　　　　　　2 000 000
　　资本公积——股本溢价　　　　　　　　　　　　　　　　　　　3 000 000
　　盈余公积　　　　　　　　　　　　　　　　　　　　　　　　1 000 000
　　贷:库存股　　　　　　　　　　　　　　　　　　　　　　　　6 000 000

应冲减的资本公积＝2 000 000×3－2 000 000×1＝4 000 000(元)

由于应冲减的资本公积大于现有的资本公积,所以只能冲减资本公积 3 000 000 元,剩余的 1 000 000 元应冲减盈余公积。

假定 A 公司按每股 0.9 元回购股票,其他条件不变。

(1) 回购本公司股票时:

借:库存股　　　　　　　　　　　　　　　　　　　　　　　　1 800 000
　　贷:银行存款　　　　　　　　　　　　　　　　　　　　　　　1 800 000

库存股成本＝2 000 000×0.9＝1 800 000(元)

(2) 注销本公司股票时:

借:股本　　　　　　　　　　　　　　　　　　　　　　　　　2 000 000
　　贷:库存股　　　　　　　　　　　　　　　　　　　　　　　1 800 000
　　　资本公积——股本溢价　　　　　　　　　　　　　　　　　　200 000

应增加的资本公积＝2 000 000×1－2 000 000×0.9＝200 000(元)

由于折价回购,股本与库存股成本的差额 200 000 元应作为增加资本公积处理。

任务 2　资本公积业务核算

【相关知识】

一、资本公积的来源

资本公积是指小企业收到的投资者出资额超过其在注册资本或股本中所占份额的部分。

资本公积来源于投资者的投入。资本公积是由投资者投入但不构成实收资本的、所有者享有的资金。资本公积由小企业全体投资者共同享有,其形成有特定来源,仅来源于小企业投资者的投入,因此,与小企业的生产经营所得(净利润)无关,不是一个利润实现的过程,而是与实收资本共同反映了小企业与其投资者之间出资和资本投入的关系。小企业的资本公积主要是指资本溢价(或股本溢价)。

资本溢价是指除股份有限公司以外的其他类型的小企业收到投资者的超过其在企业注册资本中所占份额的投资。在企业创立时,投资者认缴的出资额与注册资本一致,一般不会产生资本溢价。但在企业重组或有新的投资者加入时,常常会出现资本溢价。因为在小企业创立时,要经过筹建、试生产经营、开辟市场等过程,这种投资具有风险性。当小企业进入正常生产经营后,其资本利润率通常要高于小企业初创阶段,这是小企业创立者付出了代价的。另外,小企业有内部积累,新投资者加入企业后,对这些积累也要分享,所以新加入的投资者往往要付出大于原投资者的出资额,才能取得与原投资者相同的出资比例。投资者多缴的部分就形成了资本溢价。

股本溢价是指股份有限公司溢价发行股票时实际收到的款额超过股票面值总额的部分。股份有限公司是以发行股票的方式筹集股本的,股票可按面值发行,也可按溢价发行,我国目前不准许折价发行。与其他类型的小企业不同,股份有限公司在成立时可能会溢价发行股票,因而在成立之初,就可能会产生股本溢价。股本溢价的数额等于股份有限公司发行股票时实际收到的款额超过股票面值总额的部分。

在按面值发行股票的情况下,小企业发行股票取得的收入,应全部作为股本处理;在溢价发行股票的情况下,小企业发行股票取得的收入,等于股票面值部分作为股本处理,超出股票面值的溢价收入应作为股本溢价处理。

发行股票相关的手续费、佣金等交易费用。如果是溢价发行股票的,应从溢价中抵扣,冲减资本公积(股本溢价);无溢价发行股票或溢价金额不足以抵扣的,应将不足抵扣的部分冲减盈余公积和未分配利润。

二、资本公积的用途

小企业的资本公积主要用来转增资本(或股本)。小企业的资本公积不得用于弥补亏损。

【业务操作】

为了核算小企业资本公积的增减变动情况,小企业应设置"资本公积"账户。该账户贷方登记资本公积的增加数,借方登记资本公积的减少数,期末余额在贷方,反映小企业资本公积实有数。

一、一般小企业资本溢价业务核算

小企业收到投资者的出资,借记"银行存款""固定资产""无形资产"等账户,按照其在注册资本中所占的份额,贷记"实收资本"账户,按照其差额,贷记"资本公积"账户。在该账户下应设置"资本溢价"明细账户,进行明细核算。

【任务 9-7】　A 有限责任公司由两位投资者投资 200 000 元设立,每人各出资 100 000 元。1 年后,为扩大经营规模,经批准,A 有限责任公司注册资本增加到 300 000 元,并引入第三位投资者加入。按照投资协议,新投资者需缴入现金 110 000 元,同时享有该公司 1/3 的股份。A 有限责任公司已收到该现金投资。假定不考虑其他因素,A 有限责任公司的会计分录如下:

借:银行存款　　　　　　　　　　　　　　　　　　　　　　　110 000
　　贷:实收资本　　　　　　　　　　　　　　　　　　　　　100 000
　　　　资本公积——资本溢价　　　　　　　　　　　　　　　 10 000

二、股份有限公司股本溢价业务核算

股份有限公司溢价发行股票,在收到现金资产时,应当按照实际收到的金额,借记"银

行存款"等账户,按照股票面值总额,贷记"股本"账户,超出股票面值的溢价部分,贷记"资本公积——股本溢价"账户。

发行股票所支付的相关的手续费、佣金等交易费用。如果是溢价发行股票的,应从溢价中抵扣,冲减资本公积(股本溢价);无溢价或溢价金额不足以抵扣的,应将不足抵扣的部分冲减盈余公积和未分配利润。

【任务 9-8】　B 股份有限公司首次公开发行了普通股 500 000 股,每股面值 1 元,每股发行价格为 4 元。B 公司以银行存款支付发行手续费、咨询费等费用共计 60 000 元。假定发行收入已全部收到,发行费用已全部支付,不考虑其他因素。

(1) 收到发行收入时:

借:银行存款　　　　　　　　　　　　　　　　　　　　　　　　　2 000 000
　　贷:股本　　　　　　　　　　　　　　　　　　　　　　　　　　　500 000
　　　　资本公积——股本溢价　　　　　　　　　　　　　　　　　　1 500 000

应增加的资本公积＝500 000×(4−1)＝1 500 000(元)

(2) 支付发行费用时:

借:资本公积——股本溢价　　　　　　　　　　　　　　　　　　　　60 000
　　贷:银行存款　　　　　　　　　　　　　　　　　　　　　　　　　60 000

三、资本公积转增资本业务核算

小企业经股东大会或类似机构决议,用资本公积转增资本时,应冲减资本公积(资本溢价或股本溢价)。用资本公积转增资本时,借记"资本公积——资本溢价(或股本溢价)"账户,贷记"实收资本"(或"股本")账户。用资本公积转增资本时,应按原投资者各自出资比例计算确定各投资者相应增加的出资额。

【任务 9-9】　甲、乙、丙三人共同投资设立 A 有限责任公司,原注册资本为 4 000 000元,甲、乙、丙分别出资 500 000 元、2 000 000 元和 1500 000 元。为扩大经营规模,经批准,A公司注册资本扩大为 5 000 000 元,甲、乙、丙按照原出资比例分别追加投资 125 000 元、500 000元和 375 000 元。经批准,A 公司按原出资比例将资本公积 1 000 000 元转增资本。

根据上述经济业务,A 公司编制会计分录如下:

借:资本公积　　　　　　　　　　　　　　　　　　　　　　　　　1 000 000
　　贷:实收资本——甲　　　　　　　　　　　　　　　　　　　　　125 000
　　　　　　　　——乙　　　　　　　　　　　　　　　　　　　　　500 000
　　　　　　　　——丙　　　　　　　　　　　　　　　　　　　　　375 000

相关链接

《小企业会计准则》与《企业会计准则》的差异。

《小企业会计准则》下,资本公积仅包括资本溢价(或股本溢价),是指小企业收到的投资者出资额超过其在注册资本或股本中所占份额的部分。而《企业会计准则》下,资本公积包括资本溢价(或股本溢价)和其他资本公积。其他资本公积是指除资本溢价(或股本溢价)项目以外的资本公积,其中主要是直接计入所有者权益的利得和损失。

任务 3 留存收益业务核算

【相关知识】

留存收益是指小企业从历年实现的利润中提取或形成的留存于小企业的内部积累，它来源于小企业的生产经营活动所实现的净利润，包括小企业的盈余公积和未分配利润两个部分。

一、盈余公积

(一) 盈余公积的组成

盈余公积是指小企业按照法律规定在税后利润中提取的法定盈余公积和任意盈余公积。

1. 法定盈余公积

按照我国《公司法》有关规定，公司制小企业应当按照净利润（减弥补以前年度亏损）的 10% 提取法定盈余公积。非公司制小企业法定盈余公积的提取比例可超过净利润的 10%。法定盈余公积累计额已达注册资本的 50% 时可以不再提取。

2. 任意盈余公积

任意盈余公积是指小企业经股东大会或类似机构批准按照规定的比例从净利润中提取的盈余公积。它与法定盈余公积的区别在于其提取比例由小企业自行决定，而法定盈余公积的提取比例则由国家有关法规决定。

(二) 盈余公积的用途

小企业提取的盈余公积，根据《公司法》等法律的规定，主要用于以下三个方面。

1. 用于弥补亏损

根据有关法规的规定，小企业发生的亏损，可以用发生亏损后 5 年内实现的税前利润来弥补，当发生的亏损在 5 年内仍不足弥补的，应使用随后所实现的所得税后利润弥补。通常，当小企业发生的亏损在所得税后利润仍不足弥补的，可以用所提取的盈余公积来加以弥补，但是，用盈余公积弥补亏损应当由董事会提议，股东大会批准，或者由类似的机构批准。

2. 用于转增资本

当小企业提取的盈余公积累积比较多时，可以将盈余公积转增资本（或股本），但是必须经股东大会或类似机构批准。而且用盈余公积转增资本（或股本）后，留存的盈余公积不得少于注册资本的 25%。

3. 用于扩大小企业生产经营

盈余公积是小企业所有者权益的一个组成部分，也是小企业生产经营的一个重要资金来源。提取盈余公积并不是单独将这部分资金从小企业资金周转过程中抽出，它同小企业其他来源形成的资金一样循环周转，用于小企业的生产经营。在实务中，不需要进行专门的账务处理。

二、未分配利润

未分配利润是指小企业实现的净利润,经过弥补亏损、提取法定盈余公积和任意盈余公积、向投资者分配利润后,留存在本企业的、历年结存的利润。未分配利润是小企业未作分配的利润,是小企业留待以后年度进行分配的结存利润,在未进行分配之前,属于所有者权益的组成。从数量上来看,未分配利润是年初未分配利润,加上本年实现的税后利润和其他转入,减去提取的各种盈余公积和分出利润后的余额。

【业务操作】

一、盈余公积的业务核算

小企业应设置"盈余公积"账户,用来核算盈余公积提取、使用等情况,并分别设置"法定盈余公积"、"任意盈余公积"明细账户,进行明细核算。

(一)提取盈余公积业务核算

小企业按规定提取盈余公积时,借记"利润分配——提取法定盈余公积""利润分配——提取任意盈余公积"账户,贷记"盈余公积"账户。

【任务9-10】　E股份有限公司本年实现净利润为5 000 000元,年初无未分配利润。经股东大会批准,E股份有限公司按当年净利润的10%提取法定盈余公积。假定不考虑其他因素,E股份有限公司的会计分录如下:

借:利润分配——提取法定盈余公积　　　　　　　　　　　　　　　　　500 000
　贷:盈余公积——法定盈余公积　　　　　　　　　　　　　　　　　　　500 000
　　　　　　　本年提取盈余公积金额＝5 000 000×10%＝500 000(元)

(二)盈余公积弥补亏损业务核算

小企业用盈余公积弥补亏损时,借记"盈余公积"账户,贷记"利润分配——盈余公积补亏"账户。

【任务9-11】　经股东大会批准,F股份有限公司用以前年度提取的盈余公积弥补当年亏损,当年弥补亏损的数额为50 000元。假定不考虑其他因素,F股份有限公司的会计分录如下:

借:盈余公积——法定盈余公积　　　　　　　　　　　　　　　　　　　50 000
　贷:利润分配——盈余公积补亏　　　　　　　　　　　　　　　　　　　50 000

(三)盈余公积转增资本业务核算

小企业将盈余公积转增资本时,必须经股东大会或类似机构决议。在实际将盈余公积转增资本时,要按照股东原有持股比例进行结转,除非股东之间另有约定。其账务处理为:借记"盈余公积"账户,贷记"实收资本"账户。

【任务9-12】　因扩大经营规模需要,经股东大会批准,G有限责任公司决定将盈余公积800 000元转增资本。G公司有甲、乙、丙三位投资者,其中各自的出资比例分别为40%、30%和30%。G公司已经办好了相关手续。根据上述经济业务,G公司的会计分录如下：

借:盈余公积——法定盈余公积	800 000
贷:实收资本——甲	320 000
——乙	240 000
——丙	240 000

二、未分配利润业务核算

小企业应通过"利润分配"账户,用来核算企业利润的分配(或亏损的弥补)和历年分配(或弥补)后的未分配利润(未弥补亏损)。该账户应分别设置"提取法定盈余公积""提取任意盈余公积""应付现金股利或利润""盈余公积补亏""未分配利润"等明细账户,进行明细核算。

小企业期(月)末结转利润时,应将各损益类账户的余额全部转入"本年利润"账户,结平各损益类账户。结转后"本年利润"账户的贷方余额为当期实现的净利润,借方余额为当期发生的净亏损。年度终了,应将本年收入和支出相抵后结出的本年实现的净利润或净亏损,自"本年利润"账户转入"利润分配——未分配利润"账户。同时,将"利润分配"账户所属的其他明细账户的余额转入"未分配利润"明细账户。结转后,"利润分配"账户所属其他明细账户应无余额,"未分配利润"明细账户的贷方余额就是未分配利润的金额;如出现借方余额,则表示未弥补亏损的金额。

【任务 9-13】 D公司 2018 年年初未分配利润为零,2018 年实现净利润 2 000 000元,本年提取法定盈余公积 200 000 元,宣告发放现金股利 800 000 元。假定不考虑其他因素。

(1) 结转本年利润:

| 借:本年利润 | 2 000 000 |
| 　　贷:利润分配——未分配利润 | 2 000 000 |

如公司当年发生亏损,则应借记"利润分配——未分配利润"账户,贷记"本年利润"账户。

(2) 提取法定盈余公积、宣告发放现金股利:

借:利润分配——提取法定盈余公积	200 000
——应付利润	800 000
贷:盈余公积——法定盈余公积	200 000
应付利润	800 000

同时,

借:利润分配——未分配利润	1 000 000
贷:利润分配——提取法定盈余	200 000
——应付利润	800 000

　　本例中,"利润分配——未分配利润"明细账户的余额在贷方,此贷方余额 1 000 000元(本年利润 2 000 000－提取法定盈余公积 200 000－支付现金股利 800 000)即为 D 公司本年年末的累计未分配利润。

【课后练习】

一、单项选择题

1. 甲股份有限公司委托乙证券公司发行普通股,股票面值总额为 4 000 万元,发行总额为 16 000 万元,发行费按发行总额的 2% 计算(不考虑其他因素),股票发行净收入全部收到。甲股份有限公司该笔业务记入"资本公积"账户的金额为(　　)万元。

A. 4 000　　　　　　　　　　　　B. 11 680

C. 11 760　　　　　　　　　　　　D. 12 000

2. 下列各项中,会导致留存收益总额发生增减变动的是(　　)。

A. 资本公积转增资本　　　　　　　B. 盈余公积补亏

C. 盈余公积转增资本　　　　　　　D. 以当年净利润弥补以前年度亏损

3. 小企业用盈余公积转增资本时,保留的盈余公积金余额不得少于注册资本的(　　)。

A. 15%　　　　　　　　　　　　　B. 20%

C. 25%　　　　　　　　　　　　　D. 50%

4. 某小企业发行普通股 700 万股,每股面值为 1 元,每股发行价格为 4 元,支付手续费 15 万元,支付咨询费 50 万元。该公司发行普通股应记入"股本"账户的金额为(　　)万元。

A. 700　　　　　　　　　　　　　B. 2 035

C. 2 100　　　　　　　　　　　　D. 2 800

5. 某公司 2018 年年初所有者权益总额为 1 360 万元,当年实现净利润 450 万元,提取盈余公积 45 万元,向投资者分配现金股利 200 万元,本年内以资本公积转增资本 50 万元,投资者追加现金投资 30 万元。该公司年末所有者权益总额为(　　)万元。

A. 1 565　　　　　　　　　　　　B. 1 595

C. 1 640　　　　　　　　　　　　D. 1 570

6. 某小企业年初所有者权益总额 210 万元,当年以其中的资本公积转增资本 50 万元。当年实现净利润 360 万元,提取盈余公积 40 万元,向投资者分配利润 30 万元。该企业年末所有者权益总额为(　　)万元。

A. 450　　　　　　　　　　　　　B. 500

C. 540　　　　　　　　　　　　　D. 570

7. 对有限责任公司而言,如有新投资者加入,新加入的投资者缴纳的出资额大于其按约定比例计算的其在注册资本中所占份额的部分,应记入(　　)账户。

A. "实收资本"　　　　　　　　　　B. "资本公积"

C. "盈余公积"　　　　　　　　　　D. "营业外收入"

8. 某小企业 2017 年发生亏损 100 万元,按规定可以用 2018 年度税前利润弥补,该企业 2018 年实现利润 60 万元,弥补了上年部分亏损,2018 年年末,企业对实现的会计利润的会计处理是(　　)。

A. 借:利润分配——盈余公积补亏
　　贷:利润分配——未分配利润

B. 借:本年利润
　　贷:利润分配——未分配利润

C. 借:盈余公积
　　贷:利润分配——未分配利润

D. 借:利润分配——未分配利润
　　贷:利润分配——其他转入

9. 某小企业年初未分配利润为 100 万元,盈余公积 40 万元,本年净利润为 1 000 万元,按 10% 计提法定盈余公积,按 10% 计提任意盈余公积,宣告发放现金股利为 200 万元,该企业期末留存收益的金额为(　　)万元。

A. 1 040　　　　　　　　　　B. 1 140
C. 940　　　　　　　　　　　D. 740

10. 某小企业年初未分配利润为 180 万元,本年实现的净利润为 260 万元,分别按 10% 提取法定盈余公积和 5% 提取任意盈余公积,向投资者分配利润 120 万元,该企业未分配利润为(　　)万元。

A. 281　　　　　　　　　　　B. 101
C. 320　　　　　　　　　　　D. 254

二、多项选择题

1. 下列各项中,构成小企业留存收益的有(　　)。
A. 资本溢价　　　　　　　　　B. 未分配利润
C. 任意盈余公积　　　　　　　D. 法定盈余公积

2. 下列各项中,不会引起留存收益总额发生增减变动的有(　　)。
A. 资本公积转增资本　　　　　B. 盈余公积转增资本
C. 盈余公积弥补亏损　　　　　D. 税后利润弥补亏损

3. 下列各项中,不会引起所有者权益总额发生增减变动的有(　　)。
A. 宣告发放股票股利　　　　　B. 资本公积转增资本
C. 盈余公积转增资本　　　　　D. 接受投资者追加投资

4. 下列各项中,会引起留存收益总额发生增减变动的有(　　)。
A. 提取盈余公积　　　　　　　B. 盈余公积转增资本
C. 用盈余公积分配现金股利　　D. 企业实现净利润

5. 某股份有限公司以收购本企业股票方式减资,在进行会计处理时,可能涉及(　　)账户。
A. "股本"　　　B. "资本公积"　　　C. "盈余公积"　　　D. "本年利润"

6. 下列项目中,不会影响所有者权益总额发生变动的有(　　)。
A. 用盈余公积弥补亏损　　　　B. 用盈余公积转增资本
C. 宣告分配现金股利　　　　　D. 分配股票股利

7. 企业吸收投资者出资时,余额可能发生变化的账户有(　　)。

A. "实收资本"　　　　　　　　　　B. "资本公积"

C. "盈余公积"　　　　　　　　　　D. "利润分配"

8. 下列资产中,可以作为实收资本投入小企业的有(　　)。

A. 货币资产　　　　　　　　　　B. 实物资产

C. 无形资产　　　　　　　　　　D. 已抵押资产

9. 盈余公积可用于(　　)。

A. 扩大企业生产经营　　　　　　B. 转为资本公积

C. 弥补亏损　　　　　　　　　　D. 转增资本

10. 下列各项中,年度终了需要转入"利润分配——未分配利润"账户的有(　　)。

A. "本年利润"

B. "利润分配——应付现金股利"

C. "利润分配——盈余公积补亏"

D. "利润分配——提取法定盈余公积"

三、判断题

1. 年度终了,除"未分配利润"明细账户外,"利润分配"账户下的其他明细账户应当无余额。　　　　　　　　　　　　　　　　　　　　　　　　　　　　　　　(　　)

2. 小企业年末资产负债表中的未分配利润的金额一定等于"利润分配"账户的年末余额。　　　　　　　　　　　　　　　　　　　　　　　　　　　　　　　　　(　　)

3. 投资者投入小企业的资本应全部记入"实收资本"或"股本"账户。　(　　)

4. 我国小企业可按面值、溢价和折价发行股票。　　　　　　　　　　(　　)

5. 无论是以税前利润还是以税后利润弥补亏损,会计上均无须做任何账务处理。

　　　　　　　　　　　　　　　　　　　　　　　　　　　　　　　　　(　　)

6. 期末未分配利润的数额等于企业当年实现的税后利润加未分配利润年初数。

　　　　　　　　　　　　　　　　　　　　　　　　　　　　　　　　　(　　)

7. 当盈余公积累计额已达注册资本的50%时可以不再提取。　　　　(　　)

8. 用盈余公积转增资本或弥补亏损,并不影响所有者权益总额的增减变化。(　　)

9. 由于所有者权益和负债都是对企业资产的要求权,因此,它们的性质是一样的。

　　　　　　　　　　　　　　　　　　　　　　　　　　　　　　　　　(　　)

10. 企业溢价发行股票发生的手续费、佣金应从溢价中抵扣,溢价金额不足抵扣的调整留存收益。　　　　　　　　　　　　　　　　　　　　　　　　　　　　(　　)

四、计算分析题

(一)某有限责任公司发生下列业务:

1. 公司由投资者甲、乙、丙三人共同投资设立,注册资本总额为 15 000 000 元。有关各方投资情况如下:

(1)甲以现金投入 5 000 000 元,款项已收存银行,占企业注册资本的 1/3。

(2)乙以一台机器设备投资,投资合同约定的价值为 5 300 000 元,设备已办理产权转移手续,占企业注册资本的 1/3。

(3)丙投入原材料一批,投资合同约定该批原材料的价值为 4 800 000 元,提供可抵扣的增值税专用发票上注明的增值税额为 816 000 元,材料已验收入库,占企业注册资本的 1/3。

2. 公司成立 1 年后,由于经营前景看好,吸收丁加入该公司,将注册资本由原来的15 000 000 元增加到 16 000 000 元。丁应缴资本 1 800 000 元,占该公司注册资本的份额为 1 000 000 元,公司已收到该现金投资并存入银行。

3. 公司成立 3 年后,经股东会表决通过,决定用资本公积金 3 000 000 元转增资本,已办妥相关变更注册手续。

要求:根据上述资料编制相关会计分录。

(二) 丙上市公司 2017—2018 年发生与其股票有关的业务如下:

(1) 2017 年 1 月 4 日,经股东大会决议,并报有关部门核准,增发普通股 40 000 万股,每股面值为 1 元,每股发行价格为 5 元,股款已全部收到并存入银行。假定不考虑相关税费。

(2) 2017 年 6 月 20 日,经股东大会决议,并报有关部门核准,以资本公积 4 000 万元转增股本。

(3) 2018 年 6 月 20 日,经股东大会决议,并报有关部门核准,以银行存款回购本公司股票 100 万股,每股回购价格为 3 元。

(4) 2018 年 6 月 26 日,经股东大会决议,并报有关部门核准,将回购的本公司股票100 万股注销。

要求:逐笔编制丙上市公司上述业务的会计分录。

(答案中的金额单位用"万元"表示)

(三) 甲公司属于工业企业,为增值税一般纳税人,由 A、B、C 3 位股东于 2016 年 12月 31 日共同出资设立,注册资本 800 万元。出资协议规定,A、B、C 3 位股东出资比例分别为 40%、35% 和 25%。有关资料如下:

(1) 2016 年 12 月 31 日,3 位股东的出资方式及出资额,如表 9-1 所示(各位股东的出资已全部到位,并经中国注册会计师验证,有关法律手续已经办妥)。

表 9-1

3 位股东的出资方式及出资额　　　　　　　　　　　　　单位:万元

出资者	货币资金	实物资产	无形资产	合计
A	270		50(专利权)	320
B	130	150(厂房)		280
C	170	30(轿车)		200
合计	570	180	50	800

(2) 2017 年甲公司实现净利润 400 万元,决定分配现金股利 100 万元,计划在 2018年 2 月 10 日支付。

(3) 2018 年 12 月 31 日,吸收 D 股东加入本公司,将甲公司注册资本由原 800 万元增到 1 000 万元。D 股东以银行存款 100 万元、原材料 58 万元(增值税专用发票中注明材料计税价格为 50 万元,增值税额 8 万元)出资,占增资后注册资本 10% 的股份;其余的

100 万元增资由 A、B、C 3 位股东按原持股比例以银行存款出资。2018 年 12 月 31 日,4 位股东的出资已全部到位,并取得 D 股东开出的增值税专用发票,有关的法律手续已经办妥。

要求:

(1) 编制甲公司 2016 年 12 月 31 日收到投资者投入资本的会计分录("实收资本"账户要求写出明细账户)。

(2) 编制甲公司 2017 年决定分配现金股利的会计分录("应付股利"账户要求写出明细账户)。

(3) 计算甲公司 2018 年 12 月 31 日吸收 D 股东出资时产生的资本公积。

(4) 编制甲公司 2018 年 12 月 31 日收到 A、B、C 股东追加投资和 D 股东出资的会计分录。

(5) 计算甲公司 2018 年 12 月 31 日增资扩股后各股东的持股比例。

(答案中的金额单位用"万元"表示)

(四) 某公司 2018 年度发生下列未分配利润业务。

(1) 公司 2018 年度实现利润总额为 2 200 000 元,"利润分配——未分配利润"账户借方余额 700 000 元(属 5 年内亏损)。

(2) 公司董事会决定按 10% 提取法定盈余公积,按 5% 提取任意盈余公积分配给投资者利润 600 000 元。

要求:根据上述资料编制相关会计分录。

五、技能操作训练

【实训目的】

学生通过实训,熟悉所有者权益核算过程中所涉及的原始凭证及业务程序;掌握股本、资本公积、盈余公积和未分配利润的核算方法;掌握有关总账及明细账的设置和登记方法。

【实训资料】

(一) 海滨华联股份有限公司为发起式设立的股份公司,2018 年 11 月 1 日有关所有者权益总账、明细账余额如表 9-2 所示。

表 9-2

海滨华联股份有限公司所有者权益总账、明细账余额　　　　　　　　单位:元

账 户 名 称	借或贷	余 额
股本	贷	9 900 000.00
资本公积	贷	26 000.00
资本公积——股本溢价	贷	26 000.00
盈余公积	贷	232 000.00
盈余公积——法定盈余公积	贷	232 000.00
利润分配	贷	84 566.00
利润分配——未分配利润	贷	84 566.00

（二）2018 年 11 月份有关所有者权益经济业务的原始凭证如下：

业务 9-1-1

投资协议书（摘要）

甲方：长沙市环宇机械厂

乙方：海滨华联股份有限公司

经上述各方充分协商，就投资事宜，达成如下协议：

……

出资方式及占股比例

三、甲方以含税价 102 660.00 元的材料向乙方投资。

四、甲方投资后乙方注册资本增至 1 000 万元，甲方占 1%。

五、甲方必须在 2018 年 11 月 16 日前向乙方出资。

六、本协议自双方签字之日起生效。一式二份，各方各执一份，以便共同遵守。如若一方违约，按有关条款处理。

甲方：湖南长沙市环球机械厂　　　　　　　乙方：海滨华联股份有限公司

甲方代表人：陈锋　　　　　　　　　　　　乙方代表人：陈振奋

签订日期：2018 年 11 月 1 日

业务 9-1-2

43000215896　　　**湖南增值税专用发票**　No 00613189　43000215896

00613189

开票日期：2018 年 11 月 15 日

购货单位	名　　称：海滨华联股份有限公司 纳税人识别号：436702789022785 地址、电话：长沙市庆园路 18 号、0731—88713218 开户行及账号：工行长沙市兴城支行 　　　　　1903019551012985550					密码区	3489—1＜9—7—615962148＜032/52＞9/ 29533—49711626＜8—3024＞80906—2—48— 6＜7＞2*—/＞*＞589＜9—7—615962148＜ 032/52＞9/29533—4971166＜8—3024＞809— 2458/4589*125125/45*94	
货物或应税劳务、服务名称	规格型号	单位	数量	单价	金　额	税率	税　额	
甲材料 丙材料		吨 件	10 10	3 700 5 150	37 000.00 51 500.00	16% 16%	5 920.00 8 240.00	
合　计					¥88 500.00		¥14 160.00	
价税合计（大写）		壹拾万零贰仟陆佰陆拾元整				（小写）　¥102 660.00		
销货单位	名　　称：湖南长沙市环宇机械厂 纳税人识别号：43010789022218 地址、电话：长沙市八一路 132 号、0731—68953218 开户行及账号：工行八一路支行 　　　　　1903010109601099805					备注	43010789022218 发票专用章	

收款人：×××　　　　复核：×××　　　　开票人：×××　　　　销货单位（章）

第二联：发票联　购货单位记账凭证

业务 9-1-3

收　料　单

材料科目：　　　　　　　　　　　　　　　　　　　　　　编　　号：1410

材料类别：　　　　　　　　　　　　　　　　　　　　　　收料仓库：1 号仓库

供应单位：长沙市环宇机械厂　　　　2018 年 11 月 15 日　　发票号码：00613189

材料编号	材料名称	规格	计量单位	数量		实际价格			
				应收	实收	单价	发票金额	运费	合计
	甲材料		吨	10	10	3 700	37 000.00		37 000.00
	丙材料		件	10	10	5 150	51 500.00		51 500.00
	合计						88 500.00		88 500.00
备注									

采购员：×××　　　检验员：×××　　　　记账员：×××　　　　保管员：×××

- ✂

业务 9-2-1

海滨华联股份有限公司临时股东会决议

　　一、会议召开和出席情况

　　……

　　二、审议通过了以资本公积转增资本议案。

　　为增强公司资本实力,公司决定用盈余公积——法定盈余公积 10 万元按股东投资比例转增资本,其中:长沙通达有限公司 60%,湘江钢铁股份有限公司 29%,长沙市环宇机械厂 1%,陈振奋 10%。

　　股东(授权代表)签章(略)

　　　　　　　　　　　　　　　　　　　　　　　　2018 年 11 月 30 日

【实训要求】

1. 根据资料(一)开设"股本""资本公积""盈余公积"和"利润分配"总账、明细账,并登记期初余额。

2. 根据资料(二)填制和审核原始凭证,并编制记账凭证。

3. 根据记账凭证及所附原始凭证登记有关明细账、总账,并结账。

【实训用具】

记账凭证5张,三栏式明细账若干张,三栏式总账若干张。

项目十　收入、费用和利润业务核算

知识目标

通过本项目的学习,明确收入、费用、利润和政府补助的概念、特征;掌握主营业务和其他业务的会计核算方法;掌握小企业应交所得税和所得税费用的计算以及会计核算方法;掌握利润的结转和利润分配的会计核算方法。

能力目标

能编制收入、营业成本、期间费用、政府补助、利润、利润分配业务和应交所得税等相关原始凭证和记账凭证;能根据有关资料登记主营业务收入、其他业务收入、主营业务成本和其他业务成本等明细账。

任务1　收入业务核算

【相关知识】

一、收入的概念和特征

(一) 收入的概念

收入是指小企业在日常活动中形成的、会导致所有者权益增加、与所有者投入资本无关的经济利益的总流入。收入包括销售商品收入和提供劳务收入等,但不包括为第三方或者客户代收的款项。

(二) 收入的特征

收入具有以下特征。

1. 收入是从小企业在日常活动中形成的,而不是从偶发的交易或事项中产生

这里的日常活动,是指小企业为完成其经营目标而从事的经常性的活动以及与之相关的其他活动。例如,工业小企业制造和销售产品、零售业小企业销售商品、建筑业小企业建筑房屋等,均属于小企业为完成其经营目标所从事的经常性的活动,其流入的经济利益属于收入。另外,小企业发生的与经常性活动相关的其他活动,如工业小企业对外出售不需用的原材料、对外转让无形资产使用权等活动所形成的经济利益总流入也构成收入。有些交易或事项也能为小企业带来经济利益,但不属于小企业的日常活动,如小企业出售固定资产或无形资产形成的净收益、接受政府的补贴、因其他小

企业违约收取的罚款等,其流入的经济利益是利得,而不是收入。

2. 收入会导致小企业所有者权益的增加

与收入相关的经济利益的流入应当会导致小企业所有者权益的增加,不会增加小企业所有者权益的经济利益的流入不符合收入的定义,不应确认为收入。例如,小企业向银行借入款项,尽管也导致了经济利益流入小企业,表现为增加了小企业的现金或银行存款,但该笔借款的取得并不会增加小企业的所有者权益,反而会使小企业承担了一项现时义务,表现为对银行的欠款。因此,不应将其确认为收入,而应当确认为一项负债。基于本特征,收入区别于负债。收入也不包括为第三方或客户代收的款项,如小企业代税务机关向客户收取的增值税(即销项税额)。这些代收的款项,一方面增加小企业的资产(如银行存款),另一方面增加小企业的负债,而不是增加小企业的所有者权益,也不属于该小企业的经济利益,不能作为该小企业的收入。

3. 收入是与所有者投入资本无关的经济利益的总流入

收入的本质表现有三:一是导致经济利益流入了小企业,体现为增加了小企业的资产(如现金、银行存款、应收账款等);二是总流入是一个全额而不是净额的概念,通俗来讲,是毛收入,不需要扣除费用;三是收入不是小企业的投资者投入的资本,或者说,小企业投资者投入的资本不能作为小企业的收入。例如,小企业销售商品,应当在收到客户支付的现金或者在未来有权收到客户支付的现金,从而增加了小企业的资产,表明该交易符合收入的定义。但是,小企业经济利益的增加有时是由其所有者投入资本所导致的,所有者投入资本的增加不应当确认为收入,应当将其直接确认为所有者权益。

二、收入的分类

收入可根据不同标准进行分类。

(一)按收入的性质分类

按照收入的性质分类,可分为销售商品的收入和提供劳务的收入。

1. 销售商品的收入

销售商品的收入是指取得货币方式的商品销售及正常情况下的以商品抵偿债务的交易等取得的收入。这里的商品主要包括为销售而生产的产品或为转售而购进的商品,如工业小企业生产的产品、商品流通小企业购进的商品等,小企业销售的其他存货,如原材料、包装物等也视同商品。但小企业以商品进行投资、捐赠及自用等,会计上均不作为销售商品处理,而按成本结转。

2. 提供劳务的收入

提供劳务的收入是指小企业从事建筑安装、修理修配、交通运输、仓储租赁、邮电通信、咨询经纪、文化体育、科学研究、技术服务、教育培训、餐饮住宿、中介代理、卫生保健、社区服务、旅游、娱乐、加工以及其他劳务服务活动取得的收入。

(二)按小企业经营业务的主次分类

按照小企业经营业务的主次分类,可分为主营业务收入和其他业务收入。

1. 主营业务收入

主营业务收入是指小企业为完成其经营目标而从事的日常活动中的主要活动所取得的收入,一般可根据小企业营业执照上规定的主营业务范围确定。不同行业其主营业务收入所包括的内容不相同。例如,工业小企业的主营业务收入主要包括销售产品、自制半成品、代制品、代修品、提供工业性劳务等取得的收入;商品流通小企业的主营业务收入主要包括销售商品所取得的收入;旅游小企业的主营业务收入主要包括客房收入、餐饮收入等。主营业务收入一般占小企业营业收入的比重较大,对小企业的经济效益产生较大的影响。

2. 其他业务收入

其他业务收入是指主营业务以外的其他日常活动所取得的收入,一般可根据小企业营业执照上规定的兼营业务范围确定。例如,工业小企业销售材料、提供非工业性劳务等实现的收入。其他业务属于小企业日常活动中次要的交易,其他业务收入一般占小企业营业收入的比重较小。

三、销售商品收入的确认

(一) 销售商品收入确认的条件

《小企业会计准则》对销售商品收入确认作了原则性规定:在一般情况下,小企业应当在发出商品且收到货款或取得收款权利时,确认销售商品收入。

这一收入确认原则表明,确认销售商品收入有两个标志:一是物权的转移,表现为发出商品;二是收到货款或取得收款权利。这两个标志是经济利益能够流入小企业的最直接的标志。小企业销售商品同时满足这两个条件时,通常就应当确认收入。发出商品通常是指小企业将所售商品交付给购买方或购买方已提取所购商品,但是所售商品是否离开企业并不是发出商品的必要条件。如果小企业已经完成销售手续,如购买方直接采取交款提货方式,在发票已经开出,货款已经收到,提货单也已经交给购买方时,无论商品是否已被购货方提取,都应作为发出商品处理。因为此时商品所有权已经转移给购买方,购买方随时可以凭单提货,销售方此时只是起代购买方保管商品的作用。

(二) 各种销售方式下销售商品收入确认的时点

《小企业会计准则》根据我国小企业现阶段销售商品的常见方式,分别规定了其确认收入的时点。

1. 销售商品采用现金、支票、汇兑、信用证等方式的,在发出商品时确认收入

采用现金、支票、汇兑、信用证等方式销售商品,由于不存在购买方承付的问题,商品一经发出即收到货款或取得收款权利,因而在商品办完发出手续时即应确认收入。

2. 销售商品采用托收承付方式的,在办妥托收手续时确认收入

托收承付销售商品,是指小企业根据合同发货后,委托银行向异地购买方收取款项,购买方根据合同验货后,向银行承诺付款的销售方式。在这种销售方式下,小企业发出商品且办妥托收手续时,通常表明小企业已经取得收款的权利。因此,可以确认收入。

3. 销售商品采取预收款方式的,在发出商品时确认收入

预收款销售商品,是指购买方在商品尚未收到前按合同或协议约定分期付款,销售方在收到最后一笔款项时才交货的销售方式。在这种销售方式下,小企业发出商品即意味着小企业作为销售方已经收到了购买方支付的最后一笔款项,应将收到的货款全部确认

为收入,在此之前预收的货款应确认为负债,即确认为预收账款。

4. 销售商品采用分期收款方式的,在合同约定的收款日期确认收入

分期收款销售商品,是指商品已经交付,但货款分期收回的销售方式。按规定,以分期收款方式销售货物的,按照合同约定的收款日期确认收入的实现。

5. 销售商品需要安装和检验的,在购买方接受商品以及安装和检验完毕时确认收入。如果安装程序比较简单,可在发出商品时确认收入

商品需要安装和检验的销售,是指售出的商品需要经过安装、检验等过程的销售方式。在这种销售方式下,所售商品的安装和检验工作是销售合同或协议的重要组成部分。在购买方接受交货以及安装和检验完毕前,销售方一般不应确认收入,只有在购买方接受商品以及安装和检验完毕时才能确认收入。但如果安装程序比较简单,可以在发出商品时确认收入。例如,某电梯生产企业销售电梯,电梯已发出,发票账单已交付购买方,购买方已预付部分贷款。但根据合同约定,销售方须负责安装且在销售方安装并经检验合格后,购买方才支付余款。则销售方发出电梯时不能确认收入,而应当在安装完毕并检验合格后才确认收入。

6. 销售商品采用支付手续费方式委托代销的,在收到代销清单时确认收入

采用支付手续费方式委托代销商品,是指委托方和受托方签订合同或协议,委托方根据代销商品数量和金额向受托方支付手续费的销售方式。在这种销售方式下,委托方发出商品时,并不知道受托方能否将商品销售出去,能够销售多少。因此,委托方在发出商品时通常不应确认收入,而在收到受托方开出的代销清单时,能够确定受托方销售商品的数量、金额。因此,可以确认收入。受托方应在所受托商品销售后,将按合同或协议的约定计算确定收取的手续费确认为收入。

四、销售商品收入的计量

《小企业会计准则》规定,应当按照从购买方已收或应收的合同或协议价款,确定销售商品收入金额。

此外,小企业在确定销售商品收入的金额时,还应考虑预计可能发生的现金折扣、商业折扣、销售折让和销售退回等因素。

现金折扣是指债权人为鼓励债务人在规定的期限内付款而向债务人提供的债务扣除。销售商品涉及现金折扣的,应当按照扣除现金折扣前的金额确定收入。现金折扣在实际发生时计入当期损益(财务费用)。

商业折扣是指小企业为促进商品销售而在商品标价上给予的价格扣除。销售商品涉及商业折扣的,应当按照扣除商业折扣后的金额确定销售商品收入金额。

销售折让是指小企业因售出的商品质量不合格等原因而在售价上给予的减让。小企业已经确认销售商品收入的售出商品发生的销售折让,应当在发生时冲减当期销售商品收入。

销售退回是指小企业售出的商品由于质量、品种不符合要求等原因发生的退货。小企业已经确认销售商品收入的售出商品发生的销售退回(不论属于本年度还是属于以前年度的销售),应当在发生时冲减当期销售商品收入。

五、提供劳务收入的确认与计量

小企业提供劳务的种类很多,提供劳务的内容不同,完成劳务的时间也不等。有的劳务一次能完成,且一般为现金交易,如修理修配、餐饮住宿、旅游等;有的劳务需要耗费较长时间才能完成,如建筑安装、教育培训、技术服务、远洋运输等。小企业应根据完成劳务时间的不同,分别下列情况确认和计量劳务收入。

(一) 在同一会计年度内开始并完成的劳务收入

对于在同一会计年度内开始并完成的劳务收入,应当在提供劳务交易完成且收到款项或取得收款权利时,确认提供劳务收入。提供劳务收入的金额为从接受劳务方已收或应收的合同或协议价款。

(二) 劳务的开始和完成分属不同的会计年度

劳务的开始和完成分属不同会计年度的,应当按照完工进度确认提供劳务收入。年度资产负债表日,按照提供劳务收入总额乘以完工进度扣除以前会计年度累计已确认提供劳务收入后的金额,确认本年度的提供劳务收入;同时,按照估计的提供劳务成本总额乘以完工进度扣除以前会计年度累计已确认营业成本后的金额,结转本年度营业成本。用公式表示如下:

本期确认的收入 = 劳务总收入 × 本期末止劳务的完工程度 − 以前各期已确认的收入

本期确认的费用 = 劳务总成本 × 本期末止劳务的完工程度 − 以前各期已确认的费用

按照完工进度确认提供劳务收入,关键是合理确定所提供劳务的完工进度。小企业确定提供劳务交易的完工进度,可以选用下列方法:

(1) 对已完工作或工程的测量确定完成程度。这是一种比较专业的测量法,由专业测量师对已完成的工作或工程进行测量,并按一定方法计算劳务的完成程度。

(2) 按已经提供的劳务量占应提供的劳务总量的百分比确定完成程度。

(3) 按已经发生的成本占估计总成本的百分比确定完成程度。

【业务操作】

一、销售商品收入的业务核算

(一) 账户设置

小企业销售商品业务,应设置"主营业务收入""主营业务成本""税金及附加"等账户进行核算。

1. "主营业务收入"账户

该账户主要用来核算小企业经营主要业务所取得的收入,其贷方登记小企业已实现的主营业务收入,借方登记发生销售折让或退回时冲减的主营业务收入以及期末转入"本年利润"账户的主营业务收入,结转后应无余额。

2. "主营业务成本"账户

该账户主要用来核算小企业经营主要业务而发生的实际成本。其借方登记已销售商品、已提供劳务的实际成本,贷方登记由于销货退回而应冲减的本期的销售成本以及期末转入"本年利润"账户的主营业务成本,结转后应无余额。

3."税金及附加"账户

该账户主要用来核算小企业日常生产经营活动应负担的税金及附加费,主要包括消费税、城市维护建设税、资源税、教育费附加等。其借方登记小企业日常生产经营活动应负担的各项税金及附加费,贷方登记期末转入"本年利润"账户的各项税金及附加费,结转后应无余额。

(二)一般商品销售业务的核算

1. 符合收入确认条件的

小企业销售商品满足收入确认条件时,应及时确认收入,并结转相关的销售成本,计算应负担的税金及附加费,通过"主营业务收入""主营业务成本""税金及附加"等账户进行核算。

【任务 10-1】　海滨公司为增值税一般纳税小企业,2018 年 7 月 3 日销售 C 产品 50件,每件售价为 300 元,单位成本为 200 元,购货单位以转账支票付款,该小企业已将提货单和发票账单交给购货单位,适用的增值税税率为 16%,消费税税率为 8%(该产品为应征消费税的消费品),应交城市维护建设税 140 元,应交教育费附加 60 元。

(1)实现主营业务收入时:

借:银行存款	17 400
贷:主营业务收入	15 000
应交税费——应交增值税(销项税额)	2 400

(2)结转主营业务成本时:

借:主营业务成本	10 000
贷:库存商品	10 000

(3)计算营业税金及附加时:

借:税金及附加	1 400
贷:应交税费——应交消费税(15 000×8%)	1 200
——应交城市维护建设税	140
——应交教育费附加	60

2. 不符合收入确认条件的

如果购货方在资金周转方面存在困难,所购商品不能按协议时间支付货款,则小企业在货款回收方面存在不确定性。根据商品销售收入确认原则,小企业在销售时不能确立收入。此时,应将已发出的商品成本转入"发出商品"账户。"发出商品"账户用来核算小企业未满足收入确认条件但已经发出商品的实际成本。

【任务 10-2】　海滨公司于 2018 年 7 月 10 日以托收承付方式向 A 小企业销售一批商品,成本为 60 000 元,增值税专用发票上注明售价 100 000 元,增值税额 16 000 元。该批商品已经发出,并向银行办妥托收手续。此时得知 A 小企业受到突来的洪水冲击,损失严重,资金周转困难。经与购货方交涉。确定此项收入目前收回的可能性不大。假设海滨公司销售该批商品的纳税义务已经发生。

12 月 15 日,A 小企业恢复生产,经营情况发生好转,向海滨公司承诺近期付款。

12 月 28 日,海滨公司收到 A 小企业欠的全部货款及有关增值税额。

(1) 7 月 10 日,发出商品时:

借:发出商品——A 小企业   60 000
　　贷:库存商品   60 000

同时,因海滨公司销售该批商品的纳税义务已经发生,应确认应交的增值税销项税额。

借:应收账款——A 小企业(应收销项税额)   16 000
　　贷:应交税费——应交增值税(销项税额)   16 000

(2) 12 月 15 日,A 小企业承诺近期付款时:

借:应收账款——A 小企业   100 000
　　贷:主营业务收入   100 000

同时,结转销售成本:

借:主营业务成本   60 000
　　贷:发出商品——A 小企业   60 000

(3) 12 月 28 日,收到款项时:

借:银行存款   116 000
　　贷:应收账款——A 小企业   100 000
　　　　　　　　——A 小企业(应收销项税额)   16 000

(三) 销售商品涉及商业折扣、现金折扣的业务核算

1. 商业折扣

商业折扣是指小企业为促进商品销售而在商品标价上给予的价格扣除。例如,小企业为了鼓励购货方购买更多的商品而规定购买 10 件以上者给予 10% 的折扣,或者购买方买 10 件送 1 件。又如,小企业为了尽快出售一些残次、陈旧、冷背的商品而进行降价销售,降低的价格也属于商业折扣。

商业折扣在销售时已发生,并不构成最终成交价格的一部分。因此,小企业销售商品涉及商业折扣的,应当按照扣除商业折扣后的金额确定销售商品收入,发生的商业折扣不做账。

2. 现金折扣

现金折扣实际上是小企业为了尽快回笼资金而发生的理财费用,应当按照扣除现金折扣前的金额确定销售商品收入金额。现金折扣在实际发生时计入当期损益(财务费用)。

【任务 10-3】 海滨公司于 2018 年 8 月 1 日销售一批商品 1 000 件给 C 小企业,增值税专用发票上注明的售价 100 000 元,增值税额 16 000 元。合同规定的现金折扣条件为 "2/10、1/20、n/30"。假设计算折扣时不考虑增值税,其会计处理如下:

（1）8月1日销售实现时，应按总售价确认收入：

借：应收账款——C小企业	116 000	
贷：主营业务收入		100 000
应交税费——应交增值税（销项税额）		16 000

（2）若8月9日买方付清货款，则按售价100 000元的2%享受2 000元（100 000×2%）的现金折扣，实际付款114 000元（116 000－2 000），应编制会计分录如下：

借：银行存款	114 000	
财务费用	2 000	
贷：应收账款——C小企业		116 000

（3）若8月19日买方付清货款，则按售价100 000元的1%享受1 000元（100 000×1%）的现金折扣，实际付款115 000元（116 000－1 000），应编制会计分录如下：

借：银行存款	115 000	
财务费用	1 000	
贷：应收账款——C小企业		116 000

（4）若买方在8月底才付清货款，则应按全额付款，应编制会计分录如下：

| 借：银行存款 | 116 000 | |
| 　贷：应收账款——C小企业 | | 116 000 |

（四）销售折让的业务核算

销售折让是指小企业因售出的产品质量不合格等原因而在售价上给予的减让。对于已确认销售商品收入的售出商品发生销售折让的，不论此销售业务是发生在本年度还是以前年度，小企业均应当在该笔折让实际发生时冲减当期（通常为当月）的销售商品收入。发生销售折让时，如按规定允许扣减当期销项税额的，应同时冲减"应交税费——应交增值税（销项税额）"账户。

【任务10-4】　海滨公司于2018年8月2日销售一批商品给B小企业，增值税专用发票上的售价200 000元，增值税额32 000元，10日货到后买方发现商品质量不合格，要求在价格上给予5%的折让，海滨公司同意其要求，并开具红字增值税专用发票。假设此前海滨公司已确认该批商品的销售收入。

（1）8月2日，销售实现时：

借：应收账款——B小企业	232 000	
贷：主营业务收入		200 000
应交税费——应交增值税（销项税额）		32 000

（2）8月10日，发生销售折让时：

借：主营业务收入（200 000×5%）	10 000	
应交税费——应交增值税（销项税额）（32 000×5%）	1 600	
贷：应收账款——B小企业		11 600

（3）实际收到款项时：

借：银行存款	220 400
贷：应收账款——B小企业	220 400

（五）销售退回的业务核算

销售退回是指小企业售出的商品，由于质量、品种不符合要求等原因而发生的退货。对于已确认销售商品收入的售出商品发生销售退回的，不论此销售业务是发生在本年度还是以前年度，小企业均应当在该笔退货实际发生时冲减退货当期（通常为当月）的销售商品收入。同时，冲减退回当月的销售成本；小企业发生销售退回时，如果按规定允许扣减当期销项税额的，应同时冲减"应交税费——应交增值税（销项税额）"账户。如果该项销售退回已发生现金折扣的，应同时调整相关财务费用的金额。

【任务 10-5】　海滨公司于 2018 年 9 月 20 日销售商品一批给 D 小企业，售价 700 000元，增值税额 112 000 元，成本 460 000 元。合同规定现金折扣条件为"2/10、1/20、n/30"。假定 D 小企业于 9 月 28 日付款，享受现金折扣 14 000 元。2018 年 12 月 15 日，该批商品因质量严重不合格被全部退回，海滨公司验收入库后将所收货款退回，并按规定向D 小企业开具了红字增值税专用发票。

（1）9 月 20 日，销售商品时：

借：应收账款——D小企业	812 000
贷：主营业务收入	700 000
应交税费——应交增值税（销项税额）	112 000
借：主营业务成本	460 000
贷：库存商品	460 000

（2）9 月 28 日，收回货款时：

借：银行存款	798 000
财务费用	14 000
贷：应收账款——D小企业	812 000

（3）12 月 15 日，销售退回时：

借：主营业务收入	700 000
应交税费——应交增值税（销项税额）	112 000
贷：银行存款	798 000
财务费用	14 000
借：库存商品	460 000
贷：主营业务成本	460 000

（六）预收款销售商品的业务核算

预收款销售商品是指购买方按合同规定预先支付货款，销售方在收到最后一笔货款后，按合同发货的销售方式。在这种方式下，收到预收货款时，商品并未发出，与商品所有权上的主要风险和报酬未转移给购买方，不能确认收入，预收的货款应确认为预收账款。

销售方只有在收到最后一笔货款后才表明商品所有权上的主要风险和报酬转移给购买方,因此,小企业通常应在发出商品时确认收入。

【任务 10-6】 海滨公司于 2018 年 11 月 20 日与长江公司签订协议,采用预收款方式向长江公司销售 A 商品一批,实际成本 60 000 元,协议约定,该批商品销售价格 80 000元,增值税额 12 800 元;长江公司在签订协议时预付货款 30 000 元,余款于 12 月 10 日付清,货款付清后,海滨公司即开出增值税专用发票并发出商品。假定双方均按合同约定办理。

(1) 11 月 20 日,预收货款时:

借:银行存款   30 000
　　贷:预收账款——长江公司   30 000

(2) 12 月 10 日,收到最后一笔货款,开出增值税专用发票并发出商品时:

借:预收账款——长江公司   30 000
　　银行存款   62 800
　　贷:主营业务收入   80 000
　　　　应交税费——应交增值税(销项税款)   12 800

借:主营业务成本   60 000
　　贷:库存商品——A 商品   60 000

(七) 支付手续费方式委托代销业务核算

在这种代销方式下,受托方通常应按委托方规定的价格销售,不得自行改变售价,但受托方要根据所代销商品的数量向委托方收取一定的手续费,作为劳务收入处理。在这种方式下,委托方交付商品时,商品所有权上的主要风险和报酬并未转移给受托方,因此,委托方在发出商品时不应确认收入,而应在收到受托方交付的代销清单时,确认销售商品收入,支付给受托方的代销手续费应计入销售费用。

【任务 10-7】 海滨公司于 2018 年 7 月 30 日委托 B 企业销售某商品 100 件,协议价为 200 元/件。该商品成本为 150 元/件,增值税税率为 16%。B 企业按 200 元/件出售给顾客,海滨公司按售价的 10% 支付 B 企业手续费。B 企业实际销售时,向买方开具的增值税专用发票上注明的售价为 20 000 元,增值税额 3 400 元。9 月 2 日,海滨公司在收到B 企业交来的代销清单时,向 B 企业开具一张相同金额的增值税专用发票。9 月 8 日,海滨公司收到 B 企业汇来的货款。

(1) 7 月 30 日,发出商品时:

借:委托代销商品   15 000
　　贷:库存商品   15 000

(2) 9 月 2 日,收到代清单时开具增值税专用发票:

借:应收账款——B 企业   23 200
　　贷:主营业务收入   20 000
　　　　应交税费——应交增值税(销项税额)   3 200

同时,结转销售成本:

```
借:主营业务成本                                          15 000
    贷:委托代销商品                                             15 000
```

（3）计算代销手续费时：

```
借:销售费用                                               2 000
    贷:应收账款——B 企业                                        2 000
```

（4）9 月 8 日,收到代销货款净额 21 200 元(23 200－2 000)时：

```
借:银行存款                                               21 200
    贷:应收账款——B 企业                                       21 200
```

二、提供劳务收入的业务核算

(一) 在同一会计年度内开始并完成的劳务业务核算

小企业对外提供劳务,如果属于企业的主营业务,所实现的收入应作为主营业务收入处理,结转的相关成本应作为主营业务成本处理。如果属于主营业务以外的其他经营活动,所实现的收入应作为其他业务收入处理,结转的相关成本应作为其他业务成本处理。小企业对外提供劳务发生的支出一般先通过"劳务成本"账户予以归集,待确认费用时,再由"劳务成本"账户转入"主营业务成本"或"其他业务成本"账户。

【任务 10-8】　海滨公司于 2018 年 6 月 10 日接受一项设备安装任务,该安装任务可一次完成,合同总收入 8 000 元,实际发生成本 5 000 元。

（1）确认所提供的劳务收入时：

```
借:银行存款(或应收账款等)                                8 000
    贷:主营业务收入                                           8 000
```

（2）发生并确认有关成本费用时：

```
借:主营业务成本                                           5 000
    贷:银行存款等                                            5 000
```

若上述安装任务在当年 10 月底完成,则应在发生有关费用时：

```
借:劳务成本                                               5 000
    贷:银行存款等                                            5 000
```

待安装完成,确认劳务收入并结转该劳务成本时：

```
借:银行存款(或应收账款等)                                8 000
    贷:主营业务收入等                                         8 000

借:主营业务成本                                           5 000
    贷:劳务成本                                              5 000
```

(二) 劳务的开始和完成分属不同的会计年度的业务核算

劳务的开始和完成分属不同的会计年度的,应当按照完工进度确认劳务收入。小企业预收款项时,借记"银行存款"账户,贷记"预收账款"等账户;提供劳务发生支出时,借记

"劳务成本"账户,贷记"银行存款"等账户;小企业计算确定的提供劳务收入时,借记"预收账款"等账户,贷记"主营业务收入"账户;结转提供劳务成本时,借记"主营业务成本"账户,贷记"劳务成本"账户。

【任务 10-9】 海滨公司自 2017 年 4 月 1 日起为 C 小企业开发一项系统软件。合同约定,工期为 2 年,合同总收入为 100 000 元,2017 年 4 月 1 日预收 C 小企业项目价款 50 000 元,并存入银行,余款于软件开发完成时收取。该项目预计总成本为 40 000 元。其他相关资料如表 10-1 所示。

表 10-1

海滨公司开发系统软件的相关资料

时 间	收款金额(元)	累计实际发生成本(元)	开发程度
2017 年 4 月 1 日	50 000	—	
2017 年 12 月 31 日	—	16 000	40%
2018 年 12 月 31 日	—	34 000	85%
2019 年 4 月 1 日	—	40 000	100%

该项目于 2019 年 4 月 1 日完成交付给 C 小企业,余款收到存入银行。海滨公司按开发程度确定该项目的完工程度。假定为该项目发生的实际成本均为银行存款支付。

(1) 2017 年 4 月 1 日,预收账款时:

借:银行存款   50 000
　　贷:预收账款——C 小企业   50 000

(2) 2017 年,实际发生成本时:

借:劳务成本   16 000
　　贷:银行存款等   16 000

(3) 2017 年 12 月 31 日,按完工百分比法确认收入和费用时:

$$应确认的收入=100\ 000\times40\%-0=40\ 000(元)$$
$$应确认的费用=40\ 000\times40\%-0=16\ 000(元)$$

借:预收账款——C 小企业   40 000
　　贷:主营业务收入   40 000

借:主营业务成本   16 000
　　贷:劳务成本   16 000

(4) 2018 年,实际发生成本时:

借:劳务成本(34 000-16 000)   18 000
　　贷:银行存款等   18 000

(5) 2018 年 12 月 31 日,按完工百分比法确认收入和费用时:

$$应确认的收入=100\ 000\times85\%-40\ 000=45\ 000(元)$$
$$应确认的费用=40\ 000\times85\%-16\ 000=18\ 000(元)$$

借:预收账款——C 小企业 45 000

　　贷:主营业务收入 45 000

借:主营业务成本 18 000

　　贷:劳务成本 18 000

（6）2019 年,实际发生成本时:

借:劳务成本(40 000 −16 000 −18 000) 6 000

　　贷:银行存款 6 000

（7）2019 年 4 月 1 日,完工时确认剩余收入和费用:

主营业务收入＝100 000 −40 000 −45 000＝15 000(元)

借:预收账款——C 小企业 15 000

　　贷:主营业务收入 15 000

主营业务成本＝40 000 −16 000 −18 000＝6 000(元)

借:主营业务成本 6 000

　　贷:劳务成本 6 000

（8）2019 年 4 月 1 日,收到余款时:

借:银行存款 50 000

　　贷:预收账款——C 小企业 50 000

相关链接

《小企业会计准则》与《企业会计准则》的差异。

1. 收入的分类发生了变化

《小企业会计准则》下,按照收入的性质分类,可以分为销售商品的收入和提供劳务的收入两类,没有引入让渡资产使用权收入这一类。而在《企业会计准则》下,按照收入的性质分类,可以分为销售商品的收入、提供劳务的收入和让渡资产使用权收入三类。

2. 商品销售收入的确认发生了变化

《小企业会计准则》下,对商品销售收入确认,不再要求遵循实质重于形式的原则,而是要求小企业采用发出商品或者提供劳务交易完成和收到货款或取得收款权利作为标准,减少关于风险与报酬转移的职业判断,同时就几种常见的销售方式明确规定了收入确认的时点。而在《企业会计准则》下,对商品销售收入的确认应当同时满足以下五个条件:

（1）企业已将商品所有权上的主要风险和报酬转移给购货方。

（2）企业既没有保留通常与所有权相联系的继续管理权,也没有对已售出的商品实施有效控制。

（3）收入的金额能够可靠地计量。

（4）相关的经济利益很可能流入企业。

（5）相关的已发生或将发生的成本能够可靠地计量。

3. 商品销售收入的计量发生了变化

《小企业会计准则》下,应当按照从购买方已收或应收的合同或协议价款,确定销售商品收入金额。而在《企业会计准则》下,应当按照从购买方已收或应收的合同或协议价款或者应收的合同或协议价款的公允价值确定收入的金额。

任务 2　费用业务核算

【相关知识】

费用是指小企业在日常生产活动中发生的、会导致所有者权益减少的、与向所有者分配利润无关的经济利益的总流出。

一、费用的特征

（一）费用是小企业在日常活动中发生的

费用必须是小企业在其日常活动中所发生的，这些日常活动的界定与收入定义中涉及的日常活动的界定相一致。费用的发生具体表现为小企业的资金支出，或表现为资产的耗费。例如支付工资、消耗材料、磨损机器设备等都将导致小企业资源的减少，其目的是为了取得收入，从而获得更多资产。

（二）费用会导致小企业的所有者权益减少

费用通常是为了取得某项营业收入而发生的耗费，这些耗费可以表现为资产的减少或负债的增加，根据"资产－负债＝所有者权益"等式原理，小企业的费用最终会减少小企业的所有者权益。

（三）费用是与向所有者分配利润无关的经济利益的总流出

费用的发生应当会导致经济利益的流出，从而导致资产的减少或者负债的增加（最终也会导致资产的减少）。其表现形式包括现金或银行存款的支付，存货、固定资产和无形资产等的销售、转让或者消耗等。小企业向所有者分配利润也会导致经济利益流出小企业，而该经济利益的流出属于对投资者投资回报的分配，是所有者权益的直接抵减项目，不应确认为费用，应当将其排除在费用的定义之外。

二、费用的分类

小企业的费用包括营业成本、营业税金及附加、销售费用、管理费用和财务费用等。

（一）营业成本

营业成本是指小企业所销售商品的成本和所提供劳务的成本。营业成本包括主营业务成本和其他业务成本。

　1. 制造业小企业的营业成本

制造业小企业使用材料、人工、机器设备生产产品，最终通过销售产品实现收入和利润。产品未完成之前，生产所耗费的材料费、人工费、机器设备的折旧费和修理费以及生产车间的制造费用等构成了产品的成本，体现为存货（如生产成本、库存商品）。小企业对外销售了所生产的产品，实现了销售收入，在这种情况下，应结转所售产品的生产成本，就构成了销售产品的当期营业成本。

　2. 批发业、零售业小企业营业成本

批发业、零售业小企业购入商品为了对外销售实现收入和利润。该类小企业所购入商品未对外销售之前体现为存货(如库存商品)。小企业对外销售了所购入的商品,实现了销售收入,在这种情况下,应结转所售商品的购入成本,就构成了销售商品的当期营业成本。

3. 小企业所提供劳务的营业成本

这种营业成本主要是针对服务业小企业而言。小企业(交通运输业等)通过对外提供服务实现收入和利润。小企业在对外提供服务过程中也要耗费材料、人工和机器设备等,在服务未履行完成之前,形成了小企业的存货(如劳务成本)。小企业履行完成了服务,实现了收入,在这种情况下,应结转所提供服务的成本,就构成了提供劳务的当期营业成本。

4. 小企业的其他营业成本

小企业出租固定资产取得租金收入和让渡无形资产(如商标权、专利权、专营权等)使用权而收取使用费收入以及出售材料取得价款收入时,也应将固定资产的折旧和无形资产的摊销以及原材料的成本作为营业成本,列入其他业务成本处理。

(二) 营业税金及附加

营业税金及附加是指小企业开展日常生产经营活动应负担的消费税、营业税、城市维护建设税、资源税、土地增值税、城镇土地使用税、房产税、车船税、印花税和教育费附加、矿产资源补偿费、排污费等。

(三) 销售费用

销售费用是指小企业在销售商品或提供劳务过程中发生的各种费用,包括销售人员的职工薪酬、商品维修费、运输费、装卸费、包装费、保险费、广告费、业务宣传费、展览费等费用。

批发业、零售业小企业在购买商品过程中发生的费用(包括运输费、装卸费、包装费、保险费、运输途中的合理损耗和入库前的挑选整理费等)也构成销售费用。

小企业在实务中如果实际发生了销售佣金、代销手续费、经营性租赁费、销售部门的差旅费等费用也计入销售费用。

(四) 管理费用

管理费用是指小企业为组织和管理生产经营发生的其他费用,包括小企业在筹建期间内发生的开办费、行政管理部门发生的费用(包括固定资产折旧费、修理费、办公费、水电费、差旅费、管理人员的职工薪酬等)、业务招待费、研究费用、技术转让费、相关长期待摊费用摊销、财产保险费、聘请中介机构费、咨询费(含顾问费)、诉讼费等费用。

小企业在实务中如果实际发生了行政管理部门的物料消耗和低值易耗品摊销、土地使用费、土地补偿损失费、消防费、绿化费、外事费和商标注册费等费用,也计入管理费用。

(五) 财务费用

财务费用是指小企业为筹集生产经营所需资金发生的筹资费用,包括利息费用(减利息收入)、汇兑损失、银行相关手续费、小企业给予的现金折扣(减享受的现金折扣)等费用。

【业务操作】

一、结转营业成本的业务核算

(一) 结转主营业务成本的业务核算

为了核算销售商品、提供劳务等主营业务的成本,小企业应当设置"主营业务成本"账户。其借方登记已销售商品、已提供劳务的实际成本,贷方登记由于销货退回而应冲减的本期的销售成本以及期末转入"本年利润"账户的主营业务成本,结转后应无余额。

【任务 10-10】 2018 年 10 月 15 日,海滨公司销售一批商品,开出的增值税专用发票上注明售价为 200 000 元,增值税额为 32 000 元;该批产品成本为 190 000 元。商品已发出,货款已收到并存入银行。

(1)实现主营业务收入时:

借:银行存款	232 000
贷:主营业务收入	200 000
应交税费——应交增值税(销项税额)	32 000

(2)结转主营业务成本时:

借:主营业务成本	190 000
贷:库存商品	190 000

(二)结转其他业务成本的业务核算

为了核算除主营业务活动以外的其他经营活动所发生的成本,小企业应当设置"其他业务成本"账户。其借方登记企业结转的或发生的其他业务成本,贷方登记期末转入"本年利润"账户的其他业务成本。结转后该账户应无余额。

【任务 10-11】 海滨公司于 2018 年 10 月出售一批积压的原材料,价款 20 000 元,增值税税率为 16%,该批材料的实际成本为 17 000 元,海滨公司收到购货单位签发的商业承兑汇票。

(1)取得原材料销售收入时:

借:应收票据	23 200
贷:其他业务收入	20 000
应交税费——应交增值税(销项税额)	3 200

(2)结转原材料实际成本时:

借:其他业务成本	17 000
贷:原材料	17 000

二、发生营业税金及附加的业务核算

为了核算小企业经营活动应负担的税金及附加,应当设置"税金及附加"账户。其借方登记小企业经营活动应负担的各项税金及附加,贷方登记期末转入"本年利润"账户的各项税金及附加,结转后应无余额。

【任务 10-12】 海滨公司于 2018 年 3 月 5 日取得应纳消费税产品销售收入 2 000 000 元。该产品适用的消费税税率为 25%。海滨公司应编制会计分录如下:

借:税金及附加	500 000
贷:应交税费——应交消费税	500 000

应缴纳的消费税税额＝2 000 000×25％＝500 000(元)

【任务 10-13】　海滨公司 2018 年 7 月应交城市维护建设税 420 000 元,教育费附加 180 000 元。海滨公司应编制会计分录如下:

借:税金及附加　　　　　　　　　　　　　　　　　　　　　　　600 000
　　贷:应交税费——应交城市维护建设税　　　　　　　　　　　　420 000
　　　　　　　　——应交教育费附加　　　　　　　　　　　　　　180 000

三、发生销售费用的业务核算

为了核算和监督销售费用的发生和结转情况,小企业应设置"销售费用"账户。其借方登记企业发生的各项销售费用,贷方登记企业期末转入当期损益的销售费用,期末一般无余额。该账户应按销售费用的项目设置明细账,进行明细核算。

【任务 10-14】　海滨公司于 2018 年 10 月以银行存款支付广告费 15 000 元,销售产品领用不单独计价的包装物 2 000 元。编制会计分录如下:

借:销售费用——广告费　　　　　　　　　　　　　　　　　　15 000
　　　　　　　——包装费　　　　　　　　　　　　　　　　　　2 000
　　贷:银行存款　　　　　　　　　　　　　　　　　　　　　　15 000
　　　　周转材料——包装物　　　　　　　　　　　　　　　　　2 000

四、发生管理费用的业务核算

为了核算和监督管理费用的发生和结转情况,小企业应设置"管理费用"账户。其借方登记企业发生的各项管理费用,贷方登记企业期末转入当期损益的管理费用,期末一般无余额。该账户应按管理费用的项目设置明细账,进行明细核算。

【任务 10-15】　海滨公司于 2018 年 8 月以银行存款支付办公费 1 800 元,业务招待费 2 500 元,资产评估审计费 1 000 元,编制会计分录如下:

借:管理费用——办公费　　　　　　　　　　　　　　　　　　1 800
　　　　　　　——业务招待费　　　　　　　　　　　　　　　　2 500
　　　　　　　——审计费　　　　　　　　　　　　　　　　　　1 000
　　贷:银行存款　　　　　　　　　　　　　　　　　　　　　　5 300

五、发生财务费用的业务核算

为了核算和监督财务费用的发生和结转情况,小企业应设置"财务费用"账户。其借方登记企业发生的各项财务费用,贷方登记企业期末转入当期损益的财务费用,期末一般无余额。该账户应按财务费用的项目设置明细账,进行明细核算。

【任务 10-16】　2018 年 3 月 31 日,海滨公司预提银行短期借款利息 4 000 元。编制会计分录如下:

借:财务费用——利息支出　　　　　　　　　　　　　　　　　4 000
　　贷:应付利息　　　　　　　　　　　　　　　　　　　　　　4 000

相关链接

《小企业会计准则》与《企业会计准则》的差异。

1. 销售费用核算范围的变化

《小企业会计准则》下,对小企业(批发业、零售业)在购买商品过程中发生的费用(包括运输费、装卸费、包装费、保险费、运输途中的合理损耗和入库前的挑选整理费等)构成销售费用。而《企业会计准则》下,要求这些费用计入所购入商品的成本,在所购入商品未对外销售之前一同构成企业的存货。

2. 管理费用核算方法的变化

《小企业会计准则》下,对存货的盘盈、盘亏或毁损和报废净损失,分别记入"营业外收入"或"营业外支出"账户。而《企业会计准则》下,存货的盘盈或盘亏(不包括应计入营业外支出的存货损失)记入"管理费用"账户。

3. 财务费用核算方法的变化

《小企业会计准则》下,汇兑收益记入"营业外收入"账户。而《企业会计准则》下,汇兑收益冲减"财务费用"账户。

任务3 政府补助业务核算

【相关知识】

一、政府补助的概念及特征

(一) 政府补助的概念

政府补助是指小企业从政府无偿取得货币性资产或非货币性资产,但不包括政府作为小企业所有者投入的资本。其中,"政府"包括各级人民政府以及政府组成部门(如财政、卫生部门)、政府直属机构(如税务、环保部门)等。联合国、世界银行等国际类似组织也在此范围之内。

(二) 政府补助的特征

政府补助具有以下特征。

1. 政府补助是无偿的

无偿性是政府补助的基本特征。政府向小企业提供补助属于非互惠交易,政府并不因此而享有小企业的所有权,小企业未来也不需要以提供服务、转让资产等方式偿还。这一特征将政府补助与政府作为小企业所有者投入的资本、政府采购等政府与小企业之间双向、互惠的经济活动区分开来。

2. 政府补助通常附有条件

政府补助通常附有一定的条件,主要包括:

(1)政策条件。政府补助是政府为了鼓励或扶持某个行业、区域或领域的发展而给予小企业的一种财政支持,具有很强的政策性。因此,小企业只有符合政府补助政策的规定,才有资格申请政府补助。符合政策规定,不一定都能够取得政府补助;不符合政策规定、不具备申请政府补助资格的,不能取得政府补助。例如,政府向小企业提供的产业技术研究与开发资金补助,其政策条件为小企业申报的产品或技术必须是符合国家产业政策的新产品、新技术。

(2)使用条件。小企业已获批准取得政府补助的,应当按照政府规定的用途使用。否则,政府有权按规定责令其改正、终止资金拨付,甚至收回已拨付的资金。

3. 政府资本性投入不属于政府补助

政府如以投资者身份向小企业投入资本,将享有小企业相应的所有权,小企业有义务向投资者分配利润。在这种情况下,政府与小企业之间的关系是投资者与被投资者的关系,属于互惠交易。这与其他单位或个人对小企业的投资在性质上是一样的。政府拨入的投资补助等专项拨款中,国家相关文件规定作为"资本公积"处理的,也属于资本性投入的性质。政府的资本性投入无论采用何种形式,均不属于政府补助。

二、政府补助的主要形式

政府补助表现为政府向小企业转移资产,通常为货币性资产,也可能为非货币性资产。政府补助主要有以下形式。

(一)财政拨款

财政拨款是政府无偿拨付给小企业的资金,通常在拨款时明确规定了资金用途。比如,财政部门拨付给小企业用于购建固定资产或进行技术改造的专项资金,鼓励小企业安置职工就业而给予的奖励款项,拨付小企业的粮食定额补贴,拨付小企业开展研发活动的研发经费等,均属于财政拨款。此外,这类拨款通常还具有严格的政策条件,只有符合申报条件的小企业才能申请拨款。

(二)财政贴息

财政贴息是政府为支持特定领域或区域发展,根据国家宏观经济形势和政策目标,对承贷小企业的银行贷款利息给予的补贴。

财政贴息主要有两种方式:一是财政将贴息资金直接拨付给受益小企业;二是财政将贴息资金拨付给贷款银行,由贷款银行以政策性优惠利率向小企业提供贷款,受益小企业按照实际发生的利率计算和确认利息费用。

(三)税收返还

税收返还是政府按照国家有关规定向小企业返还的税款,属于以税收优惠形式给予的一种政府补助。税收返还主要包括先征后返的所得税、先征后退、即征即退的流转税(增值税、消费税等)。

除税收返还外,税收优惠还包括直接减征、免征、增加计税抵扣额、抵免部分税额等形式。这类税收优惠并未直接向小企业无偿提供资产,不作为《小企业会计准则》规范的政府补助处理。

(四)无偿划拨非货币性资产

政府无偿划拨非货币性资产在实务中发生很少,有时会存在行政划拨土地使用权、天然起源的天然林等。

三、政府补助的确认原则

小企业不论通过何种形式取得的政府补助,都应当根据其政策效应划分为与资产相关的政府补助和其他政府补助两类。

(一)与资产相关的政府补助和其他政府补助的定义

与资产相关的政府补助是指小企业取得的、用于购建或以其他方式形成长期资产的政府补助。比如,小企业收到政府拨付的一笔财政资金,用于资助企业在建的生产线,这笔财政资金就属于与资产相关的政府补助。这类政府补助的目的在于支持小企业通过购建固定资产等长期资产,促进小企业长期发展,或者说,这类政府补助的政策效应会惠及小企业的多个年度,是一种长期效应,通常是通过小企业对长期资产的使用逐步实现的。

其他政府补助是指除与资产相关的政府补助之外的政府补助。例如,政策性亏损补贴、先征后返的增值税、政策拨付的储备粮存储费用补贴等。

(二)与资产相关的政府补助的确认原则

小企业收到与资产相关的政府补助,由于政府补助对小企业的效应是长期的,因此,不能直接确认为当期损益而应当确认为递延收益,并在相关资产的使用寿命内平均分配,分次计入以后各期的损益(营业外收入)。这里需说明几点:

(1)递延收益分配的起点:相关固定资产开始计提折旧之时或相关无形资产开始摊销之时。

(2)分配的期间:相关固定资产的折旧期间或相关无形资产的摊销期间,也就是政府补助所惠及的期间。

(3)递延收益分配的终点:相关资产使用寿命结束或资产被处置时(孰早)。相关资产在使用寿命结束前被出售、转让、报废或发生毁损的,应将尚未分配的递延收益余额一次性转入资产处置当期的损益(营业外收入),不再予以递延。

(三)其他政府补助的确认原则

小企业收到的其他政府补助,用于补偿小企业以后期间的相关费用或损失的,在取得时确认为递延收益,然后在确认相关费用或发生亏损的期间,计入营业外收入;用于补偿小企业已发生的相关费用或损失的,取得时直接计入营业外收入。

(四)税收返还的专门规定

小企业按照规定实行企业所得税、增值税、消费税、营业税等先征后返的,应当在实际收到返还的企业所得税、增值税(不含出口退税)、消费税时,计入营业外收入。

四、政府补助的计量

小企业不论通过何种形式取得的政府补助,都应当根据所取得资产的性质划分为货币性资产和非货币性资产两类。

(一)货币性资产形式的政府补助计量原则

小企业收到的政府补助为货币性资产的,如小企业收到政府拨付的财政资金,应当按照实际收到的金额计量。

(二) 非货币性资产形式的政府补助计量原则

小企业收到的政府补助为非货币性资产的,政府提供了有关凭据的,应当按照凭据上标明的金额计量;政府没有提供有关凭据的,应当按照同类或类似资产的市场价格或评估价值计量。

【业务操作】

小企业取得的政府补助有的在当期损益中确认,有的应在以后期间确认损益。小企业取得的应在以后期间确认损益的政府补助,应当设置"递延收益"账户核算,并按相关项目进行明细核算。

一、与资产相关的政府补助的业务核算

小企业取得与资产相关的政府补助一般应当分步处理:

第一步,小企业实际收到款项时,按照到账的实际金额计量,确认资产(银行存款)和递延收益,借记"银行存款"等账户,贷记"递延收益"账户。

第二步,小企业将政府补助用于购建长期资产。该长期资产的购建与小企业正常的资产购建或研发处理一致,通过"在建工程""研发支出"等账户归集,完成后转为固定资产或无形资产。

第三步,该长期资产交付使用。自长期资产可供使用时起,按照长期资产的预计使用期限,将递延收益平均分摊转入各期损益,借记"递延收益"账户,贷记"营业外收入"账户。

【任务 10-17】 2018 年 4 月 5 日,政府拨付海滨公司 45 万元设备更新拨款(同日到账)。2018 年 4 月 30 日,海滨公司购入大型设备(假设不需要安装),实际成本 48 万元,其中 3 万元以自有资金支付,使用寿命 10 年,采用年限平均法计提折旧(假设无残值)。假设海滨公司于 2026 年 5 月 6 日出售了这台设备,取得价款 12 万元,增值税额 19 200 元,不考虑其他因素。

(1) 2018 年 4 月 5 日,实际收到财政拨款时:

借:银行存款　　　　　　　　　　　　　　　　　　　　　　　　450 000
　　贷:递延收益　　　　　　　　　　　　　　　　　　　　　　　450 000

(2) 2018 年 4 月 30 日,购入设备时:

借:固定资产　　　　　　　　　　　　　　　　　　　　　　　　480 000
　　贷:银行存款　　　　　　　　　　　　　　　　　　　　　　　480 000

(3) 自 2018 年 5 月起每个资产负债表日,计提折旧,同时分摊递延收益:

每期计提折旧时:

$$制造费用 = 480\,000 \div (10 \times 12) = 4\,000(元)$$

借:制造费用　　　　　　　　　　　　　　　　　　　　　　　　4 000
　　贷:累计折旧　　　　　　　　　　　　　　　　　　　　　　　4 000

分摊递延收益时:

递延收益 = 450 000÷(10×12) = 3 750(元)

借:递延收益		3 750
贷:营业外收入——政府补助收入		3 750

(4) 2026年5月6日,出售设备,同时转销递延收益余额:

出售设备:

累计折旧 = 4 000×8×12 = 384 000(元)

借:固定资产清理		96 000
累计折旧		384 000
贷:固定资产		480 000
借:银行存款		139 200
贷:固定资产清理		120 000
应交税费——应交增值税(销项税额)		19 200
借:固定资产清理		24 000
贷:营业外收入——非流动资产处置利得		24 000

转销递延收益余额:

借:递延收益		90 000
贷:营业外收入——政府补助收入		90 000

二、其他政府补助的业务核算

收到的其他政府补助,用于补偿小企业以后期间的相关费用或损失的,应当按照收到的金额,借记"银行存款"等账户,贷记"递延收益"账户;在发生相关费用或损失的未来期间,按照应补偿的金额,借记"递延收益"账户,贷记"营业外收入"账户。用于补偿小企业已发生的相关费用或损失的,应当按照收到的金额,借记"银行存款"等账户,贷记"营业外收入"账户。

【任务10-18】 2018年8月5日,按照国家相关规定,海滨公司收到先征后返的增值税税款250 000元。海滨公司应编制会计分录如下:

借:银行存款		250 000
贷:营业外收入——政府补助收入		250 000

任务4 利润形成业务核算

【相关知识】

利润是指小企业在一定会计期间的经营成果。利润是衡量小企业生产经营管理水平的重要指标和小企业最终进行利润分配的重要依据。对利润进行核算,可以及时反映小企业在一定会计期间的经营业绩和获利能力,反映小企业的投入产出效率和经济效益,有助于小企业投资者、债权人、税务机关等有关方面据此对小企业进行盈利预测,评价企业经营绩效,作出科学的经济决策。

一、利润的构成

利润包括收入减去成本费用后的净额、直接计入当期利润的利得和损失等。直接计入当期利润的利得和损失,是指应当计入当期损益、会导致所有者权益发生增减变动的、与所有者投入资本或者向投资者分配利润无关的利得和损失。

小企业的利润分为营业利润、利润总额和净利润三个层次。

(一)营业利润的构成

小企业的营业利润是由营业收入减去营业成本、营业税金及附加、销售费用、管理费用、财务费用,加上投资收益(或减去投资损失)后的金额确定的。营业利润可用公式表示如下:

$$\begin{matrix}\text{营业}\\\text{利润}\end{matrix} = \begin{matrix}\text{营业}\\\text{收入}\end{matrix} - \begin{matrix}\text{营业}\\\text{成本}\end{matrix} - \begin{matrix}\text{营业税}\\\text{金及附加}\end{matrix} - \begin{matrix}\text{销售}\\\text{费用}\end{matrix} - \begin{matrix}\text{管理}\\\text{费用}\end{matrix} - \begin{matrix}\text{财务}\\\text{费用}\end{matrix} + \begin{matrix}\text{投资收益}\\(-\text{投资损失})\end{matrix}$$

其中,营业收入是指小企业经营业务所确认的收入总额,包括主营业务收入和其他业务收入。

营业成本是指小企业经营业务所发生的实际成本总额,包括主营业务成本和其他业务成本。

投资收益(或损失)是指小企业以各种方式对外投资所获得的利润、股利和利息等投资收益(或发生的投资损失)。

(二)利润总额的构成

小企业的利润总额是由营业利润加上营业外收入,减去营业外支出后的金额确定的。利润总额可用公式表示如下:

$$\text{利润总额} = \text{营业利润} + \text{营业外收入} - \text{营业外支出}$$

其中,营业外收入是指小企业发生的与其日常活动没有直接关系的利得。营业外支出是指小企业发生的与其日常活动没有直接关系的损失。

(三)净利润的构成

小企业的净利润是由利润总额减去所得税费用后的金额。净利润可用公式表示如下:

$$\text{净利润} = \text{利润总额} - \text{所得税费用}$$

所得税费用是指小企业确认的应计入当期损益的所得税费用。

由于营业收入、营业成本、营业税金及附加和投资收益等内容的核算已分别在前面有关项目中详述,故下面仅介绍营业外收支净额和所得税费用等内容的核算。

二、营业外收入

营业外收入是指小企业非日常生产经营活动形成的、应当计入当期损益、会导致所有者权益增加、与所有者投入资本无关的经济利益的流入。

营业外收入并不是小企业经营资金耗费所产生的,不需要小企业付出代价,实际上是一种经济利益的净流入,因此,不存在收入与费用配比的问题。营业外收入主要包括以下内容。

(一) 非流动资产处置净收益

小企业处置非流动资产实现的净收益,包括处置固定资产、无形资产等,但不包括处置长期债券投资和长期股权投资实现的净收益,后者应计入投资收益。其中,固定资产处置净收益是指小企业处置固定资产所取得价款扣除固定资产账面价值、相关税费和清理费用后的净收益,如为净损失,则为营业外支出。无形资产处置净收益是指小企业处置无形资产所取得价款扣除无形资产账面价值、相关税费和清理费用后的净收益,如为净损失,则为营业外支出。

(二) 政府补助

政府补助是指小企业从政府无偿取得货币性资产或非货币性资产。详见本项目任务3有关政府补助的释义,本条不再赘述。

(三) 捐赠收益

捐赠收益是指小企业接受来自其他企业、组织或者个人无偿给予的货币性资产和非货币性资产。

(四) 盘盈收益

盘盈收益是指小企业在清查财产过程中查明的各种财产盘盈,包括材料、产成品、商品、现金、固定资产等溢余。通俗地讲,就是小企业的所有资产出现了实存大于账存的情况。

(五) 汇兑收益

汇兑收益是指小企业在资产负债表日将外币交易所产生的外币货币性项目进行折算由于汇率不同而产生的汇兑收益。

(六) 出租包装物和商品的租金收入

出租包装物和商品的租金收入是指小企业由于暂时闲置,将不用的包装物或库存产成品、商品出租给第三方使用并取得的租金收入。出租包装物和商品实际上转让的是这两类流动资产的使用权,如果转让的是所有权,则属于包装物或商品的销售。

(七) 逾期未退包装物押金收益

包装物押金是指小企业为销售商品而向购买方出租或出借包装物所收取的押金。小企业按照双方约定向购买方收取的包装物押金当时不构成小企业的销售商品收入而是负债,因为不会增加小企业的所有者权益。一旦小企业收取的押金按照双方约定逾期未返还购买方的,则会增加小企业的所有者权益,但不返还押金不是小企业的一项日常活动,属于偶发性,因此,应确认为小企业的营业外收入。

(八) 确实无法偿付的应付款项

在市场经济条件下,小企业应当诚实守法经营,小企业发生的各种应付款项应当按期予以偿还或支付。但是,一旦出现了确实无法支付的情况,就可能会产生确定无法偿付的应付款项,从而构成小企业的营业外收入。

(九) 已作坏账损失处理后又收回的应收款项

小企业在日常生产经营中发生的应收款项如果符合坏账确认条件的,可以作为坏账损失计入当期营业外支出。但是,如果以后期间,小企业又收回了全部或部分该笔已核销坏账损失的应收款项,仍应当作为小企业的资产入账,计入营业外收入。

(十) 违约金收益

违约金是合同一方当事人不履行合同或者履行合同不符合约定时,向另一方当事人支付的用于赔偿损失的金额。《小企业会计准则》规定,小企业取得的对方支付的违约金应当作为营业外收入处理。

三、营业外支出

营业外支出是指小企业非日常生产经营活动发生的、应当计入当期损益、会导致所有者权益减少、与向所有者分配利润无关的经济利益的净流出。

营业外支出主要包括以下内容。

(一) 存货的盘亏、毁损和报废净损失

存货的盘亏损失,是指小企业在清查财产过程中查明的存货短缺。通俗地讲,就是小企业的存货出现了账存大于实存的情况。存货的毁损净损失,是指小企业因工人操作过程中的操作和使用失误等所引起的损失。存货的报废净损失,是指因磨损、技术进步等原因引发的报废存货产生的损失。作为存货的盘亏、毁损和报废损失最终计入营业外支出的金额是盘亏、毁损或报废存货的成本扣除残料收入后的净额。

(二) 非流动资产处置净损失

小企业处置非流动资产发生的净损失,包括处置固定资产、无形资产、长期债券投资、长期股权投资、长期待摊费用等,但不包括无法收回的长期债券投资损失和长期股权投资损失,应单独作为损失计入营业外支出。其中,固定资产处置净损失是指小企业处置固定资产所取得的价款扣除固定资产账面价值、相关税费和清理费用后的净损失。无形资产处置净损失是指小企业处置无形资产所取得的价款扣除无形资产账面价值、相关税费和清理费用后的净损失。

(三) 坏账损失和无法收回的长期债券投资损失

坏账损失是指小企业无法收回或者收回的可能性极小的应收及预付款项。无法收回的长期债券投资损失与处置长期债券投资净损失虽然都表现为长期债券投资的减少,但也存在一些细微差异,无法收回的长期债券投资损失是被动所为,由于债务人无法偿还而不得不承担的损失,而处置长期债券投资净损失则是小企业主动而为,不一定是债务人出现了违约等情况。

(四) 无法收回的长期股权投资损失

无法收回的长期股权投资损失与处置长期股权投资净损失虽然都表现为长期股权投资的减少,但也存在一些细微差异,无法收回的长期股权投资损失是一种被动所为,由于被投资单位破产清算等无法退回而不得不承担的损失,而处置长期股权投资净损失则是小企业主动而为,不一定是因为被投资单位出现了问题。

(五) 自然灾害等不可抗力因素造成的损失

自然灾害等不可抗力因素造成的损失是指小企业因非人力所能抗拒或者阻止的原因等发生的资产损失,如发生火灾将厂房烧毁,地震造成房屋塌陷,泥石流冲毁库存原材料等等。

(六) 税收滞纳金

税收滞纳金是税务机关对未按规定期限缴纳税款的纳税人按比例附加征收的。征收税收滞纳金的主要目的是督促纳税人按期缴纳税款,减少欠税,保证税款及时入库。

(七) 罚金

罚金是人民法院判处犯罪分子强制向国家缴纳一定数额金钱的刑罚方法,主要适用于破坏经济秩序和其他谋取非法利益有联系的犯罪,以及少数较轻的犯罪。罚金作为一种附加刑,并不剥夺犯罪人的人身自由权,也不会对犯罪人产生直接的人身痛苦和社会后果等,判处罚金以犯罪人是否触犯刑律,且是否属于财产刑为先决条件。罚金的目的是为了对犯罪分子除了在刑罚上给予处罚外,在经济上亦给予制裁的一种手段,是一种附加刑。

(八) 罚款

罚款是行政处罚的一种,是指行为人的行为没有违反《刑法》的规定,而是违反了治安管理、工商行政、税务等各行政法规的规定,行政执法部门依据行政法规的规定和程序决定对行为人采取的一种行政处罚。罚款不由人民法院判决,因此,在性质上与没收财产、罚金有本质上的区别。

(九) 被没收财物的损失

没收财产是指将犯罪人的财物、现金、债权等财产收归国家所有,以弥补因其犯罪造成的损失,同时断绝其犯罪活动的经济来源。没收财产属于财产刑事处罚,可以单处也可以并处。

(十) 捐赠支出

捐赠支出是指小企业对外进行捐赠发生的支出。捐赠支出包括公益性捐赠支出和非公益性捐赠支出。

(十一) 赞助支出

赞助支出是指小企业发生的与生产经营活动无关的各种非广告性质支出。

四、所得税费用

所得税是根据小企业应纳税所得额的一定比例上缴的一种税金,也是小企业应计入当期损益的一项费用,在净利润前扣除。

应纳税所得额是在小企业利润总额(税前会计利润)的基础上调整确定的。其计算公式如下:

$$应纳税所得额 = 税前会计利润 + 纳税调整增加额 - 纳税调整减少额$$

纳税调增项目主要有超过税法规定标准的工资附加费,超过税法规定标准的业务招待费,罚款支出、违约金支出、非公益性赞助支出等。

纳税调减项目主要有:5 年内没有弥补的亏损,国库券和特种国债的利息收入,对外投资分回的所得税后利润等。

小企业当期应缴纳所得税的计算公式如下:

$$应纳所得税额 = 应纳税所得额 \times 所得税税率$$

【业务操作】

一、营业外收入的业务核算

通常,小企业的营业外收入应当在实现时按照其实现金额计入当期损益。小企业应设置"营业外收入"账户,用来核算营业外收入的取得和结转情况。该账户贷方登记小企业发生的各项营业外收入;借方登记期末转入"本年利润"账户的数额;期末结转后,该账户应无余额。该账户按营业外收入的具体项目设置明细账,进行明细核算。

小企业取得营业外收入时,借记"固定资产清理""银行存款""应付账款"等账户,贷记"营业外收入"账户。期末结转利润时,借记"营业外收入"账户,贷记"本年利润"账户。

【任务 10-19】 海滨公司于 2018 年 10 月在财产清查中固定资产报废清理净收益 5 000元,现已批准转入营业外收入。

```
借:固定资产清理                                              5 000
    贷:营业外收入——非流动资产处置净收益                          5 000
```

【任务 10-20】 海滨公司在清查中发现盘盈某辅助材料 800 千克,每千克实际成本 50 元,经上级批准同意转账。

批准前:

```
借:原材料——甲材料                                          40 000
    贷:待处理财产损溢——待处理流动资产损溢                       40 000
```

批准后:

```
借:待处理财产损溢——待处理流动资产损溢                        40 000
    贷:营业外收入——盘盈收益                                  40 000
```

二、营业外支出的业务核算

通常,小企业的营业外支出应当在发生时按照其发生额计入当期损益。小企业应设置"营业外支出"账户,用来核算营业外支出的发生和结转情况。该账户借方登记小企业发生的各项营业外支出;贷方登记期末转入"本年利润"账户的数额;期末结转后,该账户应无余额。该账户按营业外支出的具体项目设置明细账,进行明细核算。

小企业发生营业外支出时,借记"营业外支出"账户,贷记"固定资产清理""银行存款""待处理财产损溢"等账户。期末结转利润时,借记"本年利润"账户,贷记"营业外支出"账户。

【任务 10-21】 海滨公司于 2018 年 10 月支付税款滞纳金 8 000 元,对某灾区捐赠 20 000 元。编制会计分录如下:

```
借:营业外支出——罚款                                        8 000
        ——捐赠支出                                       20 000
    贷:银行存款                                           28 000
```

需要注意的是,虽然有些业务的处理营业外收入和营业外支出是对应的,如处置固定资产净收益列营业外收入,处置固定资产净损失列营业外支出;出售无形资产净收益列营业外收入,出售无形资产净损失列营业外支出;罚款收入列营业外收入,罚款支出列营业外支出。但由于营业外收入和营业外支出所包括的项目互不相关,不存在因果关系。因此,在具体核算时,营业外收入和营业外支出应当分别核算,不得以营业外收入直接抵减营业外支出,也不得以营业外支出直接抵减营业外收入。

三、所得税费用的业务核算

《小企业会计准则》规定,小企业采用应付税款法计算所得税费用。应付税款法是指企业不确认时间性差异对所得税的影响金额,按照当期计算的应交所得税确认为当期所得税费用的方法。在应付税款法下,当期所得税等于当期应交的所得税。

小企业应设置“所得税费用”账户,用来核算小企业按规定从当期损益中扣除的所得税费用。该账户借方登记本期按规定计算应缴纳的所得税(即计入本期损益的所得税费用);贷方登记期末转入“本年利润”账户的数额;期末结转后,该账户应无余额。

小企业计算当期应交的所得税时,借记“所得税费用”账户,贷记“应交税费——应交所得税”账户;期末,结转本年利润时,借记“本年利润”账户,贷记“所得税费用”账户。

【任务10-22】　甲公司2018年度实现利润总额944 000元,支付各种罚款、赔款20 000元,支付非公益性捐赠40 000元,投资政府公债收益为35 000元,企业以前年度无亏损,所得税税率为25%。

(1)计算本年度应纳所得税额:

$$应纳税所得额 = 944\,000 + 20\,000 + 40\,000 - 35\,000 = 969\,000(元)$$

$$应纳所得税额 = 969\,000 \times 25\% = 242\,250(元)$$

(2)编制会计分录如下:

借:所得税费用　　　　　　　　　　　　　　　　　242 250
　　贷:应交税费——应交所得税　　　　　　　　　　　　242 250

四、本年利润的业务核算

小企业应设置“本年利润”账户,用来核算小企业本年度实现的净利润(或发生的净亏损)。会计期末,小企业应将各收益类账户的余额转入“本年利润”账户的贷方,借记有关收益(收入)类账户,贷记“本年利润”账户;将各成本费用或支出类账户余额转入“本年利润”账户的借方,借记“本年利润”账户,贷记各有关成本费用或支出类账户。如果有关收益(收入)类账户为借方余额或有关成本费用支出类账户为贷方余额,则编制相反的结转分录。结转后,如“本年利润”账户为贷方余额,表示当年实现的净利润;如为借方余额,表示当年发生的净亏损。

年度终了,小企业应将“本年利润”账户的本年累计余额转入“利润分配——未分配利润”账户。如为净利润,借记“本年利润”账户,贷记“利润分配——未分配利润”账户;如为亏损,借记“利润分配——未分配利润”账户,贷记“本年利润”账户。结转后,“本年利润”账户应无余额。

在实际工作中,会计期末结转本年利润的方法有“表结法”和“账结法”两种。

采用"表结法",每月结账时,只需结计出各损益账户本月发生额和月末累计余额,不将各损益类账户余额结转到"本年利润"账户中去,年度内1~11月各月的余额都保留在各损益类账户中,只有在年末时才将全年累计余额结转到"本年利润"账户。

采用"账结法",每月结账时,应将各损益类账户余额转入"本年利润"账户,通过"本年利润"账户,结算出本月损益和年度内累计损益。采用"账结法",各损益类账户月末均无余额。

下面以"账结法"为例,说明本年利润的核算方法。

【任务10-23】 海滨公司2018年1~11月累计实现利润155 000元。12月末各损益类账户结转前的余额如下(单元:元):

账户名称	结转前余额
主营业务收入	116 000(贷)
主营业务成本	84 000(借)
税金及附加	400(借)
销售费用	7 700(借)
管理费用	2 200(借)
财务费用	200(借)
其他业务收入	2 400(贷)
其他业务成本	1 100(借)
投资收益	400(贷)
营业外收入	600(贷)
营业外支出	300(借)
所得税费用	7 755(借)

编制会计分录如下:

(1) 结转各收益类账户余额:

借:主营业务收入	116 000
其他业务收入	2 400
投资收益	400
营业外收入	600
贷:本年利润	119 400

(2) 结转各成本、费用或支出类账户余额:

借:本年利润	103 655
贷:主营业务成本	84 000
税金及附加	400
销售费用	7 700
管理费用	2 200
财务费用	200
其他业务成本	1 100
营业外支出	300
所得税费用	7 755

(3) 计算本年利润:

该公司 12 月实现利润＝119 400－103 655＝15 745(元)

该公司 1～12 月累计实现的利润＝155 000＋15 745＝170 745(元)

（4）结转本年净利润：

借:本年利润   170 745

　　贷:利润分配——未分配利润   170 745

相关链接

《小企业会计准则》与《企业会计准则》的差异。

1. 营业利润的构成不同

《小企业会计准则》下,企业的营业利润是由营业收入减去营业成本、营业税金及附加、销售费用、管理费用、财务费用,加上投资收益(或减去投资损失)后的金额确定的。而《企业会计准则》下,企业的营业利润是由营业收入减去营业成本、营业税金及附加、销售费用、管理费用、财务费用、资产减值损失,加上公允价值变动收益(或减公允价值变动损失)、投资收益(或减去投资损失)后的金额确定的。

2. 营业外收入的范围不同

(1) 盘盈收益的处理不同。《小企业会计准则》下,存货的盘盈记入"营业外收入"账户。而《企业会计准则》下,则冲减"管理费用"账户。

《小企业会计准则》下,固定资产的盘盈记入"营业外收入"账户。而《企业会计准则》下,作为前期差错处理,通过"以前年度损益调整"账户核算,最终转入"利润分配"账户。

(2) 汇兑收益的处理不同。《小企业会计准则》下,汇兑收益记入"营业外收入"账户。而《企业会计准则》下,汇兑收益冲减"财务费用"账户。

(3) 出租包装物和商品的租金收入处理不同。《小企业会计准则》下,出租包装物和商品的租金收入记入"营业外收入"账户。而《企业会计准则》下,出租包装物和商品的租金收入记入"其他业务收入"账户。

(4) 已作坏账损失处理后又收回的应收款项处理不同。《小企业会计准则》下,已作坏账损失处理后又收回的应收款项记入"营业外收入"账户。而《企业会计准则》下,已作坏账损失处理后又收回的应收款项记入"坏账准备"账户。

3. 营业外支出的范围不同

(1) 存货的盘亏、毁损和报废净损失的处理不同。《小企业会计准则》下,存货的盘亏、毁损和报废净损失记入"营业外支出"账户。而《企业会计准则》下,存货的盘亏损失记入"管理费用"账户,存货的毁损和报废净损失记入存货的生产成本。

(2) 坏账损失的处理不同。《小企业会计准则》下,实际发生的坏账损失记入"营业外支出"账户。而《企业会计准则》下,实际发生坏账损失时,冲减"坏账准备"账户。

(3) 无法收回的长期债权投资损失和无法收回的长期股权投资损失处理不同。《小企业会计准则》下,无法收回的长期债权投资损失和无法收回的长期股权投资损失,记入"营业外支出"账户。而《企业会计准则》下,作为资产减值损失处理。

4. 所得税的会计核算方法不同

《小企业会计准则》下，要求企业采用应付税款法核算所得税，将计算的应交所得税确认为所得税费用，大大简化了所得税的会计处理。而《企业会计准则》下，要求企业采用资产负债表债务法核算所得税，在计算应交所得税和递延所得税的基础上，确认所得税费用。

任务5　利润分配业务核算

【相关知识】

一、利润分配的概念

利润分配是小企业根据国家有关规定和投资者的决议，对小企业所得税后净利润所进行的分配。利润的分配过程和结果，不仅关系到投资者的合法权益能否得到保护，而且还关系到小企业能否长期、稳定地发展。

二、利润分配的内容和顺序

小企业利润分配的内容和顺序如下所述。

（一）弥补以前年度亏损

小企业发生的年度亏损，可以用下一年度的税前利润等弥补。下一年度利润不足以弥补的，可以在 5 年内延续弥补。5 年内不足弥补的用净利润弥补，也可以用以前年度提取的盈余公积弥补。小企业以前年度亏损未弥补完，不得提取法定盈余公积。

（二）提取法定盈余公积

法定盈余公积按照本年实现净利润（扣除弥补以前年度亏损）的一定比例提取，按《公司法》有关规定，公司制小企业（包括国有独资小企业、有限责任公司和股份有限公司）按净利润的 10% 提取；非公司制小企业可以根据需要确定提取比例。但至少应按 10% 提取。盈余公积金累计额已达注册资本的 50% 时可不再提取。值得注意的是，在计算提取法定盈余公积的基数时，不应包括小企业年初未分配利润。

（三）提取任意盈余公积

公司制小企业提取法定盈余公积后，可以根据股东大会决议提取任意盈余公积。非公司制小企业经类似权力机构批准，也可提取任意盈余公积。任意盈余公积的提取比例由小企业视情况而定。

（四）向投资者分配利润

小企业提取法定盈余公积后，可以向投资者分配利润。股份公司当年无利润时，不得分配股利，但在用盈余公积金弥补亏损后，经股东大会特别决定，可以用盈余公积分配股利，在分配股利后，小企业法定盈余公积不得低于注册资金的 25%。

上述利润分配顺序说明，小企业在以前年度亏损未弥补完之前，不得提取盈余公积；

小企业在提取法定盈余公积之前,不得向投资者分配利润。

【业务操作】

为了核算和监督小企业净利润的分配(或亏损的弥补)情况,应当设置"利润分配"账户。该账户的借方登记已经分配的利润和年终结转的亏损总额;贷方登记用盈余公积弥补的亏损和年终结转的净利润总额;年末余额在贷方时,为年末未分配利润;若在借方,为年末未弥补亏损。

公司制小企业在进行利润分配时,还应在"利润分配"账户下分别设置"提取法定盈余公积""提取任意盈余公积""应付利润""盈余公积补亏""未分配利润"等明细账户,进行明细核算。

一、弥补亏损的业务核算

(一)用税前、税后利润弥补亏损

小企业用利润弥补以前年度亏损,无论是用税前利润补亏还是用税后利润补亏,均不需要进行账务处理。因为在企业年终结账后,亏损和盈利均结转至"利润分配——未分配利润"账户,该账户的借方(亏损额)自然与贷方(盈利额)进行抵轧。

(二)用盈余公积弥补亏损

小企业用盈余公积补亏时,借记"盈余公积"账户,贷记"利润分配——盈余公积补亏"账户。

二、提取盈余公积的业务核算

小企业按规定从净利润中提取法定盈余公积和任意盈余公积时,借记"利润分配——提取法定盈余公积、提取任意盈余公积"账户,贷记"盈余公积——法定盈余公积、任意盈余公积"账户。

三、分配投资者利润的业务核算

小企业根据有关规定分配给投资者的利润时,借记"利润分配——应付利润"账户,贷记"应付利润"账户。

【任务 10-24】 承[任务 10-22],海滨公司 2018 年实现净利润 170 745 元,年初未弥补亏损 50 000 元。按 10% 提取法定盈余公积,并分配投资者利润 40 000 元。

(1)提取法定盈余公积:

$$法定盈余公积 = (170\ 745 - 50\ 000) \times 10\% = 12\ 074.50(元)$$

借:利润分配——提取法定盈余公积　　　　　　　　　　　　12 074.50
　　贷:盈余公积——法定盈余公积　　　　　　　　　　　　　　　12 074.50

(2)向投资者分配利润:

借:利润分配——应付利润　　　　　　　　　　　　　　　　40 000
　　贷:应付利润　　　　　　　　　　　　　　　　　　　　　　40 000

四、利润和利润分配的年终结账

(一) 年终,将本年利润结账

年度终了,小企业应当将本年实现的净利润,从"本年利润"账户转入"利润分配"账户,借记"本年利润"账户,贷记"利润分配——未分配利润"账户;若本年发生亏损,编制以上相反会计分录。

(二) 年终,将利润分配所属明细账户结账

年终,进行利润分配后,将利润分配账户所属的其他明细账户余额转入"未分配利润"明细账户。结转后,除"未分配利润"明细账户外,其他明细账户应无余额。

【任务 10-25】　承[任务 10-24],海滨公司 2018 年终结转本年净利润 170 745 元。编制会计分录如下:

借:本年利润　　　　　　　　　　　　　　　　　　　　　　　170 745
　　贷:利润分配——未分配利润　　　　　　　　　　　　　　　　　170 745

【任务 10-26】　年度终了,海滨公司将"利润分配"账户所属"提取法定盈余公积"、"应付现金股利或利润"明细账户余额转入"未分配利润"明细账。

借:利润分配——未分配利润　　　　　　　　　　　　　　　　52 074.50
　　贷:利润分配——提取法定盈余公积　　　　　　　　　　　　　12 074.50
　　　　　　　　——应付利润　　　　　　　　　　　　　　　　　40 000.00

小企业将净利润和利润分配年终结账后,"本年利润""利润分配"账户有关明细账户(除未分配利润明细账)余额均为零。可以从"利润分配——未分配利润"明细账户的年末贷方余额中了解到,宏达公司 2018 年年末未分配利润为 68 670.50 元。年末未分配利润可用下列公式计算:

年末未分配利润 ＝ 本年净利润 ＋ 年初未分配利润 － 本年已分配利润

上式中,本年利润若为亏损、年初未分配利润若为未弥补亏损,可用负号表示。

宏达公司 2018 年的未分配利润 ＝ 170 745 － 50 000 － 52 074.50 ＝ 68 670.50(元)

上述利润分配及未分配利润确定的程序,如图 10-1 所示。

利润分配			利润分配		
(提取法定盈余公积)			(未分配利润)		
12 074.50	12 074.50		期初余额	50 000	170 745
				12 074.50	
				40 000	
				期末余额	68 670.50

本年利润			利润分配		
			(应付利润)		
170 745	170 745		40 000		40 000

图 10-1　利润分配及未分配利润确定的程序

【课后练习】

一、单项选择题

1. 小企业因自然灾害所造成的生产用材料毁损,经有关部门批准后,应将扣除保险公司等的赔款和残料价值后的净损失计入(　　　)。

　A. 管理费用　　　　　　　　　　　B. 其他业务支出

　C. 营业外支出　　　　　　　　　　D. 生产成本

2. 小企业取得其他政府补助,用于补偿已发生相关费用的,直接计入补偿当期的(　　　)。

　A. 资本公积　　　　　　　　　　　B. 营业外收入

　C. 其他业务收入　　　　　　　　　D. 主营业务收入

3. 下列各项中,可采用完工百分比法确认收入的是(　　　)。

　A. 分期收款销售商品　　　　　　　B. 在同一会计年度开始并完成的劳务

　C. 委托代销商品　　　　　　　　　D. 跨越一个会计年度才能完成的劳务

4. 某小企业 2018 年度的利润总额为 1 000 万元,其中包括本年收到的国库券利息收入 10 万元;全年计税工资为 400 万元,实发工资为 350 万元,小企业所得税税率为 25%。该小企业 2018 年度所得税费用为(　　　)万元。

　A. 310.2　　　　　B. 240　　　　　C. 343.2　　　　　D. 260

5. 某工业小企业 2018 年主营业务利润 500 万元,主营业务收入 4 000 万元,其他业务利润 10 万元,财务费用 10 万元,营业外收入 20 万元,营业外支出 10 万元,所得税税率 25%。假定不考虑其他因素,该小企业 2018 年的净利润应为(　　　)万元。

　A. 382.5　　　　　B. 341.7　　　　　C. 1 020　　　　　D. 1 080

6. 《小企业会计准则》规定,小企业在销售商品时不考虑现金折扣,现金折扣应于实际发生时计入(　　　)。

　A. 管理费用　　　　　　　　　　　B. 财务费用

　C. 其他业务支出　　　　　　　　　D. 营业外支出

7. 如果小企业于 1 月 16 日销售商品 250 件,单价 80 元,给予 10% 的商业折扣,增值税税率为 16%,代垫包装费用 200 元,代垫运杂费 300 元,付款条件为"2/10、1/20、n/30",且客户已于 2 月 5 日按条件付款,则小企业在 1 月 16 日应贷记"主营业务收入"账户为(　　　)元。

　A. 18 000　　　　　B. 18 130　　　　　C. 18 315　　　　　D. 18 500

8. 某小企业购入一项专利,支付 100 000 元,摊销期 5 年。购买 1 年后该小企业将其转给其他单位,所得转让收入 98 000 元,按收入额 6% 计算缴纳增值税,此项业务使小企业取得"营业外收入"(　　　)元。

　A. 98 000　　　　　　　　　　　　B. 20 000

　C. 18 000　　　　　　　　　　　　D. 12 120

9. 某小企业年度发生亏损 100 000 元,按规定可以用以后年度的税前利润弥补。该小企业对此业务"利润分配"账户应进行的财务处理是(　　　)。

　A. 借:利润分配——应由以后年度利润弥补　　　　　　　　　　100 000

　　　贷:利润分配——未分配利润　　　　　　　　　　　　　　　100 000

  B. 借：其他应收款   100 000

    贷：利润分配——未分配利润   100 000

  C. 借：盈余公积   100 000

    贷：利润分配——未分配利润   100 000

  D. "利润分配"账户不做财务处理

  10. 某小企业上年年末"利润分配——未分配利润"账户借方余额 5 000 元(属 5 年以上亏损)，本年利润总额为 100 000 元，所得税税率为 25%，则本年按 10% 提取法定盈余公积，应为( )元。

  A. 7 500   B. 6 700   C. 10 000   D. 7 125

二、多项选择题

  1. 下列收入中，属于工业小企业的其他业务收入的有( )。

  A. 销售材料产生的收入   B. 提供运输劳务所取得的收入

  C. 出售无形资产所有权所取得的收入 D. 出租固定资产的租金收入

  2. 下列利息中，可能计入财务费用的有( )。

  A. 带息应收票据的应计利息   B. 带息应付票据的应计利息

  C. 长期借款在经营期间的利息   D. 短期债券投资持有期间收到的利息

  3. 下列费用中，应计入管理费用的有( )。

  A. 诉讼费   B. 研究费用

  C. 业务招待费   D. 日常经营活动聘请中介机构费

  4. 下列各项中，应记入小企业"营业外收入"账户的有( )。

  A. 教育费附加返还款   B. 出租固定资产的租金收入

  C. 出售剩余材料的净收益   D. 出售闲置固定资产的净收益

  5. 下列各项中，需通过"营业外支出"账户核算的有( )。

  A. 支付的税款滞纳金   B. 捐赠支出

  C. 购进原材料定额内损耗   D. 核销的坏账损失

  6. "主营业务收入"账户借方登记的内容有( )。

  A. 本期发生的销售折让   B. 本期实现的商品销售收入

  C. 本期发生的销售退回   D. 期末转入"本年利润"的主营业务收入

  7. 下列各项中，属于政府补助的有( )。

  A. 直接减免的税款   B. 财政拨款

  C. 税收返还   D. 行政划拨的土地使用权

  8. 下列项目中，属于其他业务成本核算的内容有( )。

  A. 随同产品出售单独计价的包装物的成本

  B. 出租无形资产支付的服务费

  C. 销售材料结转的材料成本

  D. 出售无形资产结转的无形资产的摊余价值

  9. 下列各项中，影响当期利润表中利润总额的有( )。

  A. 固定资产盘盈   B. 确认所得税费用

  C. 对外捐赠固定资产   D. 无形资产出售利得

10. 小企业销售商品缴纳的下列各项税费中,记入"税金及附加"账户的有(　　)。

A. 消费税 B. 增值税

C. 教育费附加 D. 城市维护建设税

三、判断题

1. 发生营业外支出,在相对应的会计期间,应当减少小企业当期的主营业务利润。(　)

2. 小企业出售原材料取得的款项扣除其成本及相关费用后的净额,应当计入营业外收入或营业外支出。(　)

3. 小企业只能用税后利润弥补亏损。(　)

4. 现金折扣和销售折让,均应在实际发生时计入当期财务费用。(　)

5. 工业小企业为拓展销售市场所发生的业务招待费,应计入销售费用。(　)

6. 投资收益、管理费用和销售费用都会影响小企业的营业利润。(　)

7. 自然灾害或意外事故造成的存货毁损所发生的净损失,均应计入管理费用。(　)

8. 小企业确实无法收回的应收账款列入营业外支出。(　)

9. "利润分配——未分配利润"账户的年末余额为历年积存的未分配利润。(　)

10. 小企业以前年度亏损未弥补完,不得提取法定盈余公积。(　)

四、计算分析题

(一)甲公司为一般纳税人,2018年8月份发生下列销售业务:

(1)3日,向A公司销售商品1 000件,每件商品的标价为80元。为了鼓励多购商品,甲公司同意给予A公司10%的商业折扣。开出的增值税专用发票上注明的售价总额为72 000元,增值税额为11 520元。商品已发出。货款已收存银行。

(2)5日,向B公司销售商品一批,开出的增值税专用发票上注明的售价总额为60 000元,增值税额为9 600元。甲公司为了及早收回货款,在合同中规定的现金折扣条件为"2/10,1/20,n/30"。

(3)13日,收到B公司的扣除享受现金折扣后的全部款项,并存入银行。假定计算现金折扣时不考虑增值税。

(4)15日,向C公司销售商品一批,开出的增值税专用发票上注明的售价总额为90 000元,增值税额为14 400元。货款尚未收到。

(5)20日,C公司发现所购商品不符合合同规定的质量标准,要求甲公司在价格上给予6%的销售折让。甲公司经查明后,同意给予折让并取得了索取折让证明单,开具了增值税专用发票(红字)。

要求:编制甲公司上述销售业务的会计分录。

(二)乙小企业委托B小企业销售甲商品100件,协议价为100元/件,该商品成本为60元/件,增值税税率为16%。乙小企业收到B小企业开来的代销清单后开具增值税专用发票,发票上注明:售价10 000元,增值税额1 600元。B小企业按不含税销售额的10%收取代销手续费,并向乙小企业结清代销款。

要求:编制乙小企业的会计分录。

(三)丙公司于2018年3月1日与客户签订了一项工期为5年的劳务供应合同。合同总收入为100 000元,预计合同总成本为80 000元。至2018年12月31日,实际发生成本 64 000 元(均以银行存款支付);一次性收到客户支付的劳务款 75 000 元。丙公司按实际发生的成本占预计总成本的百分比确定劳务完成程度。

要求:

(1) 计算 2018 年 12 月 31 日的劳务完成程度。

(2) 计算 2018 年度应确认的劳务收入。

(3) 分别编制发生劳务成本、收到客户支付的劳务款、确认 2018 年度劳务收入和劳务费用的会计分录。

(四)宏达公司为增值税一般纳税小企业,适用的增值税税率为 16%。其销售收入不含应向购买者收取的增值税额。所得税适用的所得税税率为 25%。宏达公司 2018 年发生如下经济业务:

(1) 向南方公司销售商品一批,销售价格为 400 万元,该产品销售成本为 240 万元。产品已经发出,并开出增值税专用发票,已向银行办妥托收手续。

(2) 在 2018 年 12 月 1 日销售一批商品,增值税专用发票上注明售价 200 万元,公司为了及早收回货款而在合同中规定的现金折扣条件为"2/10,n/30"。该批商品成本为 130 万元。假定计算现金折扣时不考虑增值税。客户于 2018 年 12 月 10 日付清款项。

(3) 收到返还的教育费附加 10 万元存入银行。

(4) 收到增值税返还 24 万元存入银行。

(5) 结转固定资产清理净收益 5 万元。

(6) 以银行存款支付违反税收规定的罚款 2 万元,非公益性捐赠支出 3 万元。

(7) 宏达公司于 2018 年 11 月 10 日购买商品一批,增值税专用发票上注明的售价为 300 万元,增值税额为 48 万元。付款条件为"2/10,n/30"。假定计算现金折扣时不考虑增值税。宏达公司于 2018 年 11 月 19 日付清上述全部款项。

(8) 用银行存款项支付广告费 4 万元。

(9) 计算本年销售应负担的城市维护建设税 3 万元。

(10) 计算本年应负担的教育费附加 1 万元。

(11) 出售交易性金融资产,该交易性金融资产的账面余额为 2 万元,收到出售价款 2.2 万元,存入银行。

(12) 本年计提行政管理部门固定资产折旧费 20 万元。

(13) 用银行存款支付其他管理费用 30 万元(含超标业务招待费 1 万元)。

(14) 收到银行通知,小企业银行存款利息收入为 18 万元。

(15) 计算本年应交所得税。

(16) 结转本年利润。

(17) 按净利润的 10% 和 5% 提取法定盈余公积和任意盈余公积。

(18) 进行本年利润清算。

要求:编制上述业务的会计分录。

五、技能操作训练

【实训目的】

学生通过实训,能准确掌握确认商品销售收入的时间;掌握营业收入、营业成本、管理费用、销售费用、财务费用的核算,掌握应交所得税和所得税费用的计算方法和账务处理;

掌握利润的形成和结转;掌握利润分配程序及账务处理。

【实训资料】

(一)海滨华联股份有限公司为一般纳税人,主要生产 A、B 两种产品。增值税税率为 17%,城市维护建设税税率为 7%,教育费附加比例为 3%。本月"应交税费——应交增值税(进项税额)"账户发生额为 20 670 元;产品销售成本采用月末一次加权平均法计算;损益类账户按月结转;所得税实行按季预缴、年终清算方式,所得税纳税调整事项均在 12 月份进行,1~11 月累计已预缴所得税 55 000 元,所得税税率为 25%。

(二)库存商品明细账期初余额,如表 10-2 所示。

表 10-2

库存商品明细账期初余额　　　　　　　　　　　余额单位:元

品名	数量	单位	单位成本	金额
A 产品	50	台	112 000.00	5 600 000.00
B 产品	70	台	22 000.00	1 540 000.00

(三)本月完工产品情况,如表 10-3 所示。

表 10-3

本月完工产品情况

品名	数量	单位	单位成本	金额
A 产品	15	台	111 500.00	1 672 500.00
B 产品	20	台	21 000.00	420 000.00

(四)2018 年 1~11 月累计实现利润总额 287 000 元。

(五)2018 年 12 月份发生有关收入、费用和利润经济业务的原始凭证如下:

业务 10-1-1

中国工商银行
转账支票存根
XⅡ　02952125

附加信息　_____

_____

_____

出票日期 2018 年 12 月 2 日

收款人:长沙市宏宇广告公司
金　额:¥15 900.00
用　途:支付广告费
备　注:

单位主管　　　　会计

业务 10-1-2

4310022411

湖南增值税普通发票

No 00025800   4310022411

00025800

开票日期:2018 年 12 月 2 日

购货单位	名　　称:海滨华联股份有限公司 纳税人识别号:436702789022785 地址、电话:长沙市庆园路 18 号、0731—88713218 开户行及账号:工行长沙市兴城支行 　　　　　　1903019551012985550	密码区	9700—十十69 * 8<2/50>9/00291—4974 —1626<8—3024>8090—2 * 4498 * /916 4789<8>365/45 * //12001245》45896 * // 124589 * * 120078

货物或应税劳务、服务名称	规格型号	单位	数量	单价	金　额	税率	税　额
广告费					15 000.00	6%	900.00
合　计					￥15 000.00		￥900.00

价税合计(大写)	壹万伍仟玖佰元整	(小写)　￥15 900.00

销货单位	名　　称:长沙市宏宇广告有限公司 纳税人识别号:430008906351456 地址、电话:湘江西路 160 号、0731—87852138 开户行及账号:工行湘江西路支行 　　　　　　1902148500303104488	备注	长沙市宏宇广告有限公司 430008906351456 发票专用章

收款人:×××　　　　复核:×××　　　　开票人:×××　　　　销货单位(章)

第二联:发票联　购货单位记账凭证

- ✂

业务 10-2-1

中国工商银行 进账单（收账通知） 3

2018 年 12 月 5 日　　　　　　　　　第 号

收款人	全　称	海滨华联股份有限公司	付款人	全　称	株洲水泥制造有限公司
	账　号	1903019551012985550		账　号	1904367788959743731
	开户银行	工行长沙市兴城支行		开户银行	工行株洲市奔龙支行

人民币(大写)	贰拾伍万伍仟贰佰元整	百	十	万	千	百	十	元	角	分
		￥	2	5	5	2	0	0	0	0

票据种类	转支	票据张数	1	收款人开户行盖章 中国工商银行兴城支行 2018.12.5 业务章　年 月 日
票据号码				

单位主管　　会计　　复核　　记账

此联是银行交收款人的收账通知

业务 10-2-2

43000452067

湖南增值税专用发票 №00069785 43000452067

00069785

此联不作报销、扣税凭证使用

开票日期:2018 年 12 月 5 日

购货单位	名　　称:株洲水泥制造有限公司 纳税人识别号:431103748241898 地址、电话:株洲市汉阳路 15 号、0731—28654321 开户行及账号:工行株洲市奔龙支行 　　　　　　1904367788959743731	密码区	2487—2＜9—7—61594584//458 ＊ 459 — 12518＜032/52＞9/29533—49741626＜8— 3024＞82906—2—41—6＜7＞2＊—/＞＊＞ 112584587/1245 ＊ 124 — 54625/// 125412359＊124—4

货物或应税劳务、服务名称	计量单位	数量	单价	金额	税率	税额
A 产品	台	1	160 000	160 000.00	16%	25 600.00
B 产品	台	2	30 000	60 000.00	16%	9 600.00
合　计				￥220 000.00		￥35 200.00

价税合计(大写)	贰拾伍万伍仟贰佰元整	(小写) ￥255 200.00

销货单位	名　　称:海滨华联股份有限公司 纳税人识别号:4436702789022785 地址、电话:长沙市庆园路 18 号、0731—88713218 开户行及账号:工行长沙市兴城支行 　　　　　　1903019551012985550	备注	海滨华联股份有限公司 436702789022785 发票专用章

收款人:×××　　　　　复核:　　开票人:陈姬　　　　　销货单位(章)

第三联:记账联　销货方记账凭证

业务 10-2-3

产成品出库单

2018 年 12 月 5 日

领用单位:销售科　　　　　　　　　　　　　　　　　　　　　　　№0102

产品名称	型号规格	单位	出库数量	单价	金额	备注
A 产品		台	1			
B 产品		台	2			

记账:×××　　　　　保管:×××　　　　　检验:×××　　　　　制单:×××

业务 10-3-1

中国工商银行
转账支票存根
XⅡ　　02952126

附加信息 _____

_____

_____

_____

出票日期 2018 年 12 月 7 日

| 收款人：长沙市宏星大酒店 |
| 金　额：￥1 992.80 |
| 用　途：支付餐费 |
| 备　注： |

单位主管　　　　　　会计

- →

业务 10-3-2

4310088410　　　　　**湖南增值税普通发票**　　№ 16025850　　4310088410

16025850

开票日期：2018 年 12 月 7 日

购货单位	名　　称：海滨华联股份有限公司 纳税人识别号：436702789022785 地址、电话：长沙市庆园路 18 号、0731—88713218 开户行及账号：工行长沙市兴城支行 　　　　　19030195510129855550				密码区	120700— * 8145＜9/0029 * 001—4912365 —1626＜8＋＋＋—3024＞8090 * * —2 * 400498 * /916 4789＜8＋＋＞365/45 * // 2145》4514896 * //124589 * * 21		
货物或应税劳务、服务名称	规格型号	单位	数量	单价	金　额	税率	税　额
餐饮费					1 880.00	6%	112.80
合　计					￥1 880.00		￥112.80
价税合计（大写）		壹仟玖佰玖拾贰元捌角整			（小写）　￥1 992.80		
销货单位	名　　称：长沙市宏星大酒店 纳税人识别号：431880890635140 地址、电话：新苑路 126 号、0731—88675631 开户行及账号：工行新苑路办事处 　　　　　19123485003031012455				备注			

长沙市宏星大酒店
430228906354578
发票专用章

第二联：发票联　购货单位记账凭证

收款人：×××　　　　　复核：×××　　　　开票人：×××　　　　　　　销货单位（章）

业务 10-4-1

中国工商银行
转账支票存根
Ⅹ Ⅱ　02952127

附加信息 _____

_____

_____

_____

出票日期 2018 年 12 月 10 日

| 收款人：长沙市华龙修理厂 |
| 金　额：￥928.00 |
| 用　途：支付轿车修理费 |
| 备　注： |

单位主管　　　　　　　会计

- ✂

业务 10-4-2

4310045445　　　　　　　湖南增值税普通发票　　　　　　　No00025857

开票日期：2018 年 12 月 10 日

| 购货单位 | 名　称：海滨华联股份有限公司 纳税人识别号：436702789022785 地址、电话：长沙市东园路 18 号、0731—88713218 开户行及账号：工行长沙市兴城支行　　　　　　　19030195510129855550 | 密码区 | 97—69＊8＜2/5＞9/291—4974—1626＜8—3024 ＞8090—2＊4498＊/916 4789＜8＞365/45＊//12 |

货物或应税劳务、服务名称	规格型号	单位	数量	单价	金额	税率	税额
修理费					800.00	16%	128.00
合　计					￥800.00		￥128.00

| 价税合计（大写） | 玖佰贰拾捌元整 | | （小写）　￥928.00 |

| 销货单位 | 名　称：长沙市华龙汽车修理厂 纳税人识别号：430228906351120 地址、电话：劳动路 16 号、0731—88675312 开户行及账号：工行劳动西路办事处　　　　　　　19021008003031 05001 | 备注 | （长沙市华龙汽车修理厂 430228906351120 发票专用章） |

第二联：发票联　购货单位记账凭证

收款人：×××　　　复核：×××　　　开票人：金沅　　　销货单位（章）

业务 10-5-1

委收号码:

委邮	委托收款凭证(付款通知) 5

委托日期:2018 年 12 月 14 日　付款日期 2018 年 12 月 15 日

付款人	全　称	海滨华联股份有限公司	收款人	全称	长沙市电信公司		
	账号或地址	19030195510129855550		账号或地址	19032017104035655230		
	开户银行	工行长沙市兴城支行		开户银行	工行远大支行	行号	26568

委收金额	人民币(大写) 叁仟壹佰玖拾肆元肆角整	千	百	十	万	千	百	十	元	角	分
					¥	3	1	9	4	4	0

款项内容	12 月份电话费	委托收款凭据名称	电信业务专业发票	附寄单据张数	1

备注

付款人注意:
1. 应于见票当日通知开户银行划款。
2. 如需拒付,应在规定期限内将拒付理由书并附债务证明交退开户银行。

2018.12.15

业务章

此联付款人开户银行给付款人按期付款的通知

单位主管　　会计　　复核　　记账　　付款人开户银行盖章　年　月　日

--✂

业务 10-5-2

4300171320

湖南增值税专用发票　№ 19025869　4300171320

19025869

开票日期:2018 年 12 月 14 日

购货单位	名　称:海滨华联股份有限公司 纳税人识别号:436702789022785 地址、电话:长沙市庆园路 18 号、0731—88713218 开户行及账号:工行长沙市兴城支行 　　　　　　19030195510129855550	密码区	760－39＋6 ＊/5＋6＋1－1＜97— 615962008＜032/5＞9/29531—4—2—18— 6＜7＞2 ＊—/＞＞5//56《＋89/0544〈6500 —5—25—60〉〉—121258＋8—5801/415

货物或应税劳务、服务名称	规格型号	单位	数量	单价	金额	税率	税额
电话费					2 904.00	10%	290.40
合　计					¥2 904.00		¥290.40

价税合计(大写)	叁仟壹佰玖拾肆元肆角整	(小写)　¥3 194.40

销货单位	名　称:长沙市电信公司 纳税人识别号:430012906354547 地址、电话:长沙市八一路 14 号、0731—88851666 开户行及账号:中国建设银行长沙市远大支行 　　　　　　1901478920030336980	备注	 长沙市电信公司 430012906354547 发票专用章

第二联:发票联　购货单位记账凭证

收款人:×××　　　复核:×××　　　开票人:×××　　　销货单位(章)

业务 10-6-1

中国工商银行进账单 （收账通知） 3

2018 年 12 月 16 日　　　　　　　　　　　第 002 号

<table>
<tr><td rowspan="3">收款人</td><td>全　称</td><td>海滨华联股份有限公司</td><td rowspan="3">付款人</td><td>全　称</td><td>长沙九龙有限公司</td></tr>
<tr><td>账　号</td><td>19030195510129855550</td><td>账　号</td><td>1901002710401242332</td></tr>
<tr><td>开户银行</td><td>工行长沙市兴城支行</td><td>开户银行</td><td>建行新中路支行</td></tr>
</table>

<table>
<tr><td rowspan="2">人民币（大写）</td><td rowspan="2">伍仟零佰肆拾陆元整</td><td>百</td><td>十</td><td>万</td><td>千</td><td>百</td><td>十</td><td>元</td><td>角</td><td>分</td></tr>
<tr><td></td><td></td><td></td><td>5</td><td>0</td><td>4</td><td>6</td><td>0</td><td>0</td></tr>
</table>

<table>
<tr><td>票据种类</td><td>转账支票</td><td>票据张数</td><td>1</td><td rowspan="3">收款人开户行盖章
（工商银行兴城支行 业务章）
2018.12.16
2018 年 12 月 16 日</td></tr>
<tr><td>票据号码</td><td></td><td></td><td></td></tr>
<tr><td>单位主管</td><td>会计　　复核　　记账</td><td></td><td></td></tr>
</table>

此联是银行交收款人的收账通知

业务 10-6-2

43000452068

湖南增值税专用发票 № 00069786　43000452068

此联不作报销、扣税凭证使用

00069786

开票日期：2018 年 12 月 16 日

<table>
<tr><td rowspan="4">购货单位</td><td>名　　称：长沙九龙有限公司</td><td rowspan="4">密码区</td><td rowspan="4">241—1＜4—7—61596452 ＊ 78/451266 —
45867＜032/52＞9/29533—49741626＜8—
3024＞84106—2—40—6＜7＞2＊—/＞＊＞
14561128/5489 ＊ 124—4568 ＊ 12458//120
—458 ＊ 1256</td></tr>
<tr><td>纳税人识别号：431228906352889</td></tr>
<tr><td>地址、电话：长沙市天心区新中路 6 号、
0731—86785218</td></tr>
<tr><td>开户行及账号：建行新中路支行
1901002710401242332</td></tr>
</table>

<table>
<tr><td>货物或应税劳务、服务名称</td><td>计量单位</td><td>数量</td><td>单价</td><td>金额</td><td>税率</td><td>税额</td></tr>
<tr><td>甲材料</td><td>吨</td><td>1</td><td>4 350.00</td><td>4 350.00</td><td>16%</td><td>696.00</td></tr>
<tr><td>合　计</td><td></td><td></td><td></td><td>￥4 350.00</td><td></td><td>￥696.00</td></tr>
<tr><td>价税合计（大写）</td><td colspan="3">伍仟零佰肆拾陆元整</td><td colspan="3">（小写）　￥5 046.00</td></tr>
</table>

<table>
<tr><td rowspan="4">销货单位</td><td>名　　称：海滨华联股份有限公司</td><td rowspan="4">备注</td><td rowspan="4">（海滨华联股份有限公司
436702789022785
发票专用章）</td></tr>
<tr><td>纳税人识别号：4436702789022785</td></tr>
<tr><td>地址、电话：长沙市庆园路 18 号、0731—88713218</td></tr>
<tr><td>开户行及账号：工行长沙市兴城支行
19030195510129855550</td></tr>
</table>

收款人：×××　　　　　复核：　　开票人：陈姬　　　　　销货单位（章）

第三联：记账联 销货方记账凭证

业务 10-6-3

材料出库单

2018 年 12 月 16 日

领用单位:销售科   №004

产品名称	型号规格	单位	出库数量	单价	金额	备注
甲材料		吨	1	3 550.00	3 550.00	

保管:×××   检验:×××   制单:×××   记账:×××

业务 10-7-1

中国工商银行放款利息通知单(代付出传票)

2018 年 12 月 22 日   No. 10254226

户 名	海滨华联股份有限公司	账 户	1903019551012985550								
利息计算时间	2018.9.21—2018.12.20										
利息金额	人民币(大写):伍万捌仟零壹拾贰元伍角整			十	万	千	百	十	元	分	角
				¥ 5	8	0	1	2	5	0	
上列利息已从你单价账户扣付		科目: 转账:2018.12.22 复核: 业务章		记账:				制单:			

备注:该借款系用于生产经营资金周转的短期借款,利息已预提。

业务 10-8-1

43000452069

湖南增值税专用发票 № 00069787 43000452069

00069787

此联不作报销、扣税凭证使用

开票日期:2018 年 12 月 25 日

<table>
<tr><td rowspan="4">购货单位</td><td colspan="2">名　称:株洲水泥制造有限公司</td><td rowspan="4">密码区</td><td colspan="3">1481－2 ＜ 1－7－615945//4589712 ＊</td></tr>
<tr><td colspan="2">纳税人识别号:431103748241898</td><td colspan="3">124126＜014/52＞9/29545－49701626＜</td></tr>
<tr><td colspan="2">地址、电话:株洲市汉阳路 15 号、0731－28654321</td><td colspan="3">8－3024＞82906－2－40－6＜7＞2＊－/＞</td></tr>
<tr><td colspan="2">开户行及账号:工行株洲市奔龙支行
1904367788959743731</td><td colspan="3">12584551258900213/548 ＊ 1245 －
1245//1245125461</td></tr>
<tr><td colspan="2">货物或应税劳务、服务名称
B 产品</td><td>计量单位
台</td><td>数量
1</td><td>单价
30 000</td><td>金额
－30 000.00</td><td>税率
16%</td><td>税额
－4 800.00</td></tr>
<tr><td colspan="2">合　计</td><td></td><td></td><td></td><td>¥－30 000.00</td><td></td><td>¥－4 800.00</td></tr>
<tr><td colspan="2">价税合计(大写)</td><td colspan="3">(负数)叁万肆仟捌佰零拾零元零角零分</td><td colspan="3">(小写)　¥－34 800.00</td></tr>
<tr><td rowspan="4">销货单位</td><td colspan="2">名　称:海滨华联股份有限公司</td><td rowspan="4">备注</td><td colspan="3" rowspan="4"></td></tr>
<tr><td colspan="2">纳税人识别号:436702789022785</td></tr>
<tr><td colspan="2">地址、电话:长沙市庆园路 18 号、0731－88713218</td></tr>
<tr><td colspan="2">开户行及账号:工行长沙市兴城支行
1903019551012985550</td></tr>
</table>

收款人:×××　　　　复核:××　　　　开票人:陈姬　　　　销货单位(章)

业务 10-8-2

销货退回收货单

2018 年 12 月 25 日

№00022

<table>
<tr><td colspan="2">购货单位:</td><td colspan="2">合同字号:</td><td colspan="2">发票号:</td><td></td><td></td></tr>
<tr><td>产品名称</td><td>型号规格</td><td>单位</td><td>应收数</td><td>实收数</td><td></td><td>单价</td><td>金额</td></tr>
<tr><td>B 产品</td><td></td><td>台</td><td>1</td><td>1</td><td></td><td></td><td></td></tr>
<tr><td></td><td></td><td></td><td></td><td></td><td></td><td></td><td></td></tr>
<tr><td>合计</td><td colspan="2">(大写):</td><td></td><td></td><td></td><td></td><td></td></tr>
</table>

业务 10-8-3

企业进货退出及索取折让证明单

No 0002245

销货单位	全 称	海滨华联股份有限公司				
	税务登记号	436702789022785				

进货退出	货物名称	单价	数量	货款	税额
	B产品	30 000.00	1	30 000.00	5 100.00

索取折让	货物名称	单价	数量	要 求	
				折让金额	折让税额

退货或索取折让理由	质量问题。 单位签章： 2018年12月24日	税务征收机关签章	

购货单位	全 称	株洲水泥制造有限公司
	税务登记号	431103748241898

本证明单一式三联：第一联，征收机关留存；第二联，交销货单位；第三联，购货单位留存。

业务 10-8-4

工商银行信汇凭证（回单）

委托日期 2018 年 12 月 25 日

No. 00461253

汇款人	全 称	海滨华联股份有限公司	收款人	全 称	株洲水泥制造有限公司
	账 号	1903019551012985550		账 号	1904367788959743731
	汇出地点	湖南省长沙市/县		汇入地点	湖南省株洲市/县
汇出行名称		工行长沙市兴城支行	汇入行名称		工行株洲市奔龙支行

金额	人民币（大写）	叁万肆仟捌佰零拾零元零角零分	千	百	十	万	千	百	十	元	角	分
						¥	3	4	8	0	0	0	0

支付密码

附加信息及用途：

复核　　　　记账

此联汇出行给汇款人的回单

汇出行签章

业务 10-9-1

销售成本计算表

2018 年 12 月 31 日

产品名称	月初结存成本			本月入库产品成本			已售产品成本			月末结存成本		
	数量	单位成本	金额	数量	单位成本	金额	数量	单位成本	金额	数量	单位成本	金额
A 产品												
B 产品												
合计												

注:采用加权平均法计算产品销售成本。

计算过程:

业务 10-10-1

应交城市维护建设税、教育费附加计算表

2018 年 12 月 31 日

税　种	计税依据		适用税率	应交金额	备　注
	项　目	金　额			
城市维护建设税	应交增值税		7%		
教育费附加	应交增值税		3%		

制表:

业务 10-11-1

12 月份损益类账户发生额汇总表

2018 年 12 月　　　　　　　　　　单位:元

项　目	借方金额	贷方金额
主营业务收入		
其他业务收入		
主营业务成本		
税金及附加		
其他业务成本		
管理费用		
销售费用		

业务 10-12-1

所得税纳税调整额计算表

单位:元

调整项目	会计实际列支金额	税法允许列支金额	纳税调整金额	
			增加额	减少额
业务招待费				
捐赠支出				
国库券利息收入				
合　计				

备注:本年所得税调整资料:

1. 管理费用中列支业务招待费 104 250.00 元。全年营业收入为 13 528 000 元。

2. 向兄弟单位提供现金捐赠 5 000 元。

3. 投资收益中有国库券利息收入 10 000 元。

业务 10-12-2

应交所得税计算表

单位:元

项 目	金 额
本年利润总额	
纳税调整金额	
全年应纳税所得额	
税率	
全年累计应纳所得税	
已纳所得税	
实际应纳所得税	

业务 10-13-1

全年净利润结转表

2018 年 12 月 31 日

应借科目	应贷科目
本年利润	利润分配——未分配利润

业务 10-14-1

利润分配表

2018 年 12 月 31 日

单位:元

项 目	净利润	比 例	金 额
提取法定盈余公积		10%	
提取任意盈余公积		10%	
应付利润		50%	
合 计			

业务 10-15-1

已分配利润结转表

2018 年 12 月 31 日

应 借 科 目	应 贷 科 目
利润分配——提取法定盈余公积	利润分配——未分配利润
利润分配——提取任意盈余公积	
利润分配——应付利润	
合 计	

【实训要求】

1. 根据经济业务内容完成相关原始凭证的填制和审核。

2. 根据原始凭证编制记账凭证。

3. 根据所编记账凭证和相关原始凭证登记"管理费用"明细账(多栏式)。

【实训用具】

记账凭证 25 张,多栏式明细账 2 张。

项目十一　财务报表编制

知识目标

通过本项目的学习,了解财务报表的概念、作用、种类和编制要求;掌握资产负债表、利润表和现金流量表的编制方法。

能力目标

能根据账户余额表及相关的账簿资料熟练地编制资产负债表、利润表和现金流量表;能根据《小企业会计准则》的要求在附注中披露相关的信息。

小企业财务会计的目标是向财务会计报表使用者提供有用的会计信息,有助于他们做出各种相关的经济决策。财务会计信息的主要载体是财务报表。所谓财务报表,是指对小企业财务状况、经营成果和现金流量的结构性表述。财务报表应当能够较为全面、系统、概括地反映小企业在某一会计期间经营活动和财务收支的全貌。投资者、债权人和税务机关等财务报表的外部使用者通过全面阅读和综合分析财务报表,可以了解和掌握小企业过去和当前的财务状况、经营成果和现金流量情况,预测未来发展趋势,从而做出相关决策。因此,财务报表既是小企业会计核算工作的总结,是通过对日常核算的资料进行整理、分类、计算和汇总编制而成的;同时,也是沟通投资者、债权人、税务部门等财务报表外部使用者与小企业管理层之间信息的桥梁和纽带。

小企业的财务报表至少应当包括资产负债表、利润表、现金流量表以及附注。其中,资产负债表、利润表和现金流量表分别从不同角度反映小企业的财务状况、经营成果和现金流量。附注是财务报表不可缺少的组成部分,是对在资产负债表、利润表和现金流量表等报表中列示项目的文字描述或明细资料,以及对未能在这些报表中列示项目的说明等。

小企业应当按照《小企业会计准则》规定的报表种类、内容、格式、编制方法,按月度、季度、年度对外报送财务报表。

任务 1　资产负债表的编制

【相关知识】

一、资产负债表的概念

资产负债表是指反映小企业在某一特定日期(月末、季末、年末)财务状况的报表。它表明小企业在某一特定日期所拥有或控制的、预期会给企业带来经济利益的资源,所承担的、预期会导致经济利益流出企业的现时义务和所有者对净资产的要求权。因为资产负债表反映的是特定日期的财务状况,所以,又称静态报表。

二、资产负债表的作用

资产负债表的作用主要体现在以下几个方面:

第一,通过资产负债表,可以提供某一日期资产的总额及其结构,表明小企业拥有或控制的资源及其分布情况,有助于财务报表使用者了解小企业在某一特定日期所拥有的资产总量及其结构。

第二,通过资产负债表,可以提供某一日期的负债总额及其结构,表明小企业未来需要用多少资产或劳务清偿债务以及清偿时间的早晚。

第三,通过资产负债表,可以反映小企业的所有者所拥有的权益,有助于小企业的所有者据以判断资本保值、增值的情况以及对负债的保障程度。

第四,资产负债表还可以提供进行财务分析的基本资料,如将流动资产与流动负债进行比较,计算出流动比率;将速动资产与流动负债进行比较,计算出速动比率等,可以表明企业的变现能力、偿债能力和资金周转能力从而有助于会计报表使用者作出经济决策。

三、资产负债表的内容与结构

(一) 资产负债表的内容

资产负债表主要反映以下三个方面的内容。

1. 资产

资产按其流动性分为流动资产和非流动资产,在资产负债表上按其类别分项列示。根据《小企业会计准则》的规定,资产负债表中的资产类至少应当单独列示反映下列信息的项目:货币资金、应收及预付款项、存货、长期债券投资、长期股权投资、固定资产、生产性生物资产、无形资产、长期待摊费用等。

2. 负债

负债按其流动性分为流动负债和非流动负债,在资产负债表上按其类别分项列示。根据《小企业会计准则》的规定,资产负债表中的负债类至少应当单独列示反映下列信息的项目:短期借款、应付及预收款项、应付职工薪酬、应交税费、应付利息、长期借款、长期应付款等。

3. 所有者权益

所有者权益按照实收资本、资本公积、盈余公积和未分配利润分项列示。根据《小企业会计准则》的规定,资产负债表中的所有者权益类至少应当单独列示反映下列信息的项目:实收资本、资本公积、盈余公积、未分配利润。

此外,资产负债表中的资产类应当包括流动资产和非流动资产的合计项目;负债类应当包括流动负债、非流动负债和负债的合计项目;所有者权益类应当包括所有者权益的合计项目。资产负债表应当列示资产总计项目,负债和所有者权益总计项目。

(二) 资产负债表的结构

资产负债表的结构一般由表首和正表构成。表首主要包括:报表名称、编制单位、编制日期、报表编号、货币名称、计量单位等。正表是资产负债表的主体,是依据"资产＝负债＋所有者权益"这一会计恒等式进行设计,全部项目分为资产、负债和所有者权益三大类,每一大类以期末余额和年初余额两行列示。

资产负债表正表部分的格式主要有账户式和报告式两种。按照《小企业会计准则》的规定,小企业的资产负债表一般采用账户式的格式。即资产负债表分为左方和右方,左方列示资产各项目,大体按流动性大小排列,流动性大的资产排在前面,流动性小的资产排在后面;右方列示负债和所有者权益各项目,一般按要求清偿的先后顺序排列,流动负债排在前面,非流动负债排在后面,所有者权益项目(在企业清算之前不需要偿还)排在最后。资产各项目的合计等于负债和所有者权益各项目的合计。通过账户式资产负债表,反映资产、负债和所有者权益之间的内在关系,并达到资产负债表左方和右方平衡。

资产负债表的格式还有报告式,报告式资产负债表是上下结构,上半部列示资产,下半部列示负债和所有者权益,其遵循的原理是"资产－负债＝所有者权益"。

【业务操作】

一、资产负债表的编制方法

(一) 资产负债表的编制依据

资产负债表各项目数据是根据总分类账及有关明细分类账的期末余额直接或分析计算填列。

(二) 资产负债表编制的基本方法

资产负债表各项目均需填列"年初余额"和"期末余额"两栏。

1. "年初余额"栏的填列方法

资产负债表"年初余额"栏内各项数字,应根据上年年末资产负债表"期末余额"栏内所列数字填列。如果上年年末资产负债表的项目名称和内容与本年年末资产负债表不相一致,应对上年年末资产负债表各项目的名称和数字按照本年年末资产负债表的规定进行调整,并填入"年初余额"栏内。

2. "期末余额"栏的填列方法

"期末余额"是指某一会计期末的数字,即月末、季末、半年末或年末的数字。资产负债表"期末余额"栏内各项目的数据来源可以通过以下几种方式取得:

(1) 直接根据总账账户的余额填列。这些项目有:"短期投资""应收票据""应收股利""应收利息""其他应收款""其他流动资产""长期债券投资""长期股权投资""固定资产原价""累计折旧""在建工程""工程物资""固定资产清理""开发支出""长期待摊费用""短期借款""应付票据""应付账款""应付职工薪酬""应交税费""应付利息""应付利润""其他应付款""其他流动负债""长期借款""长期应付款""递延收益""实收资本(或股本)""资本公积""盈余公积"等。

(2) 根据几个总账账户的余额计算填列。这些项目有:①"货币资金"项目。反映小企业库存现金、银行结算户存款、外埠存款、银行汇票存款、银行本票存款、信用卡存款、信用证保证金存款等的合计数。本项目应根据"库存现金""银行存款""其他货币资金"账户的期末余额合计数填列。②"未分配利润"项目。反映小企业尚未分配的利润。本项目应根据"本年利润"账户和"利润分配"账户的余额计算填列。未弥补的亏损,在本项目内以"一"号填列。

（3）根据有关明细账户余额分析填列。具体包括:应收账款项目、预付账款项目、应付账款项目和预付账款项目。其中,应收账款项目和预收账款项目为一组,根据"应收账款"和"预收账款"账户的明细账户余额分析填列,明细账户余额在借方的,汇总起来填到资产负债表中的应收账款项目中,明细账户余额在贷方的,汇总起来填列在资产负债表中的预收账款项目中;应付账款项目和预付账款项目为一组,根据"应付账款"和"预付账款"账户的明细账户余额分析填列,明细账户余额在借方的,汇总起来填到资产负债表中的预付账款项目中,明细账户余额在贷方的,汇总起来填列在资产负债表中的应付账款项目中。

（4）根据总账账户和明细账户的余额分析计算填列。资产负债表的某些项目既不能根据有关总账账户的期末余额直接填列或计算填列,也不能根据有关明细账户余额计算填列,而是根据总账账户和明细账户的余额分析计算填列。如"长期借款"项目,反映小企业向银行或其他金融机构借入的期限在1年期以上(不含1年)的各项借款。本项目应根据"长期借款"总账账户余额扣除"长期借款"账户所属明细账户中将于1年内到期的部分填列,将于1年内到期的长期借款应在"其他流动负债"项目内反映。

（5）根据有关账户余额减去其备抵账户余额后的净额填列。如"生产性生物资产""无形资产"项目,应根据相关账户的期末余额扣减相关累计折旧或累计摊销后的净额填列。

（6）综合运用上述填列方法分析填列。如"存货"项目,应根据"材料采购""在途物资""原材料""生产成本""库存商品""委托加工物资""周转材料""消耗性生物资产"等账户的期末余额合计填列,材料采用计划成本核算,以及库存商品采用计划成本核算或售价核算的小企业,还应按加或减"材料成本差异""商品进销差价"账户余额后的金额填列。

（三）资产负债表各项目的内容及具体填列方法

1. 资产类项目的内容及填列说明

（1）"货币资金"项目,反映小企业库存现金、银行存款、其他货币资金的合计数。本项目应根据"库存现金""银行存款"和"其他货币资金"账户的期末余额合计填列。

（2）"短期投资"项目,反映小企业购入的能随时变现并且持有时间不准备超过1年的股票、债券和基金投资的余额。本项目应根据"短期投资"账户的期末余额填列。

（3）"应收票据"项目,反映小企业收到的未到期收款也未向银行贴现的应收票据(银行承兑汇票和商业承兑汇票)。本项目应根据"应收票据"账户的期末余额填列。

（4）"应收账款"项目,反映小企业因销售商品、提供劳务等日常生产经营活动应收取的款项。本项目应根据"应收账款"的期末余额分析填列。如"应收账款"账户期末为贷方余额,应当在"预收账款"项目列示。

（5）"预付账款"项目,反映小企业按照合同规定预付的款项。包括:根据合同规定预付的购货款、租金、工程款等。本项目应根据"预付账款"账户的期末借方余额填列;如"预付账款"账户期末为贷方余额,应当在"应付账款"项目列示。

属于超过1年期以上的预付账款的借方余额应当在"其他非流动资产"项目列示。

（6）"应收股利"项目，反映小企业应收取的现金股利或利润。本项目应根据"应收股利"账户的期末余额填列。

（7）"应收利息"项目，反映小企业债券投资应收取的利息。小企业购入一次还本付息债券应收的利息，不包括在本项目内。本项目应根据"应收利息"账户的期末余额填列。

（8）"其他应收款"项目，反映小企业除应收票据、应收账款、预付账款、应收股利、应收利息等以外的其他各种应收及暂付款项。包括：各种应收的赔款、应向职工收取的各种垫付款项等。本项目应根据"其他应收款"账户的期末余额填列。

（9）"存货"项目，反映小企业期末在库、在途和在加工中的各项存货的成本。包括：各种原材料、在产品、半成品、产成品、商品、周转材料（包装物、低值易耗品等）、消耗性生物资产等。本项目应根据"材料采购""在途物资""原材料""材料成本差异""生产成本""库存商品""商品进销差价""委托加工物资""周转材料""消耗性生物资产"等账户的期末余额分析填列。

（10）"其他流动资产"项目，反映小企业除以上流动资产项目外的其他流动资产（含1年内到期的非流动资产）。本项目应根据有关账户的期末余额分析填列。

（11）"长期债券投资"项目，反映小企业准备长期持有的债券投资的本息。本项目应根据"长期债券投资"账户的期末余额分析填列。

（12）"长期股权投资"项目，反映小企业准备长期持有的权益性投资的成本。本项目应根据"长期股权投资"账户的期末余额填列。

（13）"固定资产原价"和"累计折旧"项目，反映小企业固定资产的原价（成本）及累计折旧。这两个项目应根据"固定资产"账户和"累计折旧"账户的期末余额填列。

（14）"固定资产账面价值"项目，反映小企业固定资产原价扣除累计折旧后的余额。本项目应根据"固定资产"账户的期末余额减去"累计折旧"账户的期末余额后的金额填列。

（15）"在建工程"项目，反映小企业尚未完工或虽已完工，但尚未办理竣工决算的工程成本。本项目应根据"在建工程"账户的期末余额填列。

（16）"工程物资"项目，反映小企业为在建工程准备的各种物资的成本。本项目应根据"工程物资"账户的期末余额填列。

（17）"固定资产清理"项目，反映小企业因出售、报废、毁损、对外投资等原因处置固定资产所转出的固定资产账面价值以及在清理过程中发生的费用等。本项目应根据"固定资产清理"账户的期末借方余额填列；如"固定资产清理"账户期末为贷方余额，以"一"号填列。

（18）"生产性生物资产"项目，反映小企业生产性生物资产的账面价值。本项目应根据"生产性生物资产"账户的期末余额减去"生产性生物资产累计折旧"账户的期末余额后的金额填列。

（19）"无形资产"项目，反映小企业无形资产的账面价值。本项目应根据"无形资产"账户的期末余额减去"累计摊销"账户的期末余额后的金额填列。

（20）"开发支出"项目，反映小企业正在进行的无形资产研究开发项目满足资本化条件的支出。本项目应根据"研发支出"账户的期末余额填列。

（21）"长期待摊费用"项目，反映小企业尚未摊销完毕的已提足折旧的固定资产的改建支出、经营租入固定资产的改建支出、固定资产的大修理支出和其他长期待摊费用。本项目应根据"长期待摊费用"账户的期末余额分析填列。

(22)"其他非流动资产"项目,反映小企业除以上非流动资产以外的其他非流动资产。本项目应根据有关账户的期末余额分析填列。

2. 负债类项目内容及填列说明

(1)"短期借款"项目,反映小企业向银行或其他金融机构等借人的期限在 1 年内的、尚未偿还的各种借款本金。本项目应根据"短期借款"账户的期末余额填列。

(2)"应付票据"项目,反映小企业因购买材料、商品和接受劳务等日常生产经营活动开出、承兑的商业汇票(银行承兑汇票和商业承兑汇票)尚未到期的票面金额。本项目应根据"应付票据"账户的期末余额填列。

(3)"应付账款"项目,反映小企业因购买材料、商品和接受劳务等日常生产经营活动尚未支付的款项。本项目应根据"应付账款"账户的期末余额填列。如"应付账款"账户期末为借方余额,应当在"预付账款"项目列示。

(4)"预收账款"项目,反映小企业根据合同规定预收的款项。包括:预收的购货款、工程款等。本项目应根据"预收账款"账户的期末贷方余额列;如"预收账款"账户期末为借方余额,应当在"应收账款"项目列示。属于超过 1 年期以上的预收账款的贷方余额应当在"其他非流动负债"项目列示。

(5)"应付职工薪酬"项目,反映小企业应付未付的职工薪酬。本项目应根据"应付职工薪酬"账户期末余额填列。

(6)"应交税费"项目,反映小企业期末未交、多交或尚未抵扣的各种税费。本项目应根据"应交税费"账户的期末贷方余额填列;如"应交税费"账户期末为借方余额,以"一"号填列。

(7)"应付利息"项目,反映小企业尚未支付的利息费用。本项目应根据"应付利息"账户的期末余额填列。

(8)"应付利润"项目,反映小企业尚未向投资者支付的利润。本项目应根据"应付利润"账户的期末余额填列。

(9)"其他应付款"项目,反映小企业除应付账款、预收账款、应付职工薪酬、应交税费、应付利息、应付利润等以外的其他各项应付、暂收的款项。包括:应付租入固定资产和包装物的租金、存入保证金等。本项目应根据"其他应付款"账户的期末余额填列。

(10)"其他流动负债"项目,反映小企业除以上流动负债以外的其他流动负债(含 1 年内到期的非流动负债)。本项目应根据有关账户的期末余额填列。

(11)"长期借款"项目,反映小企业向银行或其他金融机构借入的期限在 1 年以上的、尚未偿还的各项借款本金。本项目应根据"长期借款"账户的期末余额分析填列。

(12)"长期应付款"项目,反映小企业除长期借款以外的其他各种应付未付的长期应付款项。包括:应付融资租入固定资产的租赁费、以分期付款方式购入固定资产发生的应付款项等。本项目应根据"长期应付款"账户的期末余额分析填列。

(13)"递延收益"项目,反映小企业收到的、应在以后期间计入损益的政府补助。本项目应根据"递延收益"账户的期末余额分析填列。

(14)"其他非流动负债"项目,反映小企业除以上非流动负债项目以外的其他非流动负债。本项目应根据有关账户的期末余额分析填列。

3. 所有者权益类项目的内容及填列说明

（1）"实收资本（或股本）"项目，反映小企业收到投资者按照合同协议约定或相关规定投入的、构成小企业注册资本的部分。本项目应根据"实收资本"（或"股本"）账户的期末余额分析填列。

（2）"资本公积"项目，反映小企业收到投资者投入资本超出其在注册资本中所占份额的部分。本项目应根据"资本公积"账户的期末余额填列。

（3）"盈余公积"项目，反映小企业（公司制）的法定盈余公积和任意盈余公积，小企业（外商投资）的储备基金和企业发展基金。本项目应根据"盈余公积"账户的期末余额填列。

（4）"未分配利润"项目，反映小企业尚未分配的历年结存的利润。本项目应根据"利润分配"账户的期末余额填列。未弥补的亏损，在本项目内以"一"号填列。

二、资产负债表的编制举例

【任务 11-1】 顺风公司为增值税一般纳税人小企业，适用增值税税率为 16%，所得税税率为 25%；原材料采用实际成本进行核算；按税后利润的 10% 计提盈余公积，当年未向投资者分配利润。该公司 2017 年 12 月 31 日账户余额见表 11-1 期初余额。

（一）2018 年度，顺风公司发生如下经济业务

（1）销售产品一批，开出的增值税专用发票注明价款 400 000 元，增值税额 64 000 元。产品已发出，并已办妥托收手续。

（2）公司的一辆小汽车报废，该汽车原值 100 000 元，已提折旧 95 000 元，清理过程中，通过银行支付清理费用 3 000 元，残料变价收入 4 000 元已存入银行。

（3）购入原材料一批，材料的价款 162 000 元，增值税专用发票列明增值税额为 25 920 元。公司以一张金额为 200 000 元的银行汇票支付价款和税金。材料已收到并验收入库。

（4）接到银行通知，收到退回的银行汇票多余款 12 080 元。

（5）管理部门职工报销差旅费 1 300 元。

（6）出售一项短期投资，该短期投资的账面成本为 200 000 元，转让收入 220 000 元已存入银行。

（7）收到银行通知，用银行存款支付到期的商业承兑汇票款 160 000 元。

（8）购入不需要安装的生活用锅炉一台，价款 100 000 元，增值税专用发票列明的增值税额 16 000 元，运费 1 000 元，增值税 100 元（假设增值税额不允许抵扣），价款及运费均以银行存款支付。设备已交付使用。

（9）公司将一张尚未到期的不带息商业承兑汇票到银行办理贴现，汇票的票面金额为 200 000 元，贴现息为 15 000 元，企业已收到贴现款存入银行。

（10）从银行借入 3 年期借款 400 000 元用于固定资产建设，借款已存入银行账户。

（11）以银行存款支付产品宣传费 10 000 元，增值税 600 元。

（12）开出转账支票，支付购买办公用品款 3 000 元。办公用品已交付管理部门使用。

（13）收回应收账款 122 500 元存入银行。

（14）以转账支票购入低值易耗品 600 元，已验收入库。

（15）以银行存款归还短期借款本金 100 000 元，已预提的借款利息 4 800 元。

（16）以银行存款预付商品款 30 000 元。

（17）购入材料一批,材料的价款 150 000 元,增值税专用发票注明增值税额 24 000 元,款项通过银行转账支付,材料尚未收到。

（18）购入工程用材料一批,价款 250 000 元,增值税专用发票注明增值税额 40 000 元,款项已通过银行转账支付。

（19）在建工程领用工程用材料 200 000 元。

（20）在建工程本年应负担的长期借款利息 17 000 元,该项借款利息未付。

（21）在建工程完工交付使用。该固定资产的价值总额为 267 000 元。

（22）销售产品一批,销售价款 200 000 元,增值税专用发票注明增值税额 32 000 元,商品款通过银行转账收讫。

（23）出售不需用设备一台,原值 400 000 元,已提折旧 17 000 元。该设备出售取得价款 383 000 元,增值税额 61 280 元,已存入银行。

（24）转让专利权一项,转让收入 100 000 元已存入银行,应交增值税 6 000 元尚未缴纳。该无形资产账面价值 80 000 元。

（25）以银行存款偿还到期的长期借款本金 600 000 元,利息 150 000 元(已预提)。

（26）以银行存款购入股票,共支付款项 130 000 元,其中包括以宣告但尚未领取的现金股利 30 000 元。该投资企业准备长期持有,采用成本法核算。

（27）收到上述股票股利 30 000 元,存入银行。

（28）提取现金 190 000 元,准备发放工资。

（29）支付工资 190 000 元,其中包括支付给在建工程人员的工资 50 000 元。

（30）分配支付的职工工资 190 000 元;其中在建工程应负担的工资 50 000 元;生产工人工资 92 500 元,车间管理人员的工资 21 000 元,行政人员的工资 26 500 元。

（31）摊销无形资产价值 30 000 元。

（32）生产车间为生产产品共领用原材料 200 000 元。

（33）生产车间领用低值易耗品 1 000 元。

（34）计提固定资产折旧 106 376 元,其中计入制造费用的折旧费用为 91 410 元,计入管理费用的折旧费用为 14 966 元。

（35）收到银行通知,存款利息 2 800 元。

（36）摊销长期待摊费用 10 000 元。

（37）预提本期应计入损益的借款利息 36 800 元,其中短期借款利息 4 800 元,长期借款利息 32 000 元。

（38）以银行存款支付电话费 3 624 元,增值税 362.4 元。

（39）将制造费用 113 410 元转入生产成本。

（40）计算并结转本期完工产品成本 405 910 元(假设本期没有期初在产品,本期生产的产品全部完工并验收入库)。

（41）结转本期销售产品的销售成本 430 000 元。

（42）本期销售产品应缴纳城市维护建设税 3 777.2 元,教育费附加 1 618.8 元。

（43）以银行存款缴纳增值税 48 960 元,城市维护建设税 3 777.20 元,教育费附加 1 618.80 元。

(44) 收到被投资单位分派的现金股利 100 000 元存入银行。

(45) 结转本期损益。

(46) 计算并结转本期应交所得税。(假设本年度无纳税调整项目)

(47) 以银行存款缴纳所得税。

(48) 结转所得税费用。

(49) 将"本年利润"账户期末余额结转至"利润分配"账户。

(50) 按净利润的 10% 提取法定盈余公积。

(51) 将利润分配各明细账户的余额转入"未分配利润"明细账中。

要求:编制顺风公司 2018 年度经济业务的会计分录,并在此基础上编制资产负债表、利润表和现金流量表。

(二) 根据上述资料编制会计分录

(1) 销售商品:

借:应收账款	464 000
贷:主营业务收入	400 000
应交税费——应交增值税(销项税额)	64 000

(2) 小汽车转入清理:

借:固定资产清理	5 000
累计折旧	95 000
贷:固定资产	100 000

支付清理费用:

借:固定资产清理	3 000
贷:银行存款	3 000

残料变价收入:

借:银行存款	4 000
贷:固定资产清理	4 000

结转清理净损益:

借:营业外支出	4 000
贷:固定资产清理	4 000

(3) 用银行汇票购买原材料:

借:原材料	162 000
应交税费——应交增值税(进项税额)	25 920
贷:其他货币资金——银行汇票	187 920

(4) 收到银行汇票余款:

借:银行存款	12 080
贷:其他货币资金——银行汇票	12 080

(5) 管理部门报销差旅费：

借：管理费用   1 300

   贷：库存现金   1 300

(6) 出售短期投资：

借：银行存款   220 000

   贷：短期投资   200 000

      投资收益   20 000

(7) 支付到期商业汇票款：

借：应付票据   160 000

   贷：银行存款   160 000

(8) 购买固定资产：

借：固定资产   117 100

   贷：银行存款   117 100

(9) 商业汇票贴现：

借：银行存款   185 000

   财务费用   15 000

   贷：应收票据   200 000

(10) 向银行借款：

借：银行存款   400 000

   贷：长期借款   400 000

(11) 支付产品宣传费：

借：销售费用   10 000

   应交税费——应交增值税（进项税额）   600

   贷：银行存款   10 600

(12) 购买办公用品：

借：管理费用   3 000

   贷：银行存款   3 000

(13) 收回应收账款：

借：银行存款   122 500

   贷：应收账款   122 500

(14) 购买低值易耗品：

借：周转材料   600

   贷：银行存款   600

(15) 归还借款本息：

借:短期借款	100 000
应付利息	4 800
贷:银行存款	104 800

(16) 预付商品款:

| 借:预付账款 | 30 000 |
| 　贷:银行存款 | 30 000 |

(17) 购买原材料:

借:在途物资	150 000
应交税费——应交增值税(进项税额)	24 000
贷:银行存款	174 000

(18) 购买工程材料:

借:工程物资	250 000
应交税费——应交增值税(进项税额)	40 000
贷:银行存款	290 000

(19) 在建工程领用工程材料:

| 借:在建工程 | 200 000 |
| 　贷:工程物资 | 200 000 |

(20) 工程应负担借款利息:

| 借:在建工程 | 17 000 |
| 　贷:应付利息 | 17 000 |

(21) 工程交付使用:

| 借:固定资产 | 267 000 |
| 　贷:在建工程 | 267 000 |

(22) 销售商品:

借:银行存款	232 000
贷:主营业务收入	200 000
应交税费——应交增值税(销项税额)	32 000

(23) 出售设备:

借:固定资产清理	383 000
累计折旧	17 000
贷:固定资产	400 000

借:银行存款	444 280
贷:固定资产清理	383 000
应交税费——应交增值税(进项税额)	61 280

（24）转让专利权：

借：银行存款　　　　　　　　　　　　　　　　　　　　　100 000
　　贷：无形资产　　　　　　　　　　　　　　　　　　　　　80 000
　　　　应交税费——应交增值税（销项税额）　　　　　　　　6 000
　　　　营业外收入　　　　　　　　　　　　　　　　　　　　14 000

（25）偿还长期借款本息：

借：长期借款　　　　　　　　　　　　　　　　　　　　　　600 000
　　应付利息　　　　　　　　　　　　　　　　　　　　　　150 000
　　贷：银行存款　　　　　　　　　　　　　　　　　　　　　750 000

（26）购买股票长期持有：

借：长期股权投资　　　　　　　　　　　　　　　　　　　　100 000
　　应收股利　　　　　　　　　　　　　　　　　　　　　　30 000
　　贷：银行存款　　　　　　　　　　　　　　　　　　　　　130 000

（27）收到股利：

借：银行存款　　　　　　　　　　　　　　　　　　　　　　30 000
　　贷：应收股利　　　　　　　　　　　　　　　　　　　　　30 000

（28）提取现金：

借：库存现金　　　　　　　　　　　　　　　　　　　　　　190 000
　　贷：银行存款　　　　　　　　　　　　　　　　　　　　　190 000

（29）发放工资：

借：应付职工薪酬　　　　　　　　　　　　　　　　　　　　190 000
　　贷：库存现金　　　　　　　　　　　　　　　　　　　　　190 000

（30）分配工资费用：

借：在建工程　　　　　　　　　　　　　　　　　　　　　　50 000
　　生产成本　　　　　　　　　　　　　　　　　　　　　　92 500
　　制造费用　　　　　　　　　　　　　　　　　　　　　　21 000
　　管理费用　　　　　　　　　　　　　　　　　　　　　　26 500
　　贷：应付职工薪酬——工资　　　　　　　　　　　　　　　190 000

（31）摊销无形资产：

借：管理费用　　　　　　　　　　　　　　　　　　　　　　30 000
　　贷：累计摊销　　　　　　　　　　　　　　　　　　　　　30 000

（32）生产领用原材料：

借：生产成本　　　　　　　　　　　　　　　　　　　　　　200 000
　　贷：原材料　　　　　　　　　　　　　　　　　　　　　　200 000

（33）生产车间领用低值易耗品：

借：制造费用	1 000
贷：周转材料	1 000

（34）计提固定资产折旧：

借：制造费用	91 410
管理费用	14 966
贷：累计折旧	106 376

（35）收到存款利息：

借：银行存款	2 800
贷：财务费用	2 800

（36）摊销长期待摊费用：

借：管理费用	10 000
贷：长期待摊费用	10 000

（37）预提借款利息：

借：财务费用	36 800
贷：应付利息	36 800

（38）支付电话费：

借：管理费用	3 624.00
应交税费——应交增值税（进项税额）	362.40
贷：银行存款	3 986.40

（39）结转制造费用：

借：生产成本	113 410
贷：制造费用	113 410

（40）结转完工产品成本：

借：库存商品	405 910
贷：生产成本	405 910

（41）结转销售成本：

借：主营业务成本	430 000
贷：库存商品	430 000

（42）计算本期应缴纳城市维护建设税和教育费附加：

借：税金及附加	5 396.00
贷：应交税费——应交城市维护建设税	3 777.20
——应交教育费附加	1 618.80

（43）缴纳税金：

借:应交税费——应交增值税(已交税金) 　　　　　　　　48 960.00
　　　　　　——应交城市维护建设税 　　　　　　　　　　3 777.20
　　　　　　——应交教育费附加 　　　　　　　　　　　　1 618.80
　　贷:银行存款 　　　　　　　　　　　　　　　　　　　54 356.00

（44）收到投资收益款：

借:银行存款 　　　　　　　　　　　　　　　　　　　　100 000
　　贷:投资收益 　　　　　　　　　　　　　　　　　　　100 000

（45）结转本期损益：

借:主营业务收入 　　　　　　　　　　　　　　　　　　600 000
　　投资收益 　　　　　　　　　　　　　　　　　　　　120 000
　　营业外收入 　　　　　　　　　　　　　　　　　　　14 000
　　贷:本年利润 　　　　　　　　　　　　　　　　　　　734 000

借:本年利润 　　　　　　　　　　　　　　　　　　　　587 786
　　贷:主营业务成本 　　　　　　　　　　　　　　　　　430 000
　　　销售费用 　　　　　　　　　　　　　　　　　　　10 000
　　　管理费用 　　　　　　　　　　　　　　　　　　　89 390
　　　财务费用 　　　　　　　　　　　　　　　　　　　49 000
　　　营业外支出 　　　　　　　　　　　　　　　　　　4 000
　　　税金及附加 　　　　　　　　　　　　　　　　　　5 396

（46）计算所得税：

本年应缴纳的所得税＝(734 000－587 786)×25％＝36 553.50(元)

借:所得税费用 　　　　　　　　　　　　　　　　　　　36 553.50
　　贷:应交税费——应交所得税 　　　　　　　　　　　36 553.50

（47）缴纳所得税：

借:应交税费——应交所得税 　　　　　　　　　　　　　36 553.50
　　贷:银行存款 　　　　　　　　　　　　　　　　　　　36 553.50

（48）结转所得税费用：

借:本年利润 　　　　　　　　　　　　　　　　　　　　36 553.50
　　贷:所得税费用 　　　　　　　　　　　　　　　　　　36 553.50

（49）结转本年利润：

净利润＝(73 400－587 786)－36 553.50＝109 660.53(元)

借:本年利润 　　　　　　　　　　　　　　　　　　　　109 660.50
　　贷:利润分配——未分配利润 　　　　　　　　　　　109 660.50

（50）提取盈余公积：

本年提取盈余公积金额＝109 660.50×10％＝10 966.05(元)

借:利润分配——提取法定盈余公积　　　　　　　　　　　　　　　　10 966.05

　　贷:盈余公积——法定盈余公积　　　　　　　　　　　　　　　　10 966.05

　　　　本年提取盈余公积金额＝110 410.50×10％＝11 041.05(元)

（51）结转"利润分配——未分配利润"账户:

借:利润分配——未分配利润　　　　　　　　　　　　　　　　　　10 966.05

　　贷:利润分配——提取法定盈余公积　　　　　　　　　　　　　　10 966.05

（三）编制试算平衡表,如表 11-1 所示(登记"T"形账户过程省略)

表 11-1

顺风公司试算平衡表

2018 年 12 月 31 日　　　　　　　　　　　　　　　　　　　单位:元

会计账户	期初余额		本期发生额		期末余额	
	借方	贷方	借方	贷方	借方	贷方
库存现金	3 000.00		190 000.00	191 300.00	1 700.00	
银行存款	900 000.00		1 852 660.00	2 057 995.90	694 664.10	
其他货币资金	200 000.00			200 000.00		
短期投资	200 000.00				200 000.00	
应收票据	200 000.00			200 000.00		
应收账款	706 000.00		464 000.00	122 500.00	1 047 500.00	
预付账款	30 000.00		30 000.00		60 000.00	
其他应收款	5 000.00				5 000.00	
应收股利			30 000.00	30 000.00		
在途物资			150 000.00		150 000.00	
原材料	100 000.00		162 000.00	200 000.00	62 000.00	
周转材料	1 000.00		600.00	1 000.00	600.00	
库存商品	99 000.00		405 910.00	430 000.00	74 910.00	
长期股权投资	250 000.00		100 000.00		350 000.00	
固定资产	4 825 100.00		384 100.00	500 000.00	4 709 200.00	
累计折旧		1163 000.00	112 000.00	106 376.00		1 157 376.00
在建工程	440 000.00		267 000.00	267 000.00	440 000.00	
无形资产	250 000.00			80 000.00	170 000.00	
长期待摊费用	50 000.00			10 000.00	40 000.00	
工程物资			250 000.00	200 000.00	50 000.00	
固定资产清理			391 000.00	391 000.00		
累计摊销				30 000.00		30 000.00
短期借款		200 000.00	100 000.00			100 000.00
应付票据		160 000.00	160 000.00			
应付账款		400 100.00				400 100.00
预收账款——甲		30 200.00				30 200.00
预收账款——乙	700.00				700.00	

（续表）

会计账户	期初余额		本期发生额		期末余额	
	借方	贷方	借方	贷方	借方	贷方
其他应付款		2 000.00				2 000.00
应付职工薪酬		18 000.00	190 000.00	190 000.00		18 000.00
应交税费			181 791.90	205 229.50		23 437.60
应付利息		154 800.00	154 800.00	53 800.00		53 800.00
长期借款		600 000.00	600 000.00	400 000.00		400 000.00
股本		5 000 000.00				5 000 000.00
资本公积		45 200.00				45 200.00
盈余公积		200 000.00		10 966.05		210 966.05
利润分配		286 500.00	21 932.10	120 626.55		385 194.45
本年利润			734 000.00	734 000.00		
生产成本			405 910.00	405 910.00		
制造费用			113 410.00	113 410.00		
主营业务收入			600 000.00	600 000.00		
营业外收入			14 000.00	14 000.00		
主营业务成本			430 000.00	430 000.00		
税金及附加			5 396.00	5 396.00		
销售费用			10 000.00	10 000.00		
管理费用			89 390.00	89 390.00		
投资收益			120 000.00	120 000.00		
财务费用			49 000.00	49 000.00		
所得税费用			36 553.50	36 553.50		
营业外支出			4 000.00	4 000.00		
合计	8 259 800.00	8 259 800.00	8 809 453.50	8 809 453.50	7 856 274.10	7 856 274.10

（四）根据试算平衡表和上述会计分录编制资产负债表，如表 11-2 所示

表 11-2

资产负债表（简表）　　　　　　　　　　会小企 01 表

编制单位：顺风公司　　　　　　　2018 年 12 月 31 日　　　　　　　　单位：元

资产	期末余额	年初余额	负债和所有者权益（或股东权益）	期末余额	年初余额
流动资产：			流动负债：		
货币资金	696 364.10	1 103 000.00	短期借款	100 000.00	200 000.00
短期投资		200 000.00	应付票据		160 000.00
应收票据		200 000.00	应付账款	400 100.00	400 100.00

（续表）

资产	期末余额	年初余额	负债和所有者权益（或股东权益）	期末余额	年初余额
应收账款	1 048 200.00	706 700.00	预收款项	30 200.00	30 200.00
预付款项	60 000.00	30 000.00	应付职工薪酬	18 000.00	18 000.00
应收股利			应交税费	23 437.60	
应收利息			应付利息	53 800.00	154 800.00
其他应收款	5 000.00	5 000.00	应付利润		
存货	287 510.00	200 000.00	其他应付款	2 000.00	2 000.00
其中：原材料	62 000.00	100 000.00	其他流动负债		
在产品			流动负债合计	610 100	965 100.00
库存商品	74 910.00	99 000.00	非流动负债：		
周转材料	600.00	1 000.00	长期借款	400 000.00	600 000.00
其他流动资产			长期应付款		
流动资产合计	2 097 074.10	2 444 700.00	递延收益		
非流动资产：			其他非流动负债		
长期债券投资			非流动负债合计	400 000.00	600 000.00
长期股权投资	350 000.00	250 000.00	负债合计	1 010 100.00	1 565 100.00
固定资产原价	4 709 200.00	4 825 100.00			
减：累计折旧	1 157 376.00	1 163 000.00			
固定资产账面价值	3 551 824.00	3 662 100.00			
在建工程	440 000.00	440 000.00			
工程物资	50 000.00				
固定资产清理					
生产性生物资产			所有者权益（或股东权益）：		
无形资产	140 000.00	250 000.00	实收资本（或股本）	5 000 000.00	5 000 000.00
开发支出			资本公积	45 200.00	45 200.00
长期待摊费用	40 000.00	50 000.00	盈余公积	211 966.05	200 000.00
其他非流动资产			未分配利润	385 194.45	286 500.00
非流动资产合计	4 571 824.00	4 652 100.00	所有者权益（或股东权益）合计	5 641 360.50	5 531 700.00
资产总计	6 668 898.10	7 096 800.00	负债和所有者权益（或股东权益）总计	6 668 898.10	7 096 800.00

相关链接

《小企业会计准则》与《企业会计准则》的差异。

（一）资产负债表项目比较(见表 11-3)

表 11-3

资产负债表项目对比

资　产	资　产	负债和所有者权益 （或股东权益）	负债和所有者权益 （或股东权益）
《小企业会计准则》	《企业会计准则》	《小企业会计准则》	《企业会计准则》
流动资产：	流动资产：	流动负债：	流动负债：
货币资金	货币资金	短期借款	短期借款
短期投资	交易性金融资产		交易性金融负债
应收票据	应收票据	应付票据	应付票据
应收账款	应收账款	应付账款	应付账款
预付款项	预付款项	预收款项	预收款项
应收股利	应收利息	应付职工薪酬	应付职工薪酬
应收利息	应收股利	应交税费	应交税费
其他应收款	其他应收款	应付利息	应付利息
存货	存货	应付利润	应付股利
其中：原材料		其他应付款	其他应付款
在产品			一年内到期的非流动负债
库存商品		其他流动负债	其他流动负债
周转材料		流动负债合计	流动负债合计
	一年内到期的非流动资产	非流动负债：	非流动负债：
其他流动资产	其他流动资产	长期借款	长期借款
流动资产合计	流动资产合计		应付债券
非流动资产：	非流动资产：	长期应付款	长期应付款
	可供出售金融资产		专项应付款
长期债券投资	持有至到期投资		预计负债
	长期应收款	递延收益	递延所得税负债
长期股权投资	长期股权投资	其他非流动负债	其他非流动负债
固定资产原价	投资性房地产	非流动负债合计	非流动负债合计
减：累计折旧	固定资产	负债合计	负债合计
固定资产账面价值	固定资产		
在建工程	在建工程		
工程物资	工程物资		
固定资产清理	固定资产清理		
生产性生物资产	生产性生物资产		
	油气资产		
无形资产	无形资产	所有者权益(或股东权益)：	所有者权益(或股东权益)：
开发支出	开发支出	实收资本(或股本)	实收资本(或股本)
	商誉	资本公积	资本公积
长期待摊费用	长期待摊费用		减：库存股
	递延所得税资产	盈余公积	盈余公积
其他非流动资产	其他非流动资产	未分配利润	未分配利润
非流动资产合计	非流动资产合计	所有者权益(或股东权益)合计	所有者权益(或股东权益)合计
资产总计	资产总计	负债和所有者权益 （或股东权益）总计	负债和所有者权益 （或股东权益）总计

(二) 资产负债表项目填列比较(见表 11-4)

表 11-4

资产负债表项目填列对比

报 表 项 目	《小企业会计准则》	《企业会计准则》
应收账款	根据"应收账款"账户期末余额填列,如"应收账款"账户期末为贷方余额,应当在"预收账款"项目列示	根据"应收账款"和"预收账款"明细账户借方期末余额合计减去对应的"坏账准备"账户余额填列
存货	根据多个存货账户期末余额之和填列	根据多个存货账户期末余额之和填列减去"存货跌价准备"账户期末余额填列
长期股权投资	根据"长期股权投资"账户的期末余额填列	根据"长期股权投资"账户的期末余额,减去"长期股权投资减值准备"账户期末余额后的金额填列
固定资产	分别以"固定资产原价""累计折旧"和"固定资产账面价值"填列	根据"固定资产"账户的期末余额,减去"累计折旧""固定资产减值准备"账户期末余额后的金额填列
无形资产	根据"无形资产"账户的期末余额减去"累计摊销"账户的期末余额后的金额填列	根据"无形资产"账户的期末余额减去"累计摊销""无形资产减值准备"账户的期末余额后的金额填列

任务 2　利润表编制

【相关知识】

一、利润表的概念

利润表是指反映小企业在一定会计期间(如月份、季度、半年度、年度)的经营成果的报表。例如,2018 年度的利润表,反映的是 2018 年度小企业的收入、费用和利润情况;2018 年 3 月份的利润表,反映的是 2018 年 3 月份小企业的收入、费用和利润情况。

二、利润表的作用

通过利润表,可以反映小企业在一定会计期间的收入、费用、利润(或亏损)的金额和构成情况,帮助财务报表的外部使用者全面了解小企业的经营成果,分析小企业的获利能力及盈利增长趋势,从而为其做出经济决策提供依据。

三、利润表的结构

利润表的结构一般由表首和正表构成。表首主要包括报表名称、编制单位、编制日期、报表编号、货币名称、计量单位等内容。

利润表正表部分遵循了"收入－费用＝利润"这一会计恒等式的要求,把小企业在某一特定会计期间完成的收入、发生的费用和实现的利润充分反映出来。利润表正表部分的格式主要有多步式和单步式两种。我国小企业的利润表采用多步式格式。

所谓单步式利润表,是将所有收入及所有费用、支出分别汇总,两者相减而得出本期净利或所得税后利润的报表。因为只有一个相减的步骤,故称为单步式利润表。多步式利润表,即通过对当期的收入和费用项目加以归类,按利润形成的主要环节列示一些中间性利润指标,分步计算当期净利润,目的是为了便于财务报表的外部使用者理解小企业经营成果的不同来源和盈利能力。小企业可以分如下三个步骤编制利润表:

第一步,以营业收入为基础,减去营业成本、营业税金及附加、销售费用、管理费用和财务费用,加上投资收益(减去投资损失),计算出营业利润。

第二步,以营业利润为基础,加上营业外收入,减去营业外支出,计算出利润总额。

第三步,以利润总额为基础,减去所得税费用,计算出净利润(或净亏损)。

利润表通常按照各项收入、费用以及构成利润的各个项目分类分项列示。

【业务操作】

一、利润表的编制方法

(一) 利润表的编制依据

利润表是根据有关损益类账户的发生额进行分析、计算填列。

(二) 利润表项目的填列方法

利润表中一般设有"本年累计金额"和"本月金额"两栏,其填列方法如下:

"本年累计金额"栏反映各项目自年初起至报告期末(月末、季末、年末)止的累计实际发生额。

"本月金额"栏反映各项目的本月实际发生额。在编制年度利润表时,应将"本月金额"栏改为"上年金额"栏,填列上年全年实际发生额。如果上年度利润表的项目名称和内容与本年度利润表不一致,应对上年度利润表项目的名称和数字按本年度的规定进行调整,填入报表的"上年金额"栏。

(三) 利润表项目的内容及填列说明

(1)"营业收入"项目,反映小企业销售商品和提供劳务所实现的收入总额。本项目应根据"主营业务收入"账户和"其他业务收入"账户的发生额合计填列。

(2)"营业成本"项目,反映小企业所销售商品的成本和所提供劳务的成本。本项目应根据"主营业务成本"账户和"其他业务成本"账户的发生额合计填列。

(3)"税金及附加"项目,反映小企业开展日常生产活动应负担的消费税、营业税、城市维护建设税、资源税、土地增值税、城镇土地使用税、房产税、车船税、印花税和教育费附加、矿产资源补偿费、排污费等。本项目应根据"营业税金及附加"账户的发生额填列。

(4)"销售费用"项目,反映小企业销售商品或提供劳务过程中发生的费用。本项目应根据"销售费用"账户的发生额填列。

(5)"管理费用"项目,反映小企业为组织和管理生产经营发生的其他费用。本项目应根据"管理费用"账户的发生额填列。

(6)"财务费用"项目,反映小企业为筹集生产经营所需资金发生的筹资费用。本项目应根据"财务费用"账户的发生额填列。

(7)"投资收益"项目,反映小企业股权投资取得的现金股利(或利润)、债券投资取得的利息收入和处置股权投资和债券投资取得的处置价款扣除成本或账面余额、相关税费后的净额。本项目应根据"投资收益"账户的发生额填列;如为投资损失,以"一"号填列。

(8)"营业利润"项目,反映小企业当期开展日常生产经营活动实现的利润。本项目应根据营业收入扣除营业成本、营业税金及附加、销售费用、管理费用和财务费用,加上投资收益后的金额填列。如为亏损,以"一"号填列。

(9)"营业外收入"项目,反映小企业实现的各项营业外收入金额。包括:非流动资产处置净收益、政府补助、捐赠收益、盘盈收益、汇兑收益、出租包装物和商品的租金收入、逾期未退包装物押金收益、确实无法偿付的应付款项、已做坏账损失处理后又收回的应收款项、违约金收益等。本项目应根据"营业外收入"账户的发生额填列。

(10)"营业外支出"项目,反映小企业发生的各项营业外支出金额。包括:存货的盘亏、毁损、报废损失,非流动资产处置净损失,坏账损失,无法收回的长期债券投资损失,无法收回的长期股权投资损失,自然灾害等不可抗力因素造成的损失,税收滞纳金,罚金,罚款,被没收财物的损失,捐赠支出,赞助支出等。本项目应根据"营业外支出"账户的发生额填列。

(11)"利润总额"项目,反映小企业当期实现的利润总额。本项目应根据营业利润加上营业外收入减去营业外支出后的金额填列。如为亏损总额,以"一"号填列。

(12)"所得税费用"项目,反映小企业根据企业所得税法确定的应从当期利润总额中扣除的所得税费用。本项目应根据"所得税费用"账户的发生额填列。

(13)"净利润"项目,反映小企业当期实现的净利润。本项目应根据利润总额扣除所得税费用后的金额填列。如为净亏损,以"一"号填列。

二、利润表的编制举例

【任务 11-2】 承[任务 11-1]资料,根据资料编制 2018 年度利润表,如表 11-5 所示。

表 11-5

	利润表(简表)	会小企 02 表
编制单位:顺风公司	2018 年度	单位:元

项 目	本年累计金额	上年金额(略)
一、营业收入	600 000.00	
减:营业成本	430 000.00	
税金及附加	5 396.00	
其中:消费税		
城市维护建设税	3 777.20	

（续表）

项　　　目	本年累计金额	上年金额（略）
资源税		
土地增值税		
城镇土地使用税、房产税、车船税、印花税		
销售费用	10 000.00	
其中:商品维修费		
广告费及业务宣传费	10 000.00	
管理费用	89 390.00	
其中:开办费		
业务招待费		
研究费用		
财务费用	49 000.00	
其中:利息费用(收入以"一"号填列)	49 000.00	
加:投资收益(损失以"一"号填列)	120 000.00	
二、营业利润(亏损以"一"号填列)	136 214.00	
加:营业外收入	15 000.00	
其中:政府补助		
减:营业外支出	4 000.00	
其中:坏账损失		
无法收回的长期债券投资损失		
无法收回的长期股权投资损失		
自然灾害等不可抗力因素造成的损失		
税收滞纳金		
固定资产清理损失		
三、利润总额(亏损总额以"一"号填列)	146 214.00	
减:所得税费用	36 553.50	
四、净利润(净亏损以"一"号填列)	109 660.50	

相关链接

《小企业会计准则》与《企业会计准则》的差异。

表 11-6

利润表项目比较

《小企业会计准则》	《企业会计准则》
一、营业收入	一、营业收入
减:营业成本	减:营业成本
税金及附加	税金及附加
其中:消费税	
城市维护建设税	
资源税	
土地增值税	
城镇土地使用税、房产税、车船税、印花税	
销售费用	销售费用
其中:商品维修费	
广告费及业务宣传费	
管理费用	管理费用
其中:开办费	
业务招待费	
研究费用	
财务费用	财务费用
其中:利息费用(收入以"－"号填列)	资产减值损失
	加:公允价值变动收益(损失以"－"号填列)
加:投资收益(损失以"－"号填列)	投资收益(损失以"－"号填列)
	其中:对联营企业和合营企业的投资收益
二、营业利润(亏损以"－"号填列)	二、营业利润(亏损以"－"号填列)
加:营业外收入	加:营业外收入
其中:政府补助	
减:营业外支出	减:营业外支出
其中:坏账损失	其中:非流动资产处置损失
无法收回的长期债券投资损失	
无法收回的长期股权投资损失	
自然灾害等不可抗力因素造成的损失	
税收滞纳金	
固定资产清理损失	
三、利润总额(亏损总额以"－"号填列)	三、利润总额(亏损总额以"－"号填列)
减:所得税费用	减:所得税费用
四、净利润(净亏损以"－"号填列)	四、净利润(净亏损以"－"号填列)
	五、每股收益:
	(一)基本每股收益
	(二)稀释每股收益

任务3 现金流量表的编制

【相关知识】

一、现金流量表的概念和作用

现金流量表是反映小企业在一定会计期间现金流入和现金流出情况的报表。

通过现金流量表,可以为财务报表使用者提供小企业一定会计期间内现金流入和流出的信息,便于使用者了解和评价企业获取现金的能力,据以预测企业未来现金流量。具体来讲,现金流量表的作用主要体现在三个方面:一是有助于评价小企业支付能力、偿债能力和周转能力;二是有助于预测小企业未来现金流量;三是有助于分析小企业利润质量及影响现金净流量的因素,掌握小企业经营活动、投资活动和筹资活动的现金流量,可以从现金流量的角度了解净利润的质量,为分析和判断企业的财务前景提供有用的会计信息。

二、现金的含义

作为现金流量表中反映的现金,必须是可以随时用于支付的,不能随时用于支付的不属于现金。"可以随时用于支付"意味着该现金的使用不受第三方的限制,小企业有支配权可以使用和支付。据此,小企业的现金主要包括以下内容。

(一) 库存现金

库存现金是指小企业持有可随时用于支付的现金,与"库存现金"账户的核算内容一致。

(二) 银行存款

银行存款是指小企业存入银行或其他金融机构、可以随时用于支取的存款,与"银行存款"账户核算内容一致。

(三) 其他货币资金

其他货币资金是指存放在银行或其他金融机构的银行汇票存款、银行本票存款、信用卡存款、信用证保证金存款、外埠存款和存出投资款等,与"其他货币资金"账户核算内容一致。

三、现金流量的含义及分类

现金流量是指小企业一定会计期间内现金流入(即收到现金)和现金流出(即支付现金)。小企业一定会计期间内现金流入量减去现金流出量就是小企业的现金净流量。值得注意的是,在现金流量表中,库存现金、银行存款和其他货币资金被视为一个整体,小企业现金形式的转换不会产生现金的流入和流出。比如,小企业从银行提取现金,是小企业现金存放形式的转换,现金并未流出企业,不构成现金流量。

根据小企业日常经营活动的性质和现金流量的来源,现金流量表将小企业一定期间产生的现金流量分为经营活动产生的现金流量、投资活动产生的现金流量和筹资活动产生的现金流量三类。

（一）经营活动产生的现金流量

经营活动是指小企业投资活动和筹资活动以外的所有交易或事项。经营活动包括销售商品或提供劳务、购买商品或接受劳务、支付税费、支付职工薪酬、支付广告费用等。通过经营活动产生的现金流量，可以说明企业的经营活动对现金流入和流出的影响程度，判断企业在不动用对外筹得资金的情况下，是否足以维持生产经营、偿还债务、支付股利和对外投资等。

（二）投资活动产生的现金流量

投资活动是指小企业固定资产、无形资产、其他非流动资产的购建和短期投资、长期债券投资、长期股权投资及其处置活动。现金流量表中的"投资"既包括对外投资，又包括长期资产的购建与处理。投资活动包括取得和收回投资、购建和处置固定资产、购买和处置无形资产等。通过投资活动产生的现金流量，可以判断投资活动对小企业现金流量净额的影响程度。

（三）筹资活动产生的现金流量

筹资活动是指导致小企业资本及债务规模和构成发生变化的活动。筹资活动包括吸收投资、分配利润、取得和偿还银行借款本息等。通过筹资活动产生的现金流量，可以分析小企业通过筹资活动获取现金的能力，判断筹资活动对小企业现金流量净额的影响程度。

四、现金流量表的结构

现金流量表由表首和正表构成。表首主要包括：报表名称、编制单位、编制日期、报表编号、货币名称、计量单位等内容。正表是现金流量表的主体，小企业一定会计期间现金流量的信息主要由正表提供。正表采用报告式的结构，按照现金流量的性质，依次分类反映经营活动产生的现金流量、投资活动产生的现金流量和筹资活动产生的现金流量，以及现金净增加额、期初现金余额和期末现金余额等信息。现金流量表的结构如表 11-7 所示。

【业务操作】

一、现金流量表的编制

（一）现金流量表的编制原理

小企业的会计核算是以权责发生制为核算基础的，但是现金流量表要求反映的是小企业现金的增减变动以及变动结果，这就要求在编制会计报表的时候，按照一定的方法，将权责发生制核算的会计资料转化成收付实现制。

（二）现金流量表的编制方法

在具体编制现金流量表时，小企业可以采用工作底稿法或 T 形账户法，也可以根据有关账户记录直接分析填列。

1. 工作底稿法

采用工作底稿法编制现金流量表，是以工作底稿为手段，以资产负债表和利润表数据

为基础,对每一项目进行分析并编制调整分录,从而编制现金流量表。工作底稿法的程序是:

第一步,将资产负债表的期初数和期末数过入工作底稿的期初数栏和期末数栏。

第二步,对当期业务进行分析并编制调整分录。编制调整分录时,要以利润表项目为基础从"营业收入"开始,结合资产负债表项目逐一进行分析。在调整分录中,有关现金的事项,并不直接借记或贷记"库存现金"账户,而是分别计入"经营活动产生的现金流量"、"投资活动产生的现金流量"、"筹资活动产生的现金流量"有关项目。借记表示现金流入,贷记表示现金流出。

第三步,将调整分录过入工作底稿中的相应部分。

第四步,核对调整分录,借方、贷方合计数均已经相等,资产负债表项目期初数加减调整分录中的借贷金额以后,也等于期末数。

第五步,根据工作底稿中的现金流量表项目部分编制正式的现金流量表。

2. T 形账户法

采用 T 形账户法编制现金流量表,是以 T 形账户为手段,以资产负债表和利润表数据为基础,对每一项目进行分析并编制调整分录,从而编制现金流量表。T 形账户法的程序是:

第一步,为所有的非现金项目(包括资产负债表项目和利润表项目)分别开设 T 形账户,并将各自的期末期初变动数过入各相关账户。如果项目的期末数大于期初数,则将差额过入和项目余额相同的方向;反之,过入相反的方向。

第二步,开设一个大的"现金"T 形账户,每边分为经营活动、投资活动和筹资活动三个部分,左边记现金流入,右边记现金流出。与其他账户一样,过入期末期初变动数。

第三步,以利润表项目为基础,结合资产负债表分析每一个非现金项目的增减变动,并据此编制调整分录。

第四步,将调整分录过入各 T 形账户,并进行核对,该账户借贷相抵后的余额与原先过入的期末期初变动数应当一致。

第五步,根据大的"现金"T 形账户编制正式的现金流量表。

3. 直接分析填列法

直接分析填列法是根据资产负债表、利润表和有关明细账户记录,分析计算出现金流量表各项目的金额,并据以编制现金流量表的一种方法。

(三) 现金流量表项目的填列方法

现金流量表中一般设有"本年累计金额"和"本月金额"两栏,其填列方法如下:

"本年累计金额"栏反映各项目自年初起至报告期末(月末、季末、年末)止的累计实际发生额。

"本月金额"栏反映各项目的本月实际发生额。不编制月度现金流量表的小企业,在编制季度现金流量表时,应将"本月金额"栏改为"本季度金额"栏,反映各项目的本季度实际发生额。小企业编制年度现金流量表时,应将"本月金额"栏改为"上年金额"栏,填列上年全年实际发生额。如果上年度现金流量表的项目名称和内容与本年度现金流量表不一致,应对上年度现金流量表项目的名称和数字按本年度的规定进行调整,填入报表的"上年金额"栏。

（四）现金流量表项目的填列说明

1. 经营活动产生的现金流量

（1）"销售产成品、商品、提供劳务收到的现金"项目，反映小企业本期销售产成品、商品、提供劳务收到的现金。包括收回当期的销售货款和劳务收入款，收回前期销售货款和劳务收入款，以及转让应收票据所取得的现金收入等。

本项目可以根据"库存现金""银行存款""主营业务收入"等账户的本期发生额分析填列。

填列本项目需要注意以下几点：

第一，企业销售材料和代购代销业务收到的现金，也在本项目中反映。

第二，企业本期因退回销售（包括本期销售和前期销售）的产成品和商品而支付的现金，应从该项目中扣除，按净额列示。

第三，销售产成品、商品、提供劳务收到的增值税销项税额不构成该项目的内容，而应属于"收到其他与经营活动有关的现金"项目的构成内容。

（2）"收到其他与经营活动有关的现金"项目，反映小企业本期收到的其他与经营活动有关的现金。该项目的金额主要包括：收到的增值税销项税额、收到的各种税费返还及政府补助的其他现金、经营租赁收到的现金（体现为租金收入）、由个人赔偿的现金收入和保险理赔的现金收入、收到捐赠的现金、收取的押金、保证金、违约金等。

本项目可以根据"库存现金"和"银行存款"等账户的本期发生额分析填列。

（3）"购买原材料、商品、接受劳务支付的现金"项目，反映小企业本期购买原材料、商品、接受劳务支付的现金。包括当期购买原材料、商品、接受劳务支付的现金、当期支付前期购买原材料、商品、接受劳务的应付款以及为购买原材料、商品、接受劳务而预付的现金等。

本项目可以根据"库存现金""银行存款""其他货币资金""原材料""库存商品""应付账款""应付票据""预付账款"等账户本期发生额分析填列。

填列本项目需要注意以下几点：

第一，购买原材料、商品、接受劳务支付的增值税进项税额不构成该项目的内容，而应属于"支付的税费"项目的构成内容。

第二，本项目只反映购入的用于生产、销售的材料、商品而支付的价税，用于在建工程的工程用材料的价税，不在本项目反映，记入投资活动的"购建固定资产、无形资产和其他长期资产所支付的现金"项目。

第三，企业购进商品发生退货退回的现金，从本项目中扣除，按净额列示。

第四，支付的已资本化在存货中的借款费用不构成该项目的内容，而应属于"偿还借款利息支付的现金"项目的构成内容。

（4）"支付的职工薪酬"项目，反映小企业本期向职工支付的薪酬。主要包括以下内容：

第一，支付给职工的职工工资、奖金、津贴和补贴。

第二，支付给职工或用于职工的职工福利费。

第三，支付给社会保险机构的医疗保险费、养老保险费、失业保险费、工伤保险费和生育保险费等社会保险费。

第四,支付给住房公积金管理机构的住房公积金。

第五,支付的或用于职工的工会经费和职工教育经费。

第六,因解除与职工的劳动关系给予的现金补偿。

第七,其他与获得职工提供的服务相关而支付的现金等。

需要说明的是,这里的职工包括小企业中从事在建工程的人员和从事无形资产开发项目的人员。

本项目可以根据"库存现金""银行存款""应付职工薪酬"账户的本期发生额填列。

(5)"支付的税费"项目,反映小企业本期支付的税费。包括增值税、消费税、城市维护建设税、企业所得税、资源税、土地增值税、城镇土地使用税、房产税、车船税和教育费附加、印花税、矿产资源补偿费、排污费等。该项目的金额主要包括:本期发生并支付的税费、本期支付以前各期发生的税费、本期预交的税金等。

填列本项目需要注意以下几点:

第一,支付的税收滞纳金也构成该项目的内容。

第二,代扣代缴的个人所得税也构成该项目的内容。

第三,本期退回的增值税、所得税等税费不构成该项目的内容,而应属于"收到其他与经营活动有关的现金"项目的构成内容。

本项目可以根据"库存现金""银行存款""应交税费"等账户的本期发生额填列。

(6)"支付其他与经营活动有关的现金"项目,反映小企业本期支付的其他与经营活动有关的现金。主要包括以下内容:

第一,支付的商品维修费。

第二,在销售商品过程中支付的运输费、装卸费、包装费、保险费。

第三,支付的广告费和业务宣传费、展览费。

第四,支付的开办费。

第五,支付的行政管理部门发生的费用。

第六,支付的业务招待费、研究费用、技术转让费、财产保险费、聘请中介机构费、咨询费(含顾问费)、诉讼费。

第七,支付的罚金、罚款。

第八,经营租赁支付的现金(体现为租金费用)。

第九,对外捐赠的现金。

第十,对外赞助的现金等。

本项目可以根据"库存现金""银行存款""管理费用""销售费用""营业外支出"等账户本期发生额分析填列。

2. 投资活动产生的现金流量

(1)"收回短期投资、长期债券投资和长期股权投资收到的现金"项目,反映小企业出售、转让或到期收回短期投资、长期股权投资而收到的现金,以及收回长期债券投资本金而收到的现金。主要包括以下内容:

第一,本期出售短期权益性投资收到的现金。

第二,本期出售或到期收回短期债权性投资收到的现金。

第三,本期转让长期股权投资收到的现金。

第四,本期转让或到期收回长期债券投资本金收到的现金等。

需要说明的是,到期收回的短期债权性投资和长期债券投资的利息收入不构成该项目的内容,而应属于"取得投资收益收到的现金"项目的构成内容。

本项目可以根据"库存现金""银行存款""短期投资""长期股权投资""长期债券投资"等账户的本期发生额分析填列。

(2)"取得投资收益收到的现金"项目,反映小企业因权益性投资和债权性投资取得的现金股利或利润和利息收入。包括:本期取得被投资单位发放的现金股利收到的现金、本期取得被投资单位分配的利润收到的现金、本期取得短期债权性投资和长期债券投资的利息收入收到的现金等。

需要说明的是,取得的股票股利由于不产生现金流量,不构成该项目的内容。

本项目可以根据"库存现金""银行存款""投资收益"等账户的本期发生额分析填列。

(3)"处置固定资产、无形资产和其他非流动资产收回的现金净额"项目,反映小企业处置固定资产、无形资产和其他非流动资产取得的现金,减去为处置这些资产而支付的有关税费等后的净额。

需要说明的有两点:

第一,由于自然灾害等原因所造成的固定资产等非流动资产报废、毁损而收到的保险理赔收入不构成该项目的内容,而应属于"收到其他与经营活动有关的现金"项目的构成内容。

第二,处置固定资产、无形资产和其他长期资产所收回的现金净额如为负数,仍构成该项目的内容。

本项目可以根据"库存现金""银行存款""固定资产清理""无形资产""生产性生物资产"等账户的本期发生额分析填列。

(4)"短期投资、长期债券投资和长期股权投资支付的现金"项目,反映小企业进行权益性投资和债权性投资支付的现金。包括:企业取得短期股票投资、短期债券投资、短期基金投资、长期债券投资、长期股权投资支付的现金以及取得短期投资、长期债券投资和长期股权投资支付的相关税费等,如支付的印花税、佣金、手续费等。

需要说明的是,小企业购买股票和债券时,实际支付的价款中包含的已宣告但尚未领取的现金股利或已到付息期但尚未领取的债券利息,不构成该项目的内容,而应属于"支付其他与经营活动有关的现金"项目的构成内容。

本项目可以根据"库存现金""银行存款""短期投资""长期债券投资""长期股权投资"等账户的本期发生额分析填列。

(5)"购建固定资产、无形资产和其他非流动资产支付的现金"项目,反映小企业购建固定资产、无形资产和其他非流动资产支付的现金。包括:购买机器设备、无形资产、生产性生物资产支付的现金、建造工程支付的现金等现金支出。

需要说明的有两点:

第一,为购建固定资产、无形资产和其他非流动资产而发生的借款费用资本化部分的现金不构成该项目的内容,而应属于"偿还借款利息支付的现金"项目的构成内容。

第二,支付给在建工程和无形资产开发人员的薪酬不构成该项目的内容,而应属于"支付的职工薪酬"项目的构成内容。

本项目可以根据"库存现金""银行存款""固定资产""在建工程""无形资产""研发支出""生产性生物资产""应付职工薪酬"等账户的本期发生额分析填列。

3. 筹资活动产生的现金流量

(1)"取得借款收到的现金"项目,反映小企业举借各种短期、长期借款收到的现金。

本项目可以根据"短期借款""长期借款""库存现金""银行存款"等账户本期发生额分析填列。

(2)"吸收投资者投资收到的现金"项目,反映小企业收到的投资者作为资本投入的现金。

本项目可以根据"库存现金""银行存款""实收资本""资本公积"等账户的本期发生额分析填列。

(3)"偿还借款本金支付的现金"项目,反映小企业以现金偿还各种短期、长期借款的本金。

需要说明的有两点:

第一,该项目所指的借款本金不需要考虑借款的用途。

第二,本期无论偿还的是本期到期的借款本金还是前期到期的借款本金,只要以现金进行了偿还即属于该项目的构成内容。

本项目可以根据"库存现金""银行存款""短期借款""长期借款"等账户的本期发生额分析填列。

(4)"偿还借款利息支付的现金"项目,反映小企业以现金偿还各种短期、长期借款的利息。

需要说明以下几点:

第一,该项目所指的借款利息不需要考虑借款的用途及借款利息是否予以资本化。

第二,本期无论偿还的是本期到期的借款利息还是前期到期的借款利息,只要以现金进行了偿还即属于该项目的构成的内容。

第三,以现金偿还的除利息费用以外的辅助费用等借款费用也构成该项目的内容。

本项目可以根据"库存现金""银行存款""应付利息"等账户的本期发生额分析填列。

(5)"分配利润支付的现金"项目,反映小企业向投资者实际支付的利润。包括:本期以现金向投资者支付本期分配的利润、本期以现金向投资者支付前期分配的利润。

本项目可以根据"库存现金""银行存款""应付利润"等账户的本期发生额分析填列。

4. 现金净增加额

现金净增加额,可以由"经营活动产生的现金流量净额"、"投资活动产生的现金流量金额"和"筹资活动产生的现金流量净额"三项之和计算求得。

二、现金流量表编制举例

【任务 11-3】　承[任务 11-1]和[任务 11-2]资料,编制现金流量表,如表 11-7 所示。

表 11-7

现金流量表(简表)

会小企 03 表

编制单位:顺风公司　　　　　　　　　2018 年度　　　　　　　　　　　单位:元

项　　目	本年累计金额	上年金额
一、经营活动产生的现金流量:		
销售产成品、商品、提供劳务收到的现金	507 500	(略)
收到其他与经营活动有关的现金	34 800	
购买原材料、商品、接受劳务支付的现金	502 600	
支付的职工薪酬	190 000	
支付的税费	141 791.9	
支付其他与经营活动有关的现金	47 924	
经营活动产生的现金流量净额	−340 015.9	
二、投资活动产生的现金流量:		
收回短期投资、长期债券投资和长期股权投资收到的现金	220 000	
取得投资收益收到的现金	130 000	
处置固定资产、无形资产和其他长期资产收回的现金净额	545 280	
短期投资、长期债券投资和长期股权投资支付的现金	100 000	
购建固定资产、无形资产和其他长期资产支付的现金	407 100	
投资活动产生的现金流量净额	388 180	
三、筹资活动产生的现金流量:		
取得借款收到的现金	400 000	
吸收投资者投资收到的现金		
偿还借款本金支付的现金	700 000	
偿还借款利息支付的现金	154 800	
分配利润支付的现金		
筹资活动产生的现金流量净额	−454 800	
四、现金净增加额	−406 635.9	
加:期初现金余额	1 103 000	
五、期末现金余额	696 364.10	

项目解释:

(1) 销售产成品、商品、提供劳务收到的现金＝185 000＋122 500＋200 000(价款)＝507 500(元)

(2) 收到其他与经营活动有关的现金＝2 800＋32 000(增值税)＝34 800(元)

(3) 购买原材料、商品、接受劳务支付的现金＝162 000(价款)＋160 000＋600＋30 000＋150 000(价款)＝502 600(元)

(4) 支付的职工薪酬＝190 000(元)

(5) 支付的税费＝25 920(增值税)＋600(增值税)＋362.40(增值税)＋24 000(增值

税)＋54 356＋36 553.50＝141 791.90(元)

(6) 支付其他与经营活动有关的现金＝1 300＋10 000＋3 000＋3 624＋30 000＝47 924(元)

(7) 经营活动产生的现金流量净额＝507 500＋34 800－502 600－190 000－141 791.90－47 924＝－340 015.90(元)

(8) 收回短期投资、长期债券投资和长期股权投资收到的现金＝220 000(元)

(9) 取得投资收益收到的现金＝100 000＋30 000＝130 000(元)

(10) 处置固定资产、无形资产和其他非流动资产收回的现金净额＝4 000－3 000＋444 280＋100 000＝545 280(元)

(11) 短期投资、长期债券投资和长期股权投资支付的现金＝100 000(元)

(12) 购建固定资产、无形资产和其他非流动资产支付的现金＝117 100＋290 000＝407 100(元)

(13) 投资活动产生的现金流量净额＝220 000＋130 000＋484 000－100 000－410 500＝323 500(元)

(14) 取得借款收到的现金＝400 000(元)

(15) 偿还借款本金支付的现金＝100 000＋600 000＝700 000(元)

(16) 偿还借款利息支付的现金＝4 800＋150 000＝154 800(元)

(17) 筹资活动产生的现金流量净额＝400 000－700 000－154 800＝－454 800(元)

(18) 现金净增加额＝－340 015.90＋388 180－454 800＝－406 635.90(元)

> **相关链接**
>
> 《小企业会计准则》与《企业会计准则》的差异。

(一) 现金流量表项目比较(见表 11-8)

表 11-8

现金流量表对比

《小企业会计准则》	《企业会计准则》
一、经营活动产生的现金流量:	一、经营活动产生的现金流量:
销售产成品、商品、提供劳务收到的现金	销售商品、提供劳务收到的现金
	收到的税费返还
收到其他与经营活动有关的现金	收到其他与经营活动有关的现金
	经营活动现金流入小计
购买原材料、商品、接受劳务支付的现金	购买商品、接受劳务支付的现金
支付的职工薪酬	支付给职工以及为职工支付的现金
支付的税费	支付的各项税费
支付其他与经营活动有关的现金	支付其他与经营活动有关的现金
	经营活动现金流出小计
经营活动产生的现金流量净额	经营活动产生的现金流量净额
二、投资活动产生的现金流量:	二、投资活动产生的现金流量:

（续表）

《小企业会计准则》	《企业会计准则》
收回短期投资、长期债券投资和长期股权投资收到的现金	收回投资收到的现金
取得投资收益收到的现金	取得投资收益收到的现金
处置固定资产、无形资产和其他长期资产收回的现金净额	处置固定资产、无形资产和其他长期资产收回的现金净额
	处置子公司及其他营业单位收到的现金净额
	收到其他与投资活动有关的现金
	投资活动现金流入小计
购建固定资产、无形资产和其他长期资产支付的现金	购建固定资产、无形资产和其他长期资产支付的现金
短期投资、长期债券投资和长期股权投资支付的现金	投资支付的现金
	取得子公司及其他营业单位支付的现金净额
	支付其他与投资活动有关的现金
	投资活动现金流出小计
投资活动产生的现金流量净额	投资活动产生的现金流量净额
三、筹资活动产生的现金流量：	三、筹资活动产生的现金流量：
吸收投资者投资收到的现金	吸收投资收到的现金
取得借款收到的现金	取得借款收到的现金
	收到其他与筹资活动有关的现金
	筹资活动现金流入小计
偿还借款本金支付的现金	偿还债务支付的现金
偿还借款利息支付的现金	
分配利润支付的现金	分配股利、利润或偿付利息支付的现金
	支付其他与筹资活动有关的现金
	筹资活动现金流出小计
筹资活动产生的现金流量净额	筹资活动产生的现金流量净额
	四、汇率变动对现金及现金等价物的影响
四、现金净增加额	五、现金及现金等价物净增加额
加：期初现金余额	加：期初现金及现金等价物余额
五、期末现金余额	六、期末现金及现金等价物余额

（二）现金流量表项目填列比较

（1）《小企业会计准则》下，"现金"是指企业的货币资金，具体包括库存现金、银行存款和其他货币资金。而《企业会计准则》下，"现金"除了是指企业的货币资金之外，还包括现金等价物，现金等价物是指期限短、流动性强、易于转换为已知金额的投资。

（2）《小企业会计准则》下，销售产成品、商品、提供劳务收到的增值税销项税额，列入"收到其他与经营活动有关的现金"项目中。而《企业会计准则》下，销售商品、提供劳务收到的增值税销项税额,计入"销售商品、提供劳务收到的现金"项目中。

(3)《小企业会计准则》下,购买原材料、商品、接受劳务支付的增值税进项税额,列入"支付的税费"项目中。而《企业会计准则》下,购买商品、接受劳务支付的增值税进项税额,列入"购买商品、接受劳务支付的现金"项目中。

(4)《小企业会计准则》下,"支付的职工薪酬"项目中,包括支付给从事在建工程的人员和从事无形资产开发项目人员的薪酬。而《企业会计准则》下,"支付给职工以及为职工支付的现金"项目中,不包括支付给从事在建工程的人员和从事无形资产开发项目人员的薪酬。支付给在建工程的人员和无形资产开发项目人员的薪酬,列入"购建固定资产、无形资产和其他长期资产所支付的现金"项目中。

任务 4　附　　注

【相关知识】

一、附注的概念和作用

附注是指对在资产负债表、利润表和现金流量表等报表中列示项目的文字描述或明细资料,以及对未能在这些报表中列示项目的说明等。

资产负债表、利润表和现金流量表等报表中的数字是经过分类与汇总后的结果,是对小企业发生的经济业务的高度简化和浓缩的数字。对于一些小企业财务报表的外部使用者而言,仅仅阅读上述报表,而没有理解这些数字所披露的信息,财务报表就不可能充分发挥效用。因此,附注与资产负债表、利润表、现金流量表等报表具有同等的重要性,是财务报表的重要组成部分。财务报表的外部使用者要了解小企业的财务状况、经营成果和现金流量,应当全面阅读附注。

二、附注披露的顺序及内容

小企业报表附注应当按照下列顺序和内容进行披露。

(一) 遵循《小企业会计准则》的声明

小企业应当声明编制的财务报表符合《小企业会计准则》的要求,真实、完整地反映了小企业的财务状况、经营成果和现金流量等有关信息,以此明确小企业编制财务报表所依据的制度基础。

(二) 短期投资、应收账款、存货、固定资产项目的说明

为简化小企业会计核算并尽可能减少纳税调整,《小企业会计准则》要求小企业的资产按照成本计量,不计提资产减值准备。同时,考虑到小企业资产的质量,尤其是其可变现能力对债权人影响较大,因此,《小企业会计准则》要求小企业应在附注中对几项重要资产的市场价格信息、持有时间的长短和新旧程度进行明细说明,以在一定程度上缓解对资产不计提减值准备可能产生的影响。有关短期投资、应收账款、存货、固定资产项目的详细说明,见下列给定的披露格式。

1. 短期投资的披露格式(见表 11-9)

表 11-9

短期投资披露格式表

项　　目	期末账面余额	期末市价	期末账面余额与市价的差额
1. 股票			
2. 债券			
3. 基金			
4. 其他			
合　计			

需要说明的有以下四点:

(1) 期末,是指财务报表对外报告的当期期末,包括月末、季末和年末。

(2) 期末账面余额,是指各项目在"短期投资"明细账的期末借方余额,但其合计额必须与资产负债表中"短期投资"项目的金额相一致,不得出现差异。

(3) 期末市价,是指各项目在期末的市场价格,通常是收盘价。

(4) 以下其他项目按照上述 3 个内容进行理解。

2. 应收款项按账龄结构披露的格式(见表 11-10)

表 11-10

应收款项账龄结构披露格式表

账龄结构	期末账面余额	年初账面余额
1 年以内(含 1 年)		
1 年至 2 年(含 2 年)		
2 年至 3 年(含 3 年)		
3 年以上		
合　计		

3. 存货的披露格式(见表 11-11)

表 11-11

存货披露格式表

存货种类	期末账面余额	期末市价	期末账面余额与市价的差额
1. 原材料			
2. 在产品			
3. 库存商品			
4. 周转材料			
5. 消耗性生物资产			
……			
合　计			

4. 固定资产的披露格式（见表 11-12）

表 11-12

固定资产披露格式表

项　　目	原　价	累计折旧	期末账面余额
1. 房屋、建筑物			
2. 机器			
3. 机械			
4. 运输工具			
5. 设备			
6. 器具			
7. 工具			
……			
合　计			

（三）应付职工薪酬、应交税费项目的说明

应付职工薪酬和应交税费是职工、债权人、税务部门和政府其他部门等相关方面重点关注的内容，因此，《小企业会计准则》要求进行"明细表"形式的披露，这两张明细表构成了资产负债表的附表。有关披露格式如下所述。

1. 应付职工薪酬的披露格式（见表 11-13）

表 11-13

应付职工薪酬明细表

编制单位：　　　　　　　　　　年　月　日

项　　目	期末账面余额	年初账面余额
1. 职工工资		
2. 奖金、津贴和补贴		
3. 职工福利费		
4. 社会保险费		
5. 住房公积金		
6. 工会经费		
7. 职工教育经费		
8. 非货币性福利		
9. 辞退福利		
10. 其他		
合　计		

2. 应交税费的披露格式(见表 11-14)

表 11-14

应交税费明细表

编制单位：　　　　　　　　　　　年　月　日

项 目	期末账面余额	年初账面余额
1. 增值税		
2. 消费税		
3. 城市维护建设税		
4. 企业所得税		
5. 资源税		
6. 土地增值税		
7. 城镇土地使用税		
8. 房产税		
9. 车船税		
10. 教育费附加		
11. 矿产资源补偿费		
12. 排污费		
13. 代扣代缴的个人所得税		
……		
合 计		

(四) 利润分配的说明

小企业的利润分配应当遵循相关法律法规的规定。《小企业会计准则》提供的利润分配表综合考虑了公司法、外商投资企业法等相关法律的要求,但是小企业在具体应用时应根据其适用的法律进行编制,如果其中有些项目不适用,则不应填列任何数字,空置即可。利润分配表的格式,如表 11-15 所示。

表 11-15

利 润 分 配 表

编制单位：　　　　　　　　　　　年　月　日

项 目	行次	本年金额	上年金额
一、净利润	1		
加:年初未分配利润	2		
其他转入	3		
二、可供分配的利润	4		
减:提取法定盈余公积	5		
提取任意盈余公积	6		
提取职工奖励及福利基金*	7		

（续表）

项　　目	行次	本年金额	上年金额
提取储备基金*	8		
提取企业发展基金*	9		
利润归还投资**	10		
三、可供投资者分配的利润	11		
减:应付利润	12		
四、未分档利润	13		

* 提取职工奖励及福利基金、提取储备基金、提取企业发展基金这 3 个项目仅适用于小企业（外商投资）按照相关法律规定提取的 3 项基金。

** 利润归还投资这个项目仅适用于小企业（中外合作经营）根据合同规定在合作期间归还投资者的投资。

利润分配表各项目的填列方法：

（1）"净利润"项目，反映小企业当年实现的净利润，如为净亏损，以"—"号填列。本项目的数字应与"利润表"中"本年累计金额"栏的"净利润"项目相一致。

（2）"年初未分配利润"项目，反映小企业年初未分配的利润。如为未弥补的亏损，以"—"号填列。

（3）"其他转入"项目，反映小企业按规定用盈余公积弥补亏损等转入的数额。

（4）"提取法定盈余公积"和"提取任意盈余公积"项目，反映小企业按照公司法规定当年提取的法定公积金和任意公积金。

（5）"提取职工奖励及福利基金"、"提取储备基金"、"提取企业发展基金"项目，仅反映小企业（外商投资）按照外商投资企业法规定提取的职工奖励及福利基金、储备基金和企业发展基金。

（6）"利润归还投资"项目，仅反映小企业（中外合作经营）按外商投资企业法规定和合同约定在合作期间以利润归还投资者的投资。

（7）"应付利润"项目，反映小企业当年分配给投资者的利润。

（8）"未分配利润"项目，反映小企业年末尚未分配的利润。如为未弥补的亏损，以"—"号填列。本项目的数字应与"资产负债表"中"期末余额"栏的"未分配利润"项目相一致。

（五）用于对外担保的资产名称、账面余额及形成的原因；未决诉讼、未决仲裁以及对外提供担保所涉及的金额

（六）发生严重亏损的，应当披露持续经营的计划、未来经营的方案

（七）对已在资产负债表和利润表中列示项目与企业所得税法规定存在差异的纳税调整过程

【课后练习】

一、单项选择题

1. 下列各项中，不属于资产负债表中"货币资金"项目的是（　　）。

A. 短期投资　　　　　　　　　　　　B. 银行结算户存款

C. 信用卡存款　　　　　　　　　　　　D. 外埠存款

2. 下列资产负债表项目中,可根据有关总账余额填列的是(　　)。

A. 货币资金　　　　B. 应收票据　　　　C. 存货　　　　D. 应收账款

3. 某企业"应收账款"总账账户月末借方余额 400 万元,其中:"应收甲公司账款"明细账户借方余额 350 万元,"应收乙公司账款"明细账户借方余额 50 万元;"预收账款"账户月末贷方余额 300 万元,其中:"预收 A 公司账款"明细账户贷方余额 500 万元,"预收 B 公司账款"明细账户借方余额 200 万元。该企业月末资产负债表中"应收账款"项目的金额为(　　)万元。

A. 600　　　　　　B. 550　　　　　　C. 590　　　　　　D. 585

4. 资产负债表中资产的排列依据是(　　)。

A. 项目收益性　　　　　　　　　　　　B. 项目重要性
C. 项目流动性　　　　　　　　　　　　D. 项目时间性

5. 企业期末"本年利润"账户的借方余额为 7 万元,"利润分配"和"应付股利"账户贷方余额分别为 18 万元和 12 万元,则当期资产负债表中"未分配利润"项目金额应为(　　)万元。

A. 30　　　　　　B. 18　　　　　　C. 23　　　　　　D. 11

6. 企业于 2017 年 7 月 31 日分别借入 2 年期 150 000 元借款,5 年期 480 000 元借款。两项借款均为单利计算利息,分次付息,年利率为 6%。该企业在 2018 年度资产负债表中,"长期借款"项目应为(　　)元。

A. 630 000　　　　B. 508 800　　　　C. 667 800　　　　D. 480 000

7. "预付账款"账户明细账中若有贷方余额,应将其计入资产负债表中的(　　)项目。

A. "应收账款"　　B. "预付款项"　　C. "应付账款"　　D. "其他应付款"

8. 某企业 2018 年 12 月 31 日"无形资产"账户余额为 500 万元,"累计摊销"账户余额为 200 万元。该企业 2018 年 12 月 31 日资产负债表中"无形资产"项目的金额为(　　)万元。

A. 500　　　　　　B. 300　　　　　　C. 400　　　　　　D. 200

9. 下列税金中,不应在利润表中的"税金及附加"项目反映的是(　　)。

A. 耕地占用税　　　　　　　　　　　　B. 城市维护建设税
C. 房产税　　　　　　　　　　　　　　D. 营业税

10. 引起现金流量净额变动的项目是(　　)。

A. 将现金存入银行　　　　　　　　　　B. 用银行存款购买 1 个月到期的债券
C. 用固定资产抵偿债务　　　　　　　　D. 用银行存款清偿 20 万元的债务

11. 支付的在建工程人员的工资属于(　　)产生的现金流量。

A. 筹资活动　　　　B. 经营活动　　　　C. 汇率变动　　　　D. 投资活动

二、多项选择题

1. 下列资产负债表项目中,根据总账余额直接填列的有(　　)。

A. 短期借款　　　　　　　　　　　　　B. 实收资本
C. 应收票据　　　　　　　　　　　　　D. 应收账款

2. 资产负债表的数据来源,可以通过(　　　)。

A. 直接根据总账账户的余额获得　　　B. 根据明细账户的余额分析获得

C. 根据几个总账账户的余额合计获得　D. 根据有关账户的发生额分析获得

3. 下列各项中,属于流动负债的有(　　　)。

A. 预收账款　　　　　　　　　　　B. 其他应付款

C. 预付账款　　　　　　　　　　　D. 1年内到期的长期借款

4. 下列各项中,可以计入利润表"营业税金及附加"项目的有(　　　)。

A. 增值税　　　　　　　　　　　　B. 城市维护建设税

C. 教育费附加　　　　　　　　　　D. 矿产资源补偿费

5. 下列各项中,影响企业营业利润的项目有(　　　)。

A. 销售费用　　　　　　　　　　　B. 管理费用

C. 投资收益　　　　　　　　　　　D. 所得税费用

6. 下列各项中,属于我国现金流量表中现金的有(　　　)。

A. 可以动用的银行存款　　　　　　B. 银行汇票存款

C. 库存现金　　　　　　　　　　　D. 银行承兑汇票

7. 下列各项中,属于经营活动现金流量的有(　　　)。

A. 销售商品收到的现金　　　　　　B. 购买固定资产支付的现金

C. 吸收投资收到的现金　　　　　　D. 偿还应付账款支付的现金

8. 下列各项中,属于小企业筹资活动产生的现金流量的有(　　　)。

A. 支付的现金股利　　　　　　　　B. 取得短期借款

C. 吸收投资者投资收到的现金　　　D. 偿还公司债券支付的现金

9. 现金流量表可以分为(　　　)。

A. 借款活动产生的现金流量　　　　B. 投资活动产生的现金流量

C. 筹资活动产生的现金流量　　　　D. 经营活动产生的现金流量

10. 下列交易和事项中,不影响当期经营活动产生的现金流量的有(　　　)。

A. 用产成品偿还短期借款　　　　　B. 支付管理人员工资

C. 收到被投资单位分得的利润　　　D. 支付各项税费

三、判断题

1. 货币资金项目,反映企业库存现金、银行结算户存款、外埠存款、银行汇票存款、银行本票存款、信用证保证金存款等的合计数。本项目应根据"库存现金""银行存款"账户期末余额的合计数填列。　　　　　　　　　　　　　　　　　　　　(　　　)

2. 增值税应在利润表的营业税金及附加项目中反映。　　　　　　　(　　　)

3. 资产负债表中确认的资产都是企业拥有的。　　　　　　　　　　(　　　)

4. 资产负债表是指反映企业在一定会计期间财务状况的报表。　　　(　　　)

5. 处置固定资产的现金流入,应该属于经营活动的现金流量。　　　(　　　)

6. 年度终了,企业"利润分配"账户的余额应与资产负债表中"未分配利润"项目所填列金额相等。　　　　　　　　　　　　　　　　　　　　　　　　(　　　)

7. "生产成本"账户的期末余额,应在资产负债表"存货"项目中反映。　(　　　)

8. "预收款项"项目应根据"预收账款"和"应收账款"账户所属各明细账户的期末贷

方余额合计数填列。如"预收账款"账户所属各明细账户期末有借方余额,应在资产负债表"应付账款"项目内填列。（　　）

9. 附注是指对在资产负债表、利润表和现金流量表等报表中列示项目的文字描述或明细资料,以及对未能在这些报表中列示项目的说明等。（　　）

10. "预付账款"账户所属各明细账户期末有贷方余额的,应在资产负债表"应收账款"项目内填列。（　　）

四、技能操作训练

【实训目的】

学生通过实训,掌握资产负债表、利润表和现金流量表的编制方法。

【实训资料】

湘中宏源制造有限公司为一般纳税人,增值税税率为16%;原材料采用实际成本核算;所得税税率为25%。

（一）2017年12月31日科目余额,如表11-16所示。

表11-16

科 目 余 额 表

2017年12月31日　　　　　　　　　　　　　　　　　单位:元

科目名称	借方余额	科目名称	贷方余额
库存现金	1 200.00	短期借款	80 000.00
银行存款	394 400.00	应付票据	32 000.00
其他货币资金	4 000.00	应付账款	20 000.00
应收票据	200 000.00	应交税费	30 000.00
应收账款	551 600.00	应付利息	3 200.00
预付账款	47 736.00	其他应付款	2 400.00
其他应收款	800.00	长期借款	520 000.00
原材料	258 800.00	股本	10 000 000.00
周转材料	3 600.00	资本公积	26 000.00
库存商品	1 374 400.00	盈余公积	232 000.00
长期股权投资	240 000.00	利润分配(未分配利润)	139 726.00
固定资产	8 328 000.00	累计折旧	1 240 000.00
在建工程	72 000.00	累计摊销	36 000.00
无形资产	824 000.00		
长期待摊费用	60 790.00		
合计	12 361 326.00	合计	12 361 326.00

（二）2017 年 12 月 31 日资产负债表，如表 11-17 所示。

表 11-17

资产负债表（简表）

会小企 01 表

编制单位：湘中宏源制造有限公司　　　　2017 年 12 月 31 日　　　　　　　　单位：元

资产	期末余额	年初余额	负债和所有者权益（或股东权益）	期末余额	年初余额
流动资产：			流动负债：		
货币资金	295 600.00	（略）	短期借款	80 000.00	（略）
短期投资	104 000.00		应付票据	32 000.00	
应收票据	200 000.00		应付账款	20 000.00	
应收账款	551 600.00		预收款项		
预付款项	47 736.00		应付职工薪酬		
应收股利			应交税费	30 000.00	
应收利息			应付利息	3 200.00	
其他应收款	800.00		应付利润		
存货	1 636 800.00		其他应付款	2 400.00	
其中：原材料	258 800.00		其他流动负债	72 000.00	
在产品			流动负债合计	239 600.00	
库存商品	1 374 400.00		非流动负债：		
周转材料	3 600.00		长期借款	448 000.00	
其他流动资产			长期应付款		
流动资产合计	2 836 536.00		递延收益		
非流动资产：			其他非流动负债		
长期债券投资			非流动负债合计	448 000.00	
长期股权投资	212 000.00		负债合计	687 600.00	
固定资产原价	8 328 000.00				
减：累计折旧	1 240 000.00				
固定资产账面价值	7 088 000.00				
在建工程	72 000.00				
工程物资					
固定资产清理					
生产性生物资产			所有者权益（或股东权益）：		
无形资产	816 000.00		实收资本（或股本）	10 000 000.00	
开发支出			资本公积	26 000.00	
长期待摊费用	60 790.00		盈余公积	232 000.00	
其他非流动资产			未分配利润	139 726.00	
非流动资产合计	8 248 790.00		所有者权益（或股东权益）合计	10 397 726.00	
资产总计	11 085 326.00		负债和所有者权益（或股东权益）总计	11 085 326.00	

（三）2018 年发生如下经济业务：

1. 销售商品一批，增值税专用发票上注明的价款为 170 000 元，增值税额为 27 200 元，价款及税额尚未收到。该批商品已发出，其实际成本为 112 000 元。

2. 购买原材料一批，增值税专用发票上注明的价款为 80 000 元，增值税额为 12 800 元，价款及增值税额均以转账支票付讫，材料已入库。

3. 出售持有的短期投资，其账面余额为 54 000 元（全部为股票，成本为 54 000 元），转让款项为 62 000 元已存入银行。

4. 销售商品一批，增值税专用发票上注明的价款为 260 000 元，增值税额为 41 600 元，价款及税额已收到存入银行。该批商品已发出，其实际成本为 148 000 元。

5. 以银行存款支付到期的银行承兑汇票 32 000 元。

6. 收到原材料一批，增值税专用以票上注明的价款 40 800 元，增值税额为 6 528 元，材料已入库，货款已于上月预付。

7. 购入不需要安装的非生产经营用设备 1 台，增值税专用发票上注明的价款 20 000 元，增值税额 3 200 元，款项以转账支票付讫。

8. 购买非应税工程用物资一批，价款为 4 000 元，增值税额为 640 元，款项以转账支票付讫，工程物资已验收入库。

9. 以银行存款归还到期的 3 年期的借款 72 000 元。

10. 基本生产车间报废一台设备，原价 200 000 元，已提折旧 184 000 元，发生清理费用 400 元，残值收入 640 元，均通过银行存款收付，已清理完毕。

11. 销售商品一批，增值税专用发票上注明的价款 72 000 元，增值税额为 1 520 元，收到票面金额为 83 520 元的不带息商业承兑汇票一张。该批商品已发出，其实际成本为 52 960 元。

12. 从银行借入 3 年期用于购建固定资产的专门借款 80 000 元，借款已存入银行。

13. 持有的一张面值为 20 000 元的商业汇票到期，款项已收存银行。

14. 偿还短期借款本金 80 000 元及已计提的利息 3 200 元。

15. 以银行存款支付当期职工薪酬 357 000 元，其中，支付在建工程人员薪酬 27 360元。

16. 分配当期职工薪酬 357 000 元，其中，基本生产车间工人薪酬 228 000 元，车间管理人员薪酬 18 240 元，公司行政管理人员薪酬 83 400 元，在建工程人员薪酬 27 360 元。

17. 预收货款 280 000 元存入银行。

18. 计提应计入本期损益的借款利息 10 157 元，其中，短期借款利息 4 077 元，长期借款（采用分期付息方式）利息 6 080 元。

19. 计提固定资产折旧费 64 000 元，其中生产车间折旧费 51 200 元，行政管理部门折旧费 12 800 元。

20. 摊销无形资产价值 24 000 元，长期待摊费用摊销计入管理费用 3 600 元。

21. 基本生产车间领用原材料一批，实际成本 160 000 元，其中生产产品耗用 152 000 元，一般耗用 8 000 元。

22. 收到应收账款 130 500 元存入银行。

23. 以银行存款支付广告费 10 000 元和商品展览费 7 160 元，增值税 1 029.60 元。

24. 以银行存款交纳当期的增值税 30 000 元。

25. 已投产的产品本期全部完工入库,结转制造费用和完工产品成本。

26. 以银行存款预付购货款 8 000 元。

27. 将各损益类账户余额结转到"本年利润"账户。

28. 计算本期应交的所得税费用,并将所得税费用结转到"本年利润"账户。

29. 以银行存款缴纳本期所得税。

30. 按本年净利润的 10% 和 15% 分别计提法定盈余公积和任意盈余公积。

31. 将利润分配的各明细账户的余额转入"未分配利润"明细账户,结转本年利润。

【实训要求】

1. 根据资料编制 2018 年会计分录。

2. 根据资料编制 2018 年度资产负债表、利润表和现金流量表。

【实训用具】

资产负债表、利润表和现金流量表各两张(见表 11-18 至表 11-20)。

小企业财务会计

表 11-18

资产负债表(简表)

会小企 01 表

编制单位:　　　　　　　　　　　　年　月　日　　　　　　　　　　　单位:元

资　产	期末余额	年初余额	负债和所有者权益(或股东权益)	期末余额	年初余额
流动资产:			流动负债:		
货币资金			短期借款		
短期投资			应付票据		
应收票据			应付账款		
应收账款			预收款项		
预付款项			应付职工薪酬		
应收股利			应交税费		
应收利息			应付利息		
其他应收款			应付利润		
存货			其他应付款		
其中:原材料			其他流动负债		
在产品			流动负债合计		
库存商品			非流动负债:		
周转材料			长期借款		
其他流动资产			长期应付款		
流动资产合计			递延收益		
非流动资产:			其他非流动负债		
长期债券投资			非流动负债合计		
长期股权投资			负债合计		
固定资产原价			所有者权益(或股东权益):		
减:累计折旧			实收资本(或股本)		
固定资产账面价值			资本公积		
在建工程			盈余公积		
工程物资			未分配利润		
固定资产清理			所有者权益(或股东权益)合计		
生产性生物资产					
无形资产					
开发支出					
长期待摊费用					
其他非流动资产					
非流动资产合计					
资产总计			负债和所有者权益(或股东权益)总计		

表 11-19

利 润 表(简表)

编制单位：　　　　　　　　　　　　　年度　　　　　　　　　　　　　会小企 02 表

单位:元

项　　　目	本年累计金额	上年金额
一、营业收入		
减:营业成本		
税金及附加		
其中:消费税		
城市维护建设税		
资源税		
土地增值税		
城镇土地使用税、房产税、车船税、印花税		
销售费用		
其中:商品维修费		
广告费及业务宣传费		
管理费用		
其中:开办费		
业务招待费		
研究费用		
财务费用		
其中:利息费用(收入以"-"号填列)		
加:投资收益(损失以"-"号填列)		
二、营业利润(亏损以"-"号填列)		
加:营业外收入		
其中:政府补助		
减:营业外支出		
其中:坏账损失		
无法收回的长期债券投资损失		
无法收回的长期股权投资损失		
自然灾害等不可抗力因素造成的损失		
税收滞纳金		
固定资产清理损失		
三、利润总额(亏损总额以"-"号填列)		
减:所得税费用		
四、净利润(净亏损以"-"号填列)		

表 11-20

现金流量表(简表)

会企 03 表

编制单位：　　　　　　　　　　　　　年度　　　　　　　　　　　　单位:元

项 目	本年累计金额	上年金额
一、经营活动产生的现金流量：		
销售产成品、商品、提供劳务收到的现金		
收到其他与经营活动有关的现金		
购买原材料、商品、接受劳务支付的现金		
支付的职工薪酬		
支付的税费		
支付其他与经营活动有关的现金		
经营活动产生的现金流量净额		
二、投资活动产生的现金流量：		
收回短期投资、长期债券投资和长期股权投资收到的现金		
取得投资收益收到的现金		
处置固定资产、无形资产和其他长期资产收回的现金净额		
短期投资、长期债券投资和长期股权投资支付的现金		
购建固定资产、无形资产和其他长期资产支付的现金		
投资活动产生的现金流量净额		
三、筹资活动产生的现金流量：		
取得借款收到的现金		
吸收投资者投资收到的现金		
偿还借款本金支付的现金		
偿还借款利息支付的现金		
分配利润支付的现金		
筹资活动产生的现金流量净额		
四、现金净增加额		
加:期初现金余额		
五、期末现金余额		

附录 小企业会计科目表

顺序号	编 号	会计科目名称
		一、资产类
1	1001	库存现金
2	1002	银行存款
3	1012	其他货币资金
4	1101	短期投资
5	1121	应收票据
6	1122	应收账款
7	1123	预付账款
8	1131	应收股利
9	1132	应收利息
10	1221	其他应收款
11	1401	材料采购
12	1402	在途物资
13	1403	原材料
14	1404	材料成本差异
15	1405	库存商品
16	1407	商品进销差价
17	1408	委托加工物资
18	1411	周转材料
19	1421	消耗性生物资产
20	1501	长期债券投资
21	1511	长期股权投资
22	1601	固定资产
23	1602	累计折旧
24	1604	在建工程
25	1605	工程物资
26	1606	固定资产清理
27	1621	生产性生物资产
28	1622	生产性生物资产累计折旧
29	1701	无形资产
30	1702	累计摊销
31	1801	长期待摊费用
32	1901	待处理财产损溢

（续表）

顺序号	编　号	会计科目名称
		二、负债类
33	2001	短期借款
34	2201	应付票据
35	2202	应付账款
36	2203	预收账款
37	2211	应付职工薪酬
38	2221	应交税费
39	2231	应付利息
40	2232	应付利润
41	2241	其他应付款
42	2401	递延收益
43	2501	长期借款
44	2701	长期应付款
		三、所有者权益类
45	3001	实收资本
46	3002	资本公积
47	3101	盈余公积
48	3103	本年利润
49	3104	利润分配
		四、成本类
50	4001	生产成本
51	4101	制造费用
52	4301	研发支出
53	4401	工程施工
54	4403	机械作业
		五、损益类
55	5001	主营业务收入
56	5051	其他业务收入
57	5111	投资收益
58	5301	营业外收入
59	5401	主营业务成本
60	5402	其他业务成本
61	5403	税金及附加
62	5601	销售费用
63	5602	管理费用
64	5603	财务费用
65	5711	营业外支出
66	5801	所得税费用

参 考 文 献

[1] 谢丽安,吴蓉频.财务会计实务[M].北京:中国铁道出版社,2012.

[2] 谢丽安.财务会计模拟实训[M].北京:中国铁道出版社,2012.

[3] 财政部会计司编写组.小企业会计准则释义 2011[M].北京:中国财政经济出版社,2011.

[4] 企业会计准则编审委员会.小企业会计准则解读[M].上海:立信会计出版社,2012.

[5] 龙海红,黄毅勤.小企业会计准则讲解[M].北京:中国商业出版社,2012.